RUYET-UL GAYB

&

HABERCİ RÜYALAR

رُؤْيَةُ الغيْب

MURAT UKRAY

RUYET-UL GAYB

HABERCİ RÜYALAR

Yazarı (Author): Murat UKRAY (Turkish Writer)

Sayfa Düzeni ve Grafik Tasarım: eKitap Projesi

Yayıncı (Publisher): eKitap Projesi

Baskı ve Cilt (Print): POD (Bookvault) Inc.

İstanbul – Ağustos 2014

ISBN: 978-625-8196-64-1

eISBN: 978-605-9654-30-2

İletişim ve İsteme Adresi:

E-Posta (e-mail): muratukray@hotmail.com
İnternet Adresi (web): www.kiyametgercekligi.com

© Bu eserin basım ve yayın hakları yazarın kendisine aittir. Fikir ve Sanat Eserleri Yasası gereğince, izinsiz kısmen ya da tamamen çoğaltılıp yayınlanamaz. Kaynak gösterilerek kısa alıntı yapılabilir.

قىياَمەة گەرچەكليغي كلياَتىى

Kıyamet Gerçekliği Külliyatından

RUYET-UL GAYB
&
HABERCİ RÜYALAR

©Copyright By: Murat Ukray

~ 2014 ~

RUYET-UL GAYB
&
HABERCİ RÜYALAR

Murat Ukray

~ 2014 ~

-RAHMAN VE RAHİM OLAN GÖRÜNÜR VE GÖRÜNMEYEN ALEMLERİN GAYB ALEMİNİN SAHİBİ OLAN ALLAH'IN ADIYLA-

EY ARKADAŞ! Kur'an-ı Hakim'in rüyalara ve hakikat Alimine kapı açan 14 ayetinden istifade ettiğim, 14 adet rüyayı; Hakikat ve Rüya alemi & Gayb Lisanıyla, hakikate açılan 14 pencere halinde ifade edeceğim

Kim isterse istifade edebilir:

12:4 - Hani bir vakitler Yusuf, babasına demişti ki: "Babacığım, ben rüyada on bir yıldızla güneşi ve ayı bana secde ederken gördüm."

12:5 - (Babası) "Yavrucuğum! dedi, "rüyanı kardeşlerine anlatma. Sonra sana bir tuzak kurarlar.

Çünkü şeytan insanın açıkça düşmanıdır."

YAZAR HAKKINDA

Murat UKRAY,

17 Ağustos 1976 tarihinde İstanbul'da doğdu. İlk, orta ve lise öğrenimini İstanbul'da tamamladı. Daha sonra Yıldız Teknik Üniversitesi Elektronik Mühendisliği bölümünde ve aynı üniversitenin fen bilimleri enstitüsünde yüksek lisans öğrenimi gördü. 2000'li yılların başından bu yana, çeşitli yerli ve yabancı kaynaklardan araştırmalar yaparak imanî ve bilimsel konularda çeşitli makaleler ve grafik tasarımları (aralarında Hz. Mevlana, Üstad Bediîüzzaman Saidî Nursî'ye v.b. ait çizimlerin de bulunduğu) eserleri hazırladı. Çocuklar için *"Galaxy"* isimli bir oyun tasarladı.

Yazarın, kaotik zaman serileri ve yapay sinir ağlarıyla borsa da tahmin sistemleri üzerine uluslararası düzeyde yayınlanmış bir makalesi ve yayınlanmış iki kitabı vardır. Bunlardan ilki: Kıyamet Gerçekliği, Kur'ân'daki İncil'deki ve diğer bazı ilmî kaynaklardaki kıyametin büyük alâmetlerini içinde bulunduğumuz zamana yönelik açıklamaya ve aydınlatmaya yönelik bir çalışmadır. Kitaba, ayrıca günümüz Türkçe'sini Osmanlı Alfabesine kodlayan bir de Osmanlıca Alfabe konulmuştur. Kitap, bu konuyla ilgili Kur'an âyetleri ve hadislere yönelik batınî bir tefsirdir. İkincisi ise: 5 Boyutlu Rölativite ve Birleşik Alan Teorisi, Plâton'dan günümüze kadar devam eden süreç içerisinde yapılan fizik yasalarını birleştirme çabasına yönelik bir çalışma olup, Kur'ân'ın bazı semavî müteşâbih ayetlerinin tefsirine yönelik, bugüne kadar çeşitli bilim adamları tarafından yapılmış matematiksel ve fiziksel çalışmaları da içerecek şekilde, gözlemleyebildiğimiz maddî evreni matematiksel olarak açıklamaya çalışan zahirî bir tefsirdir. Kitapta, evrenin yapısını ve karadelikleri açıklayan hikmet (fizik) yasaları çeşitli teoremlerle anlatılmakta olup, yüksek bir matematik bilgisi gerektirmektedir. Her iki çalışmanın da amacı iman-ı tahkikînin batınî ve zahirî kutuplarına yöneliktir.

2011 yılında, "İnternette e-kitap yayıncılığı ilkeleri" ve "5-Boyutlu Relativite & Birleşik Alan Kuramı & Quantum Mekaniği"nin birleştirilmesi üzerine iki makale yayımladı. Bu makaleleri büyük ses getirdi ve çoğu kişi web yayıncılığına yöneldi. İkinci makalesindeki fikirlerini, temel Fizik yasalarını en küçük ölçeklerde birleştirmeye çalışan ve halen üzerinde çalışılan "Birleşik Alan Teorisi" isimli eserini 2007 yılında yazmaya başladı. 2000'li yıllardan bu yana, çeşitli yerli ve yabancı kaynaklardan araştırmalar yaparak, Akademik, Web yayıncılığı ve Bilimsel konularda çeşitli Makaleler, Projeler yürütmüş olup, yine çoğu dini araştırmalar olmak üzere, çeşitli Grafik Tasarımları ile Kitap kapakları hazırladı. Bu yüzden, yurtdışında profesyonel yayıncılık için kendine editoryal ve grafik sanatları olarak iki yönlü geliştirerek kuvvetli bir alt yapı hazırladı. Aralarında, 2006 yılında kaleme aldığı ilk eseri "KIYAMET GERÇEKLİĞİ" ve 2007 yılında kaleme aldığı "5-BOYUTLU RELATİVİTE & BİRLEŞİK ALAN TEORİSİ", 2008 yılında kaleme aldığı "İSEVİLİK İŞARETLERİ" ile diğer eserleri olan "YARATILIŞ GERÇEKLİĞİ" (2009), ve yine Mevlanayla ilgili "MESNEVİYYE-İ UHREVİYYE" (2010) (AŞK-I MESNEVİ) ve "ZAMANIN SAHİPLERİ" (2011) isimli otobiyografik roman olmak üzere yayımlanmış toplam 7 türkce kitabı ile çoğu FİZİK ve METAFİZİK konularında olmak üzere, ingilizce olarak yayınlanmış toplam 5 kitap olmak üzere tamamı 12 yayımlanmış eseri vardır..

Yazar, daha sonraki zamanda tüm kitaplarının ismine genel olarak, her biri KIYAMET'i isbat ve ilan etmek üzere odaklandığından "KIYAMET GERÇEKLİĞİ KÜLLİYATI" ismini vermiş, ve 2010 yılından beri zaman zaman gittiği AMERİKA'daki aynı isimde kurmuş olduğu (www.kiyametgercekligi.com) web sitesi üzerinden kitaplarını sadece dijital elektronik ortamda, hem düzenli olarak yılda yazmış veya yayınlamış olduğu diğer eserleri de yayın hayatına e-KİTAP ve POD (Print on Demand -talebe göre yayıncılık-) sistemine göre yayın hayatına geçirerek okurlarına sunmayı ilke olarak edinirken; diğer yandan da, projenin SOSYAL yönü olan doğayı korumak amaçlı başlattığı "e-KİTAP PROJESİ" isimli yayıncılık sistemiyle KİTABINI KLASİK SİSTEMLE YAYINLAYAMAYAN "AMATÖR YAZARLAR" için, elektronik ortamda kitap yayıncılığı ile kitaplarını bu sistemle yayınlatmak isteyen PROFESYONEL yayıncılar ve yazarlar için de hemen hemen her çeşit kitabın (MAKALE, AKADEMİK DERS KİTABI, ŞİİR, ROMAN, HİKAYE, DENEME, GÜNLÜK TASLAK) elektronik ortamda yayıncılığının önünü açan e-YAYINCILIĞA başlamıştır..

Yazar, halen çalışmalarına İstanbul'da devam etmektedir.

Yazarın yayınlanmış diğer Kitapları:

1- **Kıyamet Gerçekliği** *(Kurgu Roman) (2006)*
2- **Birleşik Alan Teorisi** *(Teori – Fizik & Matematik) (2007)*
3- **İsevilik İşaretleri** *(Araştırma) (2008)*
4- **Yaratılış Gerçekliği- 2 Cilt** *(Biyokimya Atlası)(2009)*
5- **Aşk-ı Mesnevi** *(Kurgu Roman) (2010)*
6- **Zamanın Sahipleri** *(Deneme) (2011)*
7- **Hanımlar Rehberi** *(İlmihal) (2012)*
8- **Eskilerin Masalları** *(Araştırma) (2013)*
9- **Ruyet-ul Gayb (Haberci Rüyalar)** *(Deneme) (2014)*
10- **Sonsuzluğun Sonsuzluğu (114 Kod)** *(Teori & Deneme) (2015)*

11- Kanon (Kutsal Kitapların Yeni Bir Yorumu) *(Teori & Araştırma) (2016)*

12- Küçük Elisa (Zaman Yolcusu) (Çocuk Kitabı) (2017)

13- Tanrı'nın Işıkları (Çölde Başlayan Hikaye) *(Bilim-Kurgu Roman) (2018)*

14- Son Kehanet- 2 Cilt *(Bilim-Kurgu Roman) (2019)*

<http://www.ekitaprojesi.com>
<http://kiyametgercekligi.com>

İÇİNDEKİLER

RUYET-UL GAYB _____ 11

BİRİNCİ BÖLÜM _____ 13
   GİRİŞ _____ 13
   İdrakin Ötesindeki Gerçeklik: Gayb _____ 23
   RÜYA VE UYKU'NUN İLMİ ANLAMI VE ÖNEMİ _____ 32

İKİNCİ BÖLÜM _____ 36
   İslamiyet ve Rüyalar _____ 36
      RÜYALARIN PEYGAMBERLİKTEKİ ÖNEMİ: _____ 39

ÜÇÜNCÜ BÖLÜM _____ 43
   SAHİH RÜYALAR _____ 43
      BİRİNCİ RÜYA: _____ 43
      İKİNCİ RÜYA: _____ 47
      ÜÇÜNCÜ RÜYA: _____ 79
      DÖRDÜNCÜ RÜYA: _____ 83
      BEŞİNCİ RÜYA: _____ 87
      ALTINCI RÜYA: _____ 94
      YEDİNCİ RÜYA: _____ 97
      SEKİZİNCİ RÜYA _____ 99
      DOKUZUNCU RÜYA _____ 100
      ONUNCU RÜYA _____ 103
      ON BİRİNCİ RÜYA _____ 133
      ON İKİNCİ RÜYA _____ 145
      ON ÜÇÜNCÜ RÜYA _____ 155
      ON DÖRDÜNCÜ RÜYA _____ 175

DÖRDÜNCÜ BÖLÜM _____ *188*
   KÜÇÜK SÖZLER/VİZYONLAR _____ 188
BİBLİYOGRAFYA _____ *231*
   I: ESERİN FELSEFESİ VE METODOLOJİSİ _____ 231
RÜYA TABİRLERİ SÖZLÜĞÜ _____ *242*
   A _____ 242
   B _____ 259
   C _____ 274
   Ç _____ 281
   D _____ 290
   E _____ 295
   F _____ 302
   G _____ 305
   H _____ 309
   I, İ _____ 312
   J _____ 323
   K _____ 324
   L _____ 359
   M _____ 363
   N _____ 383
   O, Ö _____ 388
   P _____ 396
   R _____ 406
   S _____ 410
   T _____ 429
   U, Ü _____ 438
   V _____ 442
   Y _____ 445
   Z _____ 455

RUYET-UL GAYB

"Haberci Rüyalar"

HAKİKAT VE RÜYA ALEMİNDEN, MANEN KUVVETLİ BİR İŞARET GELDİ;

ŞÖYLE Kİ, "KIYAMET GERÇEKLİĞİ KÜLLİYATI'NIN" BU YIL YAZILAN "2014" ESERİ "RÜYALAR" ÜZERİNE BİR ESER OLACAK. DİYE İHTAR EDİLDİ. ŞİMDİ, O HAKİKATTİN GAYET GENİŞ OLAN 20-30 SIRRINDAN YAKALAYABİLDİĞİM 14 ADEDİNİ HAKİKAT VE GAYB LİSANIYLA, KUR'AN-I HAKİM'İN RÜYA ALEMİNE İLİŞKİN AYETLERİNİN SIRRIYLA, BURADA KISACA 4 BÖLÜM HALİNDE, İFADE EDECEĞİM.

MADDETEN KISA VE HAKİKİ GAYBİ RÜYALAR OLMASINA RAĞMEN, BİR KISMI GEÇMİŞLE İLGİLİ VE ÇOĞU DA GELECEKLE İLGİLİ MÜHİM GAYBİ RÜYALAR OLUP; MANEN KUVVETLİ VE MANEVİ UZUN HAKİKATLERE İŞARET VE DELALET DE ETMEKTEDİRLER; BU YÜZDEN, ÜSTÜNDEKİ LİBASA DEĞİL, ELİNDEKİ KIYMETLİ ELMAS MÜCEVHERLERE BAKILMASI GEREKİR..

Kıyamet Gerçekliği Külliyatı asrın Kur'an tefsiridir, hakikatin bu yüzyıldaki yansımalarıdır, derin manaların, günümüz türkçesine uyarlanmış Kur'an hakikatlerinin denizidir. Bu çok sevinçli bir haberdir, öyle ki, yazılan bu yazıları hem hayvanat ve diğer mahlukat gibi, semavat alemindeki melekler dahi alkışlamaktadır ve diğer evliyaullah dahi, kabir aleminde bu yazılan parçaları seyretmekte olduğunu bilmüşahede bana gösterildi..

- Bunlar, İSLAM yazılarıdır EY ARDADAŞ! İSLAM, insanın fıtratına en uygun olandır, öyleyse rüyaların dilini dahi öğrenmek ve hakikat ve gayb alemine ilişkin, vakıf olduğum birkaç sırrı benimle birlikte keşfetmek istersen;

ŞİMDİ NEFSİMLE BİRLİKTE GELECEK OLAN BU 14 ADET, 2*14: 28 HARFTEN MÜTEŞEKKİL, 4 BÖLÜM HALİNDEKİ HAKİKAT PARÇALARINI, AZ SONRA BENİMLE BERABER DİNLE!

Vesselam..

Haberci Rüyalar

BİRİNCİ BÖLÜM

GİRİŞ

- BİSMİLLAHİRRAHMANİRRAHİM -

-RAHMAN VE RAHİM OLAN GÖRÜNÜR VE GÖRÜNMEYEN ALEMLERİN GAYB ALEMİNİN SAHİBİ OLAN ALLAH'IN ADIYLA-

EY ARKADAŞ! Kur'an-ı Hakim'in rüyalara ve hakikat Alimine kapı açan 14 ayetinden istifade ettiğim, 14 adet rüyayı; Hakikat ve Rüya alemi & Gayb Lisanıyla, hakikate açılan 14 pencere halinde ifade edeceğim

Kim isterse istifade edebilir:

الٓرٰ تِلْكَ ءَايَٰتُ ٱلْكِتَٰبِ ٱلْمُبِينِ ۝ إِنَّآ أَنزَلْنَٰهُ قُرْءَٰنًا عَرَبِيًّا لَّعَلَّكُمْ تَعْقِلُونَ ۝ نَحْنُ نَقُصُّ عَلَيْكَ أَحْسَنَ ٱلْقَصَصِ بِمَآ أَوْحَيْنَآ إِلَيْكَ هَٰذَا ٱلْقُرْءَانَ وَإِن كُنتَ مِن قَبْلِهِۦ لَمِنَ ٱلْغَٰفِلِينَ ۝ إِذْ قَالَ يُوسُفُ لِأَبِيهِ يَٰٓأَبَتِ إِنِّى رَأَيْتُ أَحَدَ عَشَرَ كَوْكَبًا وَٱلشَّمْسَ وَٱلْقَمَرَ رَأَيْتُهُمْ لِى سَٰجِدِينَ ۝

قَالَ يَٰبُنَىَّ لَا تَقْصُصْ رُءْيَاكَ عَلَىٰٓ إِخْوَتِكَ فَيَكِيدُوا۟ لَكَ كَيْدًا إِنَّ ٱلشَّيْطَٰنَ لِلْإِنسَٰنِ عَدُوٌّ مُّبِينٌ ۝ وَكَذَٰلِكَ يَجْتَبِيكَ رَبُّكَ وَيُعَلِّمُكَ مِن تَأْوِيلِ ٱلْأَحَادِيثِ وَيُتِمُّ نِعْمَتَهُۥ عَلَيْكَ وَعَلَىٰٓ ءَالِ يَعْقُوبَ كَمَآ أَتَمَّهَا عَلَىٰٓ أَبَوَيْكَ مِن قَبْلُ إِبْرَٰهِيمَ وَإِسْحَٰقَ إِنَّ رَبَّكَ عَلِيمٌ حَكِيمٌ ۝ لَّقَدْ كَانَ فِى يُوسُفَ وَإِخْوَتِهِۦٓ ءَايَٰتٌ لِّلسَّآئِلِينَ ۝ إِذْ قَالُوا۟ لَيُوسُفُ وَأَخُوهُ أَحَبُّ إِلَىٰٓ أَبِينَا مِنَّا وَنَحْنُ عُصْبَةٌ إِنَّ أَبَانَا لَفِى ضَلَٰلٍ مُّبِينٍ ۝

12:4 - Hani bir vakitler Yusuf, babasına demişti ki: "Babacığım, ben rüyada on bir yıldızla güneşi ve ayı bana secde ederken gördüm."

12:5 - (Babası) "Yavrucuğum! "dedi, "rüyanı kardeşlerine anlatma. Sonra sana bir tuzak kurarlar.

Çünkü şeytan insanın açıkça düşmanıdır."

Haberci Rüyalar

وَدَخَلَ مَعَهُ ٱلسِّجْنَ فَتَيَانِ ۖ قَالَ أَحَدُهُمَآ إِنِّىٓ أَرَىٰنِىٓ أَعْصِرُ خَمْرًا ۖ وَقَالَ ٱلْءَاخَرُ إِنِّىٓ أَرَىٰنِىٓ أَحْمِلُ فَوْقَ رَأْسِى خُبْزًا تَأْكُلُ ٱلطَّيْرُ مِنْهُ ۖ نَبِّئْنَا بِتَأْوِيلِهِۦٓ ۖ إِنَّا نَرَىٰكَ مِنَ ٱلْمُحْسِنِينَ ۝ قَالَ لَا يَأْتِيكُمَا طَعَامٌ تُرْزَقَانِهِۦٓ إِلَّا نَبَّأْتُكُمَا بِتَأْوِيلِهِۦ قَبْلَ أَن يَأْتِيَكُمَا ۚ ذَٰلِكُمَا مِمَّا عَلَّمَنِى رَبِّىٓ ۚ إِنِّى تَرَكْتُ مِلَّةَ قَوْمٍ لَّا يُؤْمِنُونَ بِٱللَّهِ وَهُم بِٱلْءَاخِرَةِ هُمْ كَٰفِرُونَ ۝ وَٱتَّبَعْتُ مِلَّةَ ءَابَآءِىٓ إِبْرَٰهِيمَ وَإِسْحَٰقَ وَيَعْقُوبَ ۚ

مَا كَانَ لَنَآ أَن نُّشْرِكَ بِٱللَّهِ مِن شَىْءٍ ۚ ذَٰلِكَ مِن فَضْلِ ٱللَّهِ عَلَيْنَا وَعَلَى ٱلنَّاسِ وَلَٰكِنَّ أَكْثَرَ ٱلنَّاسِ لَا يَشْكُرُونَ ۝ يَٰصَٰحِبَىِ ٱلسِّجْنِ ءَأَرْبَابٌ مُّتَفَرِّقُونَ خَيْرٌ أَمِ ٱللَّهُ ٱلْوَٰحِدُ ٱلْقَهَّارُ ۝ مَا تَعْبُدُونَ مِن دُونِهِۦٓ إِلَّآ أَسْمَآءً سَمَّيْتُمُوهَآ أَنتُمْ وَءَابَآؤُكُم مَّآ أَنزَلَ ٱللَّهُ بِهَا مِن سُلْطَٰنٍ ۚ إِنِ ٱلْحُكْمُ إِلَّا لِلَّهِ ۚ أَمَرَ أَلَّا تَعْبُدُوٓا۟ إِلَّآ إِيَّاهُ ۚ ذَٰلِكَ ٱلدِّينُ ٱلْقَيِّمُ وَلَٰكِنَّ أَكْثَرَ ٱلنَّاسِ لَا يَعْلَمُونَ ۝ يَٰصَٰحِبَىِ ٱلسِّجْنِ أَمَّآ أَحَدُكُمَا فَيَسْقِى رَبَّهُۥ خَمْرًا ۖ

وَأَمَّا ٱلْءَاخَرُ فَيُصْلَبُ فَتَأْكُلُ ٱلطَّيْرُ مِن رَّأْسِهِۦ ۚ قُضِىَ ٱلْأَمْرُ ٱلَّذِى فِيهِ تَسْتَفْتِيَانِ ۝ وَقَالَ لِلَّذِى ظَنَّ أَنَّهُۥ نَاجٍ مِّنْهُمَا ٱذْكُرْنِى عِندَ رَبِّكَ فَأَنسَىٰهُ ٱلشَّيْطَٰنُ ذِكْرَ رَبِّهِۦ فَلَبِثَ فِى ٱلسِّجْنِ بِضْعَ سِنِينَ ۝ وَقَالَ ٱلْمَلِكُ إِنِّىٓ أَرَىٰ سَبْعَ بَقَرَٰتٍ سِمَانٍ يَأْكُلُهُنَّ سَبْعٌ عِجَافٌ وَسَبْعَ سُنۢبُلَٰتٍ خُضْرٍ وَأُخَرَ يَابِسَٰتٍ ۖ يَٰٓأَيُّهَا ٱلْمَلَأُ أَفْتُونِى فِى رُءْيَٰىَ إِن كُنتُمْ لِلرُّءْيَا تَعْبُرُونَ ۝

قَالُوٓاْ أَضْغَٰثُ أَحْلَٰمٍۖ وَمَا نَحْنُ بِتَأْوِيلِ ٱلْأَحْلَٰمِ بِعَٰلِمِينَ ۝ وَقَالَ ٱلَّذِى نَجَا مِنْهُمَا وَٱدَّكَرَ بَعْدَ أُمَّةٍ أَنَا۠ أُنَبِّئُكُم بِتَأْوِيلِهِۦ فَأَرْسِلُونِ ۝ يُوسُفُ أَيُّهَا ٱلصِّدِّيقُ أَفْتِنَا فِى سَبْعِ بَقَرَٰتٍ سِمَانٍ يَأْكُلُهُنَّ سَبْعٌ عِجَافٌ وَسَبْعِ سُنۢبُلَٰتٍ خُضْرٍ وَأُخَرَ يَابِسَٰتٍ لَّعَلِّىٓ أَرْجِعُ إِلَى ٱلنَّاسِ لَعَلَّهُمْ يَعْلَمُونَ ۝ قَالَ تَزْرَعُونَ سَبْعَ سِنِينَ دَأَبًا فَمَا حَصَدتُّمْ فَذَرُوهُ فِى سُنۢبُلِهِۦٓ إِلَّا قَلِيلًا مِّمَّا تَأْكُلُونَ ۝

ثُمَّ يَأْتِى مِنۢ بَعْدِ ذَٰلِكَ سَبْعٌ شِدَادٌ يَأْكُلْنَ مَا قَدَّمْتُمْ لَهُنَّ إِلَّا قَلِيلًا مِّمَّا تُحْصِنُونَ ۝ ثُمَّ يَأْتِى مِنۢ بَعْدِ ذَٰلِكَ عَامٌ فِيهِ يُغَاثُ ٱلنَّاسُ وَفِيهِ يَعْصِرُونَ ۝ وَقَالَ ٱلْمَلِكُ ٱئْتُونِى بِهِۦۖ فَلَمَّا جَآءَهُ ٱلرَّسُولُ قَالَ ٱرْجِعْ إِلَىٰ رَبِّكَ فَسْـَٔلْهُ مَا بَالُ ٱلنِّسْوَةِ ٱلَّٰتِى قَطَّعْنَ أَيْدِيَهُنَّۚ إِنَّ رَبِّى بِكَيْدِهِنَّ عَلِيمٌ ۝ قَالَ مَا خَطْبُكُنَّ إِذْ رَٰوَدتُّنَّ يُوسُفَ عَن نَّفْسِهِۦۚ قُلْنَ حَٰشَ لِلَّهِ مَا عَلِمْنَا عَلَيْهِ مِن سُوٓءٍۚ

12:36 - Zindana onunla birlikte iki delikanlı daha girdi. Birisi dedi ki: "Rüyada kendimi şarap sıkarken gördüm". Öteki de dedi ki: "Ben de başımın üstünde ekmek taşıdığımı, kuşların da ondan yediğini gördüm. Bize bunun yorumunu haber ver. Çünkü biz seni iyilik edenlerden görüyoruz."

12:43 - Bir gün melik (hükümdar) dedi ki: "Ben rüyamda yedi cılız ineğin yedi semiz ineği yediğini ve yedi yeşil başakla yedi kuru başak görüyorum. Ey ileri gelenler! Siz rüya tabir edebiliyorsanız benim bu rüyamın tabirini bana bildirin."

12:44 - Dediler ki: "Rüya dediğin şey karmakarışık hayallerdir. Biz ise böyle karışık hayallerin yorumunu bilemeyiz."

12:45 - O ikisinden kurtulmuş olanı, nice zamandan sonra hatırladı da dedi ki: "Ben size o rüyanın tabirini haber veririm, hemen beni gönderin."

12:46 - "Ey Yusuf, ey doğru sözlü! Bize şunu hallet: Yedi semiz ineği, yedi cılız inek yiyiyor. Ve yedi yeşil başakla diğer yedi kuru başak. Umarım ki, o insanlara doğru cevap ile dönerim, onlar da (senin kadrini) bilirler."

12:47 - Dedi ki: "Yedi sene eskisi gibi ekeceksiniz, biçtiklerinizi başağında bırakınız, biraz yiyeceğinizden başka. "

12:48 - "Sonra onun arkasından yedi kurak sene gelecek, önceki biriktirdiklerinizin biraz saklayacağınızdan başkasını yiyip bitirecek."

12:49 - "Sonra da onun arkasından yağışlı bir sene gelecek ki, halk onda sıkıntıdan kurtulacak, (üzüm, zeytin gibi mahsülleri) sıkıp faydalanacak."

وَقَدْ أَحْسَنَ بِى إِذْ أَخْرَجَنِى مِنَ ٱلسِّجْنِ وَجَآءَ بِكُم مِّنَ ٱلْبَدْوِ مِنۢ بَعْدِ أَن نَّزَغَ ٱلشَّيْطَٰنُ بَيْنِى وَبَيْنَ إِخْوَتِىٓ إِنَّ رَبِّى لَطِيفٌ لِّمَا يَشَآءُ إِنَّهُۥ هُوَ ٱلْعَلِيمُ ٱلْحَكِيمُ ۞ رَبِّ قَدْ ءَاتَيْتَنِى مِنَ ٱلْمُلْكِ وَعَلَّمْتَنِى مِن تَأْوِيلِ ٱلْأَحَادِيثِ فَاطِرَ ٱلسَّمَٰوَٰتِ وَٱلْأَرْضِ أَنتَ وَلِىِّۦ فِى ٱلدُّنْيَا وَٱلْأَخِرَةِ تَوَفَّنِى مُسْلِمًا وَأَلْحِقْنِى بِٱلصَّٰلِحِينَ ۞ ذَٰلِكَ مِنْ أَنۢبَآءِ ٱلْغَيْبِ نُوحِيهِ إِلَيْكَ وَمَا كُنتَ لَدَيْهِمْ إِذْ أَجْمَعُوٓا۟ أَمْرَهُمْ وَهُمْ يَمْكُرُونَ ۞

12:100 - Anasıyla babasını yüksek bir taht üzerine oturttu ve hepsi birden Yusuf için secdeye kapandılar. Bunun üzerine Yusuf dedi ki: "İşte bu durum, o rüyamın çıkmasıdır. Gerçekten Rabbim onu hak rüya kıldı. Şeytan benimle kardeşlerimin arasını bozduktan sonra, beni zindandan çıkarmakla ve sizi çölden getirmekle Rabbim bana hakikaten ihsan buyurdu. Doğrusu, Rabbim dilediğine lutfunu ihsan eder. Şüphesiz O, her şeyi bilir, hüküm ve hikmet sahibidir."

كَانَ ذَٰلِكَ فِى ٱلْكِتَٰبِ مَسْطُورًا ۞ وَمَا مَنَعَنَآ أَن نُّرْسِلَ بِٱلْءَايَٰتِ إِلَّآ أَن كَذَّبَ بِهَا ٱلْأَوَّلُونَ وَءَاتَيْنَا ثَمُودَ ٱلنَّاقَةَ مُبْصِرَةً فَظَلَمُوا۟ بِهَا وَمَا نُرْسِلُ بِٱلْءَايَٰتِ إِلَّا تَخْوِيفًا ۞ وَإِذْ قُلْنَا لَكَ إِنَّ رَبَّكَ أَحَاطَ بِٱلنَّاسِ وَمَا جَعَلْنَا ٱلرُّءْيَا ٱلَّتِىٓ أَرَيْنَٰكَ إِلَّا فِتْنَةً لِّلنَّاسِ وَٱلشَّجَرَةَ ٱلْمَلْعُونَةَ فِى ٱلْقُرْءَانِ وَنُخَوِّفُهُمْ فَمَا يَزِيدُهُمْ إِلَّا طُغْيَٰنًا كَبِيرًا ۞ وَإِذْ قُلْنَا لِلْمَلَٰٓئِكَةِ ٱسْجُدُوا۟ لِءَادَمَ فَسَجَدُوٓا۟ إِلَّآ إِبْلِيسَ قَالَ ءَأَسْجُدُ لِمَنْ خَلَقْتَ طِينًا ۞

Haberci Rüyalar

17:60 - Vaktiyle sana şöyle vahyettiğimizi hatırla: "Şüphesiz Rabbin insanları kuşatmıştır." (İsrâ gecesi) sana açıkça gösterdiğimiz o temâşâyı ve Kur'ân'da lanet edilen ağacı da, yalnız insanlara bir imtihan için yapmışızdır. Biz onları, korkutuyoruz, fakat bu onlara ancak büyük bir taşkınlıktan başka bir sonuç vermiyor.

قَدْ صَدَّقْتَ ٱلرُّءْيَآ إِنَّا كَذَٰلِكَ نَجْزِي ٱلْمُحْسِنِينَ ۝ إِنَّ هَٰذَا لَهُوَ ٱلْبَلَٰٓؤُاْ ٱلْمُبِينُ ۝ وَفَدَيْنَٰهُ بِذِبْحٍ عَظِيمٍ ۝ وَتَرَكْنَا عَلَيْهِ فِي ٱلْءَاخِرِينَ ۝ سَلَٰمٌ عَلَىٰٓ إِبْرَٰهِيمَ ۝ كَذَٰلِكَ نَجْزِي ٱلْمُحْسِنِينَ ۝ إِنَّهُۥ مِنْ عِبَادِنَا ٱلْمُؤْمِنِينَ ۝ وَبَشَّرْنَٰهُ بِإِسْحَٰقَ نَبِيًّا مِّنَ ٱلصَّٰلِحِينَ ۝ وَبَٰرَكْنَا عَلَيْهِ وَعَلَىٰٓ إِسْحَٰقَ وَمِن ذُرِّيَّتِهِمَا مُحْسِنٌ وَظَالِمٌ لِّنَفْسِهِۦ مُبِينٌ ۝ وَلَقَدْ مَنَنَّا عَلَىٰ مُوسَىٰ وَهَٰرُونَ ۝

37:105 - "Rüyana gerçekten sadakat gösterdin, şüphesiz ki, biz iyilik yapanları böyle mükafatlandırırız."

وَيَوْمَ تَقُومُ ٱلسَّاعَةُ يَوْمَئِذٍ يَخْسَرُ ٱلْمُبْطِلُونَ ۝ وَتَرَىٰ كُلَّ أُمَّةٍ جَاثِيَةً كُلُّ أُمَّةٍ تُدْعَىٰٓ إِلَىٰ كِتَٰبِهَا ٱلْيَوْمَ تُجْزَوْنَ مَا كُنتُمْ تَعْمَلُونَ ۝ هَٰذَا كِتَٰبُنَا يَنطِقُ عَلَيْكُم بِٱلْحَقِّ إِنَّا كُنَّا نَسْتَنسِخُ مَا كُنتُمْ تَعْمَلُونَ ۝ فَأَمَّا ٱلَّذِينَ ءَامَنُواْ وَعَمِلُواْ ٱلصَّٰلِحَٰتِ فَيُدْخِلُهُمْ رَبُّهُمْ فِي رَحْمَتِهِۦ ذَٰلِكَ هُوَ ٱلْفَوْزُ ٱلْمُبِينُ ۝ وَأَمَّا ٱلَّذِينَ كَفَرُوٓاْ أَفَلَمْ تَكُنْ ءَايَٰتِي تُتْلَىٰ عَلَيْكُمْ فَٱسْتَكْبَرْتُمْ وَكُنتُمْ قَوْمًا مُّجْرِمِينَ ۝

45:27 - Andolsun ki Allah, elçisinin rüyasını doğru çıkardı. Allah dilerse siz güven içinde başlarınızı tıraş etmiş ve saçlarınızı kısaltmış olarak, korkmadan Mescid-i Haram'a gireceksiniz. Allah sizin bilmediğinizi bilir. İşte, bundan önce size yakın bir fetih verdi..

İşte, bu alemden gelen ilham öyle güçlüdür ki, hakikat'e kapı açar, neredeyse bunun ağırlığından dağlar çökecek gibi olmaktadır, YUSUF SURESİ'nin sonunda görüldüğü gibi, bu ayetler 14. asra ve Kur'an müellifine dahi bakmaktadır. Doğrusu allah bunu bir kalbe değil de, missal olarak yine anlıyoruz ki, bir dağa indirmiş olsaydı, Furkan-ı Hakim'de de belirtttiği gibi, onu parçalanmış görecektiniz ey gafil insanlar demektedir gizli bir mana ile!

İşte, İslam en büyük hakikat olduğu, hakiki manada ALLAH bu ayetlerde sabit olarak göstermektedir ve yine göstermektedir ki, ALLAH hakikati kendi lisanıyla gönüllere seslenir ve biz de bu asırdaki bu hakikatin temsilcisi olarak onu, iç alemden dış aleme nakşederiz, fethederiz, bu yazılar sair yazılar gibi olmayıp, hakikatin gaybın temsilcileridir, ilham eseridir, vesselam, bizatihi, bunlar apaçık işaretler ayetlerdir, sırlı haberler, müjdeci mektuplardır, vesselam..

İşte, şu ayet-i kerimelerden çıkan gaybi manaları bir parça anlayabildiysen, şimdi gelecek olan rüya alemine ait gaybi hakikatleri, Gayb Lisanıyla Dinle!

Ey Arkadaş!

"Güzel gören güzel düşünür, Güzel düşünen güzel rüyalar görür, ve güzel rüyalar gören de hayatından lezzet alır."

İslâm'a göre rüya üç çeşittir:

1. Salih rüya,
2. Şeytanî rüya,
3. İnsanın içinde yaşadığı hayattaki olaylardan doğan rüyalar.

Salih rüya, vaki olacak olan şeyleri vukuundan evvel, fıtrî istidad ile idrak etmekten ibarettir. Peygamber (sav) bununla ilgili şöyle buyurur:

"Müminlerin rüyası nübüvvetin kırk altı bölümünden bir bölümdür."

Şeytanî rüya, şeytanın insanı korkutup üzüntüden üzüntüye sevk etmek için, uyku halinde insanın kalbine verdiği vesveseden ibarettir. Peygamber (sav) şöyle buyurur:

"Sizden biriniz sevdiği bir rüya görürse o Allah'tandır. Bunun için Allah'a hamd edip rüyasını söylesin. Hoşuna gitmediği bir rüya görürse, o şeytandandır. Şerrinden Allah'a sığınsın ve onu kimseye de açmasın. Yoksa kendisine zarar verecektir."

İnsanın içinde yaşadığı olaylardan doğan rüya ise; insan bir şeyle meşgul olup onunla fazlasıyla ilgilendiği için hakkında rüya görür. Peygamber (sav) bir hadiste şöyle buyurur:

"**Rüya üçdür. Allah tarafından olup müjde veren salih rüya, üzüntü verip şeytandan gelen rüya ve insanın kendi kendine bir şeyler söyleyip tasavvur ettiğinden meydana gelen rüya.**"

Yûsuf sûresinde zikredilen Hz. Yusuf As'ın rüyasıyla ilgili âyet ile yukarıda zikredilen hadisler bunu ifade ediyorlar. Rüyaların içinde hak rüyalar vardır. Ancak her rüya haktır ve her tabir de doğrudur denilemez.

Rüyaya göre hareket ve rüyaya istinad etmek doğru değildir. Hatta fıkıh kitapları beyân ediyorlar ki:

> *"Şeytan her ne kadar Peygamber (sav)'in suretine giremezse de, Şaban'ın yirmi dokuzunda Peygamber (sav) herhangi bir kimsenin rüyasında* **'Yarın Ramazan'ın birinci günüdür, oruç tutunuz.'** *diye emretse, bu rüya ile amel edilmez. Çünkü, rüya ilim olmadığı gibi zabt da edilmez."*

Rüya ve İlham ile Amel Etmek:

Fakat bununla birlikte, Rüyalar ve ilhamlar rabbani ve rahmani; şeytani ve nefsani olabilirler. Bu sebeple aralarını iyi belirlemek gerekir. *İslam uleması bu konularda şu üç şartın yerine getirilmesi durumunda amel edilebileceğini, ama hiç kimseyi zorlamanın doğru olmadığını belirtirler:*

1. Görülen rüya veya ilham, dinimizin emirlerinden birini kaldırıcı veya yasaklarından birini de helal edici cinsten, yani dine aykırı ve sünnete zıt olmayacak.

2. Rüya veya ilhama muhatap olan kişi güvenilir, herkesin itimat ettiği, Ebu Hanife, Şafii, İmamı Rabbani, İmamı Gazali gibi kişiler olmalıdır. Herkes o zatın yalan

söylemeyeceğini ve dinin esaslarını hakkıyla bilen ve yaşayan birisi olduğunu kabul etmelidir.

3. Rüya ve ilhamla elde edilen bilgiler, dinin bir emri gibi kabul edilmemeli; sadece tavsiye edilebilir. Rüyalar ve İlhamlar birer ikazdır, irşattır; bağlayıcı ve zorlayıcı olamaz. Bu rüya ve ilhama uyanlar ayıplanmayacağı gibi, uymayanlar da ayıplanmaz.

İdrakin Ötesindeki Gerçeklik: Gayb

İnsanoğlunun geleceği bilme, tabiatüstü olayları açıklama, fizikötesi alemden haberdar olma, kısacası bilinmeyeni bilme arzusu, bütün devirlerde hep var olagelmiştir. Bu arzu, fal, burçlar, kehanet, cinlerle irtibat gibi konuları her zaman ayrı bir cazibe konusu kılmıştır. Bu durum günümüz için de aynıyla vaki.

Diğer taraftan, biz müminler olarak, beş duyumuzla ve bunların uzantısı sayılabilecek çeşitli araç-gereçlerle algılayabildiğimizin ötesinde başka varlıklar, başka gerçeklikler olduğuna, yani "gayb"a iman ediyoruz.

O halde gayb kavramının içeriğini, sınırlarını bilmemiz, konu etrafında yapılan tartışmalardan zihnimize takılan sorulara cevap bulmamız gerekiyor.

Pozitif bilimi hayatın merkezine koyan modern anlayış, laboratuvara sokamadığı, eliyle tutup gözüyle görmediği hususları red ve inkâr etmeyi "gelişmişlik/çağdaşlık" göstergesi sayar.

Ama diğer taraftan fizikötesiyle irtibat kurma tutkusunu tatmin için –adını Astroloji koyarak güya bilimleştirdiği– fal, burçlar vs. ile ilgilenmeyi hayatının ayrılmaz bir parçası haline getirme çelişkisini yaşar.

Bu konularda günümüzde de zihinleri kurcalamaya devam eden soru işaretleri, "Kur'an'ın şifresi"nin çözüldüğü iddialarıyla yeni bir boyut kazandı. İddia sahipleri, dünya savaşları, insanoğlunun aya ilk ayak basışı, elektriğin, telefonun icadı, Halley kuyruklu yıldızının keşfi gibi olayları -güya- ayetlerle tarihlendirdiler. Üstelik, sadece geçmişte meydana gelen olaylar değil, gelecekte vuku bulacağı ileri sürülen olayların mahiyet ve tarihi hakkında da iddialar ortaya atılarak tartışmalara yeni boyutlar kazandırıldı.

Televizyon ekranından bilgilenme kolaycılığını tercih eden geniş halk kitleleri -televizyondan öğrenmekle yetindikleri her meselede olduğu gibi- bu mesele hakkında da bir düşünce karmaşası içinde. Meseleyi İslâm nassları çerçevesinde sorgulayanlar için şu sorunun cevabı son derece önemli:

Gayb nedir ve Allah Teâlâ'dan başkası gaybı bilebilir mi? Bilebilirse, nasıl ve ne ölçüde bilir?

GAYB NEDİR?

Sözlükte gizli kalmak, gizlenmek, uzaklaşmak, gözden kaybolmak veya görünmeyen, beş duyu ile idrak edilemeyen gizli şey gibi anlamlara gelen bu kelimenin İslâmî ıstılahtaki kullanımı biraz daha geniştir.

İslâm alimleri bu kelimeyi "mutlak gayb" ve "nisbî gayb" şeklinde ikili bir taksim içinde ele almıştır. Bu, oldukça isabetli, hatta vazgeçilmez bir ayrımdır.

Nisbî gayb

Şöyle ki; bir zamanda veya bir mekânda bilinemeyen pek çok şey vardır ki, başka bir mekân veya zamanda bilinebilir. Yahut aynı zaman ve mekânda olan insanlardan bazıları bildiği halde diğerlerine gizli kalan hususlar vardır. Bütün bunlar "nisbî gayb" kısmına girer.

Söz gelimi, çok yakınımızda meydana geldiği halde duyup haberdar olmadığımız için bize göre "gayb" olan bir olay, ona tanıklık edenler için böyle değildir. Ya da dünyanın öbür ucunda meydana gelen bir hadiseyi bize canlı yayınla anında aktaran televizyon icad edilmeden önce, o olay bizim için gaybdı. Hatta çok uzağa gitmeye gerek yok; yan yana bulunan iki insandan birinin kalbinden geçeni öbürü bilemediği için, birine göre gayb olmayan bir husus, diğerine göre pekâlâ gaybdır.

Mutlak gayb

Mutlak gayb ise, Allah Teâlâ'nın ezelî ve ebedî ilminde mevcut ve bilgisi sadece O'na mahsus olan hususlardır. El-Bâtın ism-i şerifinin mazharı olan bu ilme Yüce Allah hiçbir mahluku, açık ve kesin bir bilgiyle bileceği şekilde muttali kılınmaz.

Bu sebeple hiçbir mahluk -buna melekler, cinler ve peygamberler de dahildir- mutlak gaybı bilemez. Allah Teâlâ'nın zatı, alemin başlangıcı gibi hususlar böyledir. Ayrıca Kur'an'da mutlak gayb olarak zikredilen beş husus (mugayyebât-ı hams) da böyledir ki bunlar:

1) Kıyametin ne zaman kopacağı,

2) Nereye, ne zaman ve ne miktarda yağmur yağacağı,

3) Çocuğun anne rahmindeki hali,

4) Kişinin yarın ne kazanacağı,

5) Ecel.

İslâm alimlerinin gayb konusundaki bu son derece isabetli ayrımını dikkate almayan veya gözden kaçıran pek çok kimse, gayb meselesini doğrudan Kur'an ayetlerinden hareketle çözüme kavuşturma iddiasıyla son derece önemli hatalara düşmüştür. Zira gayb konusunun ele alındığı ayetlerden kimilerinde mutlak gayb kastedilirken, kimilerinde izafî gayba temas edilmiştir. Bu ayrım gözden uzak tutulduğu takdirde varılacak her türlü sonuç eksik, yanlış ve Kur'an'a aykırı olacaktır.

Şimdi gayb meselesinin Kur'an'da ne şekilde yer aldığına göz atalım:

GAYBI ALLAH'DAN BAŞKASININ BİLEMEYECEĞİNE DAİR AYETLER

Pek çok Kur'an ayeti, gaybı Allah Teâlâ'dan başkasının bilemeyeceğini, ne insanların, ne cinlerin, hatta Rasul-i Ekrem s.a.v. Efendimiz'in bile gayb alemine mutlak olarak muttali olamayacağını haber vermektedir. Bu ayetlerden bazıları şöyledir:

"Göklerin ve yerin gaybı Allah'a aittir." (Nahl, 77)

"Gaybın anahtarları O'nun nezdindedir. Onları O'ndan başkası bilmez." (En'am, 59)

"De ki: Göklerde ve yerde olanlar gaybı bilemezler; lakin Allah bilir ve onlar ne zaman tekrar diriltileceklerini de bilmezler." (Neml, 65)

"Ben size, 'Allah'ın hazineleri benim yanımdadır' demiyorum. Ben gaybı da bilmem." (Hûd, 31; ayrıca En'am, 50)

"De ki: Ben kendime, Allah'ın dilediğinden başka ne bir fayda, ne de bir zarar verme gücüne sahibim. Eğer gaybı bilseydim, elbette çok hayır elde ederdim." (A'râf, 188)

Bu ve benzeri ayetlerde gaybı Allah Teâlâ'dan başkasının bilemeyeceği açık bir şekilde ifade buyurulmaktadır.

Pek çoğumuz, bu ayetleri ileri sürerek gaybı Allah Teâlâ'dan başkasının bilebileceğini söylemenin küfür ve şirk olduğunu söyleyenlere rastlamışızdır.

Ancak meseleyi bu ayetlerle sınırlı bir çerçevede ele alarak gaybî bilginin hiç kimseye verilmediğini söylemek doğru mudur? Bu sorunun cevabını bulmak için hiç şüphesiz öncelikle yine Yüce Kitabımız'a müracaat etmek durumundayız. İşte Kur'an'ın bu konuda söyledikleri:

Gaybî bilgiye sahip kılınanlar

Gayb alemine ait bilgileri Allah Teâlâ'nın çeşitli hikmetlere bağlı olarak ve dilediği miktarda -cin, melek, peygamber- hiç kimseye bildirmediği, hiçbir gaybın hiç kimse tarafından bilinemeyeceği iddiası aşağıdaki ayetler tarafından geçersiz kılınmaktadır:

"Gaybı bilen O'dur. Gaybını hiç kimseye izhar etmez. Ancak razı olduğu elçi müstesna. Çünkü O, elçisinin önüne ve arkasına gözetleyiciler (koruyucular) koyar." (Cin, 26-27)

"Ve Allah sizi gayba vakıf kılacak değildir. Fakat Allah, elçilerinden dilediğini seçer (ve onu gayba vakıf kılar)." (Âl-i İmrân, 179)

Bu ayetler, ilke olarak Allah Teâlâ'nın, seçtiği elçisini gaybına muttali kıldığını kabul etmemizi gerekli kılmaktadır. Ancak bu ayetlerde geçen "elçi/ler" kimdir? Aralarında Mutezile bilginlerinin de bulunduğu ulema bu kelimenin "peygamberler"i anlattığını söylemişlerdir.

Kur'an, Hz. İbrahim a.s.'a göklerin ve yerin melekûtunun gösterildiğini şöyle ifade etmektedir: "Böylece biz İbrahim'e göklerin ve yerin melekûtunu gösteriyorduk ki, kesin inananlardan olsun." (En'am, 75). Bu ayet, diğer insanlar için gayb olan göklerin ve yerin melekûtunun (harikulade, azametli ve muhteşem varlıklarının) Hz. İbrahim a.s.'a gösterildiğini belirtmekle, yukarıdaki "elçi/ler"den kastın peygamberler olduğunu söylemenin yanlış olmadığını göstermektedir.

Yine Kur'an'da Hz. Yusuf a.s.'ın dilinden şöyle buyurulur: "(Yusuf) dedi ki: Size rızık olarak verilen yemek size gelmeden önce onu size haber veririm. Bu, Rabbim'in bana öğrettiği şeylerdendir." (Yûsuf, 37). Hz. Yusuf a.s.'ın zindan arkadaşlarının gördüğü rüyaları yorumlamadan önce söylediği bu sözler, ister onların rüyalarını yemek gelmeden önce yorumlayacağı, isterse ne tür bir yemek geleceğini haber vermesi şeklinde anlaşılsın, sonuçta "Allah Teâlâ'nın öğrettiği bir ilim" olduğunun belirtilmesi, başkaları için gayb olan bir hususun Hz. Yusuf a.s. için gayb olmadığını anlattığı için konumuz ile doğrudan bağlantılıdır.

Hz. İsa a.s.'ın da şöyle dediği haber verilir: "Ben size Rabbiniz'den bir mucize getirdim. Çamurdan kuş şeklinde bir şey yapar, ona üflerim, Allah'ın izniyle hemen kuş oluverir. Körü ve alacalıyı iyileştiririm. Allah'ın izniyle ölüleri diriltirim. Evlerinizde ne yiyip ne biriktirdiğinizi size haber veririm." (Âl-i İmrân, 49). Evlerin içi ve orada nelerin olup bittiği, dışarıdakiler için gayb olduğu halde Hz. İsa a.s.'ın bunu bilmesi, gayba ait bir bilginin kendisine verildiğini gösterir.

Allah Teâlâ'nın, "Katımızdan bir rahmet (ilim) verdiğimiz bir kul" buyurduğu Hızır a.s. da gaybî bilgiye muttali kılınanlardandır. Hz. Musa a.s. ile aralarında geçen olayları anlatan ayetlerden (Kehf, 65-82) anlaşıldığına göre Hızır a.s., Hz. Musa a.s.'ın bile vakıf olamadığı gaybî bilgileri bilirdi.

Belirttiğimiz ayetlerde anlatıldığına göre Hz. Musa a.s., Hızır a.s. ile çıktığı yolculukta onun, bindikleri gemiyi delmesi, rastladıkları çocuğu öldürmesi ve kendilerini misafir etmeyen köy halkına ait yıkılmak üzere olan bir duvarı yeniden inşa etmesi karşısında şaşkınlığını gizleyememişti. Hızır a.s. niçin böyle davrandığını ona izah etmiş ve bindikleri gemiyi, yolları üzerinde bulunan ve sağlam gemilere el koyan zorba hükümdardan kurtarmak için deldiğini; çocuğu, büyüyünce mümin olan anne-babasına zarar vermemesi için öldürdüğünü; duvarı da altında köy halkından iki yetim çocuğa ait hazine bulunduğu, çocuklar büyümeden önce duvar yıkılıp hazine ortaya çıkmasın ve başkalarının eline geçmesin diye tamir ettiğini söylemiştir. Bütün bunlar geleceğe ait bazı gaybî bilgilerin Hızır a.s. tarafından bilindiğini açık bir şekilde göstermektedir.

Peygamberlerden başkası gaybı bilebilir mi?

Şüphesiz ki gaybı bilmek, peygamberlerin mucizelerindendir. Mucize göstermek, peygamberlerin kendi inisiyatif ve tasarruflarıyla değil, Allah Teâlâ'nın kendilerine bu özelliği bahşetmesiyle olmaktadır.

Ehl-i Sünnet alimleri, gerek Hızır a.s.'ın peygamber olmaması (veli olması) ihtimalinden ve (Saba kraliçesi Belkıs'ın tahtını Hz. Süleyman a.s.'a göz açıp kapayana kadar getiren kişi örneğinde olduğu gibi) Kur'an'daki başka delillerden, gerekse konuyla ilgili sahih hadislerden ve Selef-i Salihin'den gelen nakillerden hareketle, Allah Teâlâ'nın salih kullarının keramet göstermesinin mümkün ve vaki olduğunu söylemiştir. Kerametin bir çeşidini de gayb alemine ait birtakım bilgi ve sırlara vukufiyetin teşkil ettiği açıktır.

Dolayısıyla peygamberlerden başkasının da -yine Allah Teâlâ'nın bildirmesiyle- gaybı bilmesinin mümkün olduğunu söylemek gerekir. Şu farkla ki, peygamberler gayba doğrudan vahiy veya rüya ile muttali kılınırken, <u>evliyaullah (veliler) ve mürşid-i kamil olan her asırda gelen büyük zatlar (müceddidler)-artık vahiy kesildiği için- rüya yanında keşif, ilham, hads gibi vasıtalarla gaybî bilgileri elde ederler.</u> (Esas meselemiz bu olmadığı için bu yazıda bu nokta üzerinde ayrıntılı olarak durmayacağız. Bu konu hakkında daha fazla bilgi edinmek isteyenler Akaid kitaplarına başvurabilirler.)

Ancak Allah dilerse...

Burada bir noktayı tekrar vurgulayalım: Biz, "İzafî gaybı Allah Tealâ'dan başkası da bilebilir" derken, bunun, ancak Allah Tealâ'nın bildirmesi, bilinmesine izin vermesi veya bilinmesini mümkün kılacak sebepleri yaratması ile olduğunu söylüyoruz.

Bu inceliği dikkatten kaçıran veya meseleyi bilerek saptıran kimseler, peygamberlerin veya velilerin gaybdan haber vermesini kabul etmenin şirk olduğunu söylerken, teknolojik gelişmelerle yapılan tahmin veya gözlemlerin de bir tür "gaybdan haber verme" anlamına geldiğini itiraf etmeye yanaşmıyorlar.

Bir başka deyişle, bir peygamber veya velinin gaybdan haber verdiğini söylemek bu kimselere göre şirk oluyor, ama bir bilim adamının "falan zaman şu bölgeye yağmur yağacak, sıcaklık derecesi şu olacak, şu kadın bir erkek çocuk doğuracak, şu hastanın şu kadar ömrü kaldı..." tarzındaki gelecekle ilgili haberleri "bilimin harika işleri" olarak göklere çıkarılıyor. Bu tavır ibret verici bir çelişkidir...

Beş Gayb ve Şüpheler

Kur'an- Kerim'de beş gayb konusu şöyle ifade edilmiştir:

"Kıyametin ilmi Allah katındadır. Yağmuru O indirir. Rahimlerde olanı bilir. Hiç kimse yarın ne kazanacağını bilmez. Hiç kimse nerede öleceğini de bilmez." (Lokman, 34)

Rasul-i Ekrem s.a.v. Efendimiz de "Gaybın anahtarları beştir. Onları ancak Allah bilir" (Buharî) buyurmak suretiyle bu 5 hususun mutlak gayb olduğunu ve onları Allah Tealâ'dan başkasının bilmesinin imkansız olduğunu belirtmiştir.

Ayette zikredilen 1., 4. ve 5. hususların mutlak gayb olduğu konusunda herhangi bir şüphe ve itiraz söz konusu değildir. 2. ve 3. sıradaki hususlara ise şöyle itiraz edilebilir: Günümüzün gelişmiş teknolojik imkânlarıyla nereye ne zaman yağmur yağacağı kesine yakın biçimde tahmin edilebilmekte, aynı imkanla ana rahmindeki çocuğun durumu da bilinmektedir. Öyleyse bu iki hususun mutlak gayb olması söz konusu değildir.

Ancak mesele yakından incelendiğinde, bu iki hususun da mutlak ve kesin denecek ölçülerde bilinemediği ortaya çıkacaktır. Yağmur meselesinde gelişmiş teknolojiye dayanan meteorolojik tahminler, adından da anlaşılacağı gibi sadece birer "tahmin"dir. Nereye yağmur yağacağı milimetrik olarak bilinemediği gibi, ne kadar yağmur yağacağı da tam anlamıyla söylenemez. Özellikle büyük şehirlerde yaşayanların çok iyi bildikleri gibi, hava tahmin raporları mesela Ankara'ya yağmur yağacağını söylediği halde, Ankara'nın tümüne değil, sadece belli semtlerine yağmur yağar, diğer bölgelerde ise bulutlanma bile olmaz. Üstelik meteorolojik tahminler, bulut hareketleri ve hava akımları dikkate alınarak yapılır. Bunun anlamı şudur: Söz konusu belirtiler olmadan önce meteoroloji istasyonlarının herhangi bir tahmin yapması mümkün değildir. Bu belirtiler ortaya çıktıktan sonra ise yağmurun yağması mutlak gayb alanından çıkıp, izafî gayb alanına girmiş demektir.

Sonuç olarak nereye ne kadar ve ne şiddette yağmur yağacağı, belirtileri ortaya çıkmadan önce mutlak gaybdır ve yalnız Allah Teâlâ tarafından bilinir. Belirtiler ortaya çıktıktan sonra ise artık bu mesele mutlak gayb değildir.

Rahimlerde olanın bilinmesi meselesine gelince; öncelikle belirtelim ki, ayette mutlak olarak "rahimlerde olan" denmektedir. Bu mutlak ve genel ifade, spermin rahme düşmesinden, gelişip şekillenmesine ve dünyaya geldikten sonra ölene kadar geçen sürenin tamamını kapsar. Bilindiği gibi bu alandaki teknolojik gelişmeler, sperm rahme düşer düşmez onun cinsiyetini, yüzünün ve organlarının şekli, nasıl bir insan olacağı gibi hususları tesbit edemez. Teknolojinin tesbit edebildiği, spermin geçirdiği evrelerden, cenin insan şeklini almaya başladığında cinsiyetinin tesbitinden -ki çoğu zaman bu noktada da yanılmalar olduğu bilinmektedir- ve azalarının durumundan ibarettir. Oysa ayetin mutlak ifadesi, rahimdeki varlığın cinsiyeti, azalarının şekli, kişiliği, rızkı, yetenekleri, hayatını nasıl bir insan olarak yaşayacağı ve başına nelerin geleceği gibi, doğum öncesi ve sonrası bütün bir hayatı kapsar. Bütün bunların ise henüz cenin safhasındaki bir insan hakkında mutlak gayb olduğunda şüphe yoktur.

Buraya kadar söylediklerimizden, izafî gaybın bilinmesinin mümkün olduğu, ancak bunun mutlak gayb için söz konusu olamayacağı ortaya çıkmış bulunmaktadır.

RÜYA VE UYKU'NUN İLMİ ANLAMI VE ÖNEMİ

Uyku sırasında aynen uyanıkmış gibi çeşitli olayların yaşanması olayı düştür. Düşler genelde kısa süreli olayları kapsar. Çok daha uzun süren veya uyandıktan sonra, zihinde kalıcı etki bırakan, işaret veya gaybla ilgili haberler içerebilecek potansiyeldeki uzun düşlere ise Rüya denir.

Rüya ise, çağlar boyunca bütün toplumlarda büyük önem görmüştür. Rüyanın mahiyeti ve kökeni hakkında çok şeyler yazılıp söylenmiştir. Ancak, bu yazılıp söylenenler her topluma ve her kültüre göre ayrı ayrı olagelmiş ve hep değişkenlik arzetmiştir. Tarihte bazı toplumlarda rüyaya büyük önem verilmiş ve bazan bu rüya tabirleri kitaplar halinde toplanmıştır. Umumiyetle rüya, uyanıklık halinin bir uzantısıdır; etkisinde kalınan sevindirici veya üzücü olayların uyku halinde yaşanması olayıdır. İslâm'da rüya hukukî bir kaynak ve delil değildir. Yalnız gören kişi ile alakalıdır. O kişi de bu rüyasını hayra yorar ve bu rüya yalnız kendisini bağlar.

İslam dünyasında Rüya, "Allah Teâlâ'nın melek vasıtasıyla hakikat veya kinaye olarak kulun şuurunda uyandırdığı enfusî idrakler ve vicdanî duygular veya şeytanî telkinlerden meydana gelen karışık hayallerden ibarettir" şeklinde de tarif edilmiştir.

Rüya, uykuda bütün duygu ve bilinç hallerinin tamamen yok olmadığı bir sırada meydana gelir. Nitekim rüyâ, uykunun az olduğu sabaha karşı daha çok görülür. Rüyada, görülmesi mümkün olan şeyler görülür. Uyanıkken görülmeyecek olan şeyleri rüyada görmek mümkün değildir. Bir kişi rüyada aynı anda hem ayakta, hem de otururken görülemez. Mümkün ve olağan olmayan şeyleri rüyada görme imkanı yoktur. Rüya bir idrak işidir. Zira rüya insanların kalblerinde yaratılan ve oraya yerleşen şeyin hayal etme ve düşünme yoluyla idrak edilmesi demektir.

Müslümanların dışındaki bir takım çevreler de bu konuda tutarsız ve reddedilmeye mahkum bir sürü şeyler söylemişlerdir. Ancak sağlıklı görüş sahibi alimlerin ve imamların görüşü makbuldür. Allah (c.c) uyanık insanın kalbinde, bir takım itikatlar yarattığı gibi, uyuyan insanın kalbinde de bazı itikatlar yaratır. Allah uyuyan insanın kalbinde yarattığı itikadları başka zamanlarda yarattığı bir takım şeylerin belirtisi ve aynası haline sokar. Rüyada görülen durum, bazan aynası olduğu işe aykırı olur. Uyanık kişinin kalbinde yaratılan itikad ve kanaat, bazı olayların aynası görünümünde olmasına rağmen bunun tersi çıkabilir. Meselâ bulut yağmurun belirtisidir. Allah (c.c) bulutu yağmurun alameti olarak yaratmıştır. Ama bazen bulut olmasına rağmen yağmur yağmayabilir. Aynı şekilde, uyku halindeki insanın kalbinde yarattığı itikadı ve inancı, bir hadisenin belirtisi olarak yaratmıştır. Fakat bazan yağmur yağmadığı gibi o olay da olmayabilir. Uyku halindeki insanın kalbinde söz konusu itikad bazen meleğin huzurunda oluşur. Bu takdirde sevindirici rüya görülür. Bazen de şeytanın hazır bulunduğu bir zamanda oluşur. Bu takdirde üzüntülü ve zararlı rüya görülür. Rüyanın mahiyeti hakkında en üstün bilgi Allah katındadır.

Allah (c.c), insanların Levh-i Mahfuzdaki durumlarına muttali olan bir grup meleği rüya işiyle görevli kılmıştır. Görevli melek, Levh-i Mahfuz'dan aldığı durumları bir takım olaylar ve şekiller haline sokarak ilgili insanın rüyasında kalbine yerleştirir ki, o kimse için bir müjde veya uyarı ya da kınama değerinde olsun. Böylece hikmetli, yararlı veya sakındırıcı bir faaliyet gösterilmiş olur. İlgili melek bu gayret içinde iken şeytan da insana karşı duyduğu kin ve düşmanlıktan dolayı onu uyanık iken rahat bırakmak istemediği gibi, uyku aleminde de rahat bırakmak istemez. Ona bir takım hile ve tuzaklar kurmaktan geri durmaz. Şeytan insanın rüyasını bozmak üzere ya onu gördüğü rüya hususunda yanıltmak ister veya rüyasında gafil olmasını sağlamaya çalışır.

Kur'ân-ı Kerim'in birçok yerinde rüyadan söz edilmiştir. Hz. İbrahim (a.s), oğlu İsmail (a.s)'i rüyada boğazlama emri almış ve bu rüyayı uygulamaya teşebbüs etmiştir (es-Saffat, 37/ 102).

Yusuf (a.s)'da rüyasında on bir yıldızla, ay'ın kendisine secde ettiğini görmüş (Yusuf, 12/40); Mısır hükümdarının ve hapishanedeki iki kişinin gördükleri rüyaları tabir etmiştir (Yusuf, 12/36, 43).

Kur'ân-ı Kerim'de Hz. Peygamber'in görmüş olduğu rüyalardan söz edilmektedir (el-Fetih, 48/27; es-Saffat, 37/105; el-İsra, 17/60).

Hadis kitaplarının hemen hepsinde Hz. Peygamber'in gördüğü rüyalar ve yaptığı rüya tabirleri hakkında geniş bilgi vardır.

Rüya ile ilgili Rasûlullah (s.a.s) şöyle buyurmuştur: "Salih kişi tarafından görülen rüya, peygamberliğin kırk altı parçasından bir parçadır. " Bir başka hadiste de şöyle der: "Müminin rüyası, peygamberliğin kırk altı parçasından bir parçadır; Peygamberlik gitti ve mübeşşirat kaldı".

Rasûlullah (s.a.s) bir başka hadislerinde şöyle buyuruyor: "Ey insanlar! Peygamberliğin belirtilerinden yalnız güzel rüya kaldı. O rüyayı müslüman kişi görür veya onun için başkası tarafından görülür" (İbn Hacer el-Askalanî, Fethül-Barî Şerhu Sahihil-Buharî Kitabül-Ta'bîr).

Hadisteki ihtilaflar ve bildirilen değişik sayılar rüya gören müslümanın haline dönüktür. Takva sahibi olmayan ve İslam'ın ölçülerine göre fasık sayılan müslümanın gördüğü rüya, nübüvvetin yani peygamberliğin yetmiş parçasından biridir. Takva sahibi olan müslümanın rüyası ise nübüvvetin kırk altı parçasından biridir. Şu halde rüyanın doğruluk derecesi müslümanın salah ve takvasına göre değişik olur.

Müslümanın gördüğü rüyanın peygamberliğin özelliğinin parçalara bölünmesi veya takva sahibi olan bir müslümanın peygamberlik hasletinden bir parçayı kazanabilmesi demek değildir. Maksat şudur: Peygamberlikte zaman zaman gayptan haberdar olma özelliği vardır. Yüce Allah dilediği zaman bir peygamberi gayptan haberdar eder. Bu itibarla, gayptan haberdar olmak, peygamberliğin alametlerindendir. Peygamberlik görevi kalıcı değildir. Fakat alametleri kalıcıdır. Müslüman bir kimse bazen Allah'ın takdir ve dilemesi ile rüya aleminde bir gayptan haberdar edilebilir. Bu itibarla müslümanın rüyada gördüğü bir şey aynen gerçekleşebilir.

İKİNCİ BÖLÜM

İslamiyet ve Rüyalar

Rüya konusuna Kur'an-ı Kerim'de özellikle Yusuf Suresi'nde değinilmiştir. Bu surede Hz. Yusuf'un rüyaları söz konusu edilir ve Yusuf'un kendisiyle aynı zindanda olan 2 gencin rüyaları için yaptığı rüya tabirleri anlatılır. Ayrıca yine Kur'an'da yer alan el-Fetih, es-Sabbat ve el-İsra surelerinde Hz. Peygamber'in gördüğü rüyalardan söz edilir. Rüya yorumlama yeteneği her insanda bulunan bir yetenek değildir. Allah'ın peygamberlerinden birine veya birkaçına düşleri yorumlayabilme özelliğini verdiği anlaşılmaktadır ve sadece peygamber rüyaları bağlayıcı rüyalardır; diğer insanların gördüğü rüyalar bu özelliğe sahip değildir. Rüya yorumları yapan herhangi bir kaynakta gördüğünüz rüya tabirlerinin İslami rüya yorumları olduğunu düşünmeniz gerekmemektedir. İslami rüya tabirleri diye bir şey yoktur. Sadece rüyalar konusunun bütün dinlerde ve kültürlerde olduğu gibi, İslam kültüründe de yer alması, varlığının kabul edilmesi, merak edilmiş ve araştırılmış olması söz konusudur.

Rüyaların insanın içine attığı, bilinçaltının derinliklerinde gizlenen birtakım duygu ve düşüncelerine dair ipuçları barındırıyor olabileceği bir gerçektir ve bazı psikiyatristler hastalarını tedavi etmek için rüya analizi yöntemine başvururlar. Misal bunların Batı dünyasında en meşhur olanı geçen asırda yaşamış olanı, Avusturyalı Psikolog Sigmund Freud'dur. Psikolojinin de kurucusu olan Freud, rüyalar ve rüyalarla bağlantılı ruh hastalıkları ve kişilik bozuklukları üzerine bir dizi inceleme yapmış, kitaplar yazmıştır. Rüyaların hayata yön veren, birtakım mesajlar içeren bir tarafı olduğu, bazı bilim adamlarıyla alimler tarafından onaylanmıştır. Fakat İslamiyet prensiplerine göre işin ilahi tarafının inkar ve ihmal edilerek rüya konusundaki meseleleri bütünüyle bilinçaltına bağlamak da, tamamıyla görülen düşlere bağlı olarak hareket edip, rüya tabirleri tarafından yönetilir bir hale getirmek de doğru değildir. Peygamberlerin gördüğü rüyalar bir yana, rüyaların bir kesinliği ve bağlayıcılığı olmadığı kabul edilir. Rüyalar görüldükleri yönde veya ters yönde çıkabilirler; hiçbir şekilde çıkmayabilirler, geleceğe dair haberler ve ikazlar barındırıyor veya barındırmıyor olabilirler, bunun kesin bir şekilde bilinmesi mümkün değildir.

Sonuçta rüyalar ve rüya tabirleri, *'Neden rüya görüyoruz?'* ve *'Rüyaların anlamı nedir?'* gibi meseleler insanoğlu tarafından tam anlamıyla çözülmüş ve anlaşılmış meseleler değildir. İslam dininin tavsiyelerine göre rüyaları, özellikle güzel rüyaları salih kişilere anlatmak gerekir. Çünkü bu özellikteki insanlar rüya tabiri ilmini bilmeseler de rüyaları hayra yorar ve anlatan kişiyi rahatlatırlar, onun kafasını karıştırmaktan veya üzüntü vermekten kaçınırlar. Kötü ve karışık rüyalara gelince; bunların kimseye anlatılmaması ve rüyadan zarar görmemek için dua edilmesi, şeytanın şerrinden Allah'a sığınılması tavsiye edilir.

İslamiyet'te rüya hukuki bir kaynak veya delil teşkil etmez, sadece rüyayı gören kişiyle ilgilidir ve o kişiyi bağlar. Gördüğümüz rüyalar kaynakları bakımından genel olarak 3 grupta toplanır; rahmani rüyalar, nefsani rüyalar ve şeytani rüyalar. Çok seyrek de olsa hemen her insanın gördüğü rahmani rüya gaybî mesajlar ve sırlar içeren bir rüya türüdür. Nefsani rüya geçmişe dönük hatıraların veya kişinin arzu ettiği şeylerin düşüne girmesi halidir.

Üzüntü, korku, kaygı gibi duygular uyandıran ve vesveselerden oluşan şeytani rüya; şeytanın telkiniyle görülen bir rüya tipi olarak kabul edilir ve kimseye anlatılmaması tavsiye edilir. Nefsani rüyalar bilim adamları tarafından bilinçaltı rüyaları olarak tanımlanan rüyalardır.

Rahmani rüyalar ise salih rüya veya rüya-yı sadıka (sadık rüya) olarak da bilinir. Böyle gaybî mesajlar içeren rüyaların levh-i mahfuzda yazılı olan bazı şeylerin kişilerin kalp aynasına yansıması olayı olduğu kabul edilir. İnsandaki küçük örneğinin hafıza (bellek) olduğunu söyleyebileceğimiz levh-i mahfuz; olmuş ve olacak olan her şeyin, zamanın içerdiği bütün anların ve mekanda bulunan bütün varlıkların yazılı olduğu bir kainat programı, bir ilahi muhafaza levhasıdır. İyi rüya veya doğru rüya olarak da bilinen salih rüyalar Allah tarafından kullarına gizli olan şeylerin gösterildiği ve manevi zevk veren rüyalardır.

Peygamberimiz Hz. Muhammed'in ilk peygamberlik alametleri her biri sabah ışığı gibi gerçek çıkan doğru rüyalar görmesiyle başlamıştır. Rivayete göre Ebû Kutâbe El-Ensari ismindeki sahabe peygamberimize kendisini hasta eden rüyalar gördüğünü söylediğinde Hazret- i Peygamberimiz ona kötü rüya gördüğü zaman –Euzübillahimineşşeytanirracim- demesi durumunda rüyadan zarar görmeyeceğini ve bu kötü rüyayı kimseye anlatmamasını söylemiştir.

Buhari tarafından nakledilen bir hadis-i şerifin mealine göre ise, hoşumuza giden güzel bir rüya gördüğümüzde bu rüya Allah'tandır. Bu rüya için tanrıya şükretmek ve rüyayı sevdiğimiz kişilere anlatmak gerekir. Kötü rüyalar ise şeytandandır, hoşuna gitmeyen rüyalar gören kişi şeytana lanet etmeli ve rüyasını kimseye anlatmamalıdır. Tirmizî ile Darimî'nin Ebu Said'den naklederek rivayet ettikleri bir hadis-i şerifte ise rüyaların en gerçeğinin seher vaktinde görülen rüyalar olduğu söylenir.

RÜYALARIN PEYGAMBERLİKTEKİ ÖNEMİ:

Güzel rüyanın peygamberliğin kırk altı parçasından bir parça sayılması şöyle yorumlanır:

Sahih rivayetlerin birçoğuna göre Peygamber (s.a.s) altmış üç yıl yaşamış ve peygamberlik süresi yirmi üç yıl sürmüştür. Çünkü o, kırk yaşını doldurduğu zaman peygamber olmuştur. <u>Hz. Peygamber (s.a.s)'e ilk vahiyler ekseri rüya halinde gelirdi.</u> Bu durum altı ay sürmüştür. Bu süre zarfında gördüğü rüyalar aynen çıkıyordu. Peygamberlik süresi yirmi üç yıl devam ettiğine göre, rüya yoluyla vahiy süresi bunun kırk altı parçasından bir parça olur. <u>Başka hadislerde rüya, peygamberliğin yetmişte bir, kırk dörtte bir, ellide bir olduğu ifade edilir.</u>

Rüyanın peygamberliğin parçalarından biri olduğunu açıklayan hadislerin değişik oranlar ifade etmesi, hadislerin gelişmesi anlamına gelmemektedir. Çünkü salih ve sadık bir rüya kişinin doğru sözlü, emaneti yerine vermek, sağlam itikatlı olmak gibi hususlardaki derecesine göre değerlendirilir. Bu konuda insanlar arasındaki farklılık kadar rüyalar da değişik olur. Kim samimi bir kalp ile Allah'a ibadet eder ve doğru sözlü olursa, gördüğü rüyalar daha doğru ve peygamberliğe daha yakındır. Zira peygamberler arasında bile fazilet farkı vardır. İnkârcı, kâfir ve yalancı kişilerin de rüyaları doğru çıkabilir. Bu takdirde bu kişilerin rüyaları vahiy ya da nübüvvetten bir parça olamaz. Çünkü, gayptan haber veren her doğru söz, nübüvvet sayılmamıştır.

Bu konuda şu hususlar daima gözönünde bulundurulmalıdır:

1- Doğru rüya görmek sadece mü'minlere mahsus değildir. Müslüman olmayanlar da görebilirler. Mısır hükümdarı ve zindandaki iki kişinin gördüğü rüyalar gibi.

2- Herkes aynı özellik ve nitelikte değildir. Doğru rüya nadir hallerde ve ruhu çok hassas kişiler tarafından görülür.

3- Görülen rüyaları esas alarak hayata nizam ve intizam vermeye kalkışmak yanlıştır. Zira rüyaların doğruluğunu ölçmek ve tesbit etmek mümkün değildir.

4- Rüya ile yalnız o rüyayı gören amel edebilir. Fakat amel etmesi şart değildir. Zira rüyada kaza geçirdiğini gören bir kimse bir vasıtaya bindikten sonra kaza geçirip ölmüş olsa, intihar etmiş sayılmaz.

Bundan dolayı Fıkıhta, Kelam ilminde ve mahkemede rüya, delil kabul edilmez. Rüya haktır ama doğru rüya gören ve rüyayı doğru şekilde yorumlayan kişiler azdır. Rüyaları doğru bir şekilde olaylar yorumlar. Bazı rüyalar da yorumu ile birlikte görülür. Bazı kimseler gördüğü rüyayı yorumlayamaz ama sadık rüya olduğunu anlarlar.

Rüya tabir etmek Allah vergisidir. Herkes rüya tabir edemez. Akıl ve mantık bu iş için yeterli değildir. Rüya merhametli ve öğüt verebilecek durumda olanlara anlatılmalı, güzelce yorumlayamayacak kişilere söylenmemelidir. Hz. Peygamber (s.a.s) bir hadislerinde de "Rüya gören onu hiç kimseye söylemediği sürece o, bir kuşun ayağına bağlıdır (zuhur etmez); söylerse zuhur eder. Böyle olunca rüyanızı yalnız akıllı, sizi seven veya size öğüt verecek durumda olan kimselere söyleyin" buyurmuştur (Tirmizi).

İmam Malik'e "Herkes rüya tabir eder mi?" Diye sorulmuş "Nübüvvetle oynanır mı?" demiştir. Yine İmam Malik Rüyayı iyi tabir edenler yorumlasınlar. Eğer iyi görürse söylesin; iyi görmezse iyi söylesin veya sussun" demiştir.

"İyi görmese de onu iyi olarak mı tabir etsin?" sorusuna, "Hayır" demiş; sonra "Rüya nübüvvetin bir parçasıdır. Nübüvvetle oynanmaz" diye cevap vermiştir (Kurtubî, Tefsir, IX, 122-127; Elmalılı, Hak Dini Kuran Dili, IV, 2863-2869; Kuşeyri Sarih Tercümesi, XII, 271).

Rüya genel olarak iki kısma ayrılır:

Birincisi: Doğru ve güzel olan rüyalar. Bu tür rüyalar, uyanıklık âleminde doğru çıkan rüyalardır. Peygamberlerin, onlara uyan salih müminlerin gördükleri rüyalar bu tür rüyalardır. Bazan dindar olmayan insanlar da bu tür rüyaları görürler.

Bu tür rüyalar üç grupta ele alınabilir:

1- Yoruma ve tabire ihtiyaç göstermeyecek kadar açık seçik rüyalar, Hz. İbrahim'in rüyası gibi...

2- Kısmen yoruma, ihtiyaç gösteren rüyalar. Hz. Yusuf'un rüyası gibi...

3- Tamamen tabir ve yoruma ihtiyaç gösteren rüyalar. Mısır hükümdarının gördüğü rüya gibi...

İkincisi: Adğâs adı verilen karmakarışık ve hiç bir anlam taşımayan rüyalardır. Bu tür rüyalar da bir kaç kısma ayrılır:

a- Şeytanın uyuyan kişiyle oynaması ve onu üzmesine sebep olan rüyalar. Mesela kişi rüyasında başının koparıldığını ve kendisinin başının peşinden gittiğini görür. Ya da korkunç ve tehlikeli bir duruma düştüğünü ve hiç bir kimsenin kendisini kurtarmaya gelmediğini görür.

b- Meleklerin haram bir şeyi uyuyan için helal kıldığına veya haram bir iş teklif ettiklerine dair olan ve aklen muhal ve imkansız olan buna benzer işlerle ilgili rüyalar.

c- Kişinin uyanık iken üzerinde konuştuğu veya olmasını temenni ettiği bir şeyi uyanık iken itiyad haline getirdiği bir şeyi rüyasında görmesi.

Bu durumda rüyanın üç çeşit olduğu görülmektedir:

a- Allah tarafından bir müjde olabilen bir rüya. Buna rahmanî rüya denir.
b- Kişinin uyanık iken önem verip kalben meşgul olduğu bir şeyle ilgili olarak gördüğü rüya.
c- Şeytan tarafından korkutulan kişinin gördüğü rüya. Buna şeytanî rüya adı verilir.

Kötü bir rüya gören bir müslümanın yapacağı işler:

Gördüğü rüyanın şerrinden ve şeytanın şerrinden üç kez Allah'a sığınır. Şöyle der: "Allah'ım, bu rüyanın şerrinden ve rahmetinden uzak kalmış olan şeytanın şerrinden sana sığınırım." Rüyanın hayra dönüşmesi için dua eder. Bu tür rüyayı hiç bir kimseye anlatmaz.

Müslüman gördüğü iyi bir rüyadan ötürü uyanınca Allah'a hamdeder. Bu rüyadan dolayı sevinir, bunu bir müjde kabul eder.

ÜÇÜNCÜ BÖLÜM

SAHİH RÜYALAR

Tamamı ON DÖRT adet Sahih rüyadan ibarettir:

BİRİNCİ RÜYA:

"İnsanlar uykudadır, Ölünce uyanırlar.."

(Hadis-i Şerif)

~ Ağustos 2013 Kadir Gecesi Sabahı ~

"MÜJDECİ MEKTUPLAR"

Bu gece, yani Kadir Gecesi, manevi bir işaret olarak bir rüya gördüm ~ Üstad Said-i Nursi ~ de rüyada görünerek çeşitli geleceğe yönelik işaretler verdi. Şöyle ki;

Ruyet-ul Gayb

Bütün dünyaya gönderilmek üzere, Ciltler dolusu MEKTUPLAR, Hazırlanan bir odada duruyorken kendimi orada buluyorum. Yanımda bakıyorum ki, az ilerde Üstad Nursi elinde bazı mektuplarla bana doğru yaklaştı, sanırım önemli bir şeyler söylemek istiyordu.

Ben soruyorum: "Bunlar da nedir?" diye. Çünkü, içimden diyorum ki; Eserleri zaten yazdım bugüne kadar. Bana döndü dedi ki: "Bunlar daha yazılmadılar." Sonra eline bir kalem aldı ve bana doğru yöneldi, o mektuplardan ciltlerle dolusu vardı odada ki, tek tek eline aldı uzunca bir süre, ne kadar zaman geçmiş farkında değilim, tek tek düzelttirdi. Sonra şöyle dedi: "Bunları görüyor musun? Bunlar, yeniden bu yüzyıla göre tekrar yazılacaklar!" Ben bu kadar mektup ve cilt nasıl düzelecek ve yeniden yazılacak diye düşünüyordum bu arada.

Bu arada, bir şey daha ekledi: "Bunların içinde ayrıca tek bir harf hatası bile kalmamalı!" Bunu duyunca daha çok şaşırdım, çünkü elle düzeltmekle bu iş belki 10 yıllar alabilir diye aklımdan geçirdim. Sonra ilginç ve hızlı bir şekilde onların hepsini düzeltmeye başladım, işlem çok hızlı devam ediyordu, öyle ki, belki birkaç saat içinde rüyada tüm oda dolusu mektup ve dosyalar düzenlenip, yeniden yazıldılar.

Sonra, bu işlem bittikten sonra, <u>başka bir depoda Tüm dünyaya gönderilmek üzere bekleyen koliler var!</u> dedi bana. Ben ne kolisi acaba diye düşünürken, o odaya geçtik belki yüzlerce üzerinde çeşitli adreslerin yazılı olduğu kutu kutu kitaplar ve yazılı mektuplar oda boyunca ileri doğru sıralanıyordu, öyle ki koridorun sonu bir türlü gelmiyordu, koridor boyunca raflar karşılıklı olarak kitap ve mektup doluydu. Sonra üstad ekledi: "<u>Yeni yüzyılın hizmetini görüyor musun? Bunlar dedi hepsi dağıtılacak üzerlerindeki yazılı adreslere!</u>" Ben bu ara: "<u>Kim dağıtacak bu kadar mektubu kitabı üstadım?</u>" Diyordum ki, hemen cevapladı: "<u>Bunlar bu yeni yüzyılın İslam hizmeti, bunu sen yapacaksın!!</u>" dedi. Bunu duyunca daha çok şaşırdım.

Sonra, birden aynı anda o koliler raflara otomatik olarak anında istif edildiler, sanki sihirli bazı eller benim yerime tüm koridor boyunca gönderilecek kolileri istif etmeye başladılar, birkaç saat zarfında oda tamamen istif edilmiş koliler dolusu kitapla yeniden dizayn edildi. Ancak, bu istif edilme esnasında, ben bazı mektupları kutularına koymayı unuttum, <u>yaklaşık 10-12 tanesi açıkta kalmıştı.</u> Üstad hemen beni uyardı: "<u>O 10-12 mektup dedi!</u>" O unuttuğun mektupları görüyor musun? dedi. Evet! diye yanıtladım. Onlar dedi: "<u>KIYAMET MEKTUPLARIDIR</u>" "<u>DAHA ÖNCEKİ YAZDIĞIN ESERLER, BUNLARIN BAŞLANGICIYDI</u>" dedi. Bunu duyunca daha çok şaşırdım, ben bu yazılacak olanların

KIYAMET GERÇEKLİĞİ'nin 2006-2014 aralığında 8 yıllık süre zarfında, her yıl yazdığım parçaları olduğunu düşünüyordum ki; derken üstada bunun ne demek olduğunu tam soracaktım ki: Üstad birden başka bir şey ekledi: "TAM 3 YIL SONRA" dedi. 40 YAŞINA GELDİĞİNDE, bunları yazmaya başlayacaksın, BUNLAR DAHA YAZILMADI dedi.. Ve ondan sonra, "bunların TAMAMI O ZAMAN DÜNYAYA DAĞITILACAK" diye de ekledi.

Ardından, işte bunların tamamı da, dedi: "BU YÜZYILDAKİ HİZMET, İSLAM HİZMETİ, BU OLACAK" diye söylüyor ve bir yandan da kendisi de istif etmeye yardım ederken, bana yardım ettiğini hayretle gördüm. Bir an zaten yaşlı olduğunu söylemek için yöneldiysem ve engel olmaya çalıştıysam da o yine işine büyük bir dikkatle devam etmekteydi.

Daha sonra, ben kolilerin tamamını adreslerine göre dizdim bitirdim, paketledim, bu arada elimde dikkat ettim paketlerin içine koyduğum yine o 10-12 parça mektuba bakıp okuyordum, çünkü üstad onların Kıyamet Mektubu olduğunu söylemesi aklımda kalmıştı. Bu arada yine bana dönerek dedi ki: "Artık yeter, onları okumayı bırak, onları da kolilerin içerisine yerlerine koy Murat! Artık göndermemiz lazım! Artık işi tamamla!" diye ekleyerek, rüya burada tamamlandı..

İKİNCİ RÜYA:

~ *31 Ağustos 2013 Sabahı* ~

Bu rüya dahi İKİ MÜJDECİ RÜYA'dan ibaret olup birincisi Hızır AS tarafından bildirilen İKİ MÜHİM Gaybi haber olup, ikincisi ise, tarih boyunca çokça merak edilen ve soru sorulan ASHAB-I KEHF'in yeniden UYKU VE RÜYA aleminden dirilişi ile HZ. MEHDİ'nin zuhuru zamanında dirilişine işarettir ve bu yönüyle bu iki rüya iman-ı tahkikinin mühim iki kutbuna bakan ve gayb aleminden gizli bir surette haber veren iki mühim kıssa niteliğindedir.

BİRİNCİSİ:

"HIZIR AS" VE GELECEKLE İLGİLİ ÖNEMLİ HEBERLER

[Çok mühim bir gaybi rüyadır, büyük kıyametle ilgilidir.]

Bu sabaha karşı, yine üstadların da içinde bulunduğu oldukça genişçe ve detaylı bir rüya gördüm. Tamamını burada kaleme aldım. Şöyle ki;

İçinde kalabalık bir grubun olduğu iki gemi ile yolculuğa çıkıyoruz. Gemide Türkiye ve dünyadan sayılı siyasiler ve din adamları ile düşünürler vardı. Gemi, yerini tam bilmiyorum, çok uzun bir süre yol aldıktan sonra, İstanbul boğazı veya Akdenizdeki Süveyş boğazına yakın bir yerde demir attıktan sonra, stratejik olarak önemli bir limanın yakınında bir yerde durdu. Ayrıca burada tüm dünya ülkelerinin de savaş gemilerini toplanmış olarak görüyorum. Diğer gemiler, tam bizim bulunduğumuz gemiye doğru hücum ediyorlarken, deniz taşıyor ve suların bir kısmı bizim gemiye doluyor ama gemi bir türlü batmıyor, yine yol almaya devam ediyoruz.

Nihayetinde, gemi bayağı bir yol kat ettikten sonra, oradaki önemli bir manevi şahıs (HIZIR AS), bana doğru işaret ederek, dünyanın durumu ve İslam dünyasının geleceği hakkında bir münazaraya davet etti. Geminin güvertesinde karşılıklı olarak oturduk. Bu şahsın Hızır aleyhisselam olduğunu, rüyada Musa aleyhisselamla bir gemide yolculuk yapma hikayesi aklıma gelince fark ediyorum. Bana İslam alemi, geçmiş yüzyıllardaki bazı mühim olaylar ve İsrail ile Ortadoğu ile ilgili birçok malumat verip, uzun bir konuşma yaptıktan sonra (*birçoğu aklımda kalmadı*), İslamiyetin ve Ortadoğu ülkelerinin geleceği hakkında önemli açıklamalar yapacağını ve iyi dinlememi, not almamı söyledi.

İlk önce, bu konu hakkında benim fikirlerimi sordu. Ben, gayriihtiyari olarak, birden aklıma gelen konuyla ilgili meseleleri, maddeler halinde onun soruları doğrultusunda cevaplamaya başladım:

BİRİNCİ SORU: İslam dünyası, yaklaşık 600-1000 yıl gibi uzun bir süre, çok ileri bir medeniyet halinde iken, son 200-300 yılda neden geri kaldı? Dedi.

EL-CEVAP: Ben dedim ki; "İslam dünyası, yaklaşık uzun bir süredir eski zamanlarda geride değildi. Mesela bundan yaklaşık 500 ila 1000 yıl önce gerek Osmanlı ve gerekse Emeviler döneminde altın çağlarını yaşadığı dönemler oldu, Müslümanlar görece daha güçlü ve diğer medeniyetlerden çok ileriydiler. Batı'dan hem bilim ve teknolojide ve hem de inanç, iman ve itikatta, hatta temizlik konusunda bile ileriydiler. Hem de vatanlarına düşkün olup, gittikleri beldeleri de İslam coğrafyasına dahil edip, oraları da İslam diyarı olarak vatanları olarak görüyorlardı. Tüm yeryüzü halkları ve halife için, bir büyük İslam ülkesi Allah'ın mescidi hükmünde idi. İlk evvela bu terk edildi, ardından Müslüman müslümana düşman olur hale geldi, kin ve husumet arttı, ittifak (birlik) ve terakki (ilerleme), İslam kardeşliği adına paylaşma ve yardımlaşma terk edildi, ilim terk edildi, kuran hakikatleri kuru bir ezbere dönüştürülüp süs olarak duvarlara asıldı, içindekiler araştırılmadı, eğitime yansıtılmadı." dedim.

Ardından devam ettim: "1800'lerden sonra da, içe dönükleşme dünyadan kendimizi izolasyona uğratma, bilim ve teknolojide batının gerisinde kalmamız ikinci sebep idi, İslam coğrafyasındaki elimizdeki topraklar parçalandıktan ve Osmanlı dağıldıktan sonra da dikiş tutturamayan bu gidişat ve batıyı olduğu gibi taklit eden islamdan uzaklaşma cereyanı ve ahlaktan yoksun tarafıyla aynen taklit ederek kopyalamamızın acı reçetesini sonraları, ancak geçtiğimiz yüzyılın ortalarında fark etmiştik ki, geç kalınmıştı. Bunların doğal sonucu olarak, gerileme devam etti ve hatta bu öyle bir noktaya geldi ki, bir Fransız veya Alman kendi ülküsünü ve manevi değerleri devam ettirme uğruna, Afrikaya ve hatta ta

Amerikaya kadar gidiyorken, biz kendi insanımıza sahip çıkamaz hale geldik. Elimizdekileri de ondan kaybettik. Boşvercilik ve Bananecilik ile Nemelazımcılık ve Batı taklitçiliği bizi içerden hem maddi hem de manevi olarak çökertip tembelliğe ve suistimalliğe yöneltti" dedim.

Ardından: "Bu dediklerinde haklısın" diye cevapladı.

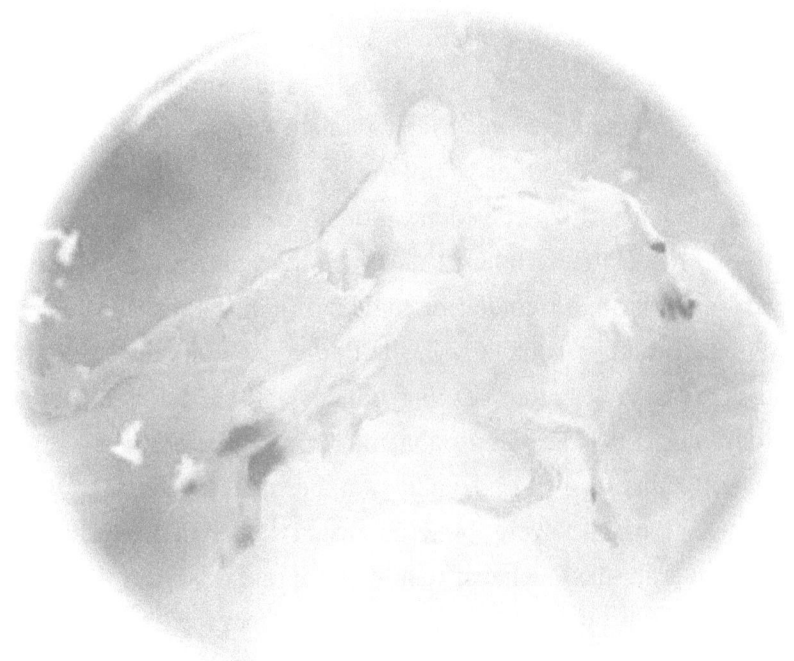

İKİNCİ SORU: Peki, madem geçmişte İslam ileriydi. Bu gerilemenin sebebi ne oldu? dedi.

EL-CEVAP: Ben dedim ki; "Tarihsel açıdan incelendiğinde, bu 500 ve 1000 yıllık dönemin son kısmı bunu anlamak için iyi incelenmelidir. Çünkü, son 200 yıldaki olaylar incelendiğinde, görülür ki; Ortadoğuda İsrail devleti'nin kuruluşuna yönelik amaç için dünyanın her yerinde Yahudiler tarafından ya para ve petrol hırsı yüzünden devamlı savaşlar çıkartılarak büyük devletler ve dolayısıyla son büyük İslam devleti olan Osmanlı imparatorluğu parçalandı veyahutta küçük devletlere bölünerek, yönetimlerine gayri-islami despot liderler getirilerek; islamda ilk dejenerasyon ve gerileme dönemi başlatılmış oldu (*Osmanlıda II. Mahmut ve Tanzimat dönemiyle başladı*).

Ama, buradaki en önemli pay ve sebep de, yine aslında ortadoğuda bir İsrail devletinin kuruluşu amacına hizmet idi, diğerleri yan sebeplerdi. Çünkü, son yüzyıllarda dünyada kötülüğü örgütleyen, islamiyete ve Müslümanlara en büyük düşmanlığı taslayanlar yine Yahudiler ve onların kurmaya çalıştıkları bu devlet ile bu amaca hizmet eden global organizasyonlar olduğu görülecektir. Hatta, Almanya'da Yahudiler dünya Yahudilerinin kendi topraklarına dönmelerini sağlamak için, Hitler'i destekleyip suni bir Yahudi düşmanlığı başlattılar ve çoğunu telef eden iki dünya savaşına soktular ve nihayetinde 1948'de İsrail devletinde kurdurdular, ki o da halen daha müslüman ülkelerinin en büyük düşmanı haline getirildi. Kendi yanı başında askerleri kadın ve çocuk dahi olmak üzere binlerce insanı katlederken, gazino ve müzikhollerde lüks bir hayat içinde bu topraklarda yaşayarak, hem de dünyaya da bu tür bir yaşam tarzını empoze eden bir Yahudi sistemi kurulmuş oluyordu. Bu devletin şeytani halkı da bunun (*ahir zaman fitnesinin ve iç savaşların*) en büyük destekçisi olduğu rahatlıkla görülebileceği gibi, bugün dahi bu durum devam edegelmektedir." dedim.

Hatta, durum şimdi öyle bir hale gelmiştir ki, bu sistem global bir düşünce anlayışı ve yaşam tarzı haline getirilip kitlelere de empoze edilerek, manevi bir zehirli şırınga gibi enjekte edilerek, hemen hemen tüm medya ve iletişim araçlarını kullanarak, Yahudi bankerleri ve baronları sayesinde genişletilerek, bu İslam dışı yaşamı ve siyaseti dünyaya da benimsetmeye çalışmışlar ve müslümanların eskiden beri devam etmekte olan manevi rabıtalarını kırarak, uhuvvet, kardeşlik ve yardımlaşma hislerini zayıflatarak, nihayetinde İslam coğrafyasında bir 200 yıldır süregelen kültürel bir yozlaşma başlattılar. İşte, bu yozlaşma neticesinde biz de ekranlarımızdan Mısır'da katledilen Müslümanlara veya Filistindekilere uzaktan bakarak yardım etmemek, İslam ümmeti olmaktan uzaklaşmak bunun, bu gerilemenin en büyük nedeni oldu.

ÜÇÜNCÜ SORU'yu: bu kez Hızır AS karşısında gemide otururken ve gemi yol alıyorken, bu kez merakıma yenilerek ben sormak istedim. Fakat bana: "*Sabırlı ol! Öğrenmek istediklerinin cevabını alacaksın*" deyip, "şimdi sorunu sor" diye ilave etti..

ÜÇÜNCÜ SORU: Şunu sordum; "Madem İslam dünyası ve gerileme nedenleri bunlar, bunun önüne geçmenin bir yolu yok mu? Çare nedir?" dedim.

Hızır AS, ardından en önemli açıklamayı yaptı. Eliyle denizdeki yüzlerce gemiyi göstererek dedi ki: "Dünyanın düzelmesinin ve savaşların bitmesinin ve islamın tekrar yükselişe geçmesinin tek bir şartı vardır:

"O DA ORTADOĞU'DAKİ İSRAİL DEVLETİ'NİN YOK EDİLMESİ OLACAKTIR" dedi.

O birden bu açıklamayı yapınca, gaybi (*gelecekle ilgili*) hiç beklemediğim bir bilgi olduğu için iyice şaşırmış gibi ona bakarak; tam da bunun nasıl olacağını soracaktım ki, sonra aniden elinde tuttuğu çok eski bir haritayı bana gösterip, haritada çoğu Ortadoğu'da bulunan bazı yerleri işaret edip bana dedi ki:

"Yakında, görmüş olduğun gibi, çok büyük bir savaş çıkacak bu harita bu savaşın cephelerini gösteriyor" dedi. Suriye, İran, Türkiye, Rusya, Amerika, İsrail ve pek çok dünya ülkesi de bu savaşa dahil olmak zorunda kalacak. Ve bu savaşın sonunda;

"İSRAİL BU HARİTADAN SİLİNECEK."

dedi.

Daha çok şaşırmıştım şimdi ve devamını dikkatle dinlemeye başladım.

"Peki ya sonra ne olacak?" dedim.

Cevapladı: "Tüm Müslüman ülkelerindeki mücahit gruplar; (HZ. MEHDİ'NİN ŞAKİRTLERİ *-ASKERLERİ'Nİ-* kastederek), bu savaş esnasında birleşecekler ve ardındaki yıllarda, İslam tekrar yükselişe geçmeye başlayacak" dedi.

Ben bunun üzerine dedim ki: "Peki ne zaman olacak bütün bunlar?"

"Önümüzdeki birkaç yıl içinde" diye yanıtladı.

"Önümüzdeki birkaç yıl içerisinde, bu savaş (III. DÜNYA SAVAŞI) başlayacak ve pek çok insan ölecek ama en sonunda islamiyetin yeni ALTINÇAĞ'ı, vaad edilen zaferi gelecektir." diye ekledi. Ve sonra, aniden elindeki haritayı katlayıp denize attı. Dalgalar, haritanın denize atılmasıyla birlikte sakinleşmeye başladı ve deniz birden bire buz tutmaya başladı. Öyle ki, gemimiz hareket edemez oldu, içinde mahsur kaldık. Bu arada, bize saldıran denizdeki diğer gemilere bakıyorduk, sonra onlar tek tek buzların içerisinde sıkışıp kaldılar, bazıları buzlara çarpıp batmaya başladılar.

Nihayetinde, gemiden herkes inmek zorunda kaldı. Tüm herkes inerken, ve yandaki hazırlanmış olan ikinci bir filikaya binerken Hızır aleyhisselam bana doğru dönüp, son bir şey daha söyledi ki beni derinden etkiledi bu son sözü:

"UNUTMA! İSLAM'DAN UZAKLAŞMANIN EN BÜYÜK SEBEBİ, KUR'AN'DAN UZAKLAŞMAK OLDU!" dedi.

Ardından, bizim gemiye baktım geçtiğimiz filikadan. O da içinde kalan az bir yolcu ile batmaya başlamıştı ama bizim küçük filika tıka basa o gemiden kaçan yolcularla dolup taşmıştı, yer kalmamıştı. Batan gemi ile birlikte türk gemisinin birçok yolcusu da derin sularda telef oldu, suda boğuldular.

Ardından, bize saldıran diğer gemilere bakıyordum. Onlar da teker teker denizde parçalanan buz parçalarına çarparak batmaya başladılar. Fakat, biz diğer gemide selamette idik ama ben yolcular arasında tam Hızır aleyhisselamı arıyordum ki, birden o da yok oldu..

Rüya burada bitti..

İKİNCİSİ:

ASHAB-I KEHF VE ÖLÜLERİN YENİDEN UYANMASI MESELESİ

ŞİMDİ, BU RÜYA ALEMİNDEN ÖNEMLİ BİR İŞARET GELDİ Kİ, KIYAMET VE AHİR ZAMANA BAKAN BİR YÖNÜ OLDUĞUNDAN, BU ÖNEMLİ SONUÇLAR VE ASHABIN KEHF'İN İKİNCİ GELİŞİ BU YENİ ESERİMİZDE, BURADA "HABERCİ RÜYALAR" RUYET-ÜL GAYB'DA KISACA BAHSEDİLECEK..

Rüya ve Gayb aleminde gözümün önünde bir perde açıldı ve Hristiyanlığın baskı altında olduğu Roma imparatorluğu döneminde bir mağarada 309 yıl uykuya

dalan Ashab-ı Kehf gençlerinin Ahir zamanda şu iki mühim imani sonuç için yeniden uykudan uyandırılarak, tekrar aşikar olarak görünecekleri bu rüyada ilhamen ihtar edildi.

Şöyle ki, rüya aleminde 7 adet yaşları 30 ila 40 arasındaki heybetli görünümlü ve eski kıyafetli genç şahıs, yanlarında bir köpekle birlikte büyükçe bir mağaranın girişinde namaza durdular. İçlerinden birisi şöyle dedi: "Arkadaşlar, zaman bayağı geç oldu, şehre inelim mi?, Yeterince çok uyumuş olmalıyız" dedi. Bunun üzerine, gençlerden birisi yanına köpeği de alarak hızla mağaranın bulunduğu tepelikten inmeye başladı. Ben bu rüya aleminde aniden, bunlar kıyametin büyük alameti işte zuhur etti diyordum ki, o genç yükses bir sesle aşağıya indiğinde şöyle bağırdı:

"EY AHALİ, VUKU BULACAK OLAN KIYAMET YAKINDIR,

UYANMA VAKTİDİR, UYANINIZ..!"

O böyle bağırdığında ben de uzaktan hayalen mağara girişinde onların bu halini izliyordum. Bu arada, aklıma tarih bilgileri sinema gibi gözümün önünde hayalen belirdi ve ashab-ı kehf'in yaklaşık 1500 yıldır ikinci bir uykuda olduğu ihtar edilerek, hayalen onlar uyuduğu sürece Roma topraklarındaki olaylar ve yöneticiler ile tabi oldukları isevilerin halleri sinema-misal gözümün önünden hızla geçti, öyle ki, seneler bu sure zarfında adeta bir sinema şeridi gibi hızla geçiyordu. Hatta, öyle bir an geldi ki, ben kendimi de bu 1500 yıl içinde onlarla birlikte uyuyor gibi hissettim, manen hissettim gibi geldi.

Sonra, o aşağı inen 35 yaşlarındaki genç bana yaklaştı yüzüme baktı ve tanır gibi bir vaziyette;

- "Selamün aleyküm", "Selam üzerine olsun, ey mümin kişi!", Filadelfiya şehri denilen bir yer vardı nerede biliyor musun? Dedi.

Ben "bilmiyorum" dedim. Bu arada zihnime burasının, şimdiki Mersin-Adana civarındaki bir bölge olabileceği aklıma geliyordu. Elimle uzak bir şehri gösterdim; "İşte, dedim belki o denize yakın şehir olabilir". Ben böyle dedikten sonra, o heybetli genç denize doğru yöneldi, ve o yöneldiğinde birden deniz büyük dev dalgalar halinde hareketlenmeye başladı ve iki duvar veya sütun şeklinde sular yukarıya kadar kalktı ve denizin ortasında ta karşıya kadar uzanan çok uzunca bir yol açıldı. Ben bu sırada, "Eyvah dedim içimden, bu sular hepimizi kaplayacak" derken O:

- "Korkma, dedi, şimdi beraber arkadaşlarımla karşıya geçeceğiz, sen de istersen bizimle gel" dedi.

Bunun üzerine, tamamı mağaradan aşağı inmeye başladılar ve ben de hayalen peşlerinden rüyada takip ederek denizin karşısına geçmek için açılan yolu takip ettik.

Uzunca bir sure yolu takip ettikten sonra,

- "Bak dedi, gördün mü? Engel olmak isteyen asıl kendi engellendi, hain hükümdar kendi sularında boğuldu."

- Ben evet, "doğru söylediniz" derken bir an için rüyada Firavun ve hikayesi aklıma geldi, ve zalim hükümdarların iman mücadelesindeki hazin sonlarını ihtar etti.

Biz 8 kişi köpekle birlikte denizin karşısına geçtiğimizde, sular büyük bir gürültüyle kapandı ve kıyamet benzeri bir sahne ile boğulanları uzaktan görebiliyordum. Bu arada, karşıya geçtiğimizde o genç tekrar dedi ki:

- "Filadelfiya'ya geldik değil mi?" Ben bu kez, "evet geldik galiba dedim."

Bu sırada büyükçe bir roma sarayı benzeri bir yapıyla karşılaştık, tam içine girmek üzereydim ki, onlar gözden kayboldular, peşlerinden gitmeye çalıştım ama nafile aniden bu sırada gözden kayboldular ve rüya burada bitti.

[M. Ukray, 14 Temmuz, Ramazanın 14. Günü, Sabaha Karşı, 2014]

Şimdi burada, rüyanın detayına çok fazla girilmemekle birlikte, önemine binaen bu kısımda sadece şu İKİ MÜHİM sonuç yazdırıldı, vesselam..

BİRİNCİSİ VE EN ÖNEMLİSİ: ASHAB-I KEHF, KIYAMET SAVAŞINDA HZ. MEHDİ'NİN YARDIMCISI OLACAKLARDIR, HERBİRİSİ 30-40 YAŞLARINDA OLACAKLARDIR..

İKİNCİSİ İSE: Kİ BU DA ÇOK ÖNEMLİ BİR GEREKÇE OLARAK, HALEN DEVAM ETMEKTE OLAN VE ÇOĞU EHL-İ İMANIN BİLİM VE TABİATÇILIK YOLUYLA BATAKLIĞA SAPLANDIĞI VE ÖLÜMDEN SONRASI VE YENİDEN DİRİLTİLMENİN İSBATINI DİN YOLUYLA KESİNLİKLE YAPAMADIĞINIZ, YENİDEN DİRİLME MESELESİNE EN BÜYÜK BİR İSBAT OLARAK VE HEM EN BÜYÜK BİR BÜRHAN VE CANLI BİRER DELİL TEŞKİL ETMEK ÜZERE VE HEM DE KUR'AN-I HAKİM'DEKİ İLGİLİ KISSAYI YÜZYILLARDIR HALEN TARTIŞMAKTA OLAN VE İNANDIRICILIĞINA ŞÜPHEYLE BAKAN BİR KISIM EHL-İ İNKARI SUSTURMAK İÇİN, ÖLÜLERİN DİRİLTİLMESİNE KUVVETLİ BİR DELİL OLARAK HERKESE GÖRÜNECEK

ŞEKİLDE, ESKİ KIYAFETLERİYLE YENİDEN UYANDIRI-
LACAKLAR OLMASI MESELESİDİR..

KUR'AN'DA ESHÂB-I KEHF'İN HAYAT HİKÂYELERİ:

Kur'an, İslâmın temel kaynağıdır. İslâm'da bir mesele hakkında ilk müracaat edilecek kaynak Kur'an'dır. Ancak O'nda hüküm bulunmadığı zaman diğer kaynaklara müracaat etmek gerekir. Bu nedenle Eshâb-ı Kehf gibi hem müslümanlar hem de hristiyanlar için önemli bir meselede ilk olarak Kitab'a yani Kur'an'a bakmak gerekecektir. Zira O, ilahî bir kitaptır. En sağlam bilgiler O'nda bulunmaktadır. Ancak hemen belirtelim ki, Kur'an bir tarih kitabı değildir. O'nda itikâd(inanç)a, hukuka ve ahlâka ilişkin hükümler de vardır. Kur'an'da meseleler büyük-küçük, itikadî-amelî, tarihî-hukukî ayrımı yapılmadan hayati önem taşıması ve ma'rifetullahı ilgilendirmesi nazara alınarak incelenmiştir. Bunun sonucu olarak bir mesele Kur'anda yer almışsa bilinmelidir ki, o müslümanlar için önemlidir.

Hemen belirtelim ki, Kur'an'da bir sûrenin ismi "Kehf"dir. Sadece bu bile Kur'an'da Eshâb-ı Kehf'e verilen önemi belirtmesi açısından yeterlidir. Kur'an gibi en son ve mükemmel bir dinin 114 sûreden müteşekkil kitabının sûrelerinden birinin isminin Arş-ı Â'lâ'ca Eshâb-ı Kehf'in ismiyle tesmiye edilmesi, isimlendirilmesi; şereflerin en büyüğüdür. Ayrıca, Kur'an'da XVIII. sûreye bu eşhasın unvanları verilmekle kalınmamış; aynı sûre içinde konu ile ilgili bizi aydınlatacak önemli bilgilere de yer verilmiştir. Bu sûrede tam 18 ayet (9-26) Eshâb-ı Kehf'e ayrılmıştır.

Önemine binaen bu ayetlerin kısaca meallerini buraya aynen alıyoruz:

9. (Rasûlüm!) Yoksa sen (sadece) Kehf ve Rakîm (^(haşiye)1) sahiplerinin ibrete şayan olduklarını mı sandın?

10. O yiğit gençler mağaraya sığınmışlar ve "Rabbimiz! bize kendi katından rahmet ver ve bizim için şu durumumuzdan bir kurtuluş yolu hazırla!" demişlerdi.

11. Bunun üzerine biz de onların kulaklarına nice yıllar perde koyduk (uykuya daldırdık).

12. Sonra da iki gruptan (Eshâb-ı Kehf ve hasımlarından) hangisinin kaldıkları müddeti daha iyi hesab edeceğini görelim diye onları uyandırdık.

13. (Şimdi) Sana onların başından geçenleri gerçek olarak anlatalım. Hakikaten onlar, Rablerine inanmış gençlerdi. Biz de onların hidayetlerini artırdık.

14. Onların kalplerini metin ve sağlam kıldık. O yiğitler (Kralın önünde) ayağa kalkarak dediler ki, "Bizim Rabbimiz, göklerin ve yerin Rabbidir. Biz ondan başkasına ilah demeyiz. Yoksa hakikatten ve dinden uzaklaşmış oluruz.

15. Şu bizim kavmimiz Allahtan başka tanrılar edindiler. Bari bu tanrılar konusunda açık bir delil getirseler ya; (ama ne mümkün!). Öyleyse Allah hakkında yalan uydurandan daha zâlim var mı?

16. (İçlerinden biri şöyle demişti:) "Madem ki siz, onlardan ve onların Allah'ın dışında tapmakta oldukları varlıklardan uzaklaştınız, o halde mağaraya sığının ki, Rabbiniz size rahmetini yaysın ve işinizde sizin için fayda ve kolaylık sağlasın."

17. (Rasûlüm! orada bulunsaydın) Güneşi, doğduğu zaman mağaranın sağına meyleder; batarken de sol taraftan onlara isabet

etmeden geçer görürdün. Böylece onlar (güneş ışığından rahatsız olmaksızın) mağaranın bir köşesinde uyurlardı. İşte bu Allah'ın mucizelerindendir. Allah kime hidayet ederse, işte o hakka ulaşmıştır; kimi de hidayetten mahrum ederse artık onu doğruya yöneltecek bir dost bulamazsın.

18. Kendileri uykuda oldukları halde, sen onları uyanık sanırdın. Onları (yanları incinmesi diye) sağa sola çevirirdik. Köpekleri de mağaranın girişinde ön ayaklarını uzatmış yatmaktaydı. Eğer onları görseydin (heybetlerinden dolayı) dönüp kaçardın ve gördüklerin yüzünden için korku ile dolardı.

19. Sonra da biz aralarında kendi hallerini birbirlerine sormaları için onları uyandırdık. İçlerinden biri "ne kadar yata kaldınız?" dedi. (Kimi) "Bir gün ya da günün bir bölümü kadar yata kaldık" dediler; (Kimi de) Şöyle dediler: "Rabbiniz kaldığınız müddeti daha iyi bilir." Şimdi siz, içinizden birini şu gümüş para ile şehre (Tarsus'a) gönderin de baksın, şehrin hangi yiyeceği daha temiz ise ondan erzak getirsin; ayrıca, temkinli davransın ve sakın sizi kimseye sezdirmesin.

20. Çünkü onlar eğer size muttali olurlarsa ve tanırlarsa, ya sizi taşlayarak öldürürler ya da kendi dinlerine çevirirler ki, bu takdirde ebediyyen kurtulamazsınız.

21. Böylece (insanları) onlardan haberdar ettik ki, Allah'ın (öldükten sonra tekrar dirilteceğine dair) va'dinin hak olduğunu kesinlikle bilsinler. Hani onlar aralarında Eshâb-ı Kehf'in durumunu tartışıyorlardı. Dediler ki, üzerlerine bir bina yapın. Çünkü Rableri onları daha iyi bilir. Onların durumuna vâkıf olanlar ise, "bizler kesinlikle onların yanıbaşlarına bir mescit yapacağız" dediler.

22. (İnsanların kimi:) "Onlar üç kişidir, dördüncüleri de köpekleridir." diyecekler; yine bir kısmı "beş kişidir, altıncıları köpekleridir, "diyecekler. (Bunlar), bilinmeyen bir şey hakkında tahmin yürütmektir. (Kimileri de) "Onlar yedi kişidir, sekizincisi köpekleridir" derler.

De ki: "Onların sayılarını Rabbim daha iyi bilir." Onlar hakkında bilgisi olan çok azdır. Öyleyse Eshâb-ı Kehf hakkında, delillerin açık olması hali haricinde bir münakaşaya girişme ve onlar hakkında (ileri-geri konuşan) kimselerin hiç birinden malumat isteme!

23-24. Allah'ın dilemesine bağlamadıkça (inşaallah demedikçe) hiçbir şey için "Bunu yarın yapacağım" deme! Bunu unuttuğun takdirde Allah'ı an ve "Umarım Rabbim beni doğruya bundan daha yakın olan bir yola iletir" de.

25. Onlar mağaralarında üçyüz yıl kaldılar ve buna dokuz yıl daha ilâve ettiler (Yani üçyüz dokuz yıl: Güneş takvimine göre üçyüz yıl, ay takvimine göre üçyüz dokuz yıl kaldılar). [haşiye2]

26. De ki : "Ne kadar kaldıklarını Allah daha iyi bilir". Göklerin ve yerin gizli bilgisi ona aittir. O, öyle görür öyle işitir ki! Onlara (göklerde ve yerlerde olanlara) O'ndan başka velayet eden yoktur. O, kimseyi hükmüne ortak da etmez." [haşiye3]

[Kehf Suresi, 9-26. Ayetler]

Görüldüğü üzere, konu ile ilgili ayetler kendi bütünlüğü ve anlayışı içinde yeterli bilgi vermektedir. İslâmın birinci kaynağı olan Kur'an'da aslında bu kadar teferruatlı bir şekilde işlenen çok az konu bulunmaktadır. İnceleme konumuzun sınırlarını aştığı için, bu konuya neden bu kadar yer verildiği üzerinde duracak değiliz. Ancak şunu belirtelim ki, samimi olarak kendisine inanan ve ondan yardım isteyenleri Allah yolda koymaz. Ayrıca bu olay, öldükten sonra insanların diriltileceğine de güzel bir misal teşkil etmektedir.

Dipnotlar:

haşiye(1) ***Rakîm:*** *Genellikle kabul edilen görüşe göre, Ashab-ı Kehf in isimleri, nesepleri ve başlarından geçen olaylar yazılarak mağaraya bakır bir sandık içinde bırakılmış iki adet kurşun levha. Diğer bir fikre göre ise, Ashab-ı Kehf den önce yaşamış ve halleri Ashab-ı Kehf e benzeyen bir topluluk adıdır (Elmalı, Hak Dini Kur'an Dili, V, 3225).*

haşiye(2) *Elmalı, V, 3243.*

haşiye(3) *Kur'an, Kehf Sûresi, Âyet 9-26*

Bu rüyadan çıkan bir mühim ilmi sonuç olarak, yaptığımız bir tarihi hesaplamaya göre, Ashabı kehf'in roma imparatorluğunda imparator Diokletianus zamanında MS. 303 civarında mağaraya sığındıkları bulundu. Çünkü, Kur'an'da Kehf suresinde uyandıklarında pazara ekmek almak için giden ashabı kehf'ten birinin elinde GÜMÜŞ BİR SİKKE vardır ve Kur'anda bu paranın gümüş olduğu anlatılır, tarihi kaynaklarda ise gümüş paranın ilk kez yine bu dönemde kullanıldığı sabittir, buna göre MS. 303'e uyuma süresi olan 309 yılı eklersek ilginç bir sonuç çıkıyor: 303+309 = MS. 612.

Peki bu ne demek?

Şöyle ki, bunun anlamı Ashabı kehf tam olarak Hz. Peygamber'in peygamberliğe başladığı ve Hira mağarasındaki ilk vahyi aldığı 40 yaşlarına denk geliyor, bunun tesadüf olmadığını düşünüyorum. Şimdi, gelelim esas meseleye, biliyoruz ki ashabı kehf yine uykuya daldı bu tarihte ve gelecekte HZ. MEHDİ geldiğinde yine uyanacaklarını düşünürsek, ve Mehdi, Hz. Peygamber gibi, 40 yaşında göreve başlayacaksa muazzam bir sonuç çıkıyor:

ASHAB-I KEHF 2016 YILINA DOĞRU TEKRAR UYANACAK, ONLARI TEKRAR GÖRECEĞİZ, AMA BU KEZ HZ. MEHDİ'NİN YARDIMCISI OLARAK,

Vesselam..

ESHÂB-I KEHF'İN GERÇEK ÖYKÜSÜ:

Eshâb-ı Kehf in hayat hikayeleri çeşitli kaynaklarda az da olsa değişik şekillerde anlatılmaktadır. Ancak bu farklılık, esasta değil teferruattadır. Mesela, bir kaynakta gençlerin devrin kralının akrabası oldukları belirtilmekte iken; bir diğerinde kralın danışmanları olduğu görüşüne yer verilmektedir; yine bir başka hikayede bu gençlerin şehrin ileri gelenlerinden olduğu ifade edilmektedir. Bu nedenle biz, mümkün olduğu kadar çok sayıda tarihçi ve müfessir tarafından nakledildiği şekliyle Eshâb-ı Kehf in hayat hikayelerini aktarmaya çalışacağız.

Yeri geldikçe de metin içinde veya dipnotlarda farklılıklara işaret edeceğiz.

Ruyet-ul Gayb

Hz. İsa (a) dan sonra hristiyanlar arasında hatalar çoğalmıştı. Özellikle Krallar putlara tapar ve onlara kurban keser hale gelmişlerdi. Tabii olarak bu kötü yöneticiler halkı da ifsâd edip kendileri gibi yaşamalarını istiyorlardı. İşte, bu Krallardan Dakyanus isimli birisi, ülkesini bir bir dolaşıyor, halkı putlara tapmaya ve onlara kurban kesmeye zorluyordu. Halkın kimisi can korkusu ile putlara tapıyor, kimisi de izzetle ölümü zilletle hayata tercih ediyordu. Öldürülenlerin cesetleri ibret olsun diye kale kapılarına ve kale duvarlarına atılıyordu.

İşte, bu durumu gören Rum eşrafından bir kaç genç veya kralın danışmanlarından temiz kalpli birkaç kişi, şiddetli bir korku ve hüzün içinde kalkıp Allah'a ibadet ediyor ve şöyle dua ediyorlardı: "Ey Rabbimiz! Bize tarafından rahmet ver ve bize şu durumumuzdan bir kurtuluş yolu hazırla". (1) Sıra bu temiz kalpli dindar insanlara gelmişti. Dakyanus'un adamları bu gençleri (hemen hemen bütün kaynaklarda genç tabiri kullanılmaktadır) Kralın huzuruna topladılar.

Kral bunlara hitaben: "Sizi, bu putlara kurban kesmekten ve onlara tapmaktan alıkoyan nedir? Bu şehir halkını kendinize neden örnek almıyor musunuz? Ya bu insanlar gibi ilahlarımıza kurban kesip onlara taparsınız, ya da ölümü tercih edersiniz" dedi. Bu gençlerden biri Kralın önünde ayağa kalkarak: "Bizim Rabbimiz göklerin ve yerin Rabbidir. Biz ondan başkasına ilah demeyiz. Yoksa hakikatten uzaklaşmış oluruz. Şu bizim kavmimiz Allah'tan başka tanrılar edindiler. Bari bu tanrılar konusunda açık bir delil getirseler ya. Öyle ise Allah hakkında yalan uydurandan daha zalim var mı?" (2) dedi.

Bu sözlerden sonra Kral gençlere biraz daha düşünmelerini salık verip şehirden ayrıldı. Sonra birisi "madem ki siz onlardan ve onların ilahlarından uzaklaştınız, o halde bir mağaraya sığının ki, Rabbimiz size rahmetini yaysın ve işinizde sizin için fayda ve kolaylık sağlasın" (3), dedi. Gençler, herbiri babalarının evlerine dağılarak kendilerine bir miktar azık aldılar. Aldıkları bu azıkların bir kısmını tasadduk edip kalanını da yanlarına aldılar. Daha sonra şehrin yakınlarındaki "Bencilus" dağındaki bir mağaraya gitmeye karar verdiler. Mağaraya giderken yolda bir çobana (veya bir çiftçiye) rastladılar. O'na düşüncelerini anlattılar. Bunun üzerine aynı düşüncede olan veya gençlerin bu tebliği ile inanan çoban da onlara katıldı. Çoban gençlere katılınca onun sadık köpeği de onları takib etmeye başladı. Gençler, kendilerini takib eden çobanın köpeğini ne kadar kovdularsa da ayıramadılar. Hatta bir rivayette köpek konuşarak *"benden size zarar gelmez, Allah'ın sevdiklerini ben de severim"* demiştir.

Gençler mağaraya yerleştikten sonra sadece namaz, oruç, teşbih ve tahmid ile meşgul oluyorlardı. Nafakalarını ise Yemliha (4) isimli genç temin ediyordu. Tebdil-i kıyafet ederek şehre gidiyor, yiyeceklerini alıyor ve şehirde kendileri için ne söylendiği hakkında kulis yapıp yine mağaraya dönüyordu.

Bir gün Yemliha şehre indiğinde Dakyanus'un oraya geri geldiğini ve halka putlar için kurban kesmelerini emrettiğini duydu ve ağlayarak az bir yiyecekle mağaraya dönerek arkadaşlarına durumu haber verdi. Bunun üzerine gençler, Allah'a tazarru ve niyazda bulundular. Yemliha arkadaşlarına hitaben: "Ey Kardeşler! başlarınızı kaldırınız. Rabbinize itaat ve tevekkül ediniz..." dedi. Arkadaşları da Yemliha'nın dediği gibi başlarını kaldırıp: "Rabbimiz! bize tarafından rahmet ver ve bize şu durumdan bir kurtuluş yolu hazırla" (5) diye dua etmeye başladılar. Daha sonra güneş batmak üzere idi ki, Allah onlara bir uyku verdi ve uyudular. Köpekleri de mağaranın girişinde ön ayaklarını uzatmış bir vaziyette uyumuştu. Güneş doğduğu zaman mağaranın sağına meyleder, batarken de yine bunlara dokunmadan batardı. Ayrıca uzun süre bir taraflarına yatmalarından dolayı o tarafları ağrımasın diye zaman zaman diğer taraflarına dönüyorlardı. (6)

GÜMÜŞ SİKKE AYRINTISI OLAYIN GERÇEKLEŞME ZAMANINI AYDINLATIYOR

Ashabı Kehf'in Kıyam ve kaçış tarihini bize net olarak veren bir önemli husus ise **Diocletian'ın Para reformu ve ilk daf gümüş para olan Argentus'u 294 yılında bastırmış olmasıdır.** ;

"290 **yılında Diocletianus kapsamlı bir madeni para sistemi reformu başlattı. 294 yılında on yıllar sonraki ilk saf gümüş sikke, argenteus'u bastırdı.** İçine gümüş katılmış büyük bronz sikke, *follis* ilk defa piyasaya çıktı. Yeni, daha ağır bir aureus basıldı. Daha sonra 301'de Diocletianus Maksimum Fiyat Fermanı ile enflasyonu dizginlemeye çalıştı."

(Kaynak; http://tr.wikipedia.org/wiki/Diocletian)

Konuyla ilişkili olan bir ayet, doğrudan bu **"gümüş para"** gerçeği ile içinde bulunduğu çağı aydınlatmaktadır ve ayet şu şekildedir;

"Böylece biz, birbirlerine sorsunlar diye onları uyandırdık. İçlerinden biri: "Ne kadar kaldınız"? dedi. (Bir kısmı) "Bir gün, ya da bir günden az", dediler. (Diğerleri de) şöyle dediler: "Ne kadar kaldığınızı Rabbiniz daha iyi bilir. Şimdi siz **birinizi şu gümüş para ile kente gönderin** de baksın; (şehir halkından) hangisinin yiyeceği daha temiz ve lezzetli ise ondan size bir rızık getirsin. Ayrıca, çok nazik davransın (da dikkat çekmesin) ve sizi hiçbir kimseye sakın sezdirmesin."

(Kaynak; Diyanet Meali Kehf 19.)

Bu ayetler ışığında ne olduğu konusunda anlaşılan şudur...

294 yılında ilk kez basılan gümüş para döneminde sonra, Roma'da köklü değişiklikler yaşanmış, Bizans dönemi başlamış Hıristiyanlık resmi din haline getirilmiştir **(İznik 325).**

Dolayısı ile bu tarihten sonra Hıristiyan katliamı yaşanmamıştır. Dahası 294 Gümüş paranın basımından önce yaşanan Hıristiyan katliamlarında ise Krallığın saf gümüş parası olmamıştır.

Saf gümüş paranın basıldığı kullanıldığı ve aynı dönem içinde Hıristiyan katliamının yaşandığı tek dönem, kendini ilah ilan eden Diocletian (284 - 305) dönemidir.

Bu dönem içerisinde 24 şubat 303'te resmi fermanı yayınlanmış ve tüm imparatorluk genlinde Diocletian'ın ilahlığını kabul etmeyen Hıristiyan tektanrıcılar katledilmiştir. Dönemin içine bulunduğu durumu net bir şekilde ifade eden ayetler kehf suresinde şöyle anlatılmaktadır;

"Çünkü onlar sizi ele geçirirlerse ya taşlayarak öldürürler, yahut kendi dinlerine döndürürler. O zaman da bir daha asla kurtuluşa eremezsiniz."

(Kaynak; Diyanet Meali Kehf 20.)

Ayrıca, Diocletian (284 - 305)'ın 24 şubat 303'deki fermanının ardından kaçarak kurtulan ve mağaraya gizlenen **Ashab ı kehf 'in Uyanma tarihi Kehf Suresi 25. Ayet e göre $300 + 9 = 309$** senedir.

Haberci Rüyalar

Bu yıllar, Güneş takvimine göre, Ashab ı kehf in kayboluş yılı olan **24 Şubat 303'e eklendiğinde. 303 + 309 = "612"** gibi bir tarihe denk gelmektedir. Bu tarih bilindiği üzere **Hz. Muhamed s.a.v. in Peygaberligine ve Mekke dönemine denk gelmektedir, ayrıca Kehf Suresinin Nazil olduğu yıllara da denk gelmektedir**. Bu tarihsel bağlantılar tesadüf değildir. Kuran'ın bilim ışığında yansıttığı var olan bir mucizesidir. **"Bu, Allah'ın mucizelerindendir. Allah, kime hidayet ederse işte o, doğru yolu bulandır. Kimi de şaşırtırsa, artık ona doğru yolu gösterecek bir dost bulamazsın.**

(Kaynak; Diyanet Meali Kehf 17.)

KURGU:

1- Kendini ilah ilan eden Diocletian'ın (284 -305) Pagan Roma'sında uykuya dalan Ashab-ı Kehf'in uyanması, 309 yılın sonunda Teslis (Üç Tanrıcılık) inancına sahip Hıristiyan Bizans dönemini (612) bulmuştur.

2- Romanın son dönemine ait olan **Diocletian'ın saf gümüş sikkeleri ile alış veriş yapmak istediklerinde.** Haklarındaki gerçek ortaya çıkmıştır, ancak Allah'ı birleyen inanca ve yanlarında bulunan **gerçek İncil'e sahip gençler**, Mucizelerine tanıklık eden kişiler arasında tartışma konusu olmuştur. **"Çünkü bu mucizenin kahramanı olan gençler, Teslis inancını çürütüyor ve bir olan Allah inancını dolayısı ile Muhammed (s.a.v)'i doğruluyordu"**. Bu da İmparatorluk ve kilise tarafından kesinlikle yasaklanmış ve ağır cezalar gerektiren bir durumdu. Bu tartışma Kehf suresinde şöyle yer alır;

"Böylece biz, (insanları) onların hâlinden haberdar ettik ki, Allah'ın va'dinin hak olduğunu ve kıyametin gerçekleşmesinde de hiçbir şüphe olmadığını bilsinler. Hani onlar (olayın mucizevî tarafını ve asıl hikmetini bırakmışlar da) aralarında onların durumunu tartışıyorlardı. (Bazıları), "Onların üstüne bir bina yapın, Rableri onların hâlini daha iyi bilir" dediler. Duruma hâkim olanlar ise, "Üzerlerine mutlaka bir mescit yapacağız" dediler.."

(Kaynak; Diyanet Meali Kehf 21.)

3- İçinde bulunulan dönemin şartları gereği, **mucizeye tanıklık eden ve iman eden kişiler imanlarını ve yaşanan hadiseleri son derece gizli tutulmalıydı.** Her ne kadar yaşanan hadise dedikodu şeklinde topluma yansısa da gerçeğin gizliliği sağlanmıştır. **Mucizeye tanıklık edenlerden ileri gelenler bu kişilerin üzerine bir mescit yaptırmaya karar vermiş ve yaptırmıştır.**

4- **Ashab-ı Kehf'e, Kehf Suresi 9. Ayette Rakim denilmesinin nedeni ise. Ashabı Kehf in yanında bulunan İncilin aslı olmasıdır.** Çünkü hem Kehf, yani mağara ehli olarak bahsedilirken; aynı zamanda Rakim, yani yazılı belge ehli olarak da isimlendirilmiştir. Bu kişilerin hem mağara ehli hem de yazılı belge ehli oldukları bu ayetten anlaşılmaktadır.

HİKAYE'NİN DEVAMI:

Bu arada, şehre tekrar gelen Dakyanus, bu gençleri bulamayınca babalarına haber gönderdi. Babaları da gernçlerin evden biraz erzak alarak ayrıldıklarını fakat yerlerini bilmediklerini söylediler. Daha sonra gençlerin Tarsus'ta bulunan Encilus (veya Bencilüs) (7) dağındaki bir mağarada bulunduklarını haber alan Dakyanus, adamlarını da yanına alarak mağaranın önüne kadar vardı. Orada Allah'ın kendisine ve adamlarına bir korku vermesinden dolayı veya onları buraya hapsedip açlıktan ölmelerini sağlamak için içeri girmek yerine mağaranın ağzını büyük taşlar ile ördürdü.

Haberci Rüyalar

Dakyanus'un yakınlarından veya şehrin ileri gelenelerinden Binderos (Pendros) ve Dutas (Runas) isimli iki imanlı kişi, gelecek nesillerin anlamaları için bu gençlerin isimlerini, neseblerini ve başlarından geçen olayları iki kurşun levhaya (Rakîm)'e yazarak bakır bir sandukçanın içine koyup mağaranın içine attılar. Kur'andaki "*Rakim Adamları*" tanımlaması buradan gelir.

Daha sonra Dakyanus öldü. Ondan sonra krallar geldi geçti. Nihayet bu şehrin yerlilerinden salih bir kişi kral oldu. Bu kralın'saltanatı 68 yıl devam etti. Bu salih kral, insanların öldükten sonra cesetleri ile birlikte dirileceklerine inanıyordu. Fakat raiyyetinden bazıları sadece ruhun dirileceğini iddia ediyorlardı. Bu durum halk arasında fitneye sebep oluyordu. Bu salih zat, "Ya Rab! sen bunların ihtilafını görüyorsun . Bunlara açıklıyıcı bir ayet ve delil gönder de bunlar da hakkı görsünler." diye dua ediyordu. Cenab-ı Hak, hem bu salih kulunun duasını kabul etmiş, hem de kıyamet gününün geleceğine ve dirilişin nasıl olacağına bir alamet olsun diye mezkûr gençleri uyandırdı. Aradan tam 309 yıl geçmişti. (8) Bu arada şehir halkından Ulyas (9) isimli bir sürü sahibi veya bir çoban yağmurdan koyunlarını korumak için mağaranın ağzındaki taşları yıkmış veya yıktırmıştı.

Mağarada uyuyan gençlerin bütün bu olup bitenlerden haberleri yoktu. Normal uykudan uyanmış gibi kalkıp namaza durdular. Namazlarını tamamladıktan sonra ne kadar uyuduklarını birbirlerine sormaya başladılar. Bazıları bir gün, bazıları da bir günden daha az uyuduklarını söylüyordu. İçlerinden biri de ne kadar uyuduğumuzu ancak Allah bilir diyerek meseleyi Allah'a havala etti.

Sonra erzak işlerinden mes'ul Yemliha'yı bir miktar gümüş para ile hem yiyecek alması hem de şehirdeki durumu tecessüs etmesi için şehre gönderdiler. Ayrıca tedbirli davranmasını da tenbih ettiler. (10) Gizlice şehrin kapısına kadar gelen Yemliha, başını kaldırıp kapının üstüne baktığında ehl-i imana ait bir alamet (bir rivayete göre haç) gördü. Sonra şehrin diğer giriş kapısına gitti. Aynı alameti orada da gördü. Bu şaşkınlık içinde şehre giren Yemliha, hiç tanımadığı insanlarla karşılaşınca hayreti iyice artmıştı. Kendi kendine "*Vallahi dün Hz. İsa AS'ın adını zikredeni öldürüyorlardı, ama bugün halk Hz. İsa'nın adını hiç korkmadan anabiliyor*" diyordu.

Yemliha, bir dükkana girip alacaklarını aldıktan sonra, elindeki gümüş parayı uzattı. Dükkan sahibi tarihî parayı görünce şaşırdı. Parayı komşularına da gösterdi ve Yemliha'nın bir hazine bulduğu zannına kapıldılar. Yemliha'dan hazineye kendilerini de ortak etmesini, aksi takdirde yetkililere şikayet edeceklerini bildirdiler. Yemliha da, kendisinin mağaraya sığınanlardan olduğunu anladıklarını zannederek Dakyanus'a bildireceklerinden korkuyordu. Yemliha, herhangi bir hazine bulmadığını ve bu şehirli olduğunu iddia ediyordu. Ancak ne o kimseyi tanıyor ne de kimse onu tanıyordu. Bunun üzerine Yemliha'yı şehrin salih kimseleri (veya kralı) olan Aryus ve Tantiyus'a götürdüler. (11) Yemliha, huzuruna çıkarıldığı şahsın zalim hükümdar olmadığını görünce, hemen onu sordu. Aryus, Dakyanus'un yüzyıllar önce yaşamış bir Kral olduğunu söyleyince, Yemliha, "Şimdi anladım halkın beni neden doğrulamadığını" der ve başlarından geçen hikayeyi şöyle anlatır: "Biz Tevhid dinine bağlı gençlerdik. Kral Dakyanus, bizi putlara ibadet etmeye ve onlara kurban kesmeye zorluyordu. Biz ise, bunu kabul etmeyerek Bencilus dağındaki bir mağaraya sığındık. Ben şimdi arkadaşlarıma yiyecek almak için geldim." Aryus, Yemliha'yı dinledikten sonra halka dönerek ve "Ey Kavmim! Bu, Allah tarafından gönderilen bir âyettir ve öldükten sonra dirileceğinize en büyük bir delildir." dedikten sonra halkla beraber mağaranın bulunduğu yere geldiler. Halkın kendilerine doğru geldiklerini gören gençler, korkularından hemen namaza durdular. Yemliha önce içeri girdi ve durumu arkadaşlarına bildirdi. Gençler, hemen daha önce yattıkları yerlere dönerek vefat ettiler.

Daha sonra içeri girmek isteyen Aryus, bakırdan bir sandukça bulur ve halkın huzurunda bunu açar. İçinden Eshâb-ı Kehf in başlarından geçen olayları, isimlerini ve neseblerini içeren iki kalay levha (Rakîm) çıkar. Bunun üzerine Aryus, mağaranın ağzını tekrar ördürür ve üzerine de bir mescit yaptırır. (12)

İşte, Eshâb-ı Kehf hakkında anlatılan ve Kur'an'ın özet bilgisine de uygun olan olay, bundan ibarettir. Aslında, ihtilaf meselenin hikaye kısmında değildir. Bu gençlerin ne zaman yaşadıkları, mağarada kaç yıl uyudukları, kaç kişi oldukları ve hepsinden önemlisi de nerede yaşadıklarıdır. Şimdi, bu sorulara cevap aramak ve iman-ı tahkiki açısından bunu keşfetmek lazımdır; diğer lüzumsuz ve kafaları karıştıran teferruatı değil. Dolayısıyla, konu ile ilgili daha detaylı ve bilimsel araştırma ve kazı çalışmaları yapıldığında gerçeğin ortaya çıkacağı aşikardır. Ancak asıl önemli olan husus ise, Ashabı Kehf 'in yaşadığı hikaye ve mucize değil, verdiği mesajıdır.

O yegane mesaj ise "Allah vardır, Birdir, Mülkünde ve Hükümdarlığında hiçbir ortağı yoktur. O her şeye gücü yeten Rahman ve Rahim olandır.

Beklenen saat KIYAMET ise, onların zamanına göre artık çok daha yakındır..."

vesselam..

Dipnotlar:

(1) Kur'an, XVIII, 10.

(2) Kur'an XVIII, 14, 15.

(3) Kur'an, XVIII, 16.

(4) İbn-i İshak, II, 6.

(5) Kur'an, XVIII, 10.

(6) Kur'an, XVIII, 11,17, 18.

(7) Tarsus'un ileri gelen yaşlı tarihçileri ve yaşlıları ile yaptığımız müteaddid görüşmelerde, şu anda eshâb-ı kehf mağarası olarak bilinen mağaranın bulunduğu dağın adının Bencilüs olduğunu ve halkın da böyle bildiğini tesbit etmiş bulunuyoruz.

(8) Muhammed Emin, Ashab-ı Kehf ve Rakîm, Süleymaniye Kütüphanesi, Hacı Mahmud Ef. Tasnifi, No, 4629.

(9) Hazin Tefsiri, İbrahim- Hazin-i Bağdadî, Lübâb'üt-Te'vil Fî Meâniyil Tenzil, C. III, Mısır 1328, sh. 188.

(10) Kur'an,Kehf, 19.

(11) Hâzin Tefsiri, III, 189. Muhammed Emin'in Ashab-ı Kehf ve Rakîm isimli eserinde Salih kişilerden birinin ismi Estiyus olarak geçmektedir (Bk. sh. 37).

(12) Hâzin Tefsiri, III, 186 vd.; Muhammed Emin, 12 vd.

ÜÇÜNCÜ RÜYA:

~ 1 Eylül 2013 Sabahı ~

KÜÇÜK RÜYALAR

Bu sabah, yine iki küçük Latif ve Tebessüm ettirici rüya ile güne uyandım.

İkisi de İstanbul'da geçiyor.

İlki şöyle;

TOPAL TAYYAR

Eski İstanbul'da alışveriş için bir dükkana giriyorum. Dükkanın tabelası dikkatimi çekiyor. "TOPAL TAYYAR ÜRÜNLERİ" yazıyor. Fakat dükkanın içine girdiğimde her tarafta küçük kutulardan oluşan, üstünde topal tayyar ürünleri yazılı kutular görünüyor.

"Dayı ne satıyorsun?" diyorum.

"Al bir kutu. Görürsün!" diyor.,

Merakımdan alıyorum, kutuyu açıp bakıyorum. İçi boş. Bu ne dayı? Bunun içi boş, niye alayım boş kutuyu dedim sonra. Dayı, ummadığım bir cevap veriyor:

Ruyet-ul Gayb

"Evladım! Benim adım Topal Tayyar. Ben sadece boş kutu satarım, onu alıp içini sen dolduracaksın" deyince şaşırıyorum. Sonra gülüyorum.

Gülerek rüyadan uyanıyorum..

İkinci Rüya:

"ATA, OTA, İTE"

Yine Eski İstanbulda buluyorum bu rüyada da kendimi.

Faytonla Büyükada'da gezintiye çıkıyoruz. Faytoncuya: "Gidelim!", sür adanın tepesine doğru diyorum.

Atlar, adanın tepesindeki eski bir mezarlığın yakınına geldiğinde, birden bir şeyden ürküp kişnemeye başladılar. Ben faytoncuya diyorum ki:

"Niye kişniyor bu beygirler?" dedim.

"İnin bir bakın bakalım beyefendi" diye cevapladı.

Faytondan indim. Ön tarafa bakıyorum, bir şey göremedim. Tam atlara yaklaştığım sırada, atların ikisi birden havaya kalktılar, faytonun arkası ise yerin içine battı. Bu kez de faytona doğru yaklaştım, bu kez de fayton havaya kalktı, atlar yere indi..

Bu ne biçim iş, ne oluyor? Faytoncu dedim.

Faytoncu: "ATA, OTA, İTE!" diye bağırıp, "Al bu Haşhaş otunu, uyuşturucudur, atlara iyi gelir, ver sakinleştir.." dedi.

Verdim, sakinleştiler gerçekten de. Ardından, bana doğru dönerek:

"Koş! Şimdi mezarlığa doğru, oradaki ite de ver diyor. Ben hemen bir diğer otu da mezarlıkta havlayan köpeğe de veriyorum, o da sakinleşip sustu. Tekrar gülüyorum rüyanın ortasında bu manzara karşısında. Köpeğe otu verip, sakinleştirdikten sonra, faytona geri dönüp bindim, yola devam ettik..

Faytoncu yüzüme bakıp gülümseyerek şöyle dedi:

"Gördün mü?

ATA, İTE OT VERECEKSİN Kİ, SAKİNLEŞSİN!,

Çünkü ben devamlı veriyorum"

Ben tekrar gülüyorum, hatta uyandım, hatırlayınca tekrar güldüm..

Rüya burada bitti..

DÖRDÜNCÜ RÜYA:

~ 18 Mart 2014, Çanakkale Zaferi yıldönümü Sabahı ~

KÜÇÜK RÜYALAR

"ÖLÜMSÜZLÜK KİTABI"

"Dünya hayatı, tıpkı şu örnek gibidir; gökten indirdiğimiz su insanların ve hayvanların yediği bitkilerin yapısına karışır. Bu durum, yeryüzünün süslenip bezendiği ve halkının da artık doğaya egemen olduklarını sandıkları ana kadar sürer. Nihayet, geceleyin veya gündüzün ona emrimiz gelir. Sanki, bir önceki gün hiçbir şeye sahip değilmiş gibi (AYNEN BİR RÜYADA OLDUĞU GİBİ), onu kökünden biçilmiş bir duruma sokarız. Düşünen bir toplum için ayetleri böyle açıklarız.."

[Yunus,24]

Rüya, şöyle ki; Valizimi toplayıp aniden Amerikaya gidiyorum, Evliyaullah'tan yaşayan birkaçından bir zat olan, hoca efendi diye tabir edilen F. G. karşıma çıktı, neyse uçaktan indim yanına gittim, beni karşıladı hoşgeldin evladım dedi, daha sonra ahşap bir binaya girdik, bir sarayı andırıyordu, bu arada tekrar türkiyeye dönecek miyim diye ha bire polemik yaşıyorum,

(**Not**: Niye böyle bir polemik yaşadım onu da bilmiyorum)

Neyse, uzun bir süre o ahşap sarayın girişinde yol aldık, bana cemaatten filan bahsetti "güzel gelişmeler olacak, yalnız sakın ama sakın ha, o ülkeye bir daha dönmeyeceksin tamam mı!" dedi, vesselam ben başımı sallayarak ama babam ve ailem var, babaannem var o da sakat az bir yemeği kaldı, ölmesin sonra, ya sonra ne olacaklar, işler güçler yani yarım kaldı dedim.

Boşver onları dedi.

Bu arada başka bir arkadaş yanıma yanaştı;

-Bak dedi o kitabı bulabildin mi ?

-Ben hangi kitabı dedim?

-"Ölümsüzlük kitabı" dedi, insanın ölümsüz olması için onu okuması yeterli dedi.

Ben , -"olmaz öyle saçma şey, insan bir kitap okumakla nasıl ölümsüz olacak?" derken,

- Yanıtladı; istersen git bodrum katta kütüphane var, asma katta seni bekleyeceğim, git onu ara dedi, tek çare bu, yaşlanıyorsun arkadaş..!

- Vay be dedim, ! içimden, ne iyi insan beni düşünüyor derken, kütüphaneye indim. Tam bu sırada üst katta bir beygir arabasına koşulmuş bir at arabası hızla üstteki salondan bir gidip bir geliyordu.,

İçimden;
- "Bu ne gürültü, kütüphanedeki herkesi rahatsız ediyor bu at arabası" diyordum,

Sonra bir süre, kitapları kurcaladım, anatomi veya tıpla ilgili, insanın uzun yaşamasıyla ilgili bir kitap, belki herkese de yarayacak bir çare arıyordum.

Tam o sırada, bir kitap gözüme ilişti, işte buldum, galiba bu kitap diyordum ki, kapağına baktım şöyle yazıyordu:

"LOKMAN HEKİM'İN ÖLÜMSÜZLÜK

SIRRI VE KAYIP KİTABI"

Kitabı biraz okuduktan sonra rafa koydum ve üst kata salona çıktım, Orada bekleyen arkadaşa dedim ki:

-Galiba buldum arkadaş o kitabı, kütüphanede, aşağıda dedim..

-Hani nerede? dedi

- Gel, sana göstereyim dedim..

Aşağıya kütüphaneye indik, kitabı koyduğum yere yöneldim, aradım bayağı aradım, hay allah nereye gitmişti, fakat bir türlü bulamadım, Sonra onu bir daha bulamayacağımı düşünmeye başladım..

- Neden kitabı yerine koydum, keşke koymasaydım diye kendi kendime söylenirken, ve onu bulabilir miyim? diye sayıklarken birden rüya burada bitti, ve uyandım...

18 Mart Sabahı, Mart 2014

BEŞİNCİ RÜYA:

~ 23 Mayıs 2014 ~

KÜÇÜK RÜYALAR

"DÜNYANIN SONU"

"Bilesiniz ki, dünya hayatı bir oyun, eğlence, süs, aranızda övünme, para ve çocuk çoğaltma yarışından (BİR RÜYA'DAN) ibarettir. Bu, inkarcıların hoşuna giden bir bitkiyi yetiştiren bir yağmura benzer. Ne var ki daha sonra o bitki kurur, sararır ve sonunda çerçöp olur. Ahirette ise Allah'tan çetin bir azap, bir bağışlanma ve hoşnutluk vardır. Dünya hayatı, kandıran, geçici bir zevkten ibarettir.

(HADİD Suresi, 20. Ayet)

"Herkes ölümü tadacaktır. Diriliş günü ödülleriniz size eksiksiz olarak verilir. Kim ateşten kurtarılıp cennete sokulursa, zafer kazanmış olur. Dünya hayatı ancak aldatıcı bir zevkten (BİR RÜYA'DAN) ibarettir.."

(AL-İ İMRAN Suresi, 185. Ayet)

Ayetlerinin birer sırrını fehmetmek istersen gelecek olan rüyaya ait hakikati dinle!

Mühim bir rüyadır; Şöyle ki, tüm dünyayı bir kandırmaca ile ekonomik olarak kendine bağlayan bir lider (Burada bu dehşetli şahıs, Ahir zaman Deccal'inin şahsına işarettir) insanları etrafı karalardan izole edilmiş ada gibi bir yere yönlendirdi..

Fakat bu ada bildiğimiz bir kara parçasından ziyade altı cadı kazanı gibi oyuk olan ve katman katman tabakalar halinde ateşten yanan odaları olan ve yer altına uzanan bir geniş sit alanı gibiydi..

Sonra bir ses duyuldu, dendi ki, 2-3 milyar insanı bu kişi bu kazanlara dolduracak ve diri diri yakılacak dendi..

- "Bu nasıl olur? İmkansız!" diyordum içimden ve bu manzarayı rüyada uzaktan seyretmeye başladım, bir ses şöyle dedi:

- " Bu kişi insanları bir sahte uzaylı istilası yalanıyla kandıracak bak arkadaş sakın inanma ona, kendini Tanrı ilan etti zaten" dedi.

Ben bu söze çok şaşırdım ve devam etti; FEMA denen bir şey var duydun mu hiç?

- Yok dedim, "FEMA, FEMA!" diye o ses tekrar etti, bir toplama kampı gibi bir şey, işte buralara yığınlar doldurulacak ve ardından bunları ateşe verip diri diri yakacaklar..

FEMA NEDİR?

FEMA için küçük bir not:

Birçok insan ki buna Amerikan vatandaşlarının çoğunluğu da dahildir, ABD'de gizli bir hükümetin olduğunu ve bunun gerektiğinde Başkan'ı aşıp kararlar alma yetkisi bulunduğunu bilmez.

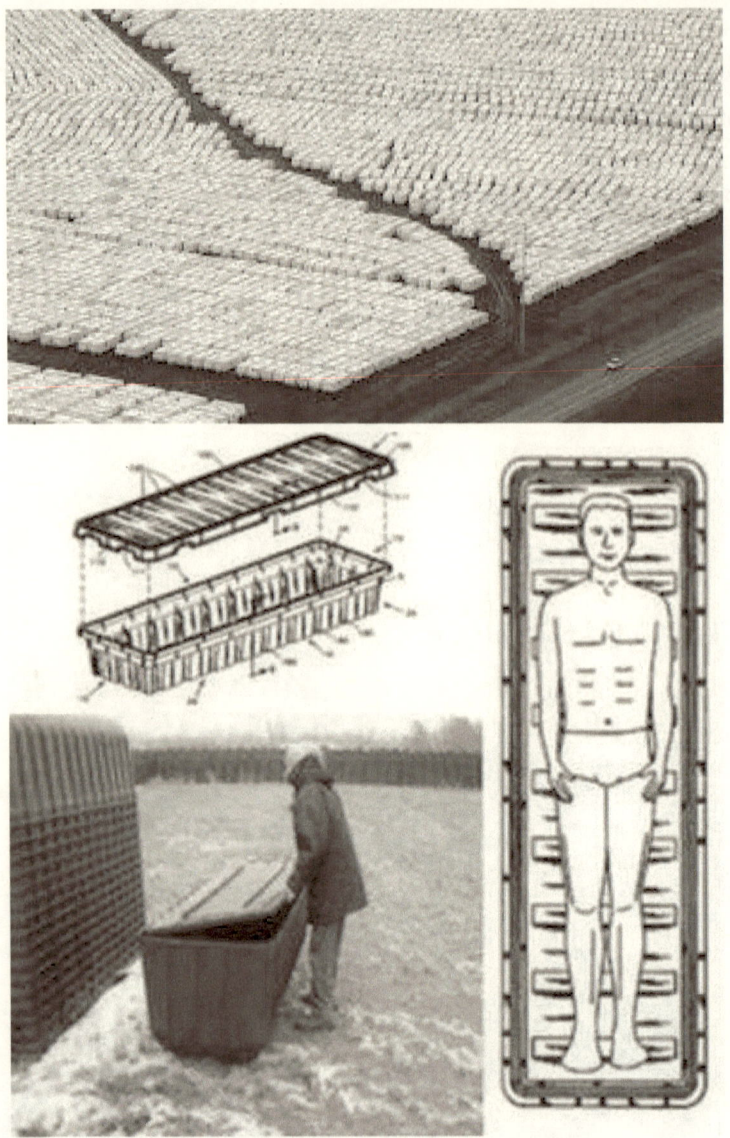

AMERİKA'da halihazırda kurulan FEMA toplama kampları..

Bu hükümetin adı kısaca *FEMA* olarak bilinir. (Açılmış hali *"Federal Emergency Management Agency"*dir bunun) Başkanlık direktifi ile kurulan bu hükümet aslında bir felaket olması ve merkezi hükümetin çökmesi durumunda Amerika'da yönetimi devralmak için kurulmuştur. Son günlerde bu gizli kurumun Amerika'nın çeşitli eyaletlerinde toplama kampları kurdurduğu ve bunların şimdilik boş bekletildiği ortaya çıkarıldı. Bunun ortaya çıkmasıyla birçok insan 'bu toplama kampları ne ve kimler için kuruldu, Amerika neye hazırlanıyor' sorusunun peşine düştü...

FEMA istediği takdirde insanları sorgusuz sualsiz tutuklama ve süresiz gözaltında tutmak gibi yetkileri de almış bulunuyor. (Bu yetkiler Executive Order denilen numarası 10990'dan 11931'e kadar giden direktiflerle verilmiş durumda)

Ben de dahil birçok insanı korkutan bu gelişme *'Acaba Amerika bir büyük felakete mi hazırlanmaktadır'* sorusunu sorduruyor. Örneğin; Alaska'da kurulan toplama kampının 2 milyon kişiyi tutacak kadar büyük olduğu biliniyor. Acaba bu büyük felaketin ne olacağı düşünülüyor; bir doğal felaket mi bekleniyor yoksa bir nükleer savaş hazırlığı mı var veya Amerikan ekonomisinde ani bir çöküşle büyük şehirlerde sistemin tamamen çökeceği mi düşünülüyor. Bu tür planlamaları yapabilen insanların ne tür beklentilerde olduğunu tam bilmek mümkün değil tabii ki ama bilebileceğimiz tek şey, önümüzdeki yıllarda dünyamızın pek de sevimli bir yer olmayacağıdır galiba. Amerika'da gizli dünyalarda çalışan bazı insanlar toplumdaki düzeni sağlamak için yönetimi Başkan'ın elinden tamamen alıp insanları kitlesel halde tutuklayıp zorla çalıştırmayı (Executive Order No.11000) aktif biçimde planlıyor. Bu toplama kampları Haliburton şirketine ihale edilmiş ve onlar işlerini çoktan tamamlamışlar. Bu çok gizli birim Washington'daki FEMA binasının beşinci katında yer alıyor. Demir kapılar arkasında çalışılan birime sadece gömleklerinin üzerinde Kızılhaç ve yakalarında ise çarmıh işareti taşıyanlar alınır...

ABD çapında 800 toplama kampı/cezaevi hazırlandı. Hepsi mahkum kabul etmeye hazır ama şu an hepsi boş. FEMA tarafından yönetilecek bu kampların birçoğu binlerce insanı barındıracak nitelikte. En büyükleri de Alaska da. Alabama, Arkansas, California, Colarado, Georgia, Hawai, Illinois, Indiana, Luisiana, Mississippi, Nevada, Oregon, Texas, Washington ve daha birçok eyalette hazırlanan kamplar, yüz binlerce insanı barındıracak nitelikte. Halliburton'ın yan kuruluşu Kellogg, Brown and Root, siyasi muhalifler için toplama kampı yapmak üzere İçişleri Bakanlığı'ndan 385 milyon dolarlık ihale aldı. (tabi resmi rakamlara göre)

FEMA'da gizli bir kıyamet günü için harcama yapar, Sadece 1982-1991 yılları arasında, bütçesinin %78'ini (2.9 milyar dolar) *gizli kıyamet programlarına* ayırmıştır.

Peki Neden? Asıl Amaç Nedir?

4 Kırmızı Ay Tutulması Tarihlerinden sonra gerçekleşmesini beklediğimiz Sahte Uzaylı İstilası sırasında insanları FEMA kamplarına toplayarak, insan nüfusunu İlluminati'nin 10 kuralında bahsettiği gibi 500 milyonun altına düşürmeyi hedeflemektedirlerdir ki, bunu da zaten Amerika kıtasındaki meşhur bir dört kanatlı kitabe heykeli şeklindeki bir yazıttaki bir maddede açıkça söylemektedirler.

RÜYA'NIN DEVAMI..

Tüm bunları öğrenince, Aman Allah'ım! dedim içimden, nasıl kurtulacağız şimdi diye hızla oradan koşmaya başladım, küçük bir yer altı tüneli gördüm. 2 katlı idi banyo olarak kullanılıyormuş, daha önce çökmüş bir ev enkazının kalıntıları idi, hemen oraya girdim..

Daha sonra sesler işittim, diri diri yanan insanların hazin sesleri geliyordu uzaklardan. Alev topuna dönmüş olan o devasa ada gibi yanan yerden.

Eyvah! Yazık dedim içimden, -*Vay Lena*- belki kurtulabilirlerdi ona inanmasalardı, bu yalan onların sonu oldu, derken yalancı deccal gökyüzüne yansıtılmış bir resimde kendini yine gösterdi, sırıtıyor ve bunları yaptığına seviniyor gibiydi..

Ben tekrar o mağara gibi, mahzene indiğimde dendi ki: 2-3 milyar insan bu sabah hepsi öldü, başınız sağ olsun .

Rüya burada bitti..

ALTINCI RÜYA:

~ *03 Haziran 2014* ~

KÜÇÜK RÜYALAR

"ÖLÜM KUYUSU"

"Allah o canları öldükleri zaman alır; ölmeyenleri de uyuduklarında. Sonra haklarında ölüm kararı verdiklerini alıkoyar, diğerlerini belirlenmiş bir süreye kadar (RÜYA ZAMANI KADAR) salıverir. Şüphesiz ki bunda düşünecek bir kavim için deliller (İŞARETLER) vardır."

(Zümer 42.ayet)

Ayet-i kerimesi'nin bir manasını keşfetmek istersen gelecek olan gaybi rüyayı dinle!

Bir uzak menzile gidiyorum. Etraf çok güzel ve süslü binalar ile loş bir ışıkla kaplanan uçsuz bucaksız bir manzara alabildiğine önümde uzanıyordu. Bu arada birisi bana doğru seslendi;

- "Ölüm nasıl bir şey, ne demek öğrenmek ister misin?"

- "Evet", dedim. Elbette isterim.

- O zaman şu derin kuyuya bak.

Birden yerin derinliğine bayağı bir mesafede uzanan o kuyudan içeri baktım. Baktım ki, kendim yavaş yavaş o kuyunun içine doğru hızla çekilmekteyim. Fakat öyle bir halette idim ki, seslensem ne bir kimse beni duyabilecek ne de ben kimseden haber alabilecek bir durumda hissediyordum kendimi. Acaba ölüm bu mu? Diye düşünürken o ses yanıtladı:

- "İşte, gördüğün gibi ölüm böyle yapayalnız kalmak gibi, kimsenin ne senin sesini duyabilmesi ne de senin kimseden haberin olmaması, yani dünya ile ve tanıdıklarınla irtibatının tamamen kesilmesidir.

Bu arada, ben hızla kuyunun dibine çekilirken, yoksa gerçekten öldüm mü? Diye düşünürken tam kuyunun dibine varmak üzereyken bir el beni yakaladı ve yukarı doğru çekmeye başladı. O an anladım ki, ölmedim ve rüyadayım fakat yeryüzüne tekrar dönene kadar o konuşmalara o şahısla aramızdaki sohbet devam etti. Yeryüzüne dönüş sırasında elinde tablet bilgisayar gibi bir ekran gösteriyordu sürekli bana, ve ekranda sürekli değişik ve güzel manzaralar oluşuyor, ara sıra da dünyadaki olaylar ve hatta geçmiş tarihteki olaylar hakkında bile bazı malumatlar kayan yazı gibi ekranda geçiyordu, sanki bu cihaz bir nevi dünya tarihini gösteren sinemaskop gibiydi. Bir süre ekranı seyrettim sonra bir göründü geldi ve o varlık ekranı birden durdurdu.

- "Şimdi, ne oldu?" dedim merakla.
- "Şimdi ekrana bak, altında bir tarih var görüyor musun?" dedi.

Ben merakla o tarihe baktım, aklımda kalmış tam olarak, "15 Mart 1555" tarihini gösteriyor ve ekranda bir adam beliriyordu. Önemli bir kişiye benziyordu. Acaba kim ola bu? Diye düşündüm. Çünkü verilen tarih Osmanlı devleti dönemine aitti. Sonra, o varlık (veya Melek) bana yanıtladı;

- Bu kişi dedi, senin atalarından birisi, iyi bir insandı ve önemli vazifeler yaptı dünyada ve şu anda kabir ehli arasında hoş bir sohbet ve arkadaşlarının arasında onu görüyorsun, ona senden bahsettim, seninle gurur duydu, selam söyledi sana dedi. Devlet ricalinden bir adam olduğunu o zamanlarda yönetici olduğunu ve yaptıklarının ve eserlerinin kendisine haber verildiğini ve bu onu mutlu ettiğini belirtti.

O, böyle söyleyince daha çok sevindim, demek ki, bu azim hizmette Kıyamet Gerçekliği Külliyatı'nın her sene yazılan bir parçasından dünya ehli mutmain olup istifade ettiği gibi, kabir ehli dahi faydalandığının ve manen bizi sinemaskop nevi cihazlarla seyrettiklerini mühim bir işareti, gaybi bir alameti olarak düşünerek, yeryüzüne mutlu bir şekilde ulaştık.

• O varlık bana tekrar selam vererek, gökyüzüne doğru uçarak uzaklaştı ve bu güzel rüya burada bitmiş oldu, Vesselam.
3 Haziran Sabahı..

𝔜𝔈𝔇𝔦𝔑𝔠𝔦 𝔯ü𝔶𝔞:

~ *19 Temmuz 2013 Sabahı* ~

"BAKIRKÖY'DEKİ KİLİSE"

Bir hanım şakird arkadaş (*Fulya* isimli), ben ve bir hanım daha var bu rüyadayken, yaşı yaklaşık ondan 5-6 yaş büyük bir de bir rahip var, sakin görünümlü. Bu rahip, o hanımın arkadaşı, 4'ümüz bir arabaya biniyoruz.

Ben şoföre soruyorum nereye gidiyoruz diye?

Ama şoför illa bir yere gitmemiz gerektiğini ve önemli olduğunu ha bire hatırlatıyor.

Arabaya biniyoruz 4 kişi var, bayağı bir yol gittikten sonra gece yarısı bir de bakıyorum ki <u>BAKIRKÖY</u>'de araba duruyor.

O rahip diyor ki: "<u>Geldik! işte bu kilisede görev yapıyorum ben</u>" diyor.

Sonra, ilk beni içeri alıyor ardından Fulya ve diğer kadın içeriye giriyoruz, <u>kilise çok eski görünüyor, küçük bir şapel gibi ve duvarlarda isa'ya ait olduğunu söylediği resimler var.</u> Rahip o resimleri göstere göstere beni koridor boyunca yürütüyor. Ama dikkat ediyorum resimlerin altlarında bir yazı var:

"Hepsinde <u>İSA yanında da MURAT</u> yazıyor.."

Sonra, içerdeki salona oturuyoruz. Bu kilisenin ismi ne biliyor musun Fulya? diyorum bu arada ona ve soruyu sorarken Rahip araya giriyor:

"<u>İSA MURAT kilisesi burası.</u>"

Sonra, bana o rahip evlenip ayrıldığından konuyu açıyor,

Bu arada diğer yanımızdaki bayan da: "Ben de evlenip boşandım!" diyor.

Sonra, her ikisi de diyor ki;

"<u>İkimizin de çocuğu var ama o çocuk bize hiç hayırlı gelmedi</u>", bizi hiç dinlemiyor, devamlı isyan halinde diyor (sanırım deccalden bahsediyor, yani tahminimce deccali bir şahsiyetin <u>BAKIRKÖYDEKİ BİR KİLİSE RAHİBİ'NİN OĞLU</u> olduğunu <u>ima etmeye çalışıyor rahip</u>) olduğunu ima eder şekilde, sonra rahip ikimize dönüyor ve diyor ki:

- Birbirinize neden uzak duruyorsunuz, daha çok yaklaşın, bu gerekli diyor ve yanındaki kadına bakıyorum, ikisi birlikte oturuyorlar uzunca bi kanepede. Bu sırada, o kadınla rahibi biz de uzaktan seyrediyoruz, sonra bir süre daha tv izliyoruz birlikte kilisenin içerisinde ve rüya devam ederken birden uyanıyorum..

SEKİZİNCİ RÜYA:

"RASULLULLAH HASTALANINCA!"

Birkaç gündür uyarı niteliğinde ilahi rüyalar görüyorum, ilginçtir dün gece bu kez Rasulullah'ı gördüm, önemli bir işaret bu diye aklıma geldi, benim için belki de dünya için, bir şeyler anlatmaya çalışıyordu, belki bir tehlike sezinledi, böyle zor zamanlarda rüyada görünmektedir..

"Şöyle ki; bir sedirin üzerinde idi, yastığının altına teker teker özenle dizilmiş deri üzerine yazılmış yaprakları saklamak için koyuyordu. Bunların Kur'an sayfaları olduğunu açıkça anladım, fakat hastalanmış idi belki son anlarını yaşıyordu, etraf karanlığa bürünmüştü. Sonra, yanından birisi, galiba sahabelerden birisi olması muhtemel şöyle dedi:

"Rasulullah çok hasta artık yürüyemiyor, sıtma hastalığına yakalandı, ama gördüğün gibi, Kuran'ı muhafaza etmek ve Allah'ın mesajı gelecek nesillere ulaştırmak için, onu böyle saklıyor, başucundan ayırmıyor.."

Sonra, başka birisi daha bir şeyler söyledi, tam anlamadım ama önemli bir işaret olarak algıladım, rüyadan uyandığımdan üzüntü içindeydim, onu üzgün görmek, nadir görülen bu rüya içinde beni de etkilemiş, tesir etmişti..

Vesselam..

16 Nisan Sabahı, 2014 m.

Murat Ukray

Ruyet-ul Gayb

DOKUZUNCU RÜYA:

[Bu da yine mühim bir rüyadır]

"MARMARA EREĞLİSİ"

Bu Rüyada, "Marmara Ereğlisi" diye bir yere gidiyorum, bir rüya fakat o anda gerçek mi rüya mı, hala emin değilim, rüya içerisinde bunu ayırt edemiyorum. Gün içinde, birden aklıma geldiğinde, geçen yıl gittiğim bir yer olduğu hatırıma geliyor, bir arkadaşla gerçekte gitmiş olduğumu yeni hatırlıyorum, tarihteki ismi *"Perinthos"* imiş oldukça eski bir yerleşim, sanki tuhaf bir şekilde kendimi 2000 yıl önce bir yere gitmişim gibi geldi. Neden hafızama takıldı bilmem, büyük bir dejavü hissediyor insan ilk önce rüya ile gerçek arasında. Bir şeyler aklımda kalmış, ama aynı olayı rüyada tekrar görmem, beni rüya ile gerçek arasında bayağı bir bocalattı, bu ise günün en önemli olayı oldu benim için..

Bu olay, yani dejavü bana öyle çok şey anımsattı ki, kendimi alternatif bir dünyada buldum. Şöyle ki, bu rüyada büyülü bir yer vardı bu kez ama, İstanbul'a tekrar döndüğümüzde akşam kızıllığı sahile öyle bir vuruyordu ki, o sahne aklımda 1 yıl kalmış şimdi anladım, olağanüstü bir manzara idi, hatırladığım tek şey, akşam kızllığında *perinthos* yani *ereğli*'nin o muhteşem güzelliğinin o kızıllıkta yansıması gibi idi, vesselam..

Bu sırada, rüyada bu Ereğli'deki geçen olay bana çok şey hatırlattı, ama ne tam olarak emin değilim. Bilinçaltına tam bir inme oldu, kırmızı renk hakimdi sahille birlikte diyebilirim.., ama böyle bir güzellik görmedim, manzara rüyada müthişti., yine böyle bir atmosferde sahilde kızıllıkla beraber batmış bir gemi vardı akşam saatlerinde, çok eski korsan gemilere benziyordu, bu da çok iyi bir şekilde hafızamda kalmış, ama nedendir bilmem.

Rüyada ardından, çok renkli bir kuş uçarak yanıma geldi. Çok güzel bir surette ve her çeşit renge sahipti. Bu kuş benden ne istiyor diyordum, öterek rüyada bir şeyler anlatmaya çalıştı. Belki o an, gerçek dünya ile yine bağlantı sağladım, şimdi şaşırmıştım çünkü kendimi biraz Alice gibi hissetmeye başladım, Harikalar diyarında rüya yine gerçeğe dönüşebilir miydi..?

Kuşun alacalı haki renkteki tonlarını izlemeye başladım, evin kapısını araladı, müjde verir gibi, 3 kapı daha ardına kadar açıldı fakat kuş bu kez ağzında bir parça ekmekle diğer 2 kapıyı açmaya zorluyordu.. Acaib! dedim içimden bu kuş neden evin kapılarını zorluyor, sonra diğer tarafta Ereğli'nin sahilinde gezen arkadaşımın omzuna konup onu buraya doğru ağzıyla çekmeye başladı, bir parça ekmekle uçarak yanıma geldi, koy boyunca karanlık çökmüş inanılmaz huzurlu bir atmosfer hakimdi..

- Ben dedi sihirli bir kuşum istediklerini gerçekleştirmek için buradayım..

Bu işaretten anladım ki, bu önemli bir zafer işareti veya manen *"Kıyamet Gerçekliği"*nin bir müjdeci habercisi olabilir diye sonradan ihtar edildi, demek ki yakın bir zamanda üç adet müjdeli haber alacağız.

O anda uyandım..

Vesselam..

M. Ukray. 19-05-2014 [Müjdeci Rüyalar, Alternatif Dünyalar]

ONUNCU RÜYA:

[Yine, Mühim bir Metafizik rüyadır]

"SEFİROT AĞACI"

WTF veya WTO diye tabir edilen, Dünya sağlık örgütü diye bir kuruluş rüyada tüm Üniversitelerin kampuslerine bir amblem yapıştırıyordu. Akademi yıllarımda, bir nevi İslam medresesi gibi gördüğüm o ortamda buluyorum kendimi ve rüyada hayalen o yıllara gittiğimi gördüm. Bu yıllarda, ben de Üniversite'nin kampusunde oturur, arkadaşlarla arada sohbet ederdik, ve yine o vaziyette görüyorum kendimi. B Bloktaki merdivenlerde otururken, gözüm kel kafalı, orta boylu ve hafif kilolu ve patlak gözlü bir adama ilişti.

Etraftaki kimseleri arada bir kesiyor ve izliyordu. Biraz da dikkatimi adama doğru yoğunlaştırdım ve takip etmeye başladım. Sonra, koridor boyunca ilerlerken, her yere, özellikle köşelerin birleşim yerleri olan noktalara tek gözden ibaret olan bir amblem yapıştırıldığını gördüm, ve bu şahsın da bu işlemleri ekibiyle koordine ettiğini fark ettim. Banyo ve tuvalet girişlerindne yemekhanenin kapısına, ilan panolarından öğretim üyelerinin kapılarına kadar tüm üniversitenin içine bu amblemlerden yerleştiriliyordu yavaş yavaş..

Olayı, uzaktan hayalan rüyada bir süre daha takip ettikten sonra, merdivenlerdeki oturduğum yerden kalktım ve adamı takip etmeye başladım. Bir panoda yine bir amblem yapıştırmak üzereyken, aniden yakasına yapıştım:

- Ne yapıyorsun sen? dedim.
- Bu yaptığın yasal değil, ayrıca kimsin sen, neden insanları sürekli izliyorsun? diye ekledim.

Bu kişiyi eğer tarif etmem gerekseydi, tam olarak Amerikada bir zamanlar meşhur olan ve herkesin rüyasına giren kel kafalı bir adam vardı, görüntüsü aynen ona uyuyordu (Not: Aşağıdaki resme bakınız). Hatta aynı rüyayı görenler, bu adamı aramak için bir de cemiyet kurmuşlardı, şimdi bu var mı tam bilmiyorum. Bir tevafuk olsa gerek, bu rüyada da karşıma çıktı.

Amerikada bahse konu olan ve pek çok kişinin rüyasına da giren kel kafalı adam, temsili DECCAL'IN YARDIMCISI OLMASI MUHTEMEL ŞAHIS..

Haberci Rüyalar

Dikkat: Bu şahsın yarı uzaylı yarı insan olacağı rüyada ihtar edildi..

Rüya yoluyla bu adamlar cin boyutunu aşıp bize görünüyorlar, bu çok önemli bir mesele hadiste de ahir zamanda cinleri göreceğimiz söyleniyor ama nasıl açıklamıyor, işte bu eserde bunu şöyle açıklıyoruz: RÜYA İLE

VE ÖNEMLİ BİR KONU DAHA: Özellikle genç insanların kışkırtılıyor olduğu yine rüyada ihtar edildi. Neden mi? Çünkü, cinler bu boyuta geçmek için, yani insani boyuta geçmek için rüyaları kullanıyorlar. Örneğin, İstanbul'da başlayan ve tüm Türkiyeyi kapsayan gezi olayı rüya ile tetiklendi iyi dikkat edelim.. Herkese rüyada biri ülkeyi kurtarmalı imajı verildi, çünkü ülke elden gidiyordu. Böylece, herkes cinlerin kışkırtmasıyla sokağa döküldü kimse bu nasıl oldu inanamadı.

Hatta asıl mühim olan Ahir zamanın büyük savaşının asıl kaderi arka planda, sanal âlemde, internette, siber âlemde, rüya âleminde, rüya içindeki 'yakaza'larda cereyan ediyor diyebilirim size. Ey Arkadaş! Rüyalar âlemi dahi bu savaşın içindeki ciddi cephelerden biridir. Öyle ki, Bir zamanlar Amerikalılar Anadolu'da rüya devşiriyorlardı hatırlayın...

Çünkü, bu savaş, 'insanlığın ifsad edilmesini' öngörenlerle insanlığın imarına çabalayanların savaşıdır. Yeryüzü ile gökyüzünün savaşıdır. Bu savaş, insanlığın mutasyona uğratılıp dünya üzerindeki insansı hâkimiyetin sona erdirilmesi savaşıdır.

Bu savaş, MEHDİ ile DECCAL'ın amansız ve uzun süren, insanlık tarihinin en büyük savaşı olacaktır. İblisin 'Şeytansı insanlar'ın ve 'hayvansı cinnîler'in hükümran kılınması mücadelesidir ki, bu gerçekleştiğinde kıyamet kaçınılmaz olacaktır. İşte, 'tanrıyı kıyamete zorlamak' diye milletin önüne konulan kavramın arkasındaki asıl niyet de budur.

I: DECCAL ve KIYAMET FİTNESİ NEDİR?

1812. Nevvâs İbni Sem'ân r.a. şöyle dedi:

Bir sabah Resûlullah s.a.v. deccâlden uzun uzun bahsetti. Sonunda yorulup sesini alçalttı, sonra tekrar yüksek sesle konuştu. Biz onun anlatışına bakarak deccâlin Medine civarındaki hurmalıklara gelip dayandığını zannettik. Tekrar yanına gittiğimiz zaman üzüntümüzü anladı ve:

- "Hayrola, bu ne hal?" dedi. Biz de:

- Yâ Resûlallah! Sabahleyin deccâlden bahsettin. Kâh alçak sesle kâh yüksek sesle konuştuğun için, biz onun hurmalıklara gelip dayandığını sandık, dedik. Bunun üzerine şöyle buyurdu:

- "Sizin adınıza deccâlden başka şeylerden daha çok korkuyorum. Şayet deccâl ben aranızdayken çıkarsa, onun oyununu bozar, delillerini çürütürüm.

Eğer ben aranızdan ayrıldıktan sonra çıkarsa, artık herkes kendini ona karşı savunup korumalıdır. Zaten Allah Teâlâ müminleri onun kötülüklerinden koruyacaktır. Deccâl kıvırcık saçlı, patlak gözlü, (Câhiliye devrinde ölen) Abdüluzzâ İbni Katan'a benzeyen bir gençtir. Sizden onu gören Kehf sûresinin baş (ve son) tarafından onar âyet okusun. O Şam ile Irak arasındaki bir yerden çıkacak. Sağa sola her yana kötülüğünü yayacaktır. Ey Allah'ın kulları, imanınızı koruyup direnin!"

- Yâ Resûlallah! Deccâlin yeryüzünde kalma süresi ne kadardır? diye sorduk. Şöyle buyurdu:

- "Kırk gündür. Bir günü bir yıl kadar, bir başka günü bir ay kadar, bir diğer günü de bir hafta kadardır; geri kalan günleri ise sizin bildiğiniz günler gibidir." Biz:

- Yâ Resûlallah! Bir yıl kadar olan günde, kılacağımız bir günlük namaz kâfi gelecek mi? dedik.

- "Hayır, siz namaz vakitlerini ona göre takdir ve hesap ediniz" buyurdu. Biz:

- Yâ Resûlallah! Onun yeryüzündeki sürati ne kadardır? diye sorduk. Şöyle buyurdu:

- "Rüzgârın sürüklediği bulut gibi insanların yanından geçer, ilâh olduğunu söyleyerek kendisine iman etmelerini ister, onlar da iman ederler. Göğe yağmur yağdırmasını emreder, yağmur yağar; yere bitki bitirmesini emreder, otlar, çayırlar biter; insanların yayılmaya gönderdikleri hayvanları daha gösterişli ve semiz, sütleri daha bol olarak döner. Daha sonra başka insanların yanına gelerek onları kendine inanmaya davet eder; fakat onlar kendisine inanmayıp teklifini geri çevirirler; deccâl de yanlarından ayrılıp gider; lakin sabahleyin suları çekilip çayır çimenleri kurur, hayvanları da helâk olur.

Deccâl bir örene uğrayıp 'Definelerini ortaya çıkar!' der, o harabedeki defineler kraliçe arının peşinden giden arılar gibi deccâlin arkasından gider. Sonra deccâl babayiğit bir genci yanına çağırıp onu kılıcıyla ikiye biçer; vücudunun her parçası bir yana düşer; ardından ona seslenir. Delikanlı gülümseyen bir çehreyle ona doğru gelir. Deccâl böyle işler yaparken Allah Teâlâ Mesîh İbni Meryem a.s.'i (İsa a.s.) gönderir. Mesîh, boyanmış iki elbise içinde, ellerini iki meleğin kanatları üzerine koyarak Dımaşk'ın (Şam) doğusundaki Ak Minare'nin yanına iner. Mesih parıldayan yüzüyle başını yere eğince saçlarından terler damlar, başını kaldırınca inci gibi nûrânî damlalar dökülür. Onun nefesini koklayan kâfir derhal ölür. Nefesi baktığı yere anında ulaşır. Mesih deccâlin peşine düşer, onu (Kudüs yakınındaki) Bâb-ü Lüd'de (Lud kapısı, günümüzde büyük Lut gölünün güneyindeki çorak bir arazi) yakalayıp öldürür. Sonra Îsâ a.s., Allah Teâlâ'nın kendilerini deccâlin şerrinden koruduğu birtakım insanların yanına gelir, onların yüzlerini okşayarak deccâl fitnesinin sona erdiğini söyler ve kendilerine cennetteki yüksek derecelerini haber verir. Bu sırada Allah Teâlâ Îsâ a.s.'e vahyederek *"Kimsenin öldüremeyeceği kullar yarattım; diğer kullarımı toplayıp Tur'a götür"* buyurur. Allah Teâlâ Ye'cûc ve Me'cûc'ü yeryüzüne gönderir. Onlar tepelerden süratle inip giderler; öncüleri Taberiye gölüne varıp gölün bütün suyunu içer.

Arkadan gelenler oraya vardıklarında, *"Bir zamanlar burada çok su varmış"* derler. Îsâ a.s. ile yanında bulunan müminler Tur dağında mahsur kalırlar. Onlardan her biri için bir öküz başı, sizin bugünkü paranızla yüz altından daha kıymetli olur. Îsâ a.s. ile yanındaki müminler bu belâdan kendilerini kurtarması için Allah Teâlâ'ya yalvarırlar. Allah Teâlâ da Ye'cûc ve Me'cûc'ün enselerine kurtçuklar musallat eder; hepsi bir anda ölüp gider. Ardından Îsâ a.s. ile müminler Tur dağından inerler. Ye'cûc ve Me'cûc'ün kokmuş cesetlerinin olmadığı bir karış yer bulamazlar. Îsâ a.s. ile yanındaki müminler bu belâdan da kendilerini kurtarması için Allah Teâlâ'ya yalvarırlar.

Allah Teâlâ deve boyunları gibi iri kuşlar gönderir; bu kuşlar onların kokmuş cesetlerini alarak Cenâb-ı Hakk'ın dilediği yere götürüp atarlar. Sonra Allah Teâlâ hiçbir evin ve çadırın engel olamayacağı bol bir yağmur gönderir; bu yağmur yeryüzünü ayna gibi pırıl pırıl temizler. Daha sonra yeryüzüne "Meyveni bitir, bereketini getir" diye emredilir. O gün bir grup insan tek bir nar ile doyar, kabuğuyla da gölgelenirler. Yayılmaya gönderilen hayvanların sütü de bereketlenir, bir devenin sütü kalabalık bir grubu, bir ineğin sütü bir kabileyi, bir koyunun sütü bir cemaati doyurur. Onlar böyle yaşayıp giderken Allah Teâlâ tatlı bir rüzgâr gönderir; bu rüzgâr onları koltuk altlarından sarmalayıp her müminin ve müslimin ruhunu alıp götürür. Yeryüzünde insanların en fenaları kalır; onlar eşekler gibi birbiriyle tepişip herkesin gözü önünde cinsel ilişkide bulunurlar ve kıyamet onların üzerine kopar."

Müslim, Fiten 110 / Tirmizî, Fiten 59 / İbni Mâce, Fiten 33

HADİS-İ ŞERİF'İN AÇIKLAMASI

Kuran-ı Kerim'de kendisinden söz edilmeyen deccâl, hadis-i şeriflerden öğrendiğimize göre kıyamet büyük alâmetlerinden biridir. Kıyametle ilgili her bilgi gayb sahasına girer. Gayb, akıl ve duyular yoluyla hakkında bilgi edinilemeyen varlık alanıdır. Gayb hakkındaki bilgiler ya Allah Teâlâ'nın veya Resûlü'nün haber vermesiyle öğrenilebilir.

Etrafımızda olup da kendilerini akıl ve duyularla bile idrak edemediğimiz varlıklar ve yaşadığımız andan sonra olup bitecek şeyler bizim için gaybdır. Biz bu konulardaki bilgileri ya Kuran-ı Kerim'den veya hadis-i şeriflerden öğrenebiliriz. Kuran-ı Kerim'de gayb konusuna, önemi sebebiyle 60 yerde temas edilmektedir. Bu âyetlerde gaybı sadece Allah Teâlâ'nın bileceği anlatılmaktadır. Bunun bir tek istisnası vardır. O da yine Kuran-ı Kerim'de şöyle belirtilmektedir: "Allah Teâlâ bütün görülmeyenleri bilir. Sırlarından kimseyi haberdar etmez. Ancak bildirmeyi dilediği Peygamber ve evliyaullah müstesna." [Cin sûresi (72), 26].

İşte deccâl, kıyâmet, âhiret, cennet, cehennem ve daha başka şeyler hakkındaki bütün bilgiler Cenâb-ı Hak tarafından Resûl-i Ekrem Efendimiz'e bildirilmiş, o da bunlardan uygun gördüklerini bize haber vermiştir.

II: DECCAL VE RÜYA İLİŞKİSİ & AHİR ZAMANDA RÜYA İLE ETKİSİ

Şimdi gelelim deccâle. Onun ahir zamanda ortaya çıkacak, Allah Teâlâ'nın kendisine verdiği bazı imkânlar sebebiyle hârikulâde mârifetler gösterecek ve böylece bazı insanları sapıtacak bir yalancı ve sahtekâr olduğu anlaşılmaktadır. Zaten Deccâl kelimesi de yalancı, hilekâr, hakkı bâtıla, iyiyi kötüye karıştıran kimse anlamına gelmektedir.

Peygamberimiz s.a.v. ümmetinden otuz kadar yalancı deccâl çıkacağını, bunların kendilerini peygamber olarak tanıtıp "Ben Allah'ın elçisiyim" diyeceklerini haber vermektedir. (Buhârî, Fiten 25; Müslim, Fiten 84)

Gerçekten de tarih boyunca, anlatılan cinsten nice yalancılar çıkmış, Allah Teâlâ onların hepsini perişan etmiştir. Hadisimizde anlatılan büyük deccâl de şüphesiz aynı âkıbete uğrayacak, rezil ve perişan olacaktır.

Peygamber Efendimiz s.a.v.'in, yukarıdaki konuşmasında deccâlden söz ederken, sanki o sırada bu belâ Medine'ye gelip dayanmış gibi ashâbına heyecanlı bir ses tonuyla hitap etmesi, sesini kâh alçaltıp kâh yükseltmesi deccâlin insanlık adına ne büyük bir tehlike olduğunu anlatmak içindir. Bazı âlimler hadiste geçen alçaltma ve yükseltme ifadelerini ses olarak değerlendirmemektedirler. "Resûlullah deccâli -Bir gözü kördür; Allah katında son derece basit ve önemsizdir- gibi ifadelerle hem küçümsedi (onu alçalttı) hem de - Kıyametten önce ortaya çıkacak en büyük fitnedir- gibi sözlerle onun ne dehşetli bir belâ olduğunu belirtti (yükseltti)." şeklinde anlamışlardır.

Peygamberimiz s.a.v., ashâbın deccâlden çok korktuğunu görünce onları teskin ve teselli etmek istedi; şayet ben hayattayken deccâl çıkarsa onun oyununu bozar, delillerini çürütürüm, buyurdu. Efendimiz s.a.v.'in "Sizin adınıza deccâlden başka şeylerden daha çok korkuyorum" buyurması, esasen imanı kuvvetli kimseler için deccâlin büyük bir tehlike teşkil etmeyeceğini göstermektedir. Şu halde Müslümanlar çocuklarına dinlerini iyi bir şekilde öğrettiği, peygamber vârisi olan güçlü ilim adamları yetiştirdiği sürece deccâl tehlikesi fazla fire vermeden atlatılabilecektir.

Yine Resûlullah s.a.v.'in "Eğer deccâl ben aranızdan ayrıldıktan sonra çıkarsa, artık herkes kendini ona karşı savunup korumalıdır" buyurması, her Müslüman'ın kendi dinini iyi bir şekilde öğrenmesi gerektiğini göstermektedir. Müslümanlar dinlerini iyice öğrendikleri takdirde ne hakikî ne de sahte deccâller onları aldatabilecektir. Zaten Efendimiz'in de belirttiği gibi, Allah Teâlâ mü'minleri deccâlin şerrinden koruyacaktır. Resûl-i Ekrem Efendimiz'in "şayet deccâl ben aranızdayken çıkarsa" buyurması, kıyametin ne zaman kopacağını bilmediği gibi, deccâlin ne zaman çıkacağını da bilmediğini göstermektedir. Zira bir insan peygamber de olsa, ileride olacak şeyleri ancak Cenâb-ı Hakk'ın kendisine haber vermesi halinde bilebilir. Peygamber Efendimiz'in bu ifadesinden, deccâlin çıkacağı zaman hakkında önceleri bilgisi olmadığı, bunun için de "şayet deccâl ben aranızdayken çıkarsa" ifadesini kullandığı, fakat daha sonraları kendisi hayattayken deccâlin çıkmayacağını öğrendiği anlaşılmaktadır.

Resûl-i Ekrem s.a.v. Efendimiz bu hadiste, deccâli görenlerin, on sekizinci sûre olan Kehf sûresinin baş tarafından (fevâtih) on âyet okumalarını tavsiye buyurmaktadır. 1023 numaralı hadiste de geçtiği üzere Resûl-i Ekrem "Kehf suresinin baş tarafından on âyet ezberleyen kimse deccâlden korunur." Buyurmuştur. (Müslim, Müsâfirîn 257; Ebû Dâvûd, Melâhim 14)

Yine aynı kaynaklarda, bu rivayetin hemen ardından, Kehf suresinin sonundan on âyet okunması tavsiye edildiği kaydedilmektedir. Bu surenin baş tarafındaki ilk on âyette Cenâb-ı Hakk'ın zâtını ve sıfatlarını bilmekten söz edilmekte ve O'nun ashâb-ı Kehf'i zâlim Dakyanus'un şerrinden koruduğu anlatılmaktadır. Muhtemelen bu alâka sebebiyle, deccâli görenlerin bu sûrenin ilk on âyetini okumaları tavsiye buyrulmuştur. Biz hadisimizin tercümesinde her iki rivayeti de dikkate almayı uygun gördük. 1000 numaralı hadiste, bu sûreyi okuyan bir sahâbîyi dinlemek üzere meleklerin yeryüzüne indiği de görülmüştü.

Peygamberimiz s.a.v., deccâlin her tarafa kötülük yayacağını belirtmekte, onu görecek olan ümmetine hitaben *"Ey Allah'ın kulları! İmanınızı koruyup direnin!"* buyurmak suretiyle, ümmetinin mâneviyâtını yükseltmekte ve deccâl denen sahtekârı iman gücüyle yenebileceklerini onlara hatırlatmaktadır.

Deccâlin yeryüzünde ne kadar kalacağını merak eden ashâb-ı kirâm, onun kırk gün kalacağını fakat bir günün bir yıl, bir başka günün bir ay, bir diğer günün bir hafta kadar uzayacağını, daha sonraki günlerin ise normal günlerin uzunluğunda olacağını öğrendiler. Vaktin söz konusu olmadığı o uzun günlerde namaz ibadetini nasıl îfâ edeceklerini merak etmişler, o zaman namaz vakitlerini normal günlere kıyaslayarak hesap etmeleri gerekeceğini öğrenmişlerdir.

Ashâbın böyle anormal bir zamanda nasıl namaz kılacaklarını düşünmeleri, onların bu ibadete verdikleri önemi göstermektedir. Deccâl çıktığı zaman "bir günün bir yıl kadar, bir başka günün bir ay kadar, bir diğer günün bir hafta kadar olmasını" lafzî mânası dışında anlayıp yorumlayan âlimler de vardır. Onlara göre deccâl yapacağı bir nevi hipnotizma ile insanların göz ve kulak gibi duyu organlarını tesiri altına alacak, başlarına gelen o müthiş belânın sıkıntısıyla zaman bir türlü geçmek bilmeyecektir.

Deccâle verilen yetkiler, imanı güçlü olmayan kimseler için onun ne büyük bir tehlike teşkil edeceğini göstermektedir. Onun emriyle bol yağmurlar yağması, bol bitkiler yetişmesi, bu sebeple kısa zamanda gelişip semiren sağmal hayvanların bol süt vermesi, bazı kimselerin deccâle inanmaması üzerine ertesi gün sularının çekilip çayır çimenlerinin kuruması, bu sebeple hayvanlarının helâk olması, deccâlin bir viraneye emretmesi üzerine oradaki definelerin tıpkı bir kraliçe arının peşinden giden arılar gibi onun arkasından gitmesi, kendisine inanmayan bir genci kılıcıyla ikiye böldükten sonra onu tekrar diriltmesi düşündürücüdür.

Bütün bu hârikulâde olaylar, o günlere yetişen müminlerin büyük bir imtihandan geçeceğini göstermektedir. Öldürülüp diriltilen gencin deccâl karşısındaki tavrı ne kadar haşmetli ve mânalıdır.

Âdeta deccâle, sen beni bin kere öldürüp diriltsen de ben sadece kâinâtın yegâne Rabbine iman ediyor ve senin bir sahtekâr olduğunu biliyorum derecesine alaycı bir tavırla gülümsemesi, imanın sarsılmaz gücünü ne güzel ortaya koymaktadır.

Deccâl kötülüklerini yapmaya devam ederken Allah Teâlâ Mesîh İbn-i Meryem'i yeryüzüne gönderecek (bk. 1814 numaralı hadis), o da deccâli yok edecektir. Burada bir hatırlatma yapalım. Bilindiği üzere Hz. Îsâ'ya mesîh dendiği gibi deccâle de mesîh (mesîhü'd-deccâl) denmektedir. Mesîh, silmek anlamına gelen mesh kelimesinden türemiştir. Deccâle mesîh denmesi, kendisinden hayrın silinip alınması veya bir gözünün, hiç yokmuş gibi tamamen silinmesi sebebiyledir. Zira deccâl-in yüzünün bir tarafı tamamen dümdüz, dolayısıyla bir gözü kördür.

Diğer hadislerden öğrendiğimize göre, var olan gözü de tıpkı salkımdan dışarı fırlamış bir üzüm tanesi gibi pörtlektir ve deccal bilindiği üzere yeşil gözlüdür. (Buhârî, Ta'bîr 11, 33) Deccâle çok seyahat etmesi, mesafeleri silip süpürmesi sebebiyle mesîh dendiği de söylenmiştir.

Hz. Îsâ'ya mesîh denmesine gelince, onun mübarek elini hastalara sürerek (meshederek) iyileştirmesi sebebiyledir. Allah Teâlâ'nın bir Mesîh'i diğer bir Mesîh ile yok etmesi ne kadar anlamlıdır. *"Biz hakkı bâtılın tepesine bindiririz de o, bâtılın işini bitirir"* [Enbiyâ sûresi (21), 18] âyet-i kerîmesi, deccâlin de aralarında bulunduğu bütün bâtılların âkıbetini dile getirmektedir.

Hz. Îsâ'nın, parıldayan yüzüyle başını yere eğince saçlarından terler damlaması, başını kaldırınca inci gibi nûrânî damlalar dökülmesi onun vücudunun son derece mevzûn, yüzünün güzel olduğunu göstermektedir. Elbisesi hakkında verilen bilgiler de buna eklenince, onun çok güzel bir görünüme sahip olacağı anlaşılmaktadır. Peygamber Efendimiz s.a.v. bir başka hadisinde onun tatlı esmer bir sîmaya sahip orta boylu bir insan olduğunu, pek kıvırcık olmayan pırıl pırıl saçlarının omuzlarını dövdüğünü, hamamdan yeni çıkmış gibi hafifçe kırmızı tertemiz yüzünden sular damladığını anlatmıştır. Hz. Îsâ'nın nefesini koklayan kâfirin derhal ölmesi ifadesini bazı âlimler, güçlü nefesinin gözünün gördüğü yere kadar ulaşacağı ve kâfirlerin ona yaklaşmaya fırsat bulamadan öleceği şeklinde anlamışlardır.

Hadisimizde Hz. Îsâ'nın Dımaşk'ın doğusundaki Ak Minare'nin yanına ineceği belirtilmektedir. Nevevî VII. (XIII.) yüzyılda bu minarenin mevcut olduğunu söylemektedir. Hz. Îsâ'nın Kudüs'e veya Ürdün'e ineceğine dair rivayetler bulunduğu da söylenmektedir. Ama onun deccâli öldüreceği yerin, Kudüs yakınında bulunan ve bugün de Bâb-ü Lüd diye anılan yer olduğu hadisimizde zikredilmektedir.

Şüphesiz deccâl fitnesi insanoğlunun yeryüzünde göreceği en büyük fitnedir. Bu sebeple bütün peygamberler ümmetlerine bu fitneden söz etmişler ve ondan sakındırmışlardır. (Tirmizî, Zühd 3; İbni Mâce, Fiten 33; ayrıca bk. 21. hadis). Peygamber Efendimiz s.a.v. de deccâlin fitnesinden Allah'a sığınmış, dolayısıyla bizim de ondan Cenâb-ı Hakk'a sığınmamızı tavsiye etmiştir.

İSRAİL AKABE (EILAT) KÖRFEZİNDE BULUNAN İSRAİL DEĞİLDİR, BU SİZİ YANILTMASIN, BÜYÜK RESİM AŞAĞIDADIR!

• I. Dünya Savaşı ile Osmanlı yıkıldı, Filistin toprakları ele geçirildi.

• II. Dünya Savaşı ile Avrupadaki Yahudilerin Hitler korkusu ile evlerini barklarını terk ederek Filistine, yeni kurulacak İsrail devletine taşınmaları sağlandı ve II. Dünya Savaşı sonunda 14 Mayıs 1948 de İsrail resmen kurulmuş oldu.

• III. Dünya Savaşı yani Armageddon Savaşı ile de VAAD edilmiş İsrail Topraklarını resmen ele geçirmeye çalışacaklar.

VAAD Edilmiş topraklar İSRAEL harflerinde gizli olan anlam:

I-------> Iraq-Iran (Irak-İran)
S------> Syria (Suriye)
R------> Royalty of Jordan (Ürdün)
A------> Anatolia (Anadolu)
E------> Egypt (Mısır)
L------> Lebanon (Lübnan)

III: DECCAL'IN ÇIKIŞI

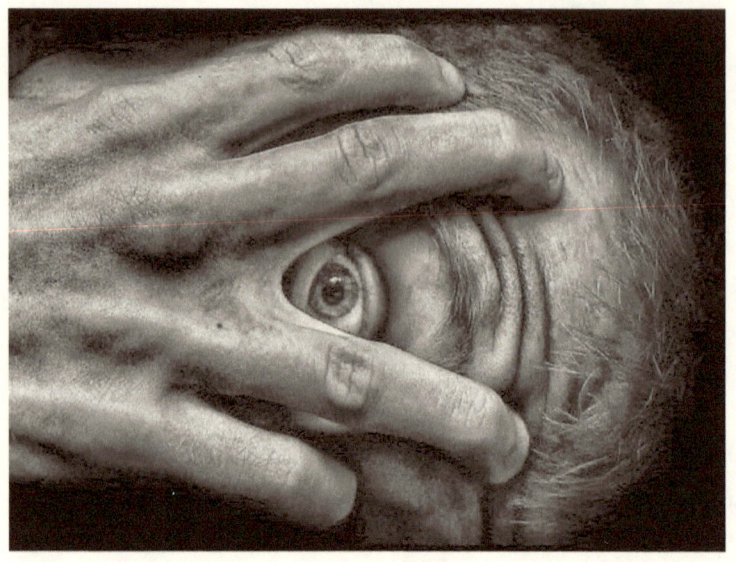

Peygamberlerin ümmetini uyardığı ve iblisin rüyalarını süsleyen ahirzamanda çıkacak bu dehşetli kötü zat imtihan amaçlı sahip olduğu yetenekleriyle etrafında taraftarlar toplayacaktır. Önceleri peygamber olduğunu iddia edecek ve büyüyen desteklerden sonra ilah olduğunu söyleyecektir. Şeytan ve cinlerin yardımı ile insanları görünüş babında aldatacaktır. Peygamber Efendimiz (s.a.s), deccalı tanımamız için işaretleri sahabelerle paylaşmıştır.

- **Hz. Adem'in yaratılışından itibaren Kıyamete kadar geçen süre içerisinde Deccaldan daha büyük bir hadise (büyük bir fitne) yoktur.** *(Müslim, Fiten: 126)*

- Şüphesiz, ben sizi, ona karşı uyarıyorum. Hiçbir peygamber yoktur ki, gönderildiği toplumu ona karşı uyarmamış olsun. Nitekim Hz. Nuh da (a.s.) kavmini ona karşı uyarmıştı. Ama ben size Deccal hakkında hiçbir peygamberin kavmine söylemediği bir söz söyleyeceğim. Haberiniz olsun ki, o kördür, Halbuki Allah asla kör değildir. *(Buharî, Fiten: 26)*

- Kör olduğu halde insanlara, "Ben sizin Rabbinizim" der. Halbuki sizin Rabbiniz kör değildir (yaratıklara benzemekten, her türlü kusur ve noksanlıktan uzaktır). *(Müsned, 3:367-368.13)*

- Allah kör değildir. Dikkat edin. Mesih-i Deccalın sağ gözü kördür. Gözü sanki fırlamış bir üzüm tanesi gibidir. *(Buharî, Fiten: 26)* Silik gözlüdür. *(Ebû Davud, Kitabü'l-Melahim 4:116-117)*

Hadislerde deccalın tek gözlü ya da gözü kör şeklinde açıklamaları, bugün faaliyette bulunan yahudi ve mason destekli **"illuminati"** örgütünün bekleyip ortam hazırladığı şahsı işaret eder. Günümüzde Müslümanların idari yönetimlerini ele geçiren bu örgüt, başka topraklarda zulüm gören Müslümanlara karşı sessiz kalınmasını ne yazık ki başarmışlardır.

- Deccal dünyada 40 gün kalacak, bir günü 1 yıl gibi, diğer 1 günü 1 ay gibi, diğer 1 günü 1 hafta gibi ve geri kalan diğer kalan günler (37 gün) bizim normal günlerimiz gibi olacak. *(Sahih Müslim)*

Deccal *hem manen hem bedenen* insanların arasında olacaktır. 3 gün manen ve 37 gün bedenen yeryüzünde bulunacaktır. Deccal kelimesinin ebced değeri 37 göstermesi, bedenen insanlar arasında kalacağı gün veyahutta yıl sayısına işaret eder.

Deccalin manen insanların arasında kalacağı mevzuya gelelim. Hadisteki 3 gün, yıl-ay-hafta şeklinde olması aynı zamanda 3 farklı mekana da işaret eder. Yüce kitabımız Kuran-ı Kerim'de Allah katında bir günün dünya zamanındaki 1000 yıla eşit olduğu belirtilmiştir *(Hacc Süresi /47)*. O zaman böyle bir hesaplama yapılsa ilginç gelecektir.

Hadisteki 1 gün, 1 yıl gibi, **1000/1 yıl=1000 yıl.**
Hadisteki 1 gün, 1 ay gibi, **1000/12 ay=83.33 yıl.**
Hadisteki 1 gün, 1 hafta gibi, **1000/52 hafta=19.23 yıl.**

Masonik düşünce ilk temellerini İngiltere'de (hadislerde belirtilen deccalın tutsak adası) 10. yüzyılda yani 900 lü yıllarda atılmıştır. **1000 yıl sonrası 1921 yılında** yahudi masonlar tarafından CFR örgütünün kurulması ile Deccaliyet İngiltere'den Amerika'ya taşınmıştır.

- **Melhame (büyük savaş) ile İstanbulun fethi arasında 6 sene vardır. Yedinci seneside deccal çıkar.** *(Taberani(20/108)*

- **Alnında (deccal), iki gözünün arasında "Ke-Fe-Re, yani kâfir" yazılıdır.** *(Buhari, Fiten: 27;Müslim, Fiten: 100-103, (169)-(2933)).*

Bu hadisi takip eden Yahudiler prototip amaçlı tarihi bir olay gerçekleştirmişlerdir. 1914 yılında başlayan Dünya Savaşından 6 yıl sonra İstanbul yabancı işgalciler tarafından işgal edilmiştir. 7. yılda CFR örgütü (Council on Foreign Relationships) kurularak simgesel olarak Deccal'ın çıkışını göstermeye çalışmışlardır. Bu örgütü kuran Baba Rockefeller'in oğlu David Rockefeller'ın bir gözünün kör olması deccal benzerliğiyle Hz.Mehdi'nin çıkış işareti olmuştur.

1921 yılına 83 yılı eklediğimizde 2004 yılı çıkar. Bu yılda ilk defa uluslararası babında "Büyük Ortadoğu Projesi" yani "Kudüs tabanlı Büyük İsrail Devleti" açıklamalarıyla Deccaliyet Amerika'dan İsrail'e taşınmıştır. George W. Bush 20 Ocak 2004 tarihinde ulusa sesleniş konuşmasında Büyük Ortadoğu Projesi'ne dikkatleri çekmişti. 2004 yılının yaz aylarında bu proje G7 ülkelerinin toplandığı bir zamanda uluslararası çapta dile getirilmiştir.

2004 yılına 19 yıl eklediğimizde 2023 yılı ortaya çıkar. Biz bu yılda deccalın vücuden ortaya çıkacağını düşünüyoruz. Çünkü bu yılda hadis ve ebced analizlerinde İsrail ortadan kalkacaktır. En doğrusunu Allah bilir.

Perişan olup ülkeleri yok olan yahudiler, son umutları olan Deccalı doğu tarafında bulunan İsfahanlı yetmişbin yahudi yardımıyla ortaya çıkaracaklardır. Aşağıdaki hadisler bize ışık tutmaktadır. Bugün İsfahan, İran Devleti sınırları içerisinde Horasan bölgesine yakın bir yerde bulunmaktadır

- **Deccal'e Isfahan yahudilerinden yetmişbin yahudi tabi olur. Hepsinin üzerlerinde taylasan vardır.** *(RE. 506/9,Hz. Enes RA)*

- **Deccal şarktan, Horasan'dan çıkar ve ona kalkan yüzlüler tabi olur.** *(RE. 97/7,Hz. Ebubekir RA)*

3 farklı mekanın sonuncusu şu anki İsrail'in sınırları içerisindeki Lut kapısında, 3 farklı zamanın sonu olan 2023 yılında Allah'ın izni ile deccal öldürülecektir. Sonuç olarak, 2023 yılı hem deccalın çıkış ve ölüm yılı hem de Hz.İsa (as)'ın yeryüzüne iniş yılı olacaktır. En doğrusunu Allah bilir.

Kaynak: Gaybi Hadisler Grubu

http://www.gaybihadisler.com

IV: YE'CÛC VE ME'CÛC

Deccâlden sonraki büyük fitnenin Ye'cûc ve Me'cûc fitnesi olduğu anlaşılmaktadır. Kuran-ı Kerim'de iki yerde Ye'cûc ve Me'cûc'den söz edilmektedir. Birinde, bozgunculuk yapan Ye'cûc ve Me'cûc'ün Zülkarneyn'e şikâyet edilmesi, onun da bu zorbaların bulunduğu yeri demir kütleleriyle tıkayarak bir daha dışarı çıkamayacak şekilde önlerine bir set yapması [Kehf sûresi (18), 94-98], diğerinde ise, hadisimizde geçtiği gibi, "Ye'cûc ve Me'cûc'ün önündeki seddin açılıp her tepeden akın etmeleri" hâdisesidir.

Ye'cûc ve Me'cûc'ün, Hz. Îsâ ile birlikte Tur'da korunan müminler dışında yeryüzündeki bütün insanları öldürmesi bu felâketin büyüklüğünü göstermektedir. Cenâb-ı Hakk'ın bu önünde durulmaz barbarları enselerine kurtçuklar musallat ederek bir anda mahvetmesi, daha sonra yeryüzünün âdeta yeniden ihyâsı ve yaşamaya daha elverişli hale getirilmesi olayları ise kâinâtın Rabbi'nin her şeye kâdir olan sonsuz gücünü göstermektedir.

Deccâl ile Ye'cûc ve Me'cûc fitnelerinden kurtulan ve benzeri görülmemiş derecede mutlu bir hayat süren müminlerin ölümünden sonra yeryüzünde insanların en kötülerinin kalması, onların eşekler gibi herkesin gözü önünde cinsel ilişkide bulunacak olması ve kıyametin onların üzerine kopuvermesi de pek düşündürücüdür. Bu çağda zinanın suç kabul edilmesini gerilik sayan, nefsânî arzularının tatmini önünde hiçbir sınır tanımayan ve dolayısıyla Peygamberimiz s.a.v.'in ifadesiyle eşekler gibi herkesin gözü önünde cinsel ilişkide bulunmak isteyen kimselerin durumu, üzerlerine kıyamet kopacak o en fena, en talihsiz kimselerin halinden farksızdır. Cenâb-ı Mevlâ o bozuk zihniyetli insanların şerrinden bizi ve yavrularımızı muhafaza buyursun.

HADİSTEN ÖĞRENDİKLERİMİZ

1. Deccâl insanın dünya hayatında karşılaşacağı en büyük fitnedir.

2. Müslümanları onun şerrinden derin imanları koruyacaktır.

3. Deccâl yeryüzünde kimi uzun kimi kısa olmak üzere kırk gün kalacaktır.

4. Deccâl, kasırga önündeki bulut gibi yeryüzüne süratle yayılacaktır.

5. Kendisine verilen imkânlar sebebiyle beşer gücünün üstünde işler yapacaktır.

6. Hz. Îsâ yeryüzüne inerek deccâli öldürecek, insanları onun şerrinden kurtaracaktır.

7. Hz. Îsâ Ye'cûc ve Me'cûc'ün geleceğini haber alınca müminlerle birlikte Tûr dağına gidecek, Ye'cûc ve Me'cûc belâsı ortadan kalkıncaya kadar orada mahsûr kalıp açlık sıkıntısı çekeceklerdir.

8. Önlerinde kimsenin duramayacağı Ye'cûc ve Me'cûc, yeryüzünü talan edip herkesi öldürecek, Allah Teâlâ da onları, enselerinde yaratacağı kurtçuklarla bir anda mahvedecektir.

9. Yeryüzü Ye'cûc ve Me'cûc'ün leşlerinden temizlendikten sonra insanlar bolluk ve bereket içinde yaşayacaklardır.

10. Daha sonra Allah Teâlâ müminlerin ruhlarını kabzedecek, yeryüzünde en kötü insanlar kalacak, kıyamet onların üzerine kopacaktır.

KAYNAKLAR:

1)- RİYAZU'S-SALİHİN, 7. CİLT, 1812. HADİS.

2)- KUR'AN-I HAKİM

Konumuzun Kıyamet ekseninde Deccal ve Ye'cüc & Me'cüc'le olan bağlantıları ve rüyalarla olan kısmını ilişkilendirdikten sonra, rüyaya tekrar geri dönelim.

Ona böyle söyleyince, bana: "Asıl, sen kim oluyorsun? Ne karışıyorsun? dedi.

Ben: "Seni tanıdım, Deccal adına çalışıyorsun ve mahkemeye vereceğim, yaptıklarınız ortaya çıkacak" dedim.

Böyle söyleyince, hızla oradan kaçmaya başladı, bayağı uzaklaştı, okulun dışına çıktı. Onun gittiğini görünce yapıştırdığı amblemleri elimdeki büyüteçle incelemeye başladım. Kontrol ettim ve içlerinde, her amblemin içinde birçok karmaşık şekillerle birlikte bir sarmaşık bitki şeklindeki bir ağaç gövdesi ile dalları ve bu dalların etrafını sarmış bir vaziyette bir yılan beliriyordu açıktan açığa.

Ertesi gün, bu kişiyle kendimi mahkemede buldum. Hakim, bana neden şikayetçi olduğumu sordu. Ben dedim ki:

- "Efendim, bu kişi yapıştırdıkları bu amblemlerle insanları zehirliyor ve etkisi altına alıyorlar, bunlar bir örgüt" dedim.

Hakim: "Delilin nedir, elinde kanıt varmı? Bununla ilgili" diye sordu.

İşte dedim, söktüğüm bir afişi beraber yanımda mahkemeye getirmiştim. Bu amblemi görüyor musunuz? Bu okulla ilgili bir ilan ama üzerinde konuyla alakası olmayan, izinsiz olarak iliştirilmiş bir tek göz işaretiyle bir sarmaşık bitki ve bir yılan var. Bunlar suç dedim. Bunun üzerine, hakim kel kafalı adama döndü:

- "Bunlar doğru mu? Kimin adına çalışıyorsunuz, o üniversitede elinizde bu amblemlerle ne işiniz vardı. Bu amblem neyi anlatıyor?" diye sordu.

Bunun üzerine, adam anlatmaya başladı:

- "Efendim, ben bağımsız bir sivil toplum kuruluşunun üyesiyim. O gördüğünüz de logomuzdur. O bitki ise, şöyle açıklayayım, amblemde de açıkça görüldüğü gibi, topraktaki zehiri alıp bünyesinde toplayan, bu zehiri topraktan absorbe edip temizleyen bir bitkidir.

Ve Hakim dinlemeye devam ederken Adam şöyle devam etti:

- "Daha sonra ise, bu zehiri yapraklarında depolar ve ilaç sanayiinde kullanılır ve hatta etrafındaki onu sarmış olan yılanda da benzer bir zehir olduğu için, tıptaki sembolik şifalı bitkilerden birisi olarak bilinir" diye sözü tamamladı.

Fakat amblemi tekrar büyüteçle hakime gösterip, bitki gibi duran şekli biraz daha büyüttüğümde, aynen Yahudi mistisizminde önemli bir yeri olan KABALA'daki Yahudilerin dünyaya hakimiyetinin bir temsilcisi olarak çizilmiş olan KÜÇÜK VİR EVREN TASNİFİNİ Felsefi olarak anlatan ve SEFİROT AĞACI olarak bilinen bir yapıya aslında işaret ettiğini, tekrar gösterdim bu bitkinin.

Sefirot Ağacıyla ilgili ek bir bilgi:

Sefirot, 13. yüzyılda yazılan ve Kabala'nın en önemli kitabı haline gelen Sefer ha-Zohar'da geçen bir tür temadır. Kabalacılar, Sefirot'un Tanrı Yehova'nın "yansıma şekli" olduğuna inandılar. Bu mistik doktrine göre, bütün herşey Sefirot'a göre yaratılıyordu. İnsanın ruhundan, evrenin yapısına kadar her şey Sefirot semasıyla uyumluydu. Tüm varlıklar Sefirot'a göre konumlanıyor, Sefirot'a göre işliyordu.

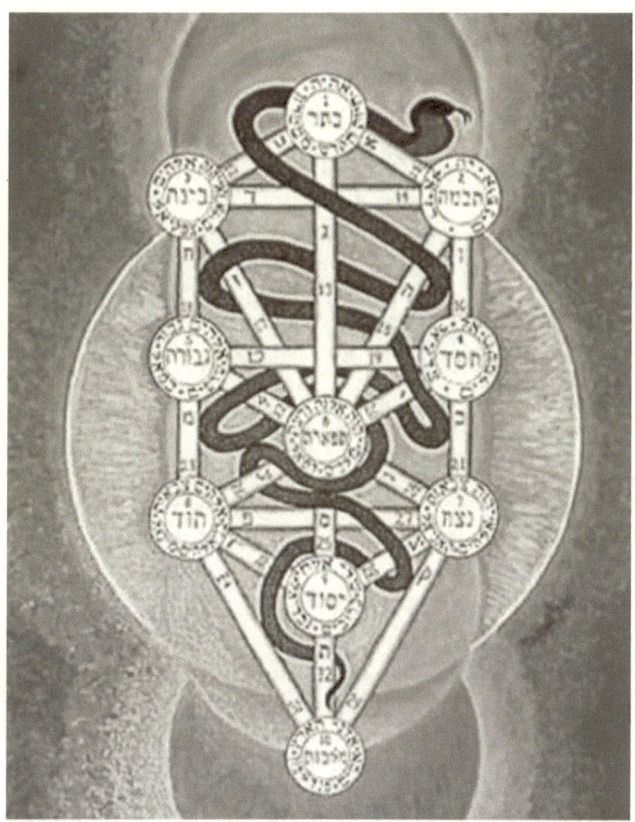

Rüyada görülen Amblem'in detayı

Ruyet-ul Gayb

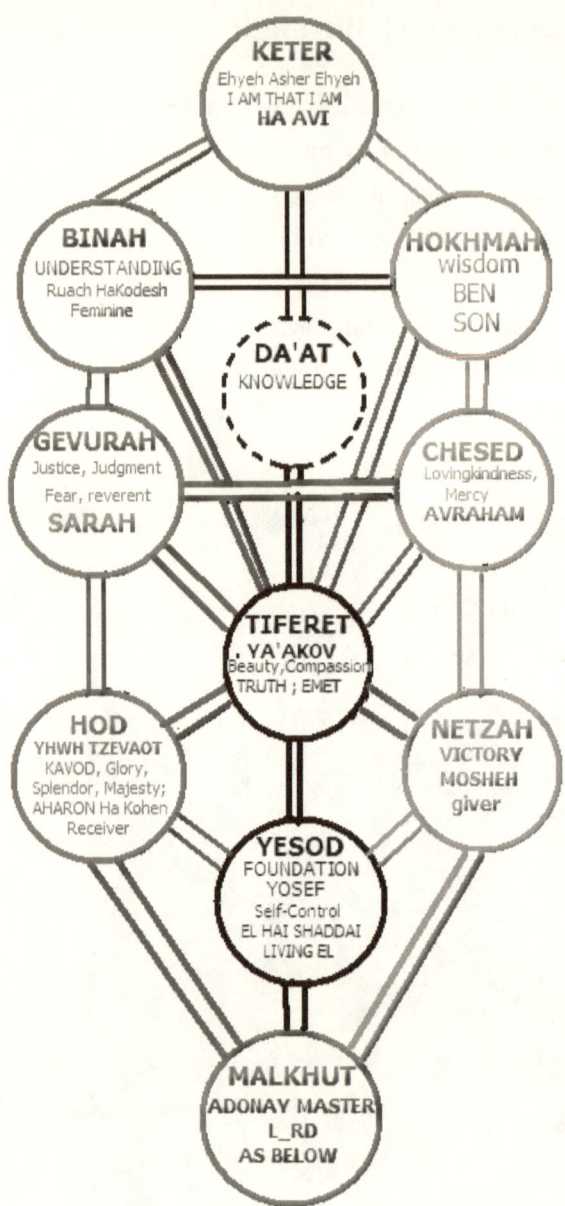

Sefirot'un ağaç şeklindeki yapılanması ve evren organizasyon şeması.

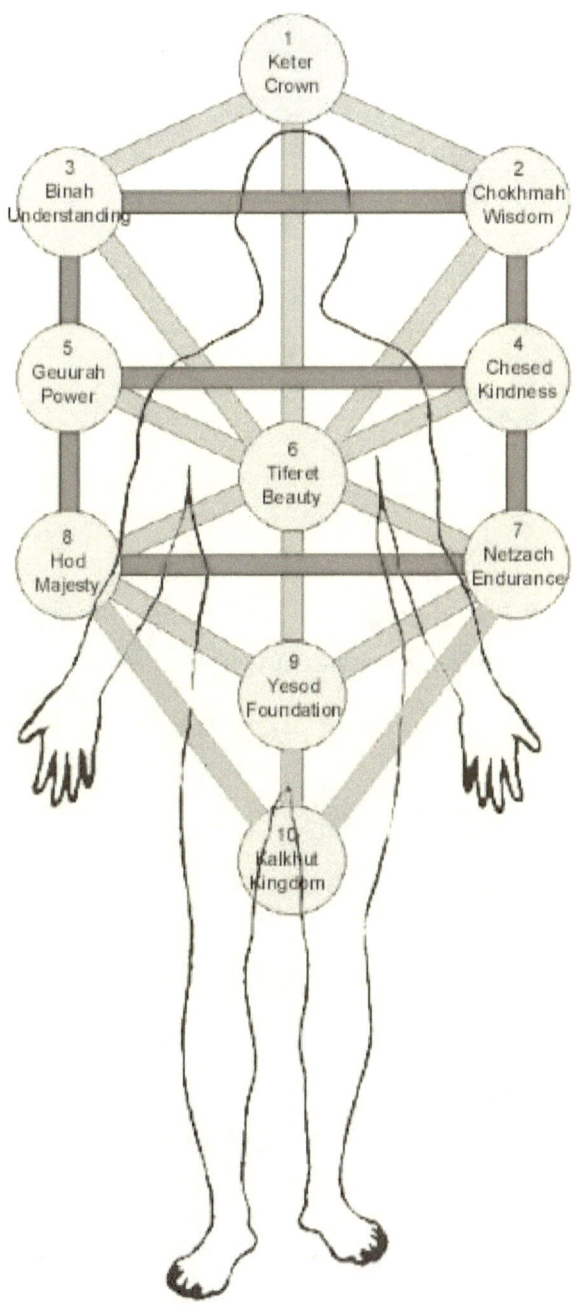

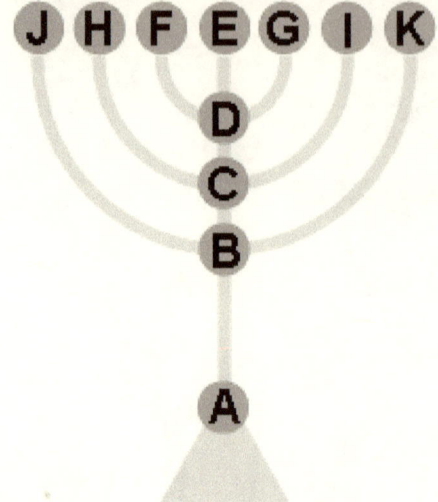

Şekiller: Sefirot Felsefi düşüncesine gore, Evren ve İnsan'ın tanımlanması ve 7 kollu şamdanla sembolize edilen 7 gök ve 7 yeraltı katmanlarının şamdanla sembolizasyonu

Bunun üzerine, bana yönelen Hakim:

-"Savunman nedir? Onu dinledin" dedi.

Ben dedim ki:

-"Efendim, bunlar tamamen uydurma ve gerçeği gizlemek için öne sürülen aldatmacalardan başka bir şey değil, ve ayrıca bu zehiri bitkinin topraktan alarak temizlemesi sadece bir aldatmacadan ibarettir, bir illüzyon bu.

Çünkü, Bitki bu organizasyonu ve PİRAMİT şeklindeki o SEFİROT ağacına benzeyen organizasyonu temsil ediyor. Ayrıca bu piramit şeklindeki örgütlenme yapısı, bu amblemde de açıkça görüldüğü gibi, burada toprak olarak temsil edilen dünyanın tamamına yani Arz-ı Mevud'da yani tüm dünyaya bir vaad edilmiş toprak gözüyle bakarak, dünyayı tamamen kontrolüne ve yönetimine geçirmenin peşindedir, bu büyük komplonun esas amacı budur ve bu amblem bu organizasyon şemasını en iyi temsil eden Yahudi işaretlerinden birisidir, hatta en önemlisidir" diye ekledim..

-"Ayrıca bitkide görülen dal ve yapraklanma yapısına dikkat edin, bu dallar bir şebeke yapısına ait ve yerde görülen toprakla temsil edilen dünyayı sararak yılana ev sahipliği yapıyor, yani ŞEYTAN VE AVANESİ'ne, ve ayrıca yine gördüğünüz gibi, hem yine toprakla ADEM'İN YARATILIŞI'nı temsil eder vaziyette insanlığa düşman olan o CENNET KOVULMA olayına sebep olan yılan, yani İLKSEL ŞEYTANİ FİGÜRLER ve ŞEYTAN'IN KENDİSİ bu amblemin içinde tamamen açıkça ifade edilmektedir. Bu açıkça görülüyor dedim. Burada toprakla temsil edilen, figür aslında bir anlamla arz-ı mevud'dan başka, İNSAN'ın kendisidir, evet yanlış duymadınız, şeytanın en büyük düşmanı kimdi hatırlayalım mı lütfen sayın mahkeme üyeleri, evet doğru bildiniz İNSAN ve onun ilk temsilcisi olan ADEM AS. İşte bu ilksel düşmanlığın günümüze uzantısıdır bu güç şebekesi ve bunlar da huzurunuzda, işte onun avaneleri..

Tekrar belirtiyorum, çünkü insan çabuk unutan bir varlık zaten yaratıcı da ona unutmak anlamına gelen, "İNS" kelime kökünden türetmiştir ismini, tekrar hatırlarsak İNSAN TOPRAKTAN yaratıldığı için burada toprağın ikinci anlamı aslında, İNSAN ve İNSAN VÜCUDU'dur ve bahse konu olan esas mesele de insana olan sonsuz bir düşmanlıktır.. Dolayısıyla burada zehirlenen insan vücududur, onu zehirlediği gibi, bunu organize bir şekilde görüldüğü gibi, dal ve yapraklarına yayarak, tüm insanlığı zehirlemeye çalışan bir organizayon şebekesi ile karşı karşıyayız, zehirli bir sarmaşık gibi, tüm dünyayı sarıyor bu ağ diye ayrıca uyardım. Çünkü biliyordum ki, bu yayılmakta olan fitne hadislerde bildirilen DECAL'IN EN DEHŞETLİ AHİR ZAMAN FİTNESİ idi ve yaklaşık 1430 yıl önce hadislerle de bildirilmiştir (NOT: Bu Hadisin detaylı açıklaması için az önce verdiğimiz Deccal'la ilgili ekin *Bibliyografya –II kısmına* bakınız.)

Hakim dediklerime öyle şaşırmıştı ki, neredeyse ağzı açık bir şekilde benim açıklamalarımı dinliyordu. Sonra, mahkeme sona erdi. Hakim; "Tamam, gereği düşünüldü!" dedi.

Ben bu arada, tam sonucu öğrenmeden o şahısa doğru bir kez daha baktım, birden hızlı adımlarla oradan uzaklaşıyordu ve rüya burada bitti..

Sonra, uyandığımda, bu önemli hakikatten ve manevi işaretten anladım ki, metafizik alemde Deccaliyet, bilhassa Üniversitelerde ve Sivil camiada harekete geçiyor ve zehirli düşüncelerinin görünür veya görünmeyen bir şekilde empoze edilmesi için, hızla harekete geçmekte olduğunu ve bunu bahsi geçen ve rüyada açıkça görülen ve DECCAL'ın mühim bir temsilcisi olan o dehşetli YAHUDİ şahısla ÇOK YAKIN BİR ZAMANDA başlatılacağı gaybi bilgisini bilmüşahede bu detaylı rüya ile görmüş oldum.

Allah hepimizi, şerrinden muhafaza eylesin..

Amin..

[05-06-2014 Sabaha karşı]

ON BİRİNCİ RÜYA:

Bu rüya dahi İKİ KÜÇÜK RÜYA'dan ibarettir. İkincisi bu ramazanda Kadir gecesinde rüyada bildirilen geniş bir hakikatın küçük bir parçasına dairdir..

BİRİNCİSİ:

"ÖLÜM FERMANI"

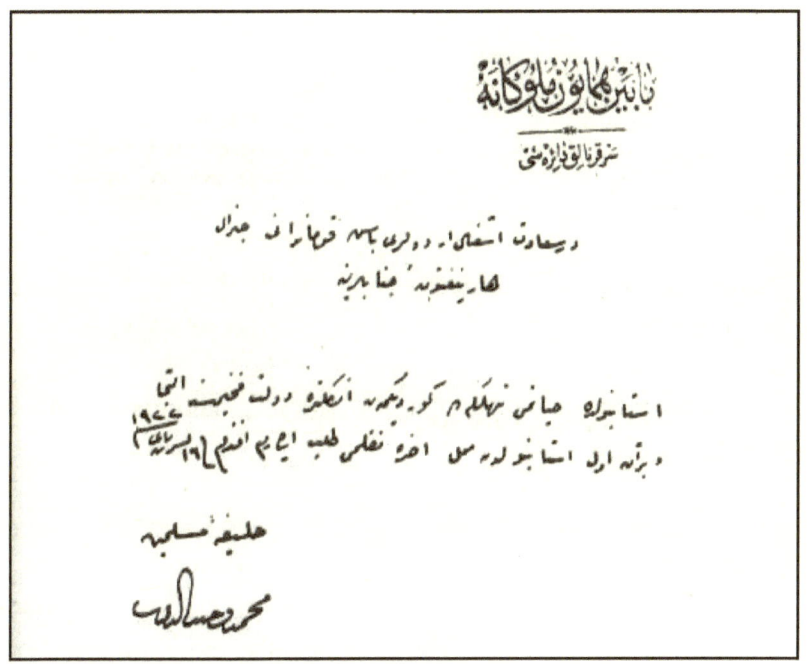

Kendimi birdenbire bilinmeyen bir ülkenin coğrafyasında buluyorum. Bir arkadaşım da yanımdayken, oradaki kırsal kesimdeki bir mahallede dolaşıyoruz. Sonra, bir eve giriyorum. Bir aile ile uzun bir sohbet ettikten sonra, bahçede oturmak için dışarı çıkıyoruz. Ben bahçe dışından, biraz dışarıyı seyrederken arkadaşım diyor ki;

- "Murat, ben Endüstri Mühendisi'yim; sen de gayet Alim bir Mühendissin. Neden burada bir iş bulup çalışmıyoruz?" diyor.
- "Tamam" diyorum, "Sen bir gazete ilanına bak bakalım bu akşam, telefon edip yarın bir iş bulalım" diyorum.

Arkadaş, bir gazete ilanı getiriyor. Önce birkaç yeri arayıp iş için görüşme yaptıktan sonra;

- "Murat, şimdi de başka bir ilan için aradım, galiba devlet işi" deyip telefonu bana doğru uzattı.

Telefondaki kişi *"Buyrun"* dedi, nazik bir ses tonuyla.

- "Ben, iş ilanınız için aramıştım, bir de arkadaşım var yanımda" dedim.
- "Mesleğiniz nedir?" dedi.
- "İkimiz de mühendisiz" dedim.

Adam: "Bu iş size göre değil, bu iş polisle alakalı" dedi hafifçe gülümseyerek.

Böyle deyince şaşırdım, çünkü yapılan iş ilanından böyle bir cevabı beklemiyordum.

- "Neden?" dedim, "Orası bir hastane değil mi?" "Ne alakası var polisle?" diye ekledim.

Şöyle ki, dedi devam etti: "Bu işe girerseniz, sizi öldürürler."

Heyretle, - "Kim, niçin öldürsün?" dedim.

Şöyle ki, dedi devam etti yine kısık bir ses tonuyla; "Hasta yakınları sizi öldürür, genellikle personel ölümleri böyle oluyor."

Böyle deyince daha çok şaşırdım. Hasta yakınları acaba bir hastane görevlisini neden öldürecekti. Adam durumu açıklamak için konuşmaya devam etti:

- "Öncelikle, bizim yaptığımız işi biraz size anlatayım" dedi.
- "Biz, öncelikle hastanedeki ağır hastaları ve ölüme çok yakın olan yaşlı insanları, ameliyat öncesi uyuşturmakla görevli bir TİM'iz. Öncelikli görevimiz, güvenlik dışında bu. Öncelikle, önceden belirlenmiş olan bu kişilere yoğun bir narkoz veriyoruz ve hasta genellikle ameliyata alınmadan önce ölüyor."
- "Ameliyattan sonra ise, doktorlar şöyle bir açıklama yapıyor; "Üzgünüz efendim, hastanızı ameliyat masasında kaybettik!"
- "İşte, bu yüzden de genellikle hasta yakınları bu işin aslını araştırıp bir şekilde öğrenirlerse, narkozu yapan görevliyi de kendileri intikam almak için öldürüyorlar. Böyle, çok personelimiz görev yaparken şehit oldu.."
- "İşte bu yüzden, bu işi yapamazsınız demiştim size, çünkü çok tehlikeli gördüğünüz gibi."
- Bu yüzden biz bu işe "ÖLÜM FERMANI" imzalamak diye bir ad taktık ki, bu ölüm fermanını ve işe giriş sözleşmesindeki bu şartları kabul etmedikçe, zaten kimseyi işe almıyoruz" diye ekledi.

Bunları duyduktan sonra, hala inanmakta güçlük çeksem de elbette ki, böyle bir işi kabul edemeyeceğimi vicdanen bilen arkadaşımla birlikte telefonu kapattık.

Fakat, bununla birlikte, telefonu kapadıktan sonra, rüya aleminde gözümün önünde başka bir perde açıldı. Şöyle ki;

> Cesetler ve onlarla birlikte ölüm fermanını imzalamış olan görevlileri onları taşırken görüyorum. Sanki bir nevi

ÖLÜM ve KABİR kapısındaki taşıyıcı melekler ile AZRAİL bu görevlilerin mukabilinde gözümün önünde hazır duruyor gibi hayal ettim kendimi.

Ayrıca, bu şekilde ölenler arasında, bazı ünlü kişilerin gazetecilerin, yazarların ve yönetici konumundaki hayat-ı dünyeviyedeki bazı önemli şahısların dahi olduklarını ve ayrıca bazı faili meçhul cinayetlere kurban giden, bazı şahısların dahi bunların arasında olduklarını müşahede ettim ve o anda rüyada bunlar da gözümün önünden geçtiler.

Evet, gördüklerim sahih bir rüyaydı gerçi ama belki de gerçeklerle de bir bağlantısı var olan bir rüya gibi ihtar edildi. Bu düşüncede iken, o görüntüler yoğun bir beyaz ışık kümesine doğru hareket ettiler ve aniden gözden kayboldular ve rüya böylece burada bitti.

Vesselam

[Küçük Rüyalar M. Ukray, *05-06-2014 Sabahı*]

İKİNCİSİ:

"Sevdiğiniz şeylerden Allah yolunda harcamadıkça iyiliğe asla erişemezsiniz.."

(Al-i İmran, 3/92)

Mealindeki ayette, insanların en sevdiği mallarından Allah yolunda infak etmedikçe, Onun iyiliğine/lütfuna/ikramına cennetine kavuşamayacakları anlatılmaktadır. Şimdi gelecek olan bu rüyadaki hakikat bilgisi bu derin manaya yönelik olacaktır:

"SEN BENDEN ÜSTÜNSÜN"

Bir dağda, yüksek bir tepelikte ve ıssız bir mekanda bu ramazanda yalnız başıma bulunuyordum. Aniden Allah tarafından buraya sevkedilmemin sebebini ve bulunmamın hikmetini tefekkür ederken, birden şu hakikat, kadir gecesinde yine aynı yerdeyken aşikar olarak ilhamen bildirildi.

Bir ekonomik sıkıntı bahanesiyle, bu ıssız dağ başına niçin birden böyle sevk edildik diye düşünürken, müthiş bir gaybi cevap niteliğindeki, uzun süredir hikmetini aradığım bir hakikatin cevabı şu rüyada göründü.

Varoş bir mahalle gibi yerde, izbe harabe gibi bir mekanda, manen terakki etmiş bir zatla beraber gidiyorum. Etrafı geziyorduk birlikte ve harabe veyahutta hurdalık olarak kullanılan bir yere gelince, o şahsa tabi olan bir serseri kılıklı adamı görünce, belki bana zarar verir diye ondan uzaklaşmak istedim. Geriye doğru yavaşça çekilmek istedimve adım attım.

O zat dedi ki: "- Dur, yapma! Onun görünüşüne bakma, önce yanına git ve ne istediğini öğren" dedi.

Tam bu sırada, bir madde bağımlısı veya sarhoş görünümlü, yaşı gençce olan bu kişi bana doğru yaklaştı:

- Molla Murat sen misin? dedi. –Evet dedim.

- Duydum ki, her şeyi bildiğini idda ediyormuşsun, ilim yolunda terakki etmişsin dedi.
- "Evet", dedim, "Bu bilgiyi kazanmak kolay olmadı önce 20 yıllık bir riyazet ve hastalıklı dönem geçirdim, 30'dan sonra da bu ilimleri ilhamen bana bildirilenleri yazmaya, bu Kur'an hakikatlerini açıklamaya başladım" dedim.

Bu sırada da, arada bir onun hal ve hareketlerini, konuşmasını zihnimde bütünleştirmeye çalışıyor ve zihnimde böyle per-perişan birisinin çok da akıllıca konuşamayacağını tahayyül ediyordum.

Bu sırada bana yaklaşarak şöyle dedi:

- Benden hakikate ulaşmanın sırrını öğrenmek ister misin?
- Görüyorum ki, her istediğini elde edebileceğin görece benden lüks bir hayatın var. İnsanlarla birlikte iç içe yaşıyorsun ve her ihtiyacını karşılayabileceğin şekilde onlara sahipsin.
- Ama, hakka giden yolda en üstün mertebeye ulaşmak için, gitmen gereken yol bu değil.!

Ben bunu duyunca daha çok şaşırdım, çünkü beklemediğim bir cevap almıştım.

Devam etti:

- "Beni görüyor musun? Üzerimdeki şu eski yırtık elbiselerden başka hiçbir şeyim yok. Ne bir evim var, ne de sığınacak, yardım ve para isteyecek bir dayanağım yok. Ama görüyorum ki, sen bunların hepsine sahipsin, oysa ben değilim."
- "Ama görüyorsun ki, ben hakikate ulaşmışken, sen hala aramaktasın, sende bu halet-i ruhiyeyi görüyorum." dedi.
- "Aradaki fark nedir? Sana sorarım" dedi.

Ben, bunun üzerine; - "Doğrusu, bunu tam bilmiyorum, ama bilmeyi de çok isterim" dedim.

Şöyle devam etti:

- "Hakikate ve FENA FİLLAH dene YOKLUK, yani yaratıcının nurunda kendini MUTLAK yok bilme makamına ulaşmak için, ALLAH'TAN BAŞKA gönlünde ne varsa, hepsini terk etmedikçe, asla o hakikat ve iman bilgisine ulaşamazsın" dedi. Çünkü, şunu bil ki, İBRAHİMİ TEVHİD yolu budur ve önemli olan dışımızdaki putlar kadar tevhidi içimizde bina etmek için ALLAH'TAN BAŞKA MABUD EDİNİLEN heva ve istekler ile PUT NİTELİĞİNDEKİ SAHİP OLDUĞUMUZU SANDIĞIMIZ metaları nicelikleri yok saymak ve bunları unutabilmektir, yok saymaktır, bunlardan uzaklaşmaktır bu yolda öncelik."

Bu sözleri duyunca hayretim biraz daha arttı, dikkatle onu dinliyordum. Hemen kendi kendime bir otokontrol yaparak, kendi halimi düşünerek;

- Evet, gerçekten de bu genç haklı, ben tüm bu maddi imkanlara sahipken, acaba tüm bunlar bilmeden hakiki imana ulaşmanın önünde birer engel olabilir miydi, kalp gözünün tam açılması bunu mu ifade ediyordu. Onlar önüme konulmuş birer put-misal engeller ve nefsimi sadece geçici olarak dizginleyen birer süs eşyası misal oyuncaklar mıydı.?

Bu sırada şu ayet aklıma geldi, bu hakikate bakmaktaydı;

> "Dünya hayatı ancak bir oyun ve eğlenceden (NEFSİN İSTEKLERİ VE SAHİP OLDUĞUMUZ GEÇİCİ İMKANLAR, MAL VE KOŞULLAR)'dan başka bir şey değildir. Ahiret yurdu, takva sahipleri için elbette daha hayırlıdır. Hâlâ akıl etmez misiniz?" (En'am, 32)

- "Evet, bu dediğin doğrudur" dedim ve şu halde;

"SEN BU DURUMDA BENDEN ÜSTÜNSÜN"
dedim

Bunu deyince, beni bir manevi hal kapladı ve birden içimde uzun zamandır tam bir fena ve halvet arzusu olarak beliren düşünceler yeniden yeşerdi ve o genç gibi belki her şeyini terk ederek, uzak diyarlara gitmek, belki sokaklarda yalnız yaşayan münzevi bir derviş gibi, Allah'a daha yakın olmak için, bir her şeyden uzaklaşma isteği, hem de dünya beni çokça boğduğu bir zamanda düşünce ufkumu kapladı.

- Evet, dedim kardeş muhakkak ki sen haklısın ama ben de Allah'tan hep günün birinde senin gibi her şeyini ve bu yaşadığım şehri terk edip, tam bir uzaklaşma arzusu ile Allah ile baş başa yaşamayı hep arzu ettim ama gelgelelim bir sebebe veya ilim tahsili veya neşredilmesi, ilmi kitapların yazılmasıyla ilgili sebeplere binaen, öncekilerden farklı olarak biz gençlikte bu yola girdik belki ilerleyen zamanlarda halvete çekileceğiz galiba, yani eskilerin tersine ben gurbeti gençlikte değil yaşlandıkça bulacağım ihtar edildi diye bu ilmi hakikatleri yazalım diye bu yolda şimdilik bulunduruluyoruz. İşte bunun için, sahip olduğum bu maddiyatı, belki nefsi isteklerimden değil de, bu telifatı tamamlama zamanıma kadar, bunu yazmak ve tamamlamakla mükellefim, bu yüzden o maddiyatı şimdi terk edemiyoruz, ama zamanı gelince mutlaka bu yola sulük edilecektir, inşallah.
- Evet ve yine görüyorum ki, sen belki şimdi bu gençlikte perişan bir haldesin ve yine görüyorum ki, sen şu halinle hiç korkma elbette manevi yönden zaten terakki edip pek çok kişiden daha hayırlı bir yola sevk edilmişsin, nefsinin isteklerini ve arzularını

terk etmek uğruna sokaklara düşmekle ve ben de bir gün bu şekilde her şeyi terk edebilirsem, işte o zaman senin o bahsettiğin HAKİKAT İLMİNİ VE HALVETTE SAKLI OLAN FERİD MAKAMINDAKİ İLMİ MERTEBEYİ elde edeceğim inşaallah. diye ekledim.

Sohbet bitince, bir ara ona arkamı döndüm ama o yırtık elbiseli nurani genç yanıbaşımdayken aniden yok olup gitmişti. Belki de Hızır AS suretinde bana görünmüş olabilir miydi rüyada, bilemeyiz..

Ardından oradan uzaklaşarak yoluma devam ettim..

İşte, benimle birlikte şu gaybi rüyadaki karşılaşmayı ve mühim bir hakikati bildiren kıssayı dinleyen arkadaş!

Aynen, orada anlatılan bir harabe-misal sahip olduğun dünyevi metaları ve makam, rütbeler vs. ile mal ve çocuk edinme hırsını ve sevdasını Allah yolunda bu uğurda terk etmedikçe, hakiki manada o FENA makamına ALLAH'IN VARLIĞI VE BİRLİĞİ KARŞISINDAKİ ACZİYETİN İLE BİRLİKYE "YOKLUK" MERTEBESİNE ulaşamazsın.

Bunlar sana engeldir.

Belki, benim gibi hüşyar ve kalbi kırık bir halde iken, ilim tahsili ile o yolda o mertebeye ulaşmaya çalıştın. Ama bil ki, hakikatin bilgisi için, Allah'ın ma'rifetullah'ına tam manasıyla ulaşmak için, mecnun-misal hakikat denizinin derinliklerinden o inci ve mercanları çıkarmak üzere, bulunduğun sahili terk edip uzak okyanuslara, deryalara gitmedikçe, derinlere dalmadıkça, ıssız çöllerde Gavs-ı Azam veya İmam-ı Rabbanimisal yıllarca yol almadıkça, belki de tüm varlığını bu hakikat denizinin ortasına bir buz-misal atıp eritmedikçe, bu yolda mesafe kat etmedikçe, yine o mertebeye ulaşamazsın..

Şu halde, belki Yunus-misal terki dahi o yolda terk edip demeliyiz ki;

BANA SENİ GEREK

Aşkın aldı benden beni
Bana seni gerek seni
Ben yanarım dün ü günü
Bana seni gerek seni

Ne varlığa sevinirim
Ne yokluğa yerinirim
Aşkın ile avunurum
Bana seni gerek seni

Aşkın aşıklar oldurur
Aşk denizine daldırır
Tecelli ile doldurur
Bana seni gerek seni

Aşkın şarabından içem
Mecnun olup dağa düşem
Sensin dünü gün endişem
Bana seni gerek seni

Sufilere sohbet gerek
Ahilere ahret gerek
Mecnunlara Leyla gerek
Bana seni gerek seni

Eğer beni öldüreler
Külüm göğe savuralar
Toprağım anda çağıra
Bana seni gerek seni

Cennet cennet dedikleri
Birkaç köşkle birkaç huri
İsteyene Ver anları
Bana seni gerek seni

Yunus'dürür benim adım
Gün geçtikçe artar odum
İki cihanda maksudum
Bana seni gerek seni

SENİ SIYGAYA ÇEKER/BİR MOLLA KASIM GELİR

Ben dervişim diyene
Bir ün edesim gelir
Tanıyuban şimdiden
Varup yetesim gelir

Sırat kıldan incedir
Kılıçtan keskincedir
Varıp anın üstüne
Evler yapasım gelir

Altında gayya vardır
İçi nâr ile pürdür
Varıp ol gölgelikte
Biraz yatasım gelir

Ruyet-ul Gayb

Ta'n eylemen hocalar
Hatırınız hoş olsun
Varuban ol tamu'da
Biraz yanasım gelir

Ben günahımca yanam
Rahmet suyunda yunam
İki kanat takınam
Biraz uçasım gelir

Andan Cennet'e varam
Hak'kı Cennet'te görem
Hûri ile gılmanı
Bir bir koçasım gelir

Derviş Yunus bu sözü
Eğri büğrü söyleme
Seni sıygaya çeker
Bir Molla Kasım gelir
Yunus EMRE

    Vesselam..

[25 Temmuz Kadir gecesi, sabaha karşı, 2014]

ON İKİNCİ RÜYA:

"RUMELİ HİSARI'NDAKİ KUTBUN SIRRI"

{Mühim bir ihbar-ı Gaybi'dir}

-Bugün manevi alemden alınan ve açıklanan mühim bir sırdır-

14'ÜN SIRRI:

Rüyada, çok büyük bir manevi işaret alındı. Şöyle ki, mühim bir zat Rumeli Hisarı'nın Kutbu olan ve Sur'un denize en yakın yerinde yer alan ana kulenin hemen dibinde yatan ve manen o kutbun ve istanbul'un manevi koruyucusu olan, çok büyük bir evliya zat (sahabeyle birlikte, Eyüp sultan hz.'leriyle birlikte istanbulu fethe gelip burada şehid düşen bir evliya) zat, dedi ki;

Ruyet-ul Gayb

-Murat gel, çok büyük olan o sırrı bugün açıklayacağım sana çünkü bugün ayın 14'ü ve 2014'e geldik ve sen 14 yıldır buraya huzuruma gelmektesin, bu son sırla birlikte manevi inkişafın tamam olacak..

SİLİNMEYEN MÜHÜR

II. Murad Han devri.

17 yaşındayken tahta geçen ve 25 yaşına kadar at sırtından inmeyen Murad Han.

Onun zamanında mânâ âleminin anahtarı, Ehl-i Beyt'ten Horasana'a yansıyıp, oradan birer mânevî füze olarak

M-H- D'nin ismi, havadan görünüşü arapça hat olarak rumeli hisarına yıllar önce kazınmıştır. Planları başta Fatih Sultan Mehmed olmak üzere Mimar Muslihiddin tarafından çizilen ve inşaatında Koca Sultan'ın bile taş taşıdığı Rumeli Hisarı'nın, altı bin işçinin geceli gündüzlü vecd ve iman havasının lezzeti ve heyecanı içinde çalışması sayesinde yüz otuz iki gün gibi akıl almaz bir zamanda bitirildiğini...

Hisarın planına kuş bakışı nazar edildiği zaman, Arapça 'Muhammed" yazısı okunacak şekilde olduğunu. Bu muazzam abidenin "Mim" harflerinin olduğu yerde kulelerin, "Ha " ve "Dal" harflerinin olduğu yerde ise istihkamların yer aldığını... biliyor muydunuz?

-Peki üstadım dedim, dinliyorum büyük bir dikkatle dedim..

-Mevta, konuşmaya başladı büyük zat, dikkatle dinliyorum etrafta da kimse yok ama, korkmaya da başladım çok heybetli mübaret, islam kahramanı , tam bir evliya suretinde beyaz bir sarık vardı üzerinde nur saçılıyordu kabirden, bir an ben rezonansa kapıldım mezara kilitlendim yarım saat boyunca.

Heybetli bir şekilde bana konuşmaya başladı kabir.

Halbuki, bugün yola çıkarken sadece beni çağırdığını ve hatta sıradan bir görüşme olacağını zannetmiştim, yani yine o nadir gidiş/geliş ve ziyaretlerden birisine daha her zamanki gibi hiçbir programım olmadan ve bir şey düşünmeden teslimiyetle yola çıkmıştım..

Koyuldum rumeli hisarı yoluna, yokuş aşağı/yokuş yukarı kabirlerin içinden geçerek kimi yahudi kimi ünlü, kimi sanatçı kimler vardı bu kabirlerde, üstadın surun tam dibindeki kabrine vardım yine 14 yıldır yaptığım gibi..

Temizlik ve bakım yapılıyordu o sırada, tam kabrinin üst bölgesinde ama onun etrafında kimse yoktu. Çok kalamayacağımı düşündüm, acaba benimle ne konuşacaktı, sır neydi? Büyük bir merak içinde kabre yoğunlaşmaya başladım, yavaş yavaş üstad kendini gösterdi ışık suretinde yine.. Kabirlerdeki ruhanilerle görüşmem yeni değildir, hani, 4-5 yaşımdan beridir ruhanileri kabir aleminde dalgalanırken veya dolaşırken görürüm ama kimseye gösteremem, çünkü ya inanmazlar veya onlar benim gördüklerimi göremedikleri için anlatamam, o yüzden bunu isbat etmem mümkün değil, bu bir inanç meselesi.

Ama kabrinde, yine bu şekilde manen benimle konuşmaya başladı.

Büyük bir dikkatle dinliyorum.

-Seni bekliyordum Murat, sana o büyük sırrı vereceğim. 1400 yıldır bana zamanı gelince onu açıkla ey durmuş sultan dendiği için hep zamanını bekledim. 900 yıldır bu kabirde yatmaktayım, birçok evliyayı tanıdım ve yetiştirdim ama bu sırrı kimseye vermemem söylendi, çünkü sahibi gelince bu kabirde ona teslim edecektim ve şimdi anladım ki, o sahip senmişsin, seni beklemişim yıllardır, ben, seni bekliyordum murat, "O sensin Molla Murat, Sen" dedi.

-Ben bunun üzerine yine İstanbul şivesiyle konuşarak devam ettim, iyice şaşırmıştım.

-Tam 14 yıldır buraya geldin. Benden bir şey öğrenmek için geldiğini biliyordum ama bunu sana sormak istemedim ve seni çok sevdim. İnan sen, emaneti sana teslim etmem için yegane ve doğru kişisin, bu kutsal emaneti sorumluluğuyla atalarına layık bir şekilde almaya en layık olan insan sensin, çünkü sen onlara karşı da en saygılı olan insansın diye ekledi..

-Bir ara duygulandım, çünkü o kudsi büyüklere, hatta kabirlerine bile öyle büyük bir saygım vardı ki, onlara en ufak bir zarar gelsin istemezdim. Kabrinde rahat uysunlar diye ihtimam gösterirdim, ara sıra ziyaretlerine hiç olmazsa kabrine uğrardım..

Konuşmaya devam etti:

-Bugün senin mezuniyet günün, bak çocuklar bugün karne alıyor bu da senin mühim bir manevi karnen hükmünde olsun Murat, tamam mı diye şakalaştı benimle.

- Ben: "Olsun tamam siz nasıl öyle isterseniz diye yine saygıda kusur etmedim, nasıl edebilirdim ki bu büyüklere karşı densizliği gururuma yediremezdim, çünkü biliyordum ki, osmanlıyı bitiren atalarımıza küfreden bir zihniyet yeniden işbaşında idi ve emanet büyüktü, bunun çok iyi bilincinde olduğumu o kabrin başına gelince çok daha iyi idrak ediyorum ve silkeleniyorum, kendine gel murat gözlerini bir değil dört aç diyorum, etraf çakal, kurt ve sırtlan dolu...."

Devam etti:

-Peki tamam, bugün de senin mezuniyet günü olsun ve icazetini al artık. Çünkü onu daha fazla taşıyamam, zamanın yaklaştı. Bunları öğrenmen gerekli artık dedi..

-Ben şaşırdım,? Neyi öğrenmem gerekir, ne emaneti diye içimden sormak geldi.

Sanki, bu soruyu soracağımı anlamış gibi hemen yine benzer şekilde yanıtladı:

-O beklediğim 900 yıldır beklediğim kişi sendin Mollla Murat, ey Murat sen!

-Neden ben diye yine sordum (NOT: İzin verilmediği için, kendi ismini açıklamama izin vermediği için onun ismini burada yazmadım).

-Çünkü, o sen olmalısın dedi.

-Sen, doğru adamsın, bak dedi senin ismin bile bu hisarda, duvarların hat şeklindeki kavisli yapısında havadan bakınca, arapça olarak yazılmış olduğunu göreceksin.

Ben , bunu deyince hayret ettim. Çünkü, benim adım neden yazılacaktı ve ne önemi vardı? Bunun üzerine hemen google earth'u açtım ve rumeli hisarına yakın bölgenin duvarların bir arapça yazı teşkil edip etmediğine baktım.

Yazı sırasıyla, yukarıdan kuş bakışı olarak bakıldığında, arapça olarak şu harfleri teşkil ediyordu:

MİM- RA- DAL yani M-R-D

Bunu görünce çok şaşırdım, çünkü bu benim ismimin arapçası idi ve sessiz harfleri türkçeye kodladığımızda ismimi veriyordu.

Yani yazı belirginleştikçe, MURAD ismi arapça hatlarla belirgin hale geldi.

-İşte, şimdi anladın mı? dedi neden buraya geldiğini ve sırrın ne anlama geldiğini. Bu hisardaki bu sırrı sana vermekle görevim tamamlandı, artık bu senin için en büyük işaretlerden birisidir, bir mihenk taşı ve artık kim olduğunu açıklamanın zamanı geldi, az sonra onu ebcedle sana kodlayacağım iyi dinle" dedi..

-Peki, ben kimim o zaman? dedim.

Haberci Rüyalar

-Sen, O 'sun Murat dedi, Beklenen kişi sensin. açıkça bu işaret bunu gösteriyor ve artık sırrı saklamana gerek yok sana izin verildi. Bu sırrı herkese açıkla, onları uyarmalısın dedi..

ÇÜNKÜ SAAT VE ZAMAN YAKLAŞTI, OLAYLAR ALLAH KATINDA HIZLANDI VE DÜĞMEYE BASILDI, KIYAMET İÇİN SON GERİ SAYIM BAŞLAYACAK AZ SONRA diye ekledi.

-SEN O'sun dedi tekrar yine. Seni arıyordum yıllardır, çünkü bana onun bir gün buraya geleceği bana bildirilmişti diye yine ekledi.

-Yıllarca, bu kabirde seni bekledim o kutlu müjdeyi İstanbul'u yeniden fethedecek gönüller fatih'inin kutlu gelişini, çünkü bir habere göre biliyordum ki, o bu şehirde doğacaktı, bunu önceden biliyordum. Bana gösterildi dedi. Çünkü, bu mirasa sahip olamaya layık olan kişi sensin. Yıllarca buraya gelen herkese, seni sordum. Hatta vefat eden insanlar içinde olabilir mi diye her gömülen kişiyi tek tek inceledim ama o yoktu hiçbir zaman, hatta onunla aynı isimde birisini bile gömmediler buraya, bir tevafuk allahın hikmeti bu dedim içimden..

- Sonra her yeni gelen kabire Ondan haber var mı? dedim ve burada kabrimden senin isminin bu hisara kazınmış olduğunu görünce, hep dua ettim allah'ım bu kutlu kişiyi kıyamet kopmadan önce lütfen bana göster dedim ve allah da duamı kabul etti.

-"Ve sen buraya ilk kez 2000 yılında geldin, o zaman okuyordun ve şimdi bu sırla birlikte bir dönem bitti ve sen manen mezun oldun ve artık kim olduğunu açıklamanın zamanı geldi diye ekledi. Şimdi, eline bir kağıt kalem al ve dediklerimi not et" dedi:

-"RUMELİ HİSARI" Baş harfleri "R ve "H"

-Yazdın mı?

-Evet, yazdım dedim.

Şimdi beklenen kişinin ismini yaz ve sonra da bu surlarda ismi kazınan, yani senin ismini yaz ve şu işlemi yap diye ekledi:

"M - H - D"

"M -R - D"

Şimdi her iki kelimenin ortasındaki harfleri al, ne verdi?

-Çok ilginç, "R" ve "H" harfleri kaldı dedim..

Tamam işte dedi, "**R**-umeli **H**-isarı" SIRRIN ORTAYA ÇIKACAĞI YER, İŞTE BURASIDIR.. "**R**" VE "**H**" BİRLEŞTİĞİNDE SIRRI ONA TESLİM ET! DENDİ BANA, DİYE EKLEDİ, VE ŞU HADİSİ HATIRLA DEDİ:

"O, ALLAHIN RASULÜNÜN BAYRAĞINI ALACAK VE KUTBUN OLDUĞU YERDEN DENİZİ YARACAK VE YÜRÜYEREK KARŞIYA GEÇECEK.."

Allahım bu ne kutlu bir müjde, sana şükürler olsun diyerek kabirden ayrıldım, o kudsi üstadların sonsuz hatırasını emanet olarak almakla büyük bir şeref ve gurur duydum, artık sırtım yere gelmez diye düşünüyordum ve etrafımı ışıklar kapladı ve ardından sönerek azaldı, o da gözden kaybolmuştu zaten ve tekrar geri döndüm..

Yokuştan yukarı çıkarken, hisarın üzerinde hemen kurulu olan BOĞAZİÇİ ÜNİVERSİTESİ'nin kampusünün içinden geçerken o eski taş yapılara, birer saray misali bahçeli kasırlarına bakarak, üniversitenin belki buraya kurulan manevi bir tevafuk eseri meydana gelen, 150 yıllık harikulade mimarisini seyrederek;

"Ya Rabbi! Ne şanlı peygamberin varmış ki, onun isminin kazındığı bu yer bile bir cennet suretini almış" diyerek O'nun nübüvvetinin bir hakiki sikkesini gösteren bu belde dahi, bunu isbat ettiğini bizatihi ve bilmüşahede gördüm ve hissettim, onun isminin yanında bile olmak bu derece güzel iken, Cennet'i hayal ettim bir an için, sonsuz bir kasırlar/saraylar ve bahçeler o anda gözümün önüne geldi alabildiğine, ve evet hepsi bunların hepsini Allah onun hatırası için yaratmış olduğunu bilmüşahede hissettim..

Aynel yakin gördüm ve gözlerim yaşararak, kampusü içeriden geçtim tepenin üzerine durakların olduğu mevkiye diğer çıkış kapısından çıkarak manevi yolculuğumu noktalarken, içimi sonsuz bir huzur kapladı.."

Sonra, birden aklıma geldi ki, son 3 yıldaki yazdığım son 3 eserde dikkat ettim, Hz. Peygamber'i övmeye bir yönelim olduğunu bilmüşahede bu rüyada dahi hissettim, demek ki buradan anlaşıldı ki, esas olan kainatta en değerli olan O varlıktır ve O dahi Hz. Peygamberdir ki, O'nun dünyadaki varlığı ve bırakmış olduğu manevi hatıraları, izleridir" diye ihtar edildi..

İşte, şu mühim sırdan ve rüyadan anladın ki, ve anla ki ey arkadaş! Şu Dünya gibi Ahiret dahi bilmüşahede O'na ve O'nun ismine ve sikkesine bakıyor diye ihtar edildi ki, sen de bu sırdan anla ki, dünyayı elde etmek istiyorsan yine ahirete müteveccih ol. Hem deme ki; kafirler neden üstün. Bil ki, senin ataların -Hem maddi, Hem de manevi sahada- en üstün idi, ve halen de öyle. Git, bu yerlere bilmüşahede kendi gözlerinle gör, batılıların dahi burayı merkez yapmasından anla ve kendinden ve geçmişinden utan, ey arkadaş, vesselam..

RUMELİ HİSARI'NA MİMARİ OLARAK KAZINMIŞ "MUHAMMED" YAZISI AÇIKÇA GÖRÜLMEKTEDİR.. HATTA TÜM GÖRENLERE BU SIRRI "500 YILDIR" DERS VERMEKTEDİR..

Bu Yolculuk ve Sır, burada rüyada bitti, Vesselam ...

MURAD UKRAY, 14-06-2014 Akşam-Yatsı üzeri,

ON ÜÇÜNCÜ RÜYA:

Gayet mühim bir rüya ile birlikte, gelecekten ve gelecekteki mühim bir/iki buluştan haber veren müjdeci iki rüyadan ibarettir.

Bu rüya, İKİ adet hediye hükmündeki müjdeci rüyadan ibarettir. Ben, mütemadiyen ya her yıl bir eser telif ettirilerek veyahutta değişik vesilelerle Zat-ı Zülcelal olan Allah'tan müstakil hediyeler almaktayım. Gerçi, çoğu zaman bunları paylaşmasam da, umuma ait mühim bir iki mesel ve tüm insanlığı ilgilindiren bir mesele içerdiğinden dolayı şimdilik bu iki rüya ile onların bir kısmını burada açıklama gereği hissettim. Ahir zamanda, bilindiği gibi yeni teknolojilerle insanlığın hizmetine sunulan her buluş dahi mühim bir hediye hükmündedir. Fakat özellikle bu yüzyıl içindeki gelen hediyelerin bir önemi daha vardır ki, İNTERNET ve BİLGİSAYAR'larla birlikte bunların aslında MEHDİ RASUL teknolojileri olduğu şu İKİ KOD'la şu gelecek olan İKİ MÜJDECİ RÜYA'da haber verildi. O diğer İKİ'si ise şunlardır: MR (Manyetik rezonans makinası) ve ZM (Zaman makinası).

İşte, az sonra gelecek olan rüyalar şu mühim konuya dairdir, vesselam..

Birinci Rüya;

"HER GÜNE BİR HEDİYE"

Büyük bir camide, ders dinliyoruz. Bir sohbet ortamı var ve muazzam bir kalabalık. Ben ve birkaç şakird arkadaş, üst katta özel bir ayrılmış mevkide sohbeti uzaktan dinliyorduk. Genel olarak, İslam ve dünyanın halinden/gidişatından bahsediliyordu. Sonra, ön saflara dikkat ettim mühim birkaç evliya zat şöyle seslendi:

"Allah-u Teala kelam-ı kadiminde buyurmuştur ki; "Şu Dünyanın Allah katında sinek kanadı kadar değeri yoktur". Öyleyse ey ahali, "neden dünyaya bu kadar önem verirsiniz, bu kadar emek harcarsınız da Allah kelamından bir nebze olsun istifade etmez, kendi dimağınız için infak etmezsiniz?"

diye bağırdı. Bunu duyunca şaşırdım, kendi kafamda mütalaa ettim, acaba ne demek istiyordu, sohbeti dinlemeye devam ettim. Sonra Volkan'ı (*Kıyamet Gerçekliği'nin mühim bir şakirdidir, bana uzun yıllar hizmet etmiş bir talebemdi) yanıma çağırdım. Dedim ki;

Bir kağıt çıkar ve şunları yaz;

"HER GÜNE BİR HEDİYE"

Ardından, açıklamasını yaptım;

Yani bu ne demek Volkan, şimdi dikkatle beni dinle diye ekledim.

Haberci Rüyalar

- Allah bizi işitmiyor zannetsek de ve istemesek dahi duaları kabul eder ve aslında her gün bize hediyeler gönderir. İşte, mesela onun inayeti ve ilhamıyla ya eser yazarız veyahutta kıymetli bir hediye alırız. Bunların tamamı onun sofrasının ilahi nimeti bize ikramlarıdır, böyle değerlendirilmelidir.

- Sen dahi yapabilirsin bunu. Sadece iste, o sana açık veya gizliden o hediyeyi bilmukabele gönderecektir. Hatta, öyle ki sen istemeden de onu sana gönderir.

dedim.

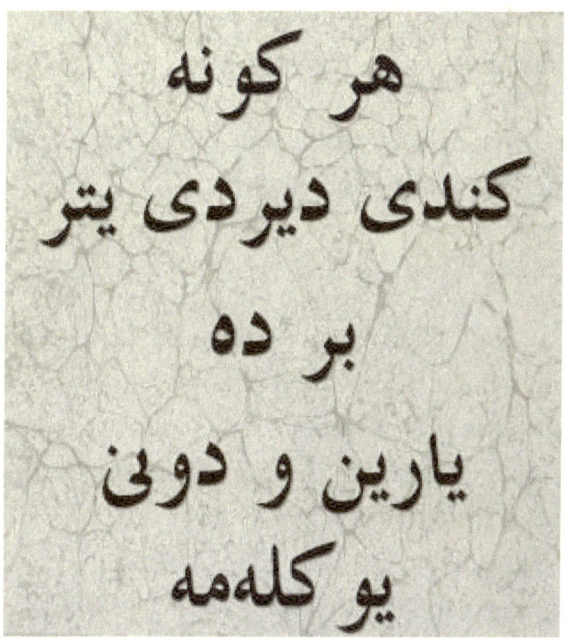

Ardından, sohbette bulunan o evliya zat (F. G.), yanıma yaklaşıp, sohbet sırasında yapılan ince biz mizahi şakayla birlikte şöyle dedi –zinayı kastederek-,

- "Bin gram et için ve 5 dakikalık bir zevk için neler yapıyorlar"

- "Hele bir de milliyetçi ve muhafazakar da olursalar bir başka olur onların hali"

Dedi ve güldü, o gülünce ben de istemeden güldüm, beni de güldürdü.

Sonra, onun bu dediğini tasdik eder biçiminde başımı salladım: "Evet, doğrudur üstadım, doğrudur muhterem, ahir zamandayız ve kıyamet yaklaştı, bunlar onun alametleri olsa gerek diye düşünmeli, ileride belki de sokaklarda açık açık zina yapacaklar ki, Allah korusun o günleri görmeyelim" dedim.

Sonra o mühim zat, bana Kıyamet Gerçekliği'nin nasıl yazıldığını sordu.

- "Çok kaynaktan yararlandın mı? Veya Kur'anın kendisini mi esas kaynak olarak temel aldın?"

diye ilave tti.

-"Evet", dedim, Onu yazmak için bu iki kaynağa da başvurdum, hem batı hem doğu; O, her iki kutbun da, doğunun ve batının tüm ilmi kaynaklarından yararlanılarak yazdırılıyor amma velakin esasında, onun doğuşu ve her bir parçasının ortaya çıkışı dahi Allah'ın bana lütfettiği gönderdiği birer HEDİYESİ'dir. Öyle ki, her yıl mütemadiyen ara vermeden gönderir ve onun esas çıkış noktası ilham-ı ilahidir, yani o bir nevi gaybi bir ilimdir ki, yani şunu yaz veya bunu yaz ey murat! denmez. Şu konuyu araştır diye eser yazılmadan önce ilhamen ve hatta Arapça ismi dahi önceden belirlenerek; eserin dokusu bir program dahilinde bir yıl önceden önceden oluşturularak, kaynak taramalar ve araştırmalar sonradan yaptırılır ve eser daha sonra meydana çıkar ve yazılma işlemine geçilir, ama onun esas menbaı ve kaynağı İlham-ı İlahi ve ondan sonraki kaynağı ve üstadı direkt olarak Kur'an-ı Hakim'dir.

diye yanıtladım.

Karşımdaki zat, bu açıklama ve cevabıma hayran kaldı.

- "Ne güzel. Allah muvaffak etsin, inşallah bu hizmetinde daim etsin.!"

diye ekledi.

- Amin! dedim..

Fakat şunu da eklemeden bitirmeyeyim hocam, bir şey daha var dedim bu arada;

- Bu eserler yazılıyor ama, kendi başıma onları yazmam mümkün değildi! Ben onu öyle kabul ediyorum, yani bir hediye olarak.
- Nasıl yani? dedi.

Şöyle ki; ben ""HER GÜN BİR HEDİYE ALIRIM" dedim. Sonra Volkan'a dönüp;

- "İşte, ey arkadaş sanma ki, onları okuyup araştırarak yazdık. Allah'ın yardımı, izni ve inayetiyle yazdırıldılar."

Sonra, üst kattan aşağı inmek istedim. Sanki, bu cami Süleymaniye gibi büyük bir yapı idi, üst katta geniş minberler ve sayısız insan kalabalıklarını alabilecek büyüklükte mahşeri bir kalabalık, karşıdaki ekrandaki beliren Kur'andan bahseden tek bir hatibi dinliyordu. Belki o hatip dahi KIYAMET'den bahsediyordu. Bu arada, yukarıda bazı lüzumsuz eşyaları ayırıyorum. Bir battaniye, çoraplar ve birkaç eski kullanılmayan ve fakirane yaşamımda bana eşlik eden eski eşyayı aşağı doğru fırlattım.

Ben, tam onlarla meşgul olurken, bir ara dengemi kayberder gibi oldum, ayağım kaydı ve tam düşecekken, yeniden sohbete odaklanmam sayesinde düşmekten son anda kurtuldum, bir an bu sahne gözümün önünde bir nevi SIRAT KÖPRÜSÜ olarak belirdi ki, kendimi bu halette hisettim.

Sonra bir ses dedi ki;

- "O eski zamanı, geçmişteki uğraştığın ilimle ve eşyayla irtibatını kes, ey Molla Murat! Şu İslami sohbeti dinle! Onları da bırak, at çöpe gitsin!" diye ekledi.

O böyle dedikten sonra rüya bitti ve uyandım ve uyandığımda, anladım ki bana mana alemindeki o ses şöyle demek istiyordu:

- Murat! O uğraştığın ve sana ilhamen verilen hediye hükmündeki eserlerin dışındaki boş yazılarla, ilimlerle ve Felsefeyle uğraşmayı bırak, bu çıkmaz bir yoldur. Görüyorsun ki, o yolda birçok kişi boğulmuştur, hakikatin bilgisine ulaşamamıştır. Misal olarak eski zamanlarda Platon, Aristo gibi veya son modern zamanlarda Hegel veya Kant misal pek çok kişi o yolda boğuldular. Başkalarının yiyip, içip burada eğlenmesi ile de meşgul olma.

Bu arada yandaki ekranda bir görüntü belirdi ve sohbet esnasında, dinlemeyi bırakıp, getirilen poğaça ve börek, kola gibi şeyleri yiyip içerek konuşulanları unutan ve hakiki buraya getiriliş vazifesini unutan birkaç samimi bildiğim şakirtler ekranda görüldüler ki, bunlar getirilen o şeylerle karınlarını şişirip, gereksiz işlerle uğraştılar, bağırıp çağırdılar etrafta huzursuzluğa neden oldular. İşte, o felsefi ilimleri de buna kıyasla ki, onlar da gereksiz söz kalabalıkları ve safsatiyat ile meşgul olmadan başka bir işe yaramadıklarını manen anla, idrak et. Onların yaptıkları gibi, sen de onlarla uğraşma denildi..

- "Sen, vazifeli olduğun te'lifata devam et ve onları bırak". Manen böyle diyordu, beni uyarıyordu, evet. Hem yine diyordu ki manen, felsefeye girme, bataklığa saplanma diye ikaz ederek, cidden uyarıyordu.

Rüyanın sonuna doğru, eve dön döndüğümde kendimi uyuyor buldum. Bu sırada, ilk üstadım validem Kıymetli Babaannem, yanıma geldi, hafifçe uykuda iken başımı okşayıp, "Yeni Eserini Bitirdin mi?" dedi. Ben, "Evet, bitirdim!" dedim. "Al oku!" diye eline uzatıyorum. Sonra biraz baktı, rüyalarla ilgili dedim. Sonra, yandaki kanepeye uzanıp yattı. Sonra, ben de yerimden kalktım. Ona saygısızlık olmasın diye her zaman yaptığım gibi; başımı onun ayak ucu hizasına gelecek şekilde, onun olduğu tarafa geçip yattım. Bu sırada, diğer eserleri de yıllara göre ona isimleriyle sayarken, tekrar uykuya daldım.

SANMA Kİ BUNLAR HİKAYEDİR, RÜYADIR,

HEPSİ KUR'AN'IN TERCÜMANI OLMUŞ SIRLI BİRER HAKİKATTIR, DERYADIR

Rüya burada bitti.

Vesselam..

16 Haziran 2014-06-2014, Sabaha karşı

İkinci Rüya;

"ZAMAN MAKİNASI"

Bu ikinci rüyanın, bu Ramazan'ın ikinci gününe tekabül etmesi dahi, mühim bir ihbar-ı gaybi ve müjdeci bir rüya olduğuna istinaden, rüyadan sonra ihtar edilerek bu kısma alındı. Bu yüzden, belki İNTERNET ve BİLGİSAYAR'dan sonra gelecek olan en büyük bir icat hükmündeki mühim bir buluş için, çok müjdeci bir rüya olarak görüldü..

BU ARADA BİR NOT: Rüyada ihtar edildi ki, şu iki buluş İNTERNET (KODU: KG imiş, KİŞİSEL GEZGİN'in başharfleridir ve aynı zamanda bu asırdaki mühim bir Kur'ani tefsir olacak olan KIYAMET GERÇEKLİĞİ'nin baş harflerine istinaden bir hediyedir.) ve BİLGİSAYAR'la (KODU: KB imiş, Kişisel Bilgisayar) birlikte, birer MEHDİ RASUL Teknolojisi, ve ona verilen güzel bir hediye olarak bu buluşların insanlığa aktarıldıkları da yine manen ihtar edildi ve dendi ki;

"MEHDİ! OLMASAYDI, BU DÖRT BULUŞ İNSANLIĞA VERİLEMEYECEKTİ..!

Fakat, özellikle bu yüzyıl içindeki gelen hediyelerin bir önemi daha vardır ki, İNTERNET ve BİLGİSAYAR'larla birlikte bunların aslında MEHDİ RESUL teknolojileri olduğu şu İKİ KOD'la şu gelecek olan İKİ MÜJDECİ RÜYA'da haber verildi. O diğer İKİ'si ise şunlardır: MR (Manyetik Rezonans makinası) ve ZM (Zaman makinası).

Şimdi arkanıza yaslanın ve az sonra gelecek rüya vasıtasıyla Mehdi Rasul teknolojisi ile bir nevi zamanda yolculuğa HIZIR'lanın, HAZIR'lanın. HIZIR, HAZIR olduğunda, bu rüyada 30 yıl sonrasına gidip o kodu alacağız.

İşte, az sonra gelecek olan rüya şu mühim konuya dairdir, vesselam..

Bu rüyada, iki zaman atlaması yaşadım, şöyle ki ilki zamanda geriye, 20'li yaşlarda diğeri ise daha ilerki bir gelecek zaman olan 60 küsürlü yaşlarda gerçekleşmektedir. Fakat, zaman ve zemin olarak şu anki halimle rüyada seyahat gerçekleşmektedir.

Rüyanın başlangıcında, birden kendimi 20'li yaşlarımdaki "ESKİ MURAD" devrinin son dönemleri olan, Akademik hayatımın yıllarında buluyorum. YILDIZ eski saray binası DAR-ÜL FÜNUN'u yıllarındayım bu anda. Büyük bir binanın içindeki büyükçe bir laboratuarın içindeyim. Yanımda da, eski sınıf arkadaşlarımdan bazıları ile kendimizi bir deney ortamında buluyoruz. Herkes, bir ödev olarak bir elektronik proje hazırlıyor. Deneylere başlamadan önce, çok uzun süren bir teorik yazılı sınav yapılıyor. Fakat, herkes sınavda soruları cevaplayıp benden önce çıkmasına rağmen, ben en sona kaldım. Çünkü sınav anında gözüm bir soruya takılmıştı, o soru zaman yolculuğu ile ilgiliydi ki, bir adamın yazmış olduğu bir kitapta, daha önceki hiçbir eserde bu kadar detaylı olarak anlatılmamış bir şekilde, "ZAMAN YOLCULUĞU" ile "ZAMAN MAKİNASI"nın yapım sırları ile nasıl zaman makinası yapılması gerektiği anlatılıyordu. Bu takıldığım soruda, o adamın yazdığı kitabın isminin ne olduğu 4 şıktan birinde gizli idi, ama hangisi?

Bu sorunun cevabını bulmak üzere, sınav salonunu o anda terk ettim ve dışarıya çıktım. Daha sonra fakülte kütüphanesi tabelası yazan devasa bir kütüphanenin içine girdim, amacım bu garip ve gizemli adamın yazdığı kitabı bulmaktı, işaretler bu yönde idi. Üst kata çıkınca, yine devasa rafları olan ikinci bir kütüphane "GİZLİ KAYIP İLİMLER VE SIRLAR KÜTÜPHANESİ" tabelası önünde asılı vaziyette duran bir kapı karşıma çıktı. Büyük bir gıcırtıyla çok eski olan kapı ardına kadar açıldı. İçeride, çok eski olduğu belli olan tozlu raflarda duran yüzbinlerce kitap raflara istiflenmiş ve anlaşılan uzun bir süredir okunmayacak şekilde üst üste dizilmişlerdi.

Rafları uzun bir süre tek tek kuşbakışı inceledim, şıklarda belirtilen zatın kitabı acaba burada olabilir miydi? Uzun bir araştırmadan sonra katalogdan ismine bakmak aklıma geldi ve ismini katalogda bulduktan sonra, ilgili raflara yöneldim. Karşıma aynı şahsın ismine ithafen basılmış olan çok eski olduğu belli olan 3-4 kitap çıktı. Kitapları incelemek üzere raflardan aldım ve okumaya başladım. Kitaplardan birisinin ismi gerçekten de, sınav kağıdında zaman yolculuğuyla ilgili sorulan sorunun olduğu isimle birebir uyuşuyordu, aradığım kitap buydu sanırım. Kitabın ismini not edip, bir süre göz attıktan sonra tekrar sınav salonuna döndüm.

Fakat, geç kaldığım için, neredeyse süre bitmek üzereyken, cevapları hızla doldurup soru kağıdını teslim ettim.

Hemen ardından, yine deney yapılan laboratuara geçtim. Oradaki arkadaşlara dedim ki;

- "Arkadaşlar, zaman yolculuğunun teorik olarak mümkün olduğunu ve hatta bunun nasıl yapılması gerektiğini artık biliyorum, çünkü bu konuda yazılmış en iyi bilgilere sahip bir kitap elime geçti az önce ve teknik detaylarla birlikte şimdi size anlatacağım" dedim.

Diğerleri, bu nasıl olur, kimse henüz bunu başaramadı filan derken ben ekledim;

- Şöyle ki, önce bir zamanda geçiş yapmayı, yani <u>anahtarlamayı</u> sağlayan bir elektronik devre kartı ile birlikte bunun hangi zamanda olduğumuzu ve gidilen yeri gösteren 3 adet ekrandan müteşekkil bir zaman makinası yapılması gereklidir. Yani zaman makinası, mekanik aksam olarak iki kısımdan oluşur, birincisi zamanı tetikleyip o zamana kuantum mekaniksel ve tünel etkisi ile geçişi sağlayan <u>bir elektronik devre</u> ile geçiş anından sonraki zamanı ve mekanı gösteren bir <u>3-boyutlu 3 adet ekran</u> gereklidir. Bu iki aksam, <u>bir kabin içinde birleştirilerek</u> oturma koltukları ile birlikte makinanın içerisine yerleştirilmelidir." dedim ve bunun çizimlerini kaba taslak önümdeki kağıda çizerek gösterdim.

- "Bu şekilde", dedim "<u>Zaman yürütülmüş olacak</u>, yani düşünün ki siz o zamana gitmeden <u>o zamandaki bilgi ve görüntüler size gelecek</u> ve bu şekilde makinanın içinde bulunan cisim boyut değiştirerek, bu solucan deliği benzeri kuantum tünelinin içerisine girdiğinde, makinenin elektronik devresi *görüntüyü bu zamandan bizim içinde bulunduğumuz zamana* aktaracak, yani makinada gidilmek istenen zamana tetikleyerek, anında cismi o zamana ışınlayacak ve ekranlarda da geçiş yapıldıktan sonra, gidilen zaman ve mekandaki görüntüler anında bu 3-boyutlu kuantum bilgisayarı ekranına yansıtılacak." "Bunun için, ilk önce yapılması gereken şey ise, günümüz bilgisayar mantık ilkeleri ve cebiri yerine, *Kuantum Mekaniği cebiri* ve buna dayalı bir PC geliştirilmeli" dedim.

- "Bu nasıl olacak? Murat, daha detaylı göster, tam anlamadık!" dediler

- Şöyle ki, dedim detaylandırırsak, elektronik kuantum devreleri ilkeleriyle çalışan bilgisayarımıza gidilecek zamanın koordinatlarını, (yani gidilecek zaman ve mekan bilgileri anlamına gelir) girdiğimizde, zaman anahtarı elektronik devreyi çalıştırıp ilgili zamana anahtarladığında, zamanı aynen bir taşı suyun üzerinde sektirir gibi yavaşça ışık hızına doğru çekerek solucan deliği içerisinde yavaşça bükmeye başlayacaktır. Bu anda, cisim makinanın içinde kendini stabil olarak sabit duruyor zannederken, farkında olmadan bulunduğu zaman aslında bu solucan deliği içerisinde kaymaktadır, işte bu noktada, makine kontrol panelinde yolcunun girmiş olduğu zaman değerine kadar uzay-zamanı bükmeye devam edecektir ve koordinatlar tam girilen değere eşitlenince, tünelin diğer ucundan cismi ilgili zamana ve mekana bir anda ışınlamayı gerçekleştirerek, işlemi tamamlayacaktır." dedim.

- "Bu işlem yapılırken, makinada ÜÇ seçenek olabilir" dedim:

1- Zamanda yolculuk,
2- Mekanda yolculuk, ve
3- Hem Zamanda ve hem de Mekanda yolculuk.

- Bu üç seçeneği neye göre makinanın seçeceği ve çalışma şekline gelince; şöyle ki, eğer zamanda yolculuk yapılacaksa, makine <u>mekan boyutunu kuantum bilgisayarına aktarırken sabit</u> olarak bırakacak ve bulunduğumuz mekan içerisine bizi o zamana taşıyacaktır. Yok eğer, sadece mekanda yolculuk yapılacaksa (örneğin uzak bir yıldıza veya galaksiye seyahat gerçekleştirilecekse) bu durumda <u>kuantum bilgisayarı makineye zaman sabit kodu göndererek</u> bizi kendi içinde bulunduğumuz zaman içerisindeyken o mekana gönderecektir. Üçüncü seçenekte ise, makine kuantum bilgisayara hem mekanın hem de zamanın taşınacağını ve uzay-zamanın <u>komplike ve bir arada yürütüleceği</u> komutunu göndererek ve elektronik devreyi bu yönde devreye sokarak, ilgili zamana ve mekana geçiş yaptıktan sonra, gidilen zaman-mekan bilgisini ekranlara yansıtacaktır. İşte, bu yüzden 3-boyutlu 3 adet kuantum bilgisayar ekranı gerekli diye ekledim.

Böylece, makinanın bu şekildeki bir çalışma mantığıyla sadece zamanda yolculuk sağlamayıp, mekanı da ayrıca transfer ederek uzay-zamanı ayrı olarak yürütebileceği bir senaryoyu ortaya koydum. Bu şekilde, bir gemi veya uzay mekiği benzeri makinamız ile bize hangi zamanda ve mekanda olduğumuz bilgisi de veri olarak bildirilmiş olacaktır ve ekranda gösterilecektir.

Tabi, ben bunarı söyleyince kafalar durulmak yerine biraz daha karıştı ve nihayetinden zihinlerdeki sorular azalacakken biraz daha artınca, ister istemez bazı teorik bilgileri de bunlara ekledim;

- "Şöyle ki, böyle bir yolculuğun teorik olarak yapılabilmesi için, öncelikle karadeliklerdeki ve uzay-zamanı birbirine ve dolayısıyla uzak gökadaları bile çok yakın bir mesafeymiş gibi birbirine bağlayan solucan delikleri veya uzay-zaman tüp geçitleri olarak adlandırdığımız yapıların daha çok incelenmesi ve çalışma şekilleri ve burada örneğin yutulan bir maddenin bir yerden başka bir yere transfer edilebilmesi meselesinin araştırılması ve tam olarak çözülmesi durumunda, işte o zaman, zaman yolculuğu yapmamız an meselesi, yani yukarıda detaylıca anlattığım senaryonun bir benzeri şekildeki sadece makinanın üretimi ve tasarımı meselesine indirgeneceği açıkça görülmektedir. Buna ilaveten bu mekanizmaların çözülmesinde 4-boyutlu bilindik uzay-zaman yapısının üzerine çıkılarak, belki 5-boyutlu bir teorik uzay-zaman fiziği ortaya koymak lazımdır ki, (*Daha detaylı bilgi için, konuyla bağlantılı olarak çok daha genişçe ele alındığı:* "**Birleşik Alan Teorisi-I ve II**" *isimli eserlerime bakılabilir*) eğer 5. Boyuttan içinde bulunduğumuz 4-boyutlu uzay zamana kapı açabilecek bir yapı veya mekanizma keşfedebilirsek, veya bir deneysel ortamda elde edebilirsek ve geliştirebilirsek, işte bu bizi gerçek anlamda nasıl zaman yolculuğu makinası yapmamız konusunda da teorik olan eksik bilgiyi sağlayacaktır." diye ekledim. Bunu şöyle de düşünebilirsiniz; elinizde bir kuantum bilgisayarı var. Bu solucan delikleri veya karadeliklerde yutulan geçmiş veya geleceğe ait görüntüler, bilgi kırıntıları mutlaka olacaktır ve bu makine özel olarak bunların içine girerek veya bu bilgileri oradan absorbe ederek, deşifre eder ve size bir ekranda bu görüntüleri yansıtarak sizi gerçek anlamda o görüntülerin yaşandığı sahne olan tarih sahnesine ve zamanına bir anda götürebilir. İşte, size alın gerçek bir "zaman yolculuğu" bu kadar basit, ama anlatması zor tabi" dedim.

Rüya içerisinde, bu söylediklerime hayret eden ve beni dikkatle dinleyen arkadaşların adeta ufku açılmış ve yeni ilham ve bilgilerle donatılmaya başlandıklarını gördüm ve tam bana daha başka sorular sormaya başlayacakları bir sırada, bir anda sanki deney yaptığımız laboratuarın bir zaman makinesi ile bir başka zamana içindeki tüm alet ve edevatlarla birlikte ışınlandığını gördüm, bu kez durağımız ilerki -gelecek bir tarihe- gitmiş oldumuzu fark ettim.

- Arkadaşlarla birlikte birden irkildik, ne oldu böyle diye sorup durarken, nereye geldik diye söyleniyorduk, büyük bir sarsıntı bizi ve etrafımızdaki ortamı bir anda değiştirmişti.
- "Peki, bu konuyla ilgili yapılmış başka çalışmalar var mı burada, Tarihsel geçmişi, kalıntıları var mı? diye etrafı gezmeye başladık.

Bu soruyu, kendi içimizde yanıtlamaya çalıştığımız bir sırada, o bulunduğumuz büyükçe deney laboratuarında biraz ileriye gidip yeni olan ve bazıları yapılma aşamasında olan cihazlar gözümüze çarptı. Oysa, aklımıza şu geldi, geldiğimiz zamandaki laboratuar koşullarında böyle ileri tasarımların yapılması imkansız gibi görünüyordu, buradan anladık ki, bulunduğumuz zamanın çok ilerisindeydik..

Hemen az ileride, ikiye katlanmış bir vaziyette ve garip bir cihaz şeklinde duran ve henüz tam bitmemiş gibi duran büyükçe bir iki parçalı elektronik devre dikkatimi çekti. Devrenin kartlarına bağlanmış karışık kablolar ve bu kabloların bağlı olduğu 3 adet ekran da vardı hemen yanında. Bunun üzerine, hemen zaman makinası aklıma geldi, yoksa birileri ileriki bir tarihte bunun tasarımına ve yapımına başlamış olabilirler miydi? Dikkatle o cihazı incelemeye başladık, fakat sanırım tam bitmediğinden henüz çalışabilecek bir durumda değildi. Bu arada, rüyada biz o ortamda bulunurken, gözümün önünde ikinci ve yeni bir perde daha açıldı;

Şöyle ki, o bitmemiş elektronik devrenin ve cihazın ne olduğunu anlatan bir ekran ve video benzeri bir görüntü belirdi. Başladı anlatmaya;

- Sayın seyirciler ve laboratuarımıza gelen sayın deney ortamı sakinleri! Şu anda ilk kez bulunduğumuz teknolojinin çok üstünde bir aşamaya gelmiş bulunuyoruz ve yüzyıllardır dünyadaki çoğu insan zamanda yolculuğunun bir hayal olduğunu ve gerçekleşmesinin imkansız olabileceğini söylemektedir. Fakat, önünüzde duran bu elektronik devrede ve cihazda görüldüğü gibi, şu anda bu laboratuarın bulunduğu Amarika'daki bu özel araştırma enstitüsünde tarihi bir anı yaşıyorsunuz! Bilindiği üzere, bu deneylere yine biz başlamıştık, şimdi gelin hayalen o deneylerin başladığı yıllara zaman makinası misal gidelim isterseniz. Mesela bunların ilk önemli başlangıcı olan şu ünlü dahi TESLA'nın yaptığı PHILADELPHIA DENEYİ'ni hatırlayalım. Ne yapmıştı orada Tesla? Bir hatırlarsak, 1943 yılında Amarikan donanmasına ait bir gemi olan US ELDRIDGE, düşmandan gizlenmek için bir süreliğine radarlarda görünmez olmasını sağlamak amacıyla

Haberci Rüyalar

Tesla'dan bir teknoloji geliştirmesi istenmişti ve bu deney hatırlayın direkt olarak zaman yolculuğuyla ilgili olduğu sırrı o zaman bir sır gibi saklandı, hatta deneyin yapıldığı inkar edildi. Peki, niçin? İşte bunun için sayın misafirler şu an önünde durduğunuz bu makinanın geliştirilmesine kadar bu bilgi bir sır olarak saklandı ve 1943 yılından bugüne, yani 2044 yılına kadar da 100 yıl süreyle kimseye açıklanmaması için gizli talimat aldık ve halktan bunu gizli tuttuk, hatta önünüzde duran makinanın parçalarının birleştirilmesi anına kadar da bu projeden bile kimseye bahsetmedik. Evet ve artık zamanı geldi, buna inanıyoruz ki 100 bitip de 101. yıla girerken, bunu dünya kamuoyuna ilk kez sizin huzurunuzda işte şimdi açıklamaktayız ve siz gördüğüm üzere geçmişten geliyorsunuz ve gelecek kuşaklar adına bu tarihi ana tanıklık eden ilk insanlar olacaksınız! Şimdi, kısaca 1943'ü tekrar bir hatırlayalım isterseniz, ne olmuştu o yıl? Tesla, Eldridge'nin güvertesine bugün bu laboratuarda gördüğünüz zaman makinasının ilk ilkel versiyonu diyebileceğimiz ve bir dizi elektronik bobin ve iletken ile karmaşık yüksek frekansta çalışan ve cismin atomlarının frekansını yükselterek onu uzay-zamanda hareket ettirilme prensibine göre çalışan bir uygulamasından oluşan deneyini, bu gemide ilk kez denemişti. Ama, kamuoyunu kasten yanılttığımız şekilde, deney aslında başarılı da oldu ve gemi kısa bir süre uzay-zamanda yolculuk yaptı ve yaklaşık 600 km uzaktaki İsveç'in Norfolk açıkarında görüldü. Yani, bir düşünün gemi bağlı olduğu Amerikan limanından 600 km uzaktaki bir yere ışınlandı, yani zamanda yolculuk yaptı diyebiliriz sayın misafirlerimiz. İşte, bu ilk zaman yolculuğu deneyimizdi ve halktan bunu gizledikten sonra, biz bu deneylere yıllar içinde geliştirerek devam ettik ve gördüğünüz gibi şimdi bu gördüğünüz makine ile gerçek ve son aşamasına geldi. Böylece, önünüzde gördüğünüz parçalar makinanın kabininin içine monte edilip yerleştirildiğinde ilk zaman makinası kullanıma hazır olacak ve hatta sizler ilk zaman yolcuları olabilirsiniz." diye sözlerini bitirdi.

Bu görüntülü açıklamayı, hayretle hepimiz dinledikten sonra, anladık ki, biz 2014 yılında değiliz artık, çünkü bu açıklamadan da duyduk ki, 2044 yılına, yani 30 yıl ileri gitmişiz ve bu rüyada ilk zaman makinasına ve yolculuğuna şahit olmaktayız, bir nevi Tayy-ı Mekan yaşamaktayız yani.

Bu arada, arkadaşlarla görüntüyü dinledikten sonra, videodaki makinanın elektronik devre kartlarını gösteren anını durdurup, ekranı zoom yaparak incelemeye başladık.

Dikkatlice bakıldığında, kartların çevresindeki bağlantılar ve ekran benzeri yapıların tamamen bittiği görülebiliyor, fakat merkezde yer alan bir kısımdaki büyükçe bir boşluk göze çarpıyordu, çünkü o kısım henüz bitmemişti.

Bir arkadaş;

- "Bu boşluk ne Murat? Bir redresöre veya anahtarlamalı bir direnç devresine benziyor" dedi.
- Evet, dedim. "O, kartın son parçası o da bittiğinde makinanın elektronik kısmı tamamlanmış olacak" derken, tam o anda ekran çalıştı ve daha önce hiç görmediğimiz bir şekilde değişik yerler ve zamanda 3 tane görüntü ekran üzerinde gösterilmeye ve geçmeye başladı.

Hatta, görüntülerin bazıları başka gezegenlere, değişik renkli dağları ve atmosferi olan başka planetlere, galaksilere aitti.

İşte, dedim gördünüz mü? Makine bittiğinde, bu şekilde çalışacak, adamlar bunu demosunda gösteriyorlar. Değişik zaman ve mekanları makine içinde yolculuk yapan kişi, bu şekilde ekranda görüp izleyebilecek.

Diğer arkadaş, şöyle dedi: "Bu harika bir şey! Bu dünyaya geldiğimden beri, internetten sonra görebildiğim en harika buluş" dedi.

- "Evet, dedim. Gördünüz işte, makinayı bitirmek üzereler ve çok yakında, belki önümüzdeki 20-30 yıl içinde zamanda yolculukları ve hatta uzak galaksiler arası yolculukları mümkün kılan bu makinanın seri imalatına başlayacaklar. Ama henüz yapım ve test aşamasında" diye ekledim.

Sonrasında, o deney ortamını bırakıp, yavaşça laboratuardan çıkarken, hafifçe arkama dönüp, henüz tam bitmemiş olan zaman makinasının olduğu standa son bir kez daha bakıp, ekranda kayıp giden çeşitli zaman ve mekanlara ait gerçek görüntüleri izlerken, hafifçe yine gülümsedim ve içimden dedim ki;

- "Merak etmeyin arkadaşlar! Zaman makinası düşüncesi belki bir 100 sene öncesinde hayaldi, aynen kişisel bilgisayar veya cep telefonu gibi. Ama gördüğünüz gibi, şimdi bu mümkün.

Bu arada gözüm duvardaki devasa bir saate ve zamanı gösteren hemen yanındaki bir duvar takvimine ilişti. Çünkü, bu rüyanın içinde; "Gerçekten bulunduğum zamanda mıyım?" diye tereddüt etmiştim. Takvime bir baktım ki, gözlerime inanamadım. Tarih tam olarak;

"17 EKİM 2044" tarihini gösteriyordu.

Yani, şu an içinde bulunduğumuz zamandan tam olarak 30 YIL İLERİDEKİ bir tarihi işaret ediyordu ve bu şekilde içinde bulunduğumuz laboratuarın nerede bulunduğu ise yine takvimin hemen karşısında bulunan bir tabelada not edilmişti;

- AMERİKAN ULUSAL BİLİMLER AKADEMİSİ-

- ZAMAN YOLCULUĞU DENEY VE ARAŞTIRMA KOMİSYONU ÖZEL LABORATUARI -

Rüya bitip, laboratuardan dışarı son adımlarımı atarken, bir an için gerçekten bu tarihe ve bu deneyin olduğu yere bir zaman yolculuğu yapıp yapmadığıma emin olamama duygusu içerisinde iken, birden uyandım. Böylece, bu güzel ve gelecekten gaybi bir şekilde haber veren müjdeli rüya da bizlere bir ders niteliğinde şunu hatırlattı ki, belki bir hediye niteliğinde olarak şahsıma her yıl verilen hediyeler misali düşünerek, bu zaman makinasının dahi zamanı geldiğinde belki topyekun insanlığa 50 veya 100 yılda bir zat-ı Zülcelal tarafından verilen büyük hediyeler hükmünde olduğunu bilmüşahade hissettik ve verilen sır burada bitmiş oldu..

Vesselam..

29 Haziran, Ramazan'ın 2. Günü Sabaha karşı, 2014

ON DÖRDÜNCÜ RÜYA:

"YUVARLANAN KAYA"

Cehennem'den Gaybi bir surette haber veren mühim bir ilhami rüyadır.

Rüya ve Gayb aleminde Kıymetli Üstadım, Abdül Kadir Geylani hazretlerinden çok mühim ve Cehennem'in hakikatini ve varlığını bildiren bir işaret geldi, dendi ki:

- "Bu Rockefeller var ya!" "Ne demek anlamı" dedi üstad, bilmek istermisin Murat?
- Evet dedim.
- "Hani bir hadis vardır" dedi, bir gün Rasulullah otururken bir ses bir gürültü işitildi,

Rasullullah'ın yanına bir sahabe geldi: "Ey Allah'ın Rasulu bu ses ne?"

dedi ki:

- 70 yıldır yuvarlanan bir kaya şu saatte cehennemin dibine düştü.
- Sonra bir sahabe geldi dedi ki; "70 yaşındaki münafık bir zındık, allah düşmanı öldü Cehennem'e gitti.."

işte Murat dedi

"ROCK = KAYA" demektir.

FELL ise ingilizcede de "FALL = DÜŞMEK, YUVARLANMAK" fiilinin 2. çekim halidir

"FELLER" ise, "YUVARLANARAK DÜŞEN/DÜŞÜREN" şey demektir.

Yani şimdi topla ikisini dedi.

"ROCK-E- + FELLER = YUVARLANARAK DÜŞEN/DÜŞÜREN KAYA"

- "Eyvahhh! dedim bu büyük bir işaret, Cehennemin kapısı şimdi açıldı" dedim.

- Evet dedi, ama korkma. Sonra hatırladım ki, O yıl, tam da ABD, Irak'ta katliam yapıyordu.

- Eyvahh dedim bunlar cehennemlik kişiler, hadiste bildirilen. DECCAL'IN ASKERLERİ.

- "Evet dedi bildin, Cehenneme yuvarlanan kaya işte budur Murat dedi."

O an, dehşet içinde kaldım. İşte, onun anlamı budur dedim içimden ama bunu benden başka kimse bilmez bir sır olarak saklı idi, ilk kez anlattım bunu şimdi 10 yıldır saklanan bir sırdı, diyordum ki ve hatta, hala hatırladıkça ürperirim o olayı ki, şöyle idi;

CEHENNEM VE KAYALAR, TAŞLAR ÜZERİNE MÜHİM BİR SIR;

- ALLAH NE BUYURUYOR KUR'AN'DA MURAT? AÇ DEDİ SONRA KELAM-I KADİM'İ

Kur'an-ı Hakim'in ilgili sayfasını açtım sonra, bir baktım ki şu ayet karşıma çıktı:

"O CEHENNEMİN YAKITI, İNSANLAR İLE İRİ VE YUVARLANARAK DÜŞEN KAYALAR OLAN TAŞLARDIR""
[Tahrim suresi, 6. Ayet]

- SONRA, ikinci bir eyvah dedim..! Bu ejderha bütün insanlığı yutacak galiba deyip Ya esefa! Ya vaylena! dedim içimden..

- Bunlar büyük işaretlerdi, gavsdan alınan, Abdul Kadir Geylani'nin, rüyada verdiği bu işareti çok mühimdi.
- "Ebcedine de bakmıştım ki ne göreyim, maalesef o kişiler bu bahsi geçen Rockefeller ailesi Cehennemin ve Deccal'ın öncüleri gibi manevi bir alemde göründüler. Öyle ki, sürekli bir ses tarafından "en alt tabakada yanacaklar." diye ihtar ediliyordu.
- Sonra, ne de olsa, bunlar da insan dedim içimden, niye böyle oluyor diye belki isyan etmek istedim kendi kendime. Yani, şunu sordum kendi kendime; "Neden bazı insanlar Cehenneme gidiyorlar, sonsuz bir azab içeren bu durumu, bunu kendi akli melekelerimle bir türlü hazmedemiyordum yine de üzülüyordum, rahmet-i ilahiyeden bunun sebebini sormak istiyordum.
- Sonra, gavs bir perde daha açtı, kafamdaki bu sualin cevabını vermek için, sol kolunu kaldırdı.
- Bak dedi içeri:

Bir baktım ki offf..! Sonra gerçek bir surette gördüm ki, bu hakikat şu ayet ile de sabitti:

AL-İ İMRAN SURESİ-119: İşte siz öyle kimselersiniz ki, onları seversiniz, halbuki onlar sizi sevmezler, siz kitap(lar)ın hepsine inanırsınız, onlarsa sizinle buluştukları zaman "inandık" derler. (Kendi putları veya şeytanla baş başa kaldıklarında ise) kinlerinden dolayı parmaklarının uçlarını ısırırlar. De ki: "kininizle geberin!". Şüphesiz ki Allah göğüslerin (gönüllerin) özünü bilir.

Müslümanlar bunların komploları ile tarumar olmuş milyonlar öldürülüyor, aynen bu günleri sinema gibi gösteren bir ekran belirdi ve sonra sorumlusu kim tüm bunların, bu zulümlerin dedim içimden.

- "Dedi ki, işte bunlar esas kan dökmeye sebep olacak ve büyük komployu hazırlayacak olanlardır, şimdi neden Cehennem'e gittiklerini anladın mı?" dedi. Niçin böyle şimdi anladın mı? Sonra ekledi, "Onlara kesinlikle acıma, çünkü onlar Allah'ın dostu değil düşmanlarıdır, onlar için çetin bir ateş azabı hazırlanıyor."

Fakat yine de, öyle üzüldüm ki o yıl askere gittiğim yıl olan ve aynı tarihte zulmün başlangıcı olan bir zaman diliminde, 6 aylık kısa dönem askerliğim boyunca aklımdan o manzara ve Cehennem'in bu büyük hakikati gözümün önünden gitmedi, hatta kışlada savaş makineleri olan büyük demirlere baktıkça Cehennem aklıma geliyordu, oradaki azaplar gözümün önüne geliyor gibiydi, sanki o alemi görüyor gibi oldum..

Şimdi gördüğüm bu halet-i ruhiyeyi ve Cehennem'i anlatan ayetlere kulak verelim:

CEHENNEMİN ÜZERİNE KURULMUŞ 8 KÖPRÜ VE 8 SUAL HAKKINDADIR

En başta deriz ki, eğer bir kişinin zerre kadar imanı varsa sonunda nihayet Cehennem'den kurtulur, amma;

1- Bu köprülerin birincisinde, kul Allaha imandan sual olunur. Mümin ise kurtulur, değilse Cehenneme yuvarlanır.

2- Sonra, ikincisine geçer orada abdest ve namazdan sual olunur, eğer bunları noksan yapmışsa yine cehenneme yuvarlanır, rukularını ve secdelerini tam yapmış ise cehenneme düşmekten kurtulur..

3- Sonra, üçüncüsüne gelir orada zekattan sual olunur zekatını tam olarak vermişse kurtulur..
4- Sonra, dördüncüye geçer oruçtan sual olunur orucunu tam olarak tutmuşsa kurtulur.
5- Sonra, beşincisine geçer orada Hac'dan sual olunur (mükellef olup da) bunu eda etmişse kurtulur.
6- Sonra, altıncısına geçer ve emanetten sual olunur emanete hıyanet etmemişse kurtulur.
7- Sonra, yedinciye geçer ve Gıybet, dedikodu; koğuculuk ve iftira yapıp yapmadığından sual olunur eğer yapmamışsa kurtulur..

8- Sonra, sekizinciye geçer ve haram yeyip yemediğinden sual olunur yememişse kurtulur, aksi taktirde cehenneme yuvarlanır."

"KUR'AN'DA CEHENNEM'DEKİ DİYALOGLAR"

Kur'an'da Cehennem ehlinin aşama aşama konuşmaları şu çarpıcı diyaloglarla adeta gözlerimizin önünde, aynen bir RÜYA'da olduğu gibi resmedilmektedir. Şimdi, o ayetlere dikkatlice kulak verelim;

Yasin;
51- Sur'a üflenince, kabirlerinden Rab'lerine koşarak çıkarlar.
52- Derler ki; Vah bize, bizi yattığımız yerden kim kaldırdı? İşte, Rahman'ın
vaat ettiği şey budur. Demek, peygamber doğru söylemiş.

Kamer;
7-Gözleri düşkün düşkün (zelil ve hakir olarak) kabirlerinden çıkarlar, sanki yayılan çekirgeler gibidirler.
8-O çağırana koşarak, kâfirler: Bu çetin bir gündür, derler.

Fecr;
23- Ki cehennem de o gün getirilmiştir. İşte o gün insan anlar, ancak artık anlamanın kendisine ne faydası var?
24- O zaman insan: Ah! Keşke, ben bu hayatım için önceden iyi işler yapıp gönderseydim, der.

Kehf;
49-İnsanların amel defterleri (çalışma karneleri) ortaya getirilmiştir. Günahkârların bu defterlerin yazılarını korku dolu gözlerle incelediklerini görürsün. Bir yandan da "Vay başımıza gelenlere! Ne biçim deftermiş bu; küçük-büyük hiçbir davranışımızı atlatmadan sayıp dökmüş" derler. Yaptıkları her işin kaydını karşılarında bulmuşlardır. Rabbin hiç kimseye haksızlık etmez.

Nebe;
40 – Biz yakın bir azapla sizi uyardık, o gün kişi iki elinin yapıp önceden gönderdiklerine bakacak ve kâfir keşke toprak olaydım diyecektir.

Hakka;
25 -Kitabı sol tarafından verilen ise der ki: Keşke, kitabım verilmeseydi de
26-Hesabımın ne olduğunu bilmeseydim
27- Ne olurdu o ölüm, iş bitirici olsaydı.
28-Malım bana hiç fayda vermedi.

29- Gücüm de benden yok olup gitti.

Kıyamet;
10-İnsan o gün: Nereye kaçmalı? der.
11- Hayır hayır! Sığınılacak bir yer yok.

Fatır;
37- Onlar orada " Ey Rabbimiz, bizi buradan çıkar da daha önce yaptıklarımızdan farklı, iyi işler yapalım " diye feryat ederler. Düşünmek isteyenlerin düşünmelerine yetecek kadar uzun bir süre sizi yaşatmadık mı? Ayrıca size uyarıcı da gelmişti, Şimdi azabı tadınız bakalım. Zalimlere yardım eden bulunmaz.

Furkan;
13-Elleri boyunlarına bağlı olarak onun dar bir yerine atıldıkları zaman da, oracıkta yok olmayı isterler.
14- (Onlara şöyle denilir) Bugün bir yok olmayı değil, nice yok olmaları isteyin!

Zuhruf;
77-Onlar Cehennem bekçisine: Ey Malik! Rabbin artık bizi öldürsün, diye seslenirler. Malik de: Siz böylece kalacaksınız. der.
78- Andolsun ki biz size hakkı getirdik. Fakat sizin çoğunuz haktan hoşlanmıyorsunuz.

Mümin;
47- Ateşin içinde birbirleriyle tartışırken, zayıf olanlar, büyüklük taslayanlara dediler ki: Biz size uymuştuk. Şimdi siz şu ateşin ufak bir parçasını bizden savabilir misiniz?
48- Büyüklük taslayanlar: Doğrusu hepimiz de onun içindeyiz. Allah kulları arasında şüphesiz hüküm vermiştir, derler.
49- Ateştekiler, cehennemin bekçilerine dediler ki: Ne olur Rabbinize dua edin de hiç değilse bir gün, bizden azabı biraz hafifletsin.
50-Bekçiler dediler ki: Peygamberleriniz size açık kanıtlar getirmediler mi? Onlar da: Evet getirdi, dediler. Bekçiler: Öyleyse yalvarıp durun. Nankörlerin yalvarması hep boşunadır, derler.

Müminun;
106- Onlar (Cehennemde oldukları halde) derler ki: Ey Rabbimiz! Bizi kötü talihimiz mağlup etti ve biz, hak yoldan çıkan (kâfir) bir kavim idik.

107- Ey Rabbimiz! Bizi bu ateşten çıkar; yine küfre dönersek o takdirde muhakkak zalimleriz.

Furkan;
27- O gün her zalim öfkesinden parmaklarını ısırarak şöyle der; Keşke Peygamber'in yoldaşı olsaydım.
28- Eyvah! Keşke falancayı dost edinmeseydim!
29-Bana Kur'an'ın mesajı geldikten sonra o beni Allah'ı anmaktan alıkoydu. Zaten Şeytan, insanı ayarttıktan sonra yüzüstü bırakır.

Mülk;
8- Neredeyse Cehennem öfkesinden çatlayacak gibidir! Her topluluk onun içine atıldıkça Cehennem bekçileri onlara; Size bir uyarıcı gelmedi mi? diye sorarlar.
9- Onlar; Evet, doğrusu bize bir uyarıcı geldi, fakat biz yalanladık ve Allah hiçbir şey indirmedi, siz büyük bir sapıklık içindesiniz dedik.
10- Eğer kulak vermiş veya akletmiş olsaydık, çılgın alevli Cehennemlikler içinde olmazdık, derler.
11- Böylece günahlarını itiraf ederler. Çılgın alevli Cehennemlikler yok olsunlar!

Fussilet;
29- Ateşe giren kâfirler derler ki: Rabbimiz, cinlerden ve insanlardan bizi saptıranları göster, onları ayaklarımızın altına alalım ki altta kalanlar olsunlar.

Araf;
44- Cennetlikler, Cehennemliklere seslenerek: Biz, Rabbimizin bize vaat ettiklerini gerçekleşmiş bulduk, siz de Rabbinizin size yönelik vaatlerini gerçekleşmiş buldunuz mu? derler. Cehennemlikler: Evet derler. Bu sırada aralarından biri yüksek sesle şöyle bağırır: Allah'ın lâneti zalimlerin üzerine olsun.
45- Onlar insanları Allah yolundan alıkoyarlar, onu eğri göstermeye yeltenirler ve Ahirete de inanmazlar.
46- İki Araf arasında bir set ve bu setin tepelerinde her iki grubu simalarından tanıyan kimseler vardır. Cennete girememiş, fakat gireceklerini uman bu kimseler Cennetliklere -selâmun aleyküm- diye seslenirler.
47-Bunların bakışları, Cehennemliklere doğru kaydırılınca da: -Ey Rabbimiz, bizi zalimler ile bir araya getirme-, derler.

48- Bu tepelerdekiler, simalarından tanıdıkları bazı azılı kâfirlere de şöyle seslenirler: Ne kalabalığınız ve ne de şımarmanıza yol açan güçleriniz size yarar sağlamadı.

49- Allah onları hiçbir rahmete erdirmez diye haklarında yemin ederek küçümsediğiniz kimseler bunlar mıydı? Bu arada Allah onlara: Giriniz Cennete, sizin için hiçbir korku söz konusu değil artık, hiç üzülmeyeceksiniz, der.

50- Cehennemlikler Cennetliklere: Bize biraz su ya da Allah'ın size sunduğu yiyeceklerden biraz bir şeyler ikram ediniz? diye seslenirler. Cennetlikler ise: Allah her ikisini de kâfirlere haram kıldı, derler.

Müddesir;
39- Yalnız defterleri sağ yanlarından verilenler hariç.
40- Onlar Cennetlerde ağırlanırlar. Sorarlar.
41- Günahkârlara;
42- Sakar' a (Cehenneme) girmenizin sebebi nedir? diye.
43- Cehennemlikler derler ki: Biz namaz kılanlardan değildik.
44- Yoksulların karnını doyurmazdık.
45- Bizim gibi olanlarla birlikte asılsız ve bozguncu konuşmalara dalardık.
46- Hesap verme gününü inkâr ederdik.
47- Sonunda bize de ölüm gelip çattı.
48- Artık onlara şefaat edebilecek olanların aracılığı yarar sağlamaz.

Saffat;
50- Cennet ehli birbirine dönmüş sorarlar.
51- Onlardan biri: Benim de bir arkadaşım vardı.
52- Bana: Sen de mi doğrulayanlardansın?
53- Biz ölü bir toprak parçası ve kemik yığını olduğumuz zaman mı dirilip yaptığımız işlere göre cezalanacağız?
54- Yanındakilere; Siz onu bilir misiniz? der.
55- Sonra bir bakar ki, onu Cehennemin ortasında görür.
56- Ona der ki: Yemin ederim ki, sen az daha beni de helâk edecektin.
57- Rabbimin lütfü olmasaydı, şimdi ben de Cehenneme götürülürdüm, dedi.
58- Biz bir daha ölmeyecek miyiz? der.
59- İlk ölümümüzden başka ölüm yok ve biz azaba da uğramayacağız ha!
60- İşte, büyük başarı ve mutluluk budur.
61- Çalışanlar bunun için çalışsınlar.

SADAKALLAH-UL AZİM
MUHAKKAK Kİ, ALLAH C.C. DOĞRUYU SÖYLEMİŞTİR...

CEHENNEM'DE TORPİL İŞLEMEZ, AMA ORADA OLANA ANCAK ŞEYTAN YARDIM EDEBİLİR..

Allah hepimizi, tüm müminleri Cehennem ve azabından muhafaza eylesin,

Amin!

Vesselam..

4 Temmuz 2004 Sabahı

ing # DÖRDÜNCÜ BÖLÜM

KÜÇÜK SÖZLER/VİZYONLAR

Bu küçük sözler ve vizyon niteliğindeki yazılar dahi, zamanla yazılmış küçük birer rüya niteliğindeki vizyon parçalarıdır, her ne kadar kısa yazılmış parçalar ise de, anlam olarak büyük hakikatlere işaret ederler..

İYİ VE KÖTÜ ARASINDAKİ FARK?

Tabiatta, İYİ ve KÖTÜ arasında pek çok REALİTE var, MESİH ve DECCAL gibi mesela, ama en iyi bildiğim şudur:

"İYİ olan DOĞAYLA birlikte hareket eder,

Onu korur ve kollar, yok olmaması için mücadele eder.

Bilir ki, O yok olduğunda; kendisi de yok olacaktır.. Bu doğru bir yoldur..

KÖTÜ ise, kendi çıkarları ve idealleri uğruna, herşeyi yok etmekten ve bozmaktan kaçınmaz.. Bu ise, YANLIŞ ve ÇIKMAZ bir YOL'dur..

[Alternatif Dünyalar, Murat, 2014]

İNSANI MELEKLERDEN ÜSTÜN YAPAN ŞEY

İnsanı meleklerden üstün yapan şey, ne yaptıkları ne de ilmidir, biriktirdikleri de değil..

Sadece gözyaşı imiş, veya buruk bir kalp bugün bunu öğrendim,

İBRAHİM'i ibrahim, MUSA'yı Musa, İSA'yı İsa yapan da bu imiş bunu öğrendim,

Hüzünlü bir ses, garip bir bakış, buruk bir elveda imiş; başka bir şey değil, saltanat değil hazineler değil; insanın aslı budur, bugün yine bunu da öğrendim.. Vesselam..

M. UKRAY [KÜÇÜK SÖZLER], 02-04-2014

ALLAH'IN VERDİĞİ HEDİYELER

ALLAH, size hediyeler veriyor mu?

Kendi kendinize bunu test edin, çünkü zaman zaman, bizleri ya denemek ve test için, veya daha iyi şeylerle ödüllendirmek için, kimi hediyeler ve imkanlar sunar, ama bazen de bu hediyeleri kısa sürede geri alabilir veya erteler, başkasını verir ilerde..

Aslında, mesele şu ki, sahip olduğumuz tüm şeyler çok değerlidir ve onlar bize ALLAH'IN BİRER HEDİYESİ, özel birer armağanıdırlar, öteki alemde vereceği özel hediyelerin küçük birer numunesidirler..

Fakat bunları ne denli kıymetli olduklarını onları yitirince anlamış oluruz..

{KÜÇÜK SÖZLER, UKRAY, 2014}

CENNETLİK KUŞ: "GODOT"

İKİ HAYVAN'ın cennette benimle olmasını isterdim, birisi çocukkken sahip olduğum bir köpeğim vardı ismi "FINFIK" idi. Bu köpeği yıllar sonra bile hiç unutmadım çok sadık bir hayvandı, özeldi..

Diğeri ise kısa bir süre önce ölen ve kısa bir süre bana arkadaşlık yapan "KUMRU GODOT"

GODOT'u asla unutmayacağım zamanı geldiğinde, belki bir gün onu siz bile tanıyabilirsiniz..

İkisini de gerçekten çok sevdim bu özel hayvanları,

Onlarda eşsiz bir sevgi gördüm..

Bu hayvanların öldükten sonra yine yanımda olmasını Allah'tan temenni ederim..

Kim bilir belki de sevdiğimiz hayvanlar da Cennete gidebilir..

Tabi dinen uygun mu orasını bilemeyiz, ancak hepimiz öyle isteriz..

KITMİR misal, hakikatin köpeği bile olmak büyük bir şereftir, karşılığı CENNET olan..

Vesselam..

KAİNATTA ÖYLE ŞEYLER VAR Kİ!

Şu kainatta öyle küçük şeyler var ki,

Çok büyük cisimleri yutar,

Karadelik misal, içerisindeki nokta kadar bir hacimde hapseder..

M. Ukray [Küçük Sözler, 2014]

KAİNATIN MÜZİĞİ..

Kainatın şahane müziğini dinliyorum,

Mars'ın Samanyolu'nun, Venüs'ün Andromeda'nın içine gir oralara hayalen git, bırak bu dünyayı, Evrenin aslında dünya dışında ne kadar temiz olduğunu hayretle görürsün, bu gam ve tasa, dünyevi ayrılık hasreti oralarda biter..

Çıkan notaları dinle, aslında çok güzel Dünyaya hiç benzemiyor bunlar, hepsi hakikatte zikreden birer nefer.

Onlara aklını çevir bir an; gamları, kederleri, tasaları dünyada bırak, bunun dışındaki alem bunu sana hatırlatmakta yeter.

Vesselam

[Alternatif dünyalar, Murat 2014]

ALLAH EVRENİ NASIL YARATTI?

Allah'ın evreni nasıl yarattığını hesaplayabilirsiniz, Hatta bir senaryosunu bile çıkarabilirsiniz matematik olarak, ama asla neden bunu yaptığını tahmin edemezsiniz..

M. Ukray [Alternatif dünyalara doğru, 2014]

ZOR YOLCULUK..

"En zor yolculuk,

Kendi içine doğru olandır..."

M. Ukray [Alternatif Dünyalar, 2014]

KENDİ HEYKELİM..

Bugün yine kendi heykelime baktım,

Neden mi? Baktım ki, Kainatta ne varsa onda da var olduğunu gördüm..!

Ara sıra bunu yaparım, çünkü Tanrı'nın dışarıdan değil de içimizden bize seslendiğini düşünürüm; dışarıda bir üçüncü yerde aranan tanrı düşüncesi mantık olarak bana yanlış gibi gelir.

Çünkü bil ki, O sana şah damarında da yakın, öyle ki o senin içinde en hafi yerinde seni tanır.

Bir çember misal daireye en yakın noktası yine kendi merkezidir, uzakta değil. O yerde olması lazım, en yakın yol ise içten gelir.

O'nsuz olamamam gerektiğini düşündürür bu bana.. İçten içe, en derine bir bağlantı olsa gerek, işte bu yol tasavvufun halen daha arayıp da bulamadığı en deruni, kapalı bir yoludur..

Vesselam..

M. Ukray {Alternatif dünyalar, 2014]

YAŞANMIŞ GERÇEK BİR ÖLÜM ANI VAKASI..

Rizeli bir arkadaş vardı, bizzat şahit olduğu bir ölüm anını bana 2 yıl önce anlatmıştı, bir hikmete binaen, ölüm anındaki iman hakikatini bildirmek için buraya alındı, malum imtihan dünyasındayız.. Allah hepimizin sonumuzu hayır etsin. Amin..

Olay şöyle ki, bu arkadaşın yakını herkesçe etrafında dini bütün ve camiye giden ve namazlarını cemaatle kılan bir insan olarak bilinirdi. Yani, namazını istikametle kıldığını düşünen, oldukça mütedeyyin bir zat görünümü vardı. Hakikati Allah bilir tabi, Her neyse. Çevresinde çok iyi ve yardımsever bir insan olarak bilinirdi bu zat. Tabi herkesi içini allah bilir. Bir gün hastalandı ve ölüm döşeğinde idi, hasta yakınları içeriye girdiler. Bir ara sayıklarken yaptıkları için *"Yaptıklarım için üzgünüm allahım affet!"* gibi cümleler sarf etmiş..

Ardından iyice ağırlaşmış durumu neredeyse ölmek üzere, ölüm sarhoşluğu. Bu arada yanındaki hoca telkin etmeye başlamış "Ey filan La İlahe illlah de." Yani, telkinen hatırlatarak birkaç kez tekrarlar. Önce, hasta bir kez tekrar etmiş, fakat yine tekrar et diye hoca kulağına eğilip yine "La ilahe illallah" söyle diye telkin etmiş. Bir, iki yok yine cevap gelmemiş. Sonra, aniden hasta gözlerini açmış ve ve başını "hayır" anlamında yukarı kaldırmış, birşeyler mırıldanıyormuş, sesi kısık olduğu için duyamamışlar yanındaki hoca yanına iyice yaklaşmış ne diyor diye,

Şöyle dediğini duymuş:

"Artık Söyletmiyorlar, artık izin yok söyletmiyorlar.!" diye söylenirken son nefesini vermiş..

Ve-l hasılı kelam, Ey arkadaş! Ölüm anı bir meçhul olup, bu dünyadan inançlı ayrılmak ayrılmamak kimsenin bileceği bir iş değildir. Allah'a olan gaybi iman saklıdır, bir ömür ibadet edersiniz ama sonunuz imansız gitmek olur; veyahutta, bir ömür inançsız yaşarsınız son nefeste allah affeder. İmanla bu dünyadan gidersiniz, onun için şu son olayların ışığında diyorum ki, hiç kimseyi kafir veya inanmıyor diye tekfir etmek kimsenin hakkı değil, kimin ne şekilde öleceğini yalnız allah bilir..

Vesselam...
M. Ukray [Küçük Sözler, 2014]

Ruyet-ul Gayb

ÇOK ÜZÜLDÜYSEN..

"Çok üzüldüysen eğer, Korkma! Görecek güzel günler var,

Ardındaki karanlığa bakma, İleride Ne Güneşler var."

M. Ukray [Kendinden İçeri Sözler, 2014]

ACELE ETME!

"Acele etme dostum! Sen var ol her daim;

"Tüm Alemle kucaklaştığında, Her şey olacak Kaim..."

M. Ukray, [Kendinden İçeri Sözler, 2014]

AMERİKA'DA BİR ŞEMS

Gidiyorum Dört yıldır tasavvuf yolunda,

Sanki iki kapılı bir han var önümde,

Şems-i Tebrizi gibi bir şahıs gördüm, sene iki bin on, 4 yıl önce idi,

Güneş gibi zahir bir yola sulük ettim, gidiyorum adeta gece gündüz gibi idi..

Şems-i Tebriz gibi bir derviş, lakin Tarih sahnesinde görmedim..

Bu öyle bir yoldur ki, sırrına hala ermedim..

Amma, Amerika'da bir Şems-i Tebrizi vardır ki,

O da "KIYAMET GERÇEKLİĞİ"dir, 8 yıldır aydınlatıyor BATI'dan Güneş gibi Alemi,

Sanma gizlidir Hakkın sözleri,

Bu Sırra ermek, Kim olduğunu bilmek, mümkün müdür?

Kişi, önce Gaybı bilmeli..

Gayb demek, ne demek? Bil ki, Ey derviş, bu zamanda O "KIYAMET" demek,

Sonra, aydınlanmalı bu kandil ile, Bil ki, Şems-i Tebriz bilir bunun ilmini..

Amerika'da bir şems bilir, durur okyanusun kıyısında, söyler sana bunun sırrını..

Vesselam

M. Ukray [Kendinden İçeri Sözler, 2014]

ŞEYTAN & ELMA & BİLGİ AĞACI & CENNETTEN KOVULUŞ ÖYKÜSÜ?

Yer çekimi (Gravitasyonun) simgesi bilirsiniz yerçekimini bulan Newton'a izafeten elma olarak bilinir. Peki, Cennetten ademin kovulma hikayesi de elma'ya dayanması sizce tesadüf müdür, bence değil bunlar arasında bir bağlantı var gibidir. Bir düşünün, Adem AS. Cennetten yere iniyor, yani gravitasyon etkisiyle yeryüzüne kütleçekimi vasıtasıyla Allah tarafından indiriliyor. Burada bir bağlantı görüyoruz şöyle ki, gravite alan yasaları sıradan kanunlar olmayıp, evrenin ilk yaratılışına ve Cennetten kovulma hadisesine kadar şu ünlü elma ile bağlantılı gibi görünüyor.. Çünkü yerçekimi hatt-ı zatında yere düşüş demekti, bunu kutsal kitabın diğer metinlerinden de görebiliyoruz hep bir yerde düşmüş meleklerden söz edilir.

Kovulmuş kutsal varlık, değerini kaybeden bir insan var karşımızda, çekim bizi negatif etkiledi o zaman, yoksa Cennette yerçekimi yok da günahımız mı bizi düşmeye sevk etti..? Adem de bu etki ile yere düşmüştü hani. Yani kütleçekime uğramıştı, burada düşünüyoruz, acaba günahlar insana bir ağırlık mı yüklüyor, dünyadaki yerçekimi başlatan Tanrının bu müdahalesi mi? İlginç bir fikir olurdu ama bir kenara bırakalım şimdilik bunu. Aşırı felsefi olur..

Peki sadece bu kadar mı hayır değil, yine bu sıralar Amerikalı meşhur bir yazar olan Dan Braown tarafından kaleme alınan Da vinci şifresi dünyayı sarstı ama orada bir detay vermişti Dan Brown İsa'nın soyu devam ediyordu ve bu kutsal sırrı sion tarikatı denen bir kurum bin yıllardır yasak elma sembolüyle elma olarak sembolize etmişlerdi.. Bu da ilginç, yine karşımıza bir elma daha çıkıyor ama bu kez, KUTSAL RAHİM ve bir MEYVE niteliğindeki çocuk olarak. TANRI'nın bir çocuğu olabilir miydi? Elbette hayır! Ama, bu isbat İSA'ya TANRI vasfı isnad eden tüm tezleri çürütürdü ki, Dan Brown'un bu iddiası zaten Hristiyanlığı sarstı ama belki hakikate bir adım daha yaklaştırdı. Bu kez elma, Hristiyanlığın gerçek İsevilikle değiştirilmiş tarihi olarak karşımıza çıkıyor belki de, insanlık yasak ağacın meyvesini bir kez daha bu şekilde yemiş oluyordu.

Bununla da bitmedi, yerçekimini bulan ve elmanın ikinci en önemli versiyonunu tarihe mal eden Isaac Newton'un hayat hikayesini biraz incelediğimiz de tekrar şaşırıyoruz. Çünkü, şu ünlü Sion tarikatını yöneten tarih içindeki silsileden birisi olarak karşımıza çıkıyor ve Newton'un kütleçekimini bulmasına sebep yine kafasına düşen bir "ELMA" idi.. Ne ilginç tevafuk değil mi? Yine burada karşımıza çıkıyor.

Bununla da bitmedi, bazı mitolojik figürlerde Hz. Adem'in Cenennetten kovulması sırasında kendisine yaklaşan ve kutsal bilgiyi değiştirerek kandıran yasaklanmış ağaç olan ELMA/ALMA ağacındaki yılan, Şeytanın ta kendisi olarak karşımıza çıkıyor, ne ilginç değil mi? Yine büyük bir tevafuk karşımıza çıkıyor.

YERÇEKİMİ, ELMA, ADEMİN CENNETEN KOVULMASI, NEWTON, VE HATTA GÜNÜMÜZE KADAR UZANAN BİR ÖYKÜ BU, EN SON APPLE diyeyim hadi bir ipucu arayanlara. Herkesin elinde bilgi olarak sunulan elektronik devrimin yaratıcısı, acaba aynı kaynaktan mı almıştı bu ilhamı, kandırılmış mıydı Şeytan tarafından yoksa bilgiyi elimize hazır halde bir teblette sunarken Elma olarak. Öldüğü için şimdilik bunun canlı tanığı Steve Jobbs'a soramıyoruz maalesef, Ama sonuç olarak, elma hikayesi halen devam ediyor diyebiliriz ve ortak yönleri ŞEYTAN'IN İNSANI BİLGİYLE yani sembolik ELMA İle kandırması, imtihanı ve tarihsel misyonu -velev ki zaman modernleşse ve teknoloji ilerlese dahi- çok eski bir tarihsel hakikat olarak gözümüzün önünde halen duruyor gibidir..

Vesselam

Murat Ukray [Kendinen İçeri Yazılar, 2014]

BİLEN SUSAR

"Tarih boyunca, en iyi bilenler hep susmuştur; burada metod olarak diyalog yerine, spirütüel yolla, açıklamamayı tercih etmiştir.. Çünkü, açıklanmaması gereken bazı bilgilerde, hakikat bilgisinde, çok büyük bir enerji alanı mevcuttur ve bilinçsizce kullanılması aşırı tehlikeli olabileceği için,.." Bunun için şöyle deriz;

1- "Hayat çok küçük bir yerde başlar; çok büyük bir yerde biter.."
2- "Konuşmayı öğrenmek için, susmayı öğrenmelisin.."

[K. Sözler, Murat 2014]

EN ZOR MESELE

Dünyada şu ÜÇ şeyin, gerçekten zor ve fedakarlık gerektirdiğini gördüm;

1- Koyu bir Dindar olmak, belki MESİH gibi

2- Koyu bir Ateist olmak, belki DECCAL gibi..

3- Ama, En zoru da en iyi, bir insan-ı kamil olmayı başarmak, belki AHMED-İ MUSTAFA gibi..

Vesselam.

M. Ukray [KÜÇÜK SÖZLER 23-04-2014]

HAKİKAT ENGELLENİRSE

Tam önemli bir hamle yapacakken bir şey beni engelliyor sonra içimden diyorum ki; ya bu şeytanidir veya rahmanidir, ya lehime veya aleyhime, ya kararlı ya da kararsız.. Ölü ya da diri..

Anlamlı veya anlamsız, bir türlü karar veremiyorsunuz, büyük bir hakikat bu bir eşik sanki, gün geçtikçe bu kararsızlık eşiğine daha çok yaklaştığımı ama hakikate de bir o kadar yaklaştığımı hissediyorum, ama birden gerçeği görünce şaşırıyorum; çünkü gerçek sandığım hakikat parçaları, o alemde birer aynadaki yansımalar misali kuş uçuşmaları gibi, yanılgılara dönüşüyorlar, aynen bir varlığın değişik isimleri olması gibi, Adem gibi. veya Hızır AS...

Fakat, sonra derin bir hakikati anlıyorum, ilahi plan işliyor ve ona uy ey Murat, sen sahipsiz değilsin, şu gördüğün fani insanlar ve dünya dahi değil, hepiniz gideceksiniz, ta ki yol bitmeyecek, varış noktası sonsuz bir mesafede..

Vesselam
M. Ukray, 09-2014

ALLAH BİR ŞEYİ DİLERSE MUTLAKA YAPAR

Allah, bir şeyi gerçekleştirmeye kara verdi mi, mutlaka ona bir yol açar;

Hani, Musa'ya denizde yol açtığı gibi,

Olay örgüsünü, o karar çevresinde yoğunlaştırır ve gerçekleştirir..

Bu, onun aslında bizim fark edemediğimiz ölçüdeki yavaş işleyen; ama hiç durmak bilmeyen, büyük planının (Fizik diliyle - Grand Design)'ın mükemmel bir parçasıdır aslında..

[KÜÇÜK SÖZLER, M. Ukray, 09-2014]

IŞIK ADAM / GEÇEN ASRIN MÜCEDDİDİ BEDİÜZZAMAN'A

Belirdi bir kır atlı;
Başı gözü polatlı;
Gözler buğulu, nemli,
Üveyk gibi kanatlı...
Geliyor dolu dizgin,
Yüreği dertle ezgin..
Izdırâb çekmiş belli,
Duyguları pek engîn.

Ululardan bir ulu,
Heyecanla dopdolu;
Dokunsan ağlayacak,
Allah'ın sâdık kulu.

Bir gariblik sesinde,
Yalan yok çehresinde..
Bakanlar anlayacak,
Işık var çevresinde.

Sür atını durmadan,
Kalmadı bende derman;
Ey metâi nûr adam!
Yok fevt edecek zaman.

Ruyet-ul Gayb

Sakın geç kalma zinhâr!
İçim hasretle yanar;
Kalmadı başka sevdâm,
Ağar ufkumda ağar..!

Artık bende'nim bende'n,
Ayrılmam asla senden!
Al beni de yanına;
Vaz geçdim cân u tenden...

Sorma kim olduğumu!
Düşüp-doğrulduğumu;
Eriştim ummanına,
Unuttum boğulduğumu...

[Muhammed Fethullah Gülen]

İNANMAK/

Bardaktan seni içmek
Seni teneffüs etmek havada...
Dolaşmak, dolaşmak sana dönmek
Seni bulmak yuvada...

Yolumuzda aylar, yıllar
Basamak basamak...
Basamakların çıkamadığı yere
Kanatlarınla çıkmak...

Boşaltmak takvimden günleri
Günlerin üstünden yollara bakmak
Rüzgarla esmek, sularla akmak...

Baharı yollamak yollara
Alıkoymak bir nisanın tadını...
Dışarda herkes gibi seslenmek sana
Ve koynunda söylemek asıl adını...

İnanmak, inanmak, inanmak
Ninnilerinle uyuyup, türkülerinle uyanmak...

[Arif Nihat Asya]

DÜNYADA EN AZ ANLAŞILAN MESELE NEDİR?

Dünyadaki en önemli şeyler,
En az anlaşılmış şeylerdir..

The Most important things in the world,
The less understandable things..
M. Ukray [KÜÇÜK SÖZLER\201]

SORUN SENİN OLANA KADAR SORUN DEĞİLDİR!

Lisedeyken ingilizce öğretmenim şöyle derdi:

"Don't Trouble Trouble;
When Trouble's Yours.."

"Sorun, Sorun değildir; ta ki Sorun, sizin sorununuz olana kadar"

M. Ukray [KÜÇÜK SÖZLER KÖŞKÜ, 06-04-2014]

AĞLAYAN KALP

Ağlayan, kalbi kırık, bir üstadın varlığı,
Evrendeki en büyük hakikatlerden birisidir..
[KÜÇÜK SÖZLER, M. ukray, 02-2014]

AZİZ İSTANBUL

"Eyy, canım İstanbul,
Eyy aşıkın maşuku İstanbul,
Eyy Aziz İstanbul,""
Eyyy Fatih'in, dizinin dibinde toplanan, Akşemsedin'in hatırası,
peygamberin fethini müjdelediği, mübarek şehir, Eyyüb el-
Ensari'nin bağrında duran..
Mekke'nin kardeşi, Medine'nin yoldaşı, Kudüs'ün arkadaşı,
mübarek şehir..
Eyy güzel İstanbul, kutlu şehir.."

Seni muhabbetle selamlıyorum..

ÖMÜR AYN-I HEBA OLDU, ONU AYN-I VİSAL GÖRDÜM..

17. Sözün Birinci ve ikinci Levhası *(Önemine binaen, bir işarete binaen, bir önceki asırdan şimdiki bu eserime intikal etti)*

Birinci Levha Ehl-i gaflet dünyasının hakikatini tasvir eder levhadır.

"Beni dünyaya çağırma, Ona geldim fenâ gördüm. Demâ gaflet hicab oldu,

Ve nur-u Hak nihan gördüm. Bütün eşya-yı mevcudat Birer fâni muzır gördüm.

Vücut desen, onu giydim, Ah, ademdi, çok belâ gördüm.

Hayat desen onu tattım Azap-ender azap gördüm.

Akıl ayn-ı ikab oldu, Bekayı bir belâ gördüm.

Ömür ayn-ı heva oldu, Kemal ayn-ı heba gördüm.

Amel ayn-ı riya oldu, Emel ayn-ı elem gördüm.

Visal nefs-i zeval oldu, Devâyı ayn-ı dâ gördüm.

Bu envar zulümat oldu, Bu ahbabı yetim gördüm.

Bu savtlar nây-ı mevt oldu, Bu ahyâyı emvat gördüm.

Ulûm evhâma kalb oldu, Hikemde bin sakam gördüm.

Lezzet ayn-ı elem oldu, Vücutta bin adem gördüm.

Habib desen onu buldum, Ah, firakta çok elem gördüm.

Demâ gaflet zeval buldu, Ve nur-u Hak ayan gördüm.

İkinci Levha Ehl-i hidayet ve huzurun hakikat-i dünyalarına işaret eder bir levhadır:

Vücut burhan-ı Zât oldu, Hayat, mir'ât-ı Haktır, gör.

Akıl miftah-ı kenz oldu, Fenâ, bâb-ı bekadır, gör.

Kemâlin lem'ası söndü, Fakat şems-i cemal var, gör.

Zeval ayn-ı visal oldu, Elem ayn-ı lezzettir, gör.

Ömür nefs-i amel oldu, Ebed ayn-ı ömürdür, gör.

Zalâm zarf-ı ziya oldu, Bu mevtte hak hayat var, gör.

Bütün eşya enis oldu, Bütün asvat zikirdir, gör.

Bütün zerrat-ı mevcudat Birer zâkir, müsebbih gör.

Fakrı kenz-i gınâ buldum, Aczde tam kuvvet var, gör.

Eğer Allah'ı buldunsa Bütün eşya senindir, gör.

Eğer Mâlik-i Mülke memlûk isen Onun mülkü senindir, gör.

Eğer hodbin ve kendi nefsine mâliksen Bilâ-addin belâdır, gör.

Bilâ-haddin azaptır, tad, Belâ gayet ağırdır, gör.

Eğer hakikî abd-i hüdâbin isen, Hudutsuz bir safâdır, gör.

Hesapsız bir sevap var, tad, Nihayetsiz saadet gör."

Bediüzzaman Said-i Nursi / Küçük Sözler

ALLAH DEMEYENE "BEN HIZIR'IM" DESE BİLE GÜVENME

Ağzından bir kez bile, Allah kelimesi çıkmayan,

İnsanların ne bilgisine ne de işine güven,

BEN HIZIR'ım dese bile...
Vesselam

M Ukray [K. Sözler]

ÇOK YAŞAMANIN SIRRI

Bugün, çok yaşamanın sırrının ve bu meyanda Difesansiyelini alıp, sonsuza götürürseniz, Limit durumunda, "Yavaş Hareket Etmek" ve en sonda da "Tamamen Statik Duruma" geçmek olduğunu anladım..

Tabi, bu sadece işin matematiksel açıklaması, size garip veya karışık mı geldi? Belki de, Ölümsüzlük veya Sonsuzkluk, sonsuz bir hareketsiz statik duruş, sabit bir beklemeden ibarettir..

[KÜÇÜK SÖZLER, MURAT, 20-03-2014]

İYİLİK YAP

İyilik Yap,

Mutlaka, Sana Geri Dönecektir..

[KÜÇÜK SÖZLER, Murat, 2014]

YALNIZLIK

Yalnızlıkta gerçek sevgi,
Tanrı sevgisi vardır,
Bu yüzden yaratıcı sevdiği kişileri;
Hep yalnızlıkla test etmiştir..
[Kendinden İçeri Sözler, M. Ukray,2014]

KAİNAT HİÇ'LİKTEN YARATILDI VE YİNE HİÇ OLACAKTIR

Unutmayalım, evren başlangıçta HİÇ'likten yaratıldı, ve yine HİÇ'liğe dönüp KIYAMET'le son bulacaktır.

Yani, başlangıçta hiçbir şey yoktu ve HİÇLİK ilahi kata EN YAKIN bir mertebe idi ve yine herşey nihayetinde bu makama vasıl olup, yok olacaktır.

İşte, bu yüzden büyük üstadlar misal Mevlana ve Gavs-ı Geylani gibi zatlar bu hiçlik mertebesini ve fena fillah denilen yok olma makamını iyi görebilmişler, hissedebilmişlerdir..

M. Ukray [KÜÇÜK, SÖZLER, 2014]

ALLAH'IN PLANLARINDA HATA YOKTUR

"Allah'ın planlarında, kesinlikle hata veya yanlış diye bir şey yoktur..
Sadece, bize hataymış gibi gelir.."

M. Ukray [Küçük Sözler, 2014]

ANNE SEVGİSİ

"Hiçbir Sevgi, Anne şefkatinin ötesine geçemez.."

[KÜÇÜK SÖZLER, M. Ukray,2014]

KÜÇÜK BİR HİKAYE: "CİVCİ KARMACI":

Bir zamanlar zamanın çok eskimiş hatıralarımdan birisinin köşe taşlarından birisini çıkardım. Çocukluğumda, bana validelik yapan, kıymetli babaannem, bahçede büyüttüğümüz tavuk civcivleri için bazen özel bir yem hazırlatırdı.. Buna onun deyimiyle "Civci - civciv- karmacı" derdi.

Oğlum, Murat'ım! Git, biraz yem al içine buğday karıştır biraz da, toz yem ve az da su koy civci karmacını hazırla derdi. Uzun bir süre civcivler büyüyene kadar bu şekilde beslenmeye devam ederdi. Ama zaman geçtikçe şunu ekledi ve dedi ki, oğlum zamanı geldi şimdi o civcivler biraz büyüdü, piliç oldu o civci karmacına biraz haşlanmış yumurta ufala ve karıştırıp ver, hayvanlar protein alsınlar derdi.

Ben çocuk aklımla bu garip durumu hayal ederdim şöyle ki, bu civcivler bir süre geçince belli bir erginliğe ulaşınca, kendi içinden çıkktıkları yumurta ile besleniyorlar, yani bir nevi kendi kozaları ile yeniden bedenleşiyorlar, bu nasıl iş, "civciv mi yumurtayı besledi, yoksa erişkin tavuk olunca kendi yumurtaları mı onları tavuk haline getirmişti", işin içinden çıkılmaz bir felsefi kurgu zihnimi kurcaladı. Buna ilk zamanlar boşverdim..

Ama yıllar geçip de evrenin yapısına ve fiziğe merak saldığımda biraz uzmanlaşınca, aslında bu işin basit bir öyküsü olmadığını sezinledim, bana büyük bir ders vermişti.. Şöyle ki, bu civci karmacının önemini müthiş bir şekilde kavradım. Çünkü, adeta Evren de kendi kendini genişleten ve bebeklik hali "Birleşik Alan Teorisinde" ele aldığım "Dev Yoğunlaşmış ve Çökmüş Kütleler Halindeki Kuantum Yumurtaları"ndan ibaret olan "Dev Bir Civci Karmacı" idi..

Bu civci karmacı öylesine bir yapıda idi ki, onların büyümesinde hızlı bir etkiye sahipti, tıpkı atomik yapıların bir hücreden canlıyı teşkil etmesi gibi yani. Dolayısıyla yıllar sonra büyük patlama anından evrenin genişleme sürecini bu şekilde bu ilksel, promordiumuna benzetirsek *- Bu haliyle ben evrenin bu ilk bebeklik halini, zamanla bu civci karmacına benzettim.-* Evrenle birlikte bu ilksel gelişmemiş benliğimizle birlikte, civci karmacı halindeki evrenle insan bilinci de genişleyip beslenip gelişti ve son haliyle gelişmiş ataları ve benliklerimizi meydana getirdi, fakat ilksel promordium civci karmacı ise çok eski bir zamanda 5. boyutunun ardında pusup kalmıştı, kim bilir belki fizikçiler bir gün o evrenin ilk anlarına ait saf ve temiz olan civci karmacını tekrar ortaya çıkarabilirler.. ..Vesselam

[KÜÇÜK SÖZLER KÖŞKÜ], murat UKRAY, 17-03-2014

"MAHKEMEDEN ÇIKAN İSA GİBİ"

Kurtulsam, geçmişten gitsem uzaklara;
Dönüşlerde vardı hep o acı çekmeler, gidişlerde..

Dünya karanlığa bürünmüş, ne gülüyorsun çevrene bir bak,
Ne az temiz şey kalmış, günah kiriyle kaplanmış bir dünya, ama birkaç az şey temiz pak,

Sen, kendi zihninin bataklığında yol alırken,
Kaç gece seni bu zifiri karanlıktan kurtarmaya çalıştım,

Ruyet-ul Gayb

Farkında değildin,
Kendince oyalanmakta idin..

Ama tavuğun civcivlerini kanatlarının alması gibi,
Kaç kez istedim, ama siz istemediniz,
Gerçeğe sırt çevirdiniz,

Mahkemeden çıkan isa gibi,
Bu dünyada mehkemedesin,
Ser verir sır vermez bu dünya,
Her an gidecek bir yolcu gibisin..

Bunalımlar içinde dünya çekiyor şimdi bu cezayı,
Miskete çevirdiler alemi, kalplerinde fezayı..

Tanrının sillesi sırtında, gündüz-gece
Eğleniyor, yaşıyorum zannediyorsun
Fakat ne çare, Bunalımlar içinde bütün insanlık çekiyor, cezayı ..

M. Ukray (Kendinden içeri sözler, 2014)
Resim: *Gustave Dore "Mahkemeden çıkan İsa"*, 1817

KISA ÖYKÜ: İSA AS'IN KÖPEK MESELİ –DİYALOG-: Matta/ 15. Ayet

22. İsa AS zamanında O yöreden Kenanlı bir kadın İsa'ya gelip, "Ya Rab, ey Davut Oğlu, halime acı! Kızım cine tutuldu, çok kötü durumda" diye feryat etti.

23. İsa kadına hiçbir karşılık vermedi. Öğrencileri yaklaşıp, "Sal şunu, gitsin!" diye rica ettiler. "Arkamızdan bağırıp duruyor."

24. İsa, "Ben yalnız İsrail halkının kaybolmuş koyunlarına gönderildim" diye yanıtladı.

25. Kadın ise yaklaşıp, "Ya Rab, bana yardım et!" diyerek O'nun önünde yere kapandı.

26. İsa ona, "Çocukların ekmeğini alıp köpeklere atmak doğru değildir" dedi.

27. Kadın, "Haklısın, ya Rab" dedi. "Ama köpekler de efendilerinin sofrasından düşen kırıntıları yer."

28. O zaman İsa ona şu karşılığı verdi: "Ey kadın, imanın büyük! Dilediğin gibi olsun." Ve kadının kızı o saatte iyileşti.

GERÇEK MÜSLÜMAN EN MODERNDİR

"Müslüman her zaman en Modern ve hep Örnek alınan insandır ve öyle de olmalıdır.

Kur'an-ı Mübinin apaçık çizgisi ve mesajı insanı böyle olmaya davet eder.."

[M. Ukray, Küçük Sözler, 2014]

VARLIK VE YOKLUK ARASINDAKİ FARK

Kimi varlığıyla fark yaratır, Kimi yokluğuyla;
Kimi yaşayarak fark yaratır, Kimiyse vefatıyla,
Şahsen ikinci seçenektekilerin daha büyük farklar yarattığını düşünmekteyim..

{KÜÇÜK SÖZLER}/ M. Ukray, 02-03-2014

MEHDİ İÇİN KUTSAL KİTAPTA ŞÖYLE YAZILMIŞTIR

(*Aynısını Yahudiler Mesih için de söylediler*):

"Sen, Ey Mehdi, Eşkıyalardan birisi gibi addedilip, Haydutlarla bir tutulup suçlanacaksın, Hapise atılacak, zindanda esaret döneminde azab göreceksin. Ama sonunda Yusuf gibi Allah'ın izniyle kurtulacaksın .." denilmiştir..

Vesselam..

M. Ukray, 10-02-2014 [Mehdi ve İsa yazıları]

DEPREMLERİ DURDURAN NEDİR?

Ey biçare ahmak insanlar! Depremleri durduran İslam hizmetlerimizdir.

Bunu bir an durdursak, kimse yeri artık tutamaz,

Kıyamet Gerçekliği sizi esir alırdı, gerçeği apaçık öğrenirdiniz o zaman..

Vesselam..
[Asrın Kur'an tefsiri Kıyamet Gerçekliği'ne ithafen: Müellifi M. Ukrai, 2014]

TARİHTEN KÜÇÜK BİR DERS:

"MUSA AS VE GÜNAHKAR ADAM"

Dünyanın En Günahkar ve Günahsız İnsanı?

Musa as zamanında adamın biri Musa AS'a şöyle sorar;

-Ya Musa! Dünyanın en günahkar adamı kimdir?

Musa AS, Allah CC ile Tur Dağı'nda kelam ettikden sonra sorar;

-Ya Rabbi! Senin kulların içinde en günahkar kul kimdir?

Allah CC:

-"Ya Musa! Sen biraz sonra buradan ayrıldıkdan sonra senin yanından bir çocuk ile babası gececek.. O adam dünyanın en günahkar insanıdır" der.. Ve öyle olur. Adam ile bir çocuk yanından geçer ve o günahkarı görür. Aradan belli bir zaman geçer yine sorarlar Musa as'a:

-Peki dünyanın en günahsız insanı kimdir ya Musa? der.

Musa AS yine Allah CC'a münacaat eder;

-Ya Rabbi peki senin dünyadaki en günahsız kulun kimdir? der..

Allah:

-Ya Musa sen buradan ayrılırken yanından bir cocuk ile babası geçecek, işte o adam dünyanın en günahsız insanıdır der!

Musa AS.. bakar ki dünkü adam ile aynı adam.

-Ya Rabbi der, Dün dünyanın en günahkar insanı iken, nasıl olurda bugün en günahsız adamı olur?

Allah CC der ki:

-Ya Musa senden ayrıldıkdan sonra, bu çocuk ile babası deniz kenarına gittiler. Çocuk babasına sordu;

-Babacım bu kumlardan daha büyük ne var?

Babası:

-Oğlum bu kumlardan daha büyük deniz var, dalgası var, köpükleri var.

Çocuk tekrar:

-Peki babacım bu denizden büyük ne var?

-Babanın günahları yavrum der.

Çocuk ya bu sorar:

-Peki babacım senin günahlarından daha büyük ne var?

Adam cevaben der ki:

-Babanın günahlarından daha büyük Allahın merhameti var oğlum der.

Allah CC Musa AS'a döner:

-İşte ya Musa o günahlarından daha büyük bir merhameti olan Beni CC..bildi.

Ben de onu af ettim.....

Vesselam, m. ukray, 2014

ARADA KENDİNİZİ DİNLEYİN!

Müziği sesini sadece kendiniz dinleyin,

Kuşları ve doğayı da, Ama kitapları ortaklaşa okuyun, evrensel boyutta..

Listen to the music lonely and birds or nature too,

But, Read the books commonly, in universal manner..

Vesselam..

M. UKRAY (LITTLE WORDS, KÜÇÜK SÖZLER..)

ESKİ ROMA'DAN HİKMETLİ SÖZLER

Tarih-i kadim içinde eski Roma gibi ihtişamlı ve muteber bir dünya devleti yoktur. Onun için çok Kudsi İsa Mesih aleyhisselamla birlikte nefes alıp vermiş bu hüküm-ferma medeniyette yaşamış, aynı çağda hikmet dersleri vermiş, belki isimleri görece daha az bilinen birkaç ehl-i hikmetten küçük sözleri buraya kendimce not ettim. Daha fazla da yazacaktım ama şimdilik şu 6-7'şer adet küçük sözlerle ve latincesiyle birlikte iktifa ettik;

"Magna pars libertatis est bene moratus venter."
["A well-governed stomach is a great part of liberty." —
Seneca,Ep., 123.]

"İYİ YÖNETİLEN BİR MİDE, ÖZGÜRLÜĞÜN ve HİKMET'in en büyük parçasıdır.." SENECA

"Non hoc amplius est liminis, aut aquae Coelestis, patiens latus."
["I am no longer able to stand waiting at a door in the rain." —
Horace, Od.,]

"Dışarıda yağmur yağarken, bir KAPI'da dışarı çıkmak için, ASLA DAHA FAZLA bekleyemem..", HORACE

"Naturt homo mundum et elegans animal est."
["Man is by nature a clean and delicate creature."—Seneca, Ep., 92.]

"İNSAN, doğa tarafından meydana getirilen EN TEMİZ VE HASSAS bir yaratıktır.." SENECA

"Tandem effcaci do manus scientiae."
["Show me and efficacious science, and I will take it by the hand." —Horace,]

"Bana, içinde HİKMET olmadan İŞE YARAYACAK, tek bir BİLİM gösterin, Gidip onu ellerimle alacağım." HORACE

"Quod sit, esse velit, nihilque malit,"
["Who is pleased with what he is and desires nothing further." — Martial, 18.]

"KİM, hiç kimsenin DAHA FAZLA'sını istemediği, bitmek bilmeyen artan ARZULARDAN memnun olabilir ki?", MARTIAL

"Sola sapientia in se tota conversa est."
["Wisdom only is wholly within itself"—Cicero, De Fin., iii. 7.]

"BİLGELİK, onun yalnızca tamamen KENDİ İÇİNDE olduğunu bilmektir.."
CİCERO, ROME EMPIRE

"Sed neque quam multae species, nec nomina quae sint, Est numerus."
["But neither can we enumerate how many kinds there what are their names."—Virgil, Georg., ii. 103.]

"Ne kaç ÇEŞİT İSİM olduğunu ve ne de onların hangi SAYIDA olduklarını, sayısal olarak asla bilemeyiz.." VİRGİL, ROME EMPIRE

"Difficultatem facit doctrina."
["Learning (Doctrine) begins difficulty." —Quintilian, Insat. Orat., x. 3.]
"(Doktrini) Öğrenmek güçlüğü doğurur."
QUANTILIAN, ROME EMPIRE

"Omnia fanda, nefanda, malo permista furore, Justificam nobis mentem avertere deorum."
["Right and wrong, all shuffled together in this wicked fury, have deprived us of the gods' protection." —Catullus, Nuptiis Pelei Thetidos, 405.]

"DOĞRU ile YANLIŞ sık sık birbiriyle karıştırılır ve bu durum bizi TANRI'nın KORUMASI'ndan mahrum eder.." CATULLUS, ROMA EMPIRE

"Non armis, sed vitiis, certatur;"
["The fight is not with arms, but with vices."—Seneca, Ep. 95.]

"Dövüş ve MÜCADELE, KOLLAR ile yapılır, ama GERÇEKTE HİKMET ve DÜŞÜNCE ile galip olunur." SENECA

"Magnus animus remissius loquitur, et securius . . . non est alius ingenio, alius ammo color;"
["A great courage speaks more calmly and more securely. There is not one complexion for the wit and another for the mind." — Seneca, Ep. 114, 115]

"Büyük bir CESARET, daha SAKİN ve daha GÜVENLİ konuşur. Zihin için, başka bir ZEKA ve İDRAK seviyesinde bulunan, bundan daha üstün bir meziyet yoktur." SENECA

"Ubi non ingenii, sed animi negotium agitur."
["Where the question is not about the wit, but about the soul." — Seneca, Ep., 75.]
"Çözülmesi gereken, Esas sorun, AKIL veya ZEKA hakkında değildir, RUH hakkındadır.."
SENECA

"Quae magis gustata quam potata, delectant,"
["Which more delight in the tasting than in being drunk." —Cicero, Tusc. Quaes., v. 5.]
"Hakikate Sarhoş olmaktan başka, hangi TAT daha fazla ZEVK verebilir.." CİCERO

Ruyet-ul Gayb

"Ut omnium rerum, sic litterarum quoque, intemperantia laboramus."
["We carry intemperance into the study of literature, as well as into everything else."—Seneca, Ep., 106.]

"Biz herşeyin içine olduğu gibi, EDEBİYAT çalışmalarımızın içine de, TAŞKINLIKLARI'mızı taşırız.. SENECA, Yunan Filozofu"

"Che non men the saver, dubbiar m' aggrata."

["I love to doubt, as well as to know."—Dante, Inferno, xi. 93]

"Bilgi kadar, şüpheyi de severim" DANTE

"Fortuna vitrea est: turn, quum splendet, frangitur,"

["Fortune is glass: in its greatest brightness it breaks." —Ex Mim. P. Syrus.]

"KADER kırık bir cam parçası gibidir; onun içindeki EN BÜYÜK parlaklık, KIRIK noktalarında meydana gelir" SYRUS

"Stercus cuique suum bene olet."
["To every man his own excrements smell well."—Erasmus]
"Her insana, kendi dışkısı güzel kokuyor gibi gelir.." ERASMUS

"Permitte divis caetera."

["Leave the rest to the gods."—Horace, Od., i. 9, 9.]
Tanrılara biraz dinlenmeleri için izin verin.. HORACE

"Stillicidi casus lapidem cavat:"

["The ever falling drop hollows out a stone."—Lucretius, i. 314.]

"Düşen her bir küçük damla, taş üzerinde küçük bir delik açar.."
LUCRETIUS

"Si non prima novis conturbes vulnera plagis,

Volgivagaque vagus venere ante recentia cures."

["Unless you cure old wounds by new."-Lucretius, iv. 1064.]

"ESKİ yaraları, YENİLERİYLE değiştirmediğiniz sürece, hastasınızdır.." LUCRETIUS

ŞU İNSANOĞLU BU ALEMDE KUŞ MİSAL!

Aslında tüm İnsanlık da, bir kuş misal, Geçici bir süre yaşarız bu alemde..

Fakat görece, relatif olarak, zamanımız; Diğer canlılara göre yavaş aktığından, daha fazla yaşıyormuşuz hissine kapılırız.

{KÜÇÜK SÖZLER, UKRAY, 2014}

ASLINDA, HEPİMİZ DİN KARDEŞİYİZ

Sevgili kardeşim,

Unutmayalım ki, bu dünyada hepimiz din kardeşiyiz ve de İslam olsun Hristiyan ayrım yapmak bana göre insanlık adına doğru değildir, insanlık tek bir bütündür, Kuran ve diğer kutsal metinler, öncelikle insana önem vermeyi ve kardeşlik ve birliği temsil eder, bu manada hakiki benlik bu denizde eritilmeli ve mevlana gibi düşünülmeli hakikati o denizde aramalıdır, başkalarında veya dış dünyada o hakikati bulamayacaksın, onu kendinde aramalısın ..

Vesselam

Murat Ukray, 04-02-2014

KENDİ GERÇEKLİĞİMİZLE BAŞBAŞA!

Eğer, Allah'ın huzurunda, kendi gerçekliğimizle başbaşa kalmış olsaydık, Gerçekle karşılaşmış olsaydık, Belki, gülmek veya sevinmek yerine;

Sürekli ağlamamız gereken acı bir tablo ile karşı karşıya olduğumuzun farkına varabilirdik..

Vesselam

M. Murat Ukray, 24-01-2014

NASIL BİR DÜNYADA YAŞIYORUZ?

Aslında, prensip olarak,

"Cennet' gitmek isteyenlerin,

Cehennem'e çevirdiği bir dünyada yaşıyoruz ve bu yüzden mutsuzuz"....!
M. ukray, 24-01-2014

SÜFYAN NE ZAMAN DOĞDU?

Hadiste belirtilen ve ahir zamanda geleceği söylenen "İSLAM DECCALI VEYA SÜFYAN" kimdir?

MEHDİ VE SÜFYAN aynı yerde ortaya çıkacak ve birbirine karşı mücadele edeceklerdir, şimdi önceki asrın süfyanı olan malum şahsın ölüm tarihi olan 1938'den 16 yıl sonra (1954) bu kişi doğmuştur.

Yine, benzer hesaplamayla, kesin bir kanaat ile, önceki asrın müceddiidi olan Said Nursi de 1960'da öldüğüne gore, tarihlerdeki uyuşma dikkate elınırsa, mehdi'nin doğum tarihi de yine 1960 dan 16 yıl sonra gerçekleşmeliydi...

Biri fatih doğumlu olsa, diğeri tam karşısı olan, beyoğlu ile aynı cephede düzenlenerek kurulan bir imtihan alanındaki iki zıt kutupta, iki ahir zaman şahsının, mücadelesine bu asırda bu şekilde tanık oluyoruz, şu anda gelişen tüm olaylar veya perde arkası bundan ibarettir gerisi teferruat..

Vesselam..,
M. Ukray, 21-01-2014

ÖMÜR SERMAYESİ

"Ey Arkadaş! Sermayen olan ömrün bitiyor, zaman hızla tükeniyor,

Ama sen hala çocuk gibi dünyevi oyuncaklarla oynamaktasın.."

Vesselam..

M. UKRAI, 19-01-2014

ZAMANI AŞAN SÖZLER

Ey Arkadaş! Benim çalışmalarım, sadece bu zamana ait değildir,

Onlar, Belki 100 yıl geçerli olacak, Muhkem ve Kur'an-ı Mübin'in Derinliklerinden Çıkan Manevi sözler, çok zor şartlarda yazılan, işaretler, Derinlikli ilmi yazılar hükmündedir, Hakikatin Günümüz diliyle türkçe ifadesi ve beyanatlarıdırlar..

Yalnız siz hizmeti düşünmeyiniz, Cenab-ı Allah bunu, kendi kudret ve keremiyle bütün dünyaya yayacaktır..

Yalnız hizmete katılırsanız, Cenab-ı Allah size, bunun hürmetine dünyevi ve uhrevi afet ve belelardan, musibetlerden koruyacaktır..

Vesselam..

[KÜÇÜK SÖZLER]

m. Ukray, 13-06-2014

KIYAMET GERÇEKLİĞİ ŞEHİTLERİ

"KIYAMET GERÇEKLİĞİ" külliyatı, esas maksadı ve gaye-i hilkati, ölümü ve kıyameti ilan ve isbat etmek olduğundan; her bir yazılan birer parçasıyla birlikte mütemadiyen, 6-7 şehit alır, bu ölenler onun o parçasını ilan ve isbat eden canlı birer şahit hükmüne geçmektedir, Bu şehitlerin mekanın cennet olsun..

Vesselam,

M. UHRAİ, 12-02-2014

BİR FENA FİLLAH HALİ KAPLADI BENİ

Yine bu yıl da, yıl sonu gelirken, bir şeyi fark ettim. Aslında, birçok yapılan şeyin yokluğa kalbolup, hiçliğe gittiğini bilmüşahede kalp gözüyle gördüm..

Sonra şunu dedim içimden; "acaba herşey ve ben bütün bütün hiçliğe ve ademe yokluğa mı kalbolup gidiyorum, yoksa herşeyi gözümle gördüğüm şu fani alemi, ben mi yanılıp gerçek zannettim?" İşte, her yıl sonunda olduğu gibi bu şekilde bir karanlık tablo gözümün önündeki gayp aleminden gizlice açılıyor, henüz nedenini anlamış değilim. Senenin bu son virajında acaba neden böyle bir durgunluk hasıl oluyor, veya bilinmezlik hali oluyor. Belki, eşyanın, insanın ve alemin hakikati bu gizli kapıda gösteriliyor diye bana kanaat geldi zannettim. Ama birden tüm sene içinde yaptıklarımı düşününce, bu son üç günde bir ses diyor ki, bırak at gitsin onları hiçe say ey Murat! Sen şu kabir kapısına bak, işte gördün mü o hakikat zannettiklerinin aslı budur diyor. İşte, ölümün, visalin ve fırakın şu alemden ayrılmanın birer kopyası numunesi idi ey Murat..

Ömrüne işte bir taş daha eklendi ki, o kapıya doğru yaklaştın! diye seslenir bu ses yine aynı bu şekilde. Bu gizli sesi tüm ömrüm boyunca her yıl sonunda işitim ve hep bir süre kulak kabartmışımdır. Eğer bir sonraki sene iyi geçecekse, bu ses neşeli ve sevinçli geliyordu; biraz olumsuzluk olacaksa, biraz kederli seslenir.. Bu sene de kederli olarak işittim, yani sıkıntı var demek bu da ileride.. Allah hayır etsin, bekaya kalb etsin..

SÖZ, BURADA TAMAMLANDI, KİTAP BİTTİ.

VE-L HAMDU LİLLAHİ RABBİL ALEMİN,

VE SELAMÜN ALEL MURSELİN,,

VEL AKİBETİ Lİ-L MUTTAKİN..

Bİ- HURMETİ TA-HA VE YA-SİN

AMİN..

M. UHRAİ [28-12-2013]

BİBLİYOGRAFYA

I: Eserin Felsefesi ve Metodolojisi

Kur'an'ın büyük üstadlarından, **Muhiddin İbn-i Arabi (1165-1245)**

ÖNEMLİ BİR TESBİT: BU YIL HAZIRLANAN "KIYAMET GERÇEKLİĞİ ESERİ", "HABERCİ RÜYALAR" –*RU'YET-UL GAYB*-"IN FİKİR ALTYAPISI VE FELSEFİ DÜŞÜNCE SİSTEMİ ARABİ'YE AİTTİR:

O BİLGİ ŞUDUR:

> "Muhyiddin-i Arabi, gerçek bilgi'nin sadece aklımızdan gelmediğine, böyle bir bilginin daha çok ilham ve keşf yoluyla elde edilebileceğine inanmıştı.."

Burada Müellif, bu düşünce sistemine bir yaklaşım ve yenilik getirerek, Kıyamet Gerçekliği düşünce sistemi ekseninde bu felsefeyi yorumlayıp, Kur'anileştirerek, Gayb alemine ilişkin rüyadan bilgi edinme felsefi düşüncesinin onun fikirleri ile birleştirilerek, alanında ilk kez rüya ve ilhama yönelik DÖRT BÖLÜM'den müteşekkil ve ilk kısmı konuya giriş (MUKADDİME) ile İSLAM'da RÜYALAR ve rüya kavramı ile ikinci bölümde Ahir zamana yönelik açıklayıcı nitelikteki HABERCİ RÜYALAR ve ardında üçüncü bölümde AFORİZMALAR şeklinde devam eden, kısa özlü sözler tarzında, tecdid edici bir dini eser vukua getirmiş bulunmaktadır.

Muhyiddin İbn-i Arabi, Muvahhidun döneminde 27 Ramazan 560'da Mursiye (Murcia), İspanya'da doğdu. Bilinmeyen bir sebeple 8 yaşında ailesiyle birlikte İşbiliye'ye (bugünkü Sevilla) geldi (muhtemelen babasının memuriyeti nedeniyle). Ailesi Arap Tayy kabilesine mensuptu. Yakın cedleri hakkında fazla bir şey bilinmiyorsa da, anne ve baba tarafından nüfuz ve itibar sahibi kimseler olduğu anlaşılıyor. Akrabaları arasında tasavvufî bilgilere sahip kimseler vardı.

İlk tahsilini bu şehirde yaptı, uzun bir süre burada kaldı. Çocuk yaşlarında 'Ahmed İbnu'l-Esirî' adında genç bir Sufi ile arkadaş oldu. Hakkındaki kayıtlara göre İbnu'l-Arabî, bu tahsil sırasında bir aralık Halvet'e çekilen İbnu'l-Arabi, halvetinden keşf yoluyla edindiği çeşitli bilgilerle çıkmıştır.

Endülüs'de bir süre daha kaldıktan sonra, seyahate çıktı. Şam, Bağdad ve Mekke'ye giderek orada bulunan tanınmış alim ve şeyhlerle görüştü. 1182'de İbn-i Rüşd ile görüştü. Bu görüşmeyi eserinde anlatır. Bu İbn-u Rüşd'ün bilgi'nin akıl yolu'yla elde edileceğini söylemesiyle meşhur olduğu yıllardır. 17 yaşındaki genç Muhyiddin gerçek bilgi'nin sadece aklımızdan gelmediğine, böyle bir bilginin daha çok ilham ve keşf yoluyla elde edilebileceğine inanmıştı.

Bu senelerde 'Şekkaz' isminde bir şeyh'le tanıştı. Bu zat küçük yaşlardan itibaren ibadete başlayan, Allah korkusu taşıyan, hayatında bir kerecik olsun 'ben' dememiş olan ve uzun uzun secde eden bir kimsedir. Muhyiddin o ölene kadar onunla sohbete devam etti. 1182-1183'de İşbiliyye'ye bağlı Haniyye'de 'Lahmî' isimli bir şeyhden, bu zatın adını taşıyan bir mescidde Kur'an dersi aldı.

1184-1185'de 'Ureynî' isimli bir şeyh'le tanıştı. Eserlerinde Ondan ilk hocam diye bahseder, çok faydalandığını söyler. 'Ureynî', Ubudiyet [kulluk] meselesinde derin bir bilgiye sahipti. Bu yıllar'da 'Martili' adlı bir şeyhten de istifade etti. Ureynî O'na:'Sadece Allah'a bak' derken Martilî'Sadece Nefsine bak, nefsin hususunda dikkatli ol, ona uyma' diye öğüt vermişti. Martilî'ye bu zıt önerilerin içyüzünü sordu. Bu zat, kendi nasihatinin doğruluğunda ısrar edecek yerde, 'Oğlum, 'Ureynî''nin gösterdiği yol, doğru yolun ta kendisidir. Ona uyman lazım. Biz ikimiz de, kendi halimizin gerekli kıldığı yolu sana göstermişizdir' dedi.

Bu yıllar'da İşbiliyye'de Kordovalı Fatma adında yaşlı bir kadına (tanıştıklarında 96 yaşındadır) 14 sene hizmet etti. Bu kadın, erkek ve kadınlar arasında müttaki ve mütevekkile olarak temayüz etmişti. Çok iyi bir kimseyle evliydi. Yüzünün İbn Arabi'nin bakmaktan utanacağı kadar güzel olduğu söylenir.

1189'da Ebu Abdullah Muhammed eş-Şerefî adında biriyle tanıştı. Kendisi doğu İşbiliyye'li olup, Hatve ehlindendi. Beş vakit namazını Addis Camii'nde kılan bu zatın ibadete aşırı düşkünlüğünden namaz kılmaktan ayaklarının şiştiği söylenir.

Arabi, İşbiliyye'deyken (1190) hastalanıp okuma kabiliyyet'ini kaybetti. İki yıl bu halde kaldıktan sonra 589'da (Hicri) Sebte Şehri'ne giderek orada ahlak makamına erdiğini söylediği İbn-u Cübeyr ile tanıştı. Bir süre sonra İşbiliyye'ye döndü. Aynı yıl Tlemsen'e geldi. Burada Ebu Medyen (ö.594)[1] hakkında gördüğü bir rüyayı anlatacaktır.

1196'da Fas'a gitti. Orada yaptığı Seyahatler sırasında büyük şöhret kazandı. 1198'de tekrar Endülüs'e geçti. Gırnata Şehri dolaylarındaki Bağa kasabasında Şekkaz isimli bir şeyhi ziyaret etti. Onun Tasavvuf yolu'nda karşılaştığı en yüce kimse olduğunu söyler. 1199-1200'de İlk defa Hac için Mekke'ye gitti. Orada [el-Kassar] (Yunus ibnu Ebi'l-Hüseyin el-Haşimi el-Abbasi el-Kassar) isimli bir şahıs'la sohbet etti. Hac'dan sonra Mağrib'de, oradan da Ebu Medyen'in şehri olan Becaye'de bulundu. Bir süre sonra tekrar Mekke'ye geldi ve "Ruhu'l-Quds", "Tacu'r-Rasul" adlı eserler'ini yazdı.

1204'de Medine, Musul, Bağdad'da bulundu. Musul'da, "et-Tenezzülatu'l-Musuliyye" yi yazdı. Musul'dan ayrıldıktan sonra Konya'ya geldi. Orada tanıştığı Sadreddin Konevî'nin dul annesi ile evlendi. Konya'da iken "Risaletü'l-Envar" ı yazdı. Selçuk Meliki tarafından hürmet ve ikram gördü. Sonra Mısır'a geçti. Orada Futuhat-ı Mekkiye'deki sözlerinden ötürü Mısır uleması tarafından hakkında verilen idam fetvasıyla yüzyüze gelince gizlice oradan kaçtı. Tekrar Mekke'ye geldi ve burada bir süre kaldı. Bağdad ve Halep'de bir süre dolaştıktan sonra 612/1215 de tekrar Konya'ya geldi. 617 de Şam'a yerleşti. Zaman zaman civar şehirlere seyahatler yaptı. Şam'da kendisinin Fütuhat'tan sonra en büyük eseri olarak kabul edilen Fusus'u kaleme aldı (627/1230). İbn Arabi bu eseri rüya'sında Peygamber'den ümmetine aktarmak üzere aldığını belirtir. 638 de 22 R.Evvel'de (1239) Şam'da öldü. Kabri Şam şehri dışında Kasiyun dağı eteğindedir. 1516 yılında I. Selim, Şam'ı Osmanlı toprağı yaptığında oraya türbe, camii ve imaret inşa ettirdi. Medfun bulunduğu türbenin kubbesinde -İbn Arabi'nin kendisine ait olduğu iddia edilen- 'bütün yüzyıllar yetiştirdikleri büyük insanlarla tanınır, benden sonraki yüzyıllar benimle anılacak' mealindeki bir beyit yazılıdır.

II: İbn-i Arabi'nin Ortaçağda yayınlanmış kitaplarının listesi Muhyiddin İbn Arabi ve Ekberî Öğretisi:

Varlık birliği (Vahdet-i Vücud) öğretisinin baş sözcüsü olmakla birlikte kendisinden sonra Vahdet-i Vücud görüşünü benimseyen sufiler için Muhyiddin İbn Arabi'nin lakaplarından olan Şeyh-i Ekber'e atıfla Ekberî sıfatı kullanılmıştır. Her ne kadar varlığın bir olduğunu kabul etmiş olsalar da Ekberi sufiler kimi görüşlerinde farklılıklar sergilemişlerdir. Örneğin Abdülkerim el-Cili ve Sadreddin Konevî her ikisi de Ekberî olmakla birlikte özgün görüşleri de olan ve başlı başına bir sufi metafiziği ve felsefesine sahip olan düşünürlerdir.

İbn Arabi'ye Yönelik Eleştiriler:

Muhyiddin İbn Arabi'ye karşı öğretisini benimseyenlerce Şeyh-i Ekber (en büyük şeyh), öğretisine karşı çıkanlar veya düşmanları tarafından Şeyh-i Ekfer (en kafir şeyh) gibi birbirine taban tabana zıt lakapların verilişi, Muhyiddin İbn Arabi'nin İslam tarihinde üzerine en sert tartışmaların yapıldığı kişilerden biri hatta en ünlüsü olduğunun da bir göstergesidir. Öğretisini benimseyen birçok sufi/filozoflara göre

Muhyiddin İbn Arabi diğer sufilerin yaşadıkları ve bildikleri ancak toplumsal, teolojik gerekçelerle sözünü etmekten kaçındıkları bir durumu ilk ifade edenlerden biridir. Esasen Muhyiddin İbn Arabi de öğretiyi kendisinin keşfettiğini asla söylememiş tersine diğer sufilerin bu hallerini kendisinin açıkça ifade eden ilk kişi olduğunu belirtmiştir. Bu açığa vurmanın sebebini de Fusus adlı eserinde kendi iradesine değil peygamberin doğrudan emrine dayandırmıştır.

İbn Arabi varlığın birliği dolayısıyla varlığın Tanrı olduğunu söylemesi [kaynak belirtilmeli] sebebiyle hem bazı fakihler, kelamcılardan hem de bazı sufilerden bazıları ılımlı bazıları sert eleştiriler almıştır. İbn Arabi'nin bu yaklaşımının yaratıcı ve yaratık arasındaki ikiliği kaldırdığı dolayısıyla dinin gerektirdiği emir ve yasakları ihlal etme veya küçümsemeyle sonuçlanacak etkileri olabileceği düşünülmüş [kaynak belirtilmeli] ve kimi eleştirmenler bunun önüne geçebilmek amacıyla insanların İbn Arabi'nin kitaplarını okumalarının yasaklanmasını savunmuş, kimileri de şeyhin kafirliğine hükmetmiştir. İbn Arabi'nin görüşlerine katılmayan ancak onu kafirlikle suçlamayanlar da eserlerinin tevili yani yorumu gerektirdiği ve bu yorumu bilmeyenler tarafından okunmasının doğru olmadığını iddia etmişlerdir. Akademik, ilmi çevrelerde doğru olmadığı bilinmekle birlikte halk arasında İbn Arabi'nin eserlerinin onun tarafından yazılmadığı dahi söylenebilmiştir.

İbn Arabi'nin en sert eleştirmenlerinin başında gelen kişi Hanbeli mezhebi geleneğinden beslenen alim İbn Teymiyye'dir. Arabi'nin vefatından yirmi sene sonra Harran'da doğan İbn Teymiye Arabi'nin görüşlerini kıyasıya eleştirmiştir.

Hanefiler'den Ali el-Qarî, İbn Teymiyye'yi savunarak İbn Arabi hakkında Sert Eleştiriler'de bulundu. Bu Eleştiriler İsmail Fenni Ertuğrul tarafından göğüslenmeye çalışıldı. Burhaneddin Ebu'n-Nasr Parsa, Fusus için Can,

Fütühat için Gönül Tabir'ini kullanır...Şu halde o Ezelî olan İnsan (şekliyle) Hadis, Zuhur ve Neş'eti bakımından Ebedî ve Daimi'dir.' (Fass-ı Âdem'den)

Alem'in kıdem'i inancını savunan bu sözü Zahirî Mütekellimlerce Küfür sayılmıştır. Eğer Fikirlerinde bir Değişme meydana gelmemişse Futuhat'ta savunduğu tez'in ışığında bu söz'ü anlamak gerekir.

Futuhat'ta Araz olduğunu söylediği Alem'in, Fusus'ta insan söz konusu edildiğinde A'yan-i Sabite yani Allah'ın İlmi'nde olan Sureti (Suver-i İlmiye) yönüyle ezeli olduğunun (Feyz-i Akdes) savunulduğu görülür. Çünkü, O'nun ilmi kadimdir.

Bu yoruma imkân veren gerekçe, bir Şey'in hem Hadis, hem de Ezelî olacağının söylenmesinin mantıklı olmamasıdır. Fusus'taki Cümle'den anlaşılan mana, Alem'in bir itibara göre Hadis (Feyz-i Mukades), diğer bir itibara göre de Ezelî olması gerektiğidir (Feyz-i Akdes).

Aliyyu'l-Karî, bu Söz'ün Açık bir Küfür olduğunu söyler. Çünkü İnsan'ın Zat ve Sıfat'ı ancak, Hulul ve İttihat ve Vucudiyye (Panteizm) Mezhebi'nce Allah'ın aynı ve Sıfatı Kabul edilir. İsmail Fenni ise bu Metni şu Anlam'da okuyarak [Aliyyu'l-Karî]'ye katılmaz:

Bu sözler'den maksat, Allah ilahî isimlerin suretleriyle bize göründüğünden, biz kendimizi, O'nun bizde Zahir olan Sıfatlar'ı üzerine biliriz. Hayat, ilim, irade, kudret, semi, basar, kelam gibi, kendimize nisbet ettiğimiz sıfatları, O'na nisbet ederiz. Yani bizde Zahir olan ilahi sıfatlar'la, bizim sıfatlanmamız sebebiyle, biz o sıfatlar'la Hakk'ı vasıflandırıp, kendimize nisbet ettiğimizi, O'na nisbet ederiz demektir. Gerçi bu sıfatları Allah da kendisine nisbet etmiştir. (9/et-Tevbe 104, 56/el-Vakıa 63).

Molla Cami, bir Bağdad Şeyhine dayanarak O'nun 500 kadar Eseri olduğunu nakleder. Kendisi dostlarının yardımıyla tasnif ettiğini söylediği fihristinde, çoğu tasavvufla ilgili olan 250'yi geçmeyen eserini sayar. En büyük eleştiriyi de 'Fususu'l-Hikem' dolayısı ile aldığını söyler. O'na göre 'onun ıstılahlar'ını anlamadan, tenkidler'in düşünülmeden veya bir başkasının farkındaki söz ve tenkidleri göz önünde bulundurularak yapılmaktadır bu eleştiriler. O, çözüm'ü şu tavsiyeler'de arayacaktır:

a) Şeriat'a Aykırı olduğunu zannettiğimiz bir Söz nakledilirse, Naklin Sıhhatli olup olmadığına bakarız. Sıhhatli değilse, bu sözün o kişi tarafından söylendiği iddiasını reddederiz.

b) Te'vil'e imkân buluyorsak te'vil eder, aksi taktirde 'Tasavvuf Ehli katında belki te'vil'i vardır' demeliyiz.

c) Bu Sözler sekir halinde söylenenler cümlesindedir diyerek, anlayamadığımızı beyanla o söz ile amel etmemeliyiz.'

Bazı eleştirmenlere göre "Varlıkta ancak Allah vardır", veya "Varlıkta ancak bir vardır: Suyun rengi kabının rengidir." diyen İbn Arabî, bu sözleriyle inancını ifade ederken Kur'ân âyetlerini de hiçbir kural tanımaz tavırla yorumlamıştır.

Bazıları için safi küfür olan bu itikadı yumuşatmak için çeşitli yorumlar yapılmıştır.

Bazı tasavvuf ehilleri Muhyiddin İbn-i Arabi'nin geldiği idrak ve ilahi anlayış seviyesinin, -peygamberler hariç- insanlığın gelebileceği en yüksek seviye olduğu görüşündedirler. Tasavvuf çevrelerindeki genel kanaat gelmiş geçmiş en büyük birkaç şeyhten biri olduğu yönündedir; bu da "Şeyh-ül-Ekber" yakıştırması ile paraleldir. Muhyiddin İbn-i Arabi'nin öğretisinin ve anlayışının ancak onun düzeyinde olanlarca anlaşılabileceği, yani irade-i cüzinin tamamen devre dışı bırakılması ile ancak anlaşılmasının mümkün olabileceği; aksi halde irade-i cüziden tamamen kopamayan ve ilahi irade ile tamamen bütünleşemeyen bir kişinin Muhyiddin İbn-i Arabi'nin bu yöndeki söylemlerini dillendirmesinin bir anlamda yalan beyan olacağı ifade edilmektedir.

Eserleri:

İbn-i Arabi'nin Ortaçağda yayınlanmış kitaplarının listesi:

Nefahat'a göre, Bağdad Uleması'ndan birisi Muhyiddin İbnu'l-Arabî üzerine bir Kitap Te'lif etmiş ve bu Kitap'ta Musannefat'ının 500'den fazla olduğunu söylemiştir. İbnu'l-Arabî'nin Eserlerinin sayısı kendine de Malum değildi, denir. Hayat'ında Dostlar'ının İsteği üzerine birkaç defa bunların Fihristini yapmak istedi. Bu Fihristler birbirinden ayrı 3 yazma halinde bugüne geldi. Bugüne gelenlerin bazıları:

Fütûhat-ı Mekkiyye fi Esrâri'l-Mahkiyye ve'l Mülkiye, Kendi el yazısı ile olan nüsha, Türk-İslam Eserleri Müzesi no. 1845-1881'dedir. Bu Nüsha 31 Cild halinde tertib edilmiştir.

Fusûsu'l-Hikem, Türkçe'ye çevrildi Molla Cami, Hoca Muhammed Parsa'nın "Füsûs" için, "can", "Fütûhat" için "gönül" dediğini rivayet eder.

- Kitabu'l-İsra ilâ Makâmi'l-Esrâ,
- Muhadaratü'l-Ebrâr ve Müsameretü'l-Ahyâr,
- Kelamu'l-Abâdile,
- Tacu'r-Resail ve Minhacu'l-Vesâil,
- Mevaqiu'n-Nucûm ve Metali' Ehilletü'l-Esrar ve'l-Ulûm,
- Ruhu'l-Quds fi Münasahati'n-Nefs,
- et-Tenezzülatü'l-Mevsiliyye fi Esrari't-Taharat ve-Salavat,

- Kitabu'l-Esfar,
- el-İsfar an Netaici'l-Esfar,
- Divan,
- Tercemanu'l-Eşvak,
- Kitabu Hidayeti'l-Abdal,
- Kitabu Taci't-Terâcim fi İşarati'l-İlm ve Lataifi'l-Fehm,
- Kitabu'ş-Şevâhid,
- Kitabu İşarati'l-Qur'an fi Âlaimi'l-İnsan,
- Kitabu'l-Ba'.
- Nisabü'l-Hiraq,
- Fazlu Şehâdeti't-Tevhîd ve Vasfu Tevhîdi'l-Mükinîn,
- Cevâbü's-Sual,
- Kitabu'l-Celal ve hüve Kitabu'l-Ezel,
- Kitâbu'l-Cem ve't-Tafsîl fî Esrâri'l-Ma'ânî ve't-Tenzîl,
- Meryem Süresi'ne kadar yazdığı Kuran-ı Kerim tefsiridir. Her ayeti Celal, Cemal ve İ'tidal olmak üzere 3 ayrı makamda incelediğini belirtir. İbn Arabi'ye göre Kuran-ı Kerim'i bu tarzda tefsir eden hiç olmamıştır. Sadece 64 defter Kehf Süresi'ndeki "Ve iz kâle Mûsâ li fetâhu lâ ebrahu ..." (18/60) ayetine ayrılmıştır.

M. UKRAY, 2014 { Kuran Felsefesi yazıları }

Ruyet-ul Gayb

RÜYA TABİRLERİ SÖZLÜĞÜ

Bu bölümde verilen "Rüya Tabirleri Sözlüğümüz" ile, tüm kelimelere göre alfabetik olarak arama yaparak, rüyada görmüş olduğunuz nesneyi bulabilir, yorumunu öğrenebilirsiniz..

A

ABAJUR

Her ne şekilde olursa olsun abajur ile ilgili bir şey görmek, yakın gelecekte bir işten maddi bir kazanç sağlanacağını, faydalı bir işe başlamaya, geliri önceden bilinen ve belli olan işleri belirtir. O anda bilmediğiniz, daha sonradan ortaya çıkabilecek bir işten kazanç sağlamak anlamına gelir.

ABANOZ

Abanozdan yapılmış bir eşya görmek, iyi olmayan sonuçlarla karşılaşmaya işarettir. Kimileri de abanoz görmeyi kuvvetli ve inatçı biriyle karşılaşma olacağına yorarlar. Abanoz ağacını erkek görürse neşeli, varlıklı bir kadına; kadın görürse katı kalpli zengin bir erkeğe delalet eder

ABDEST ALMAK

Genellikle ferahlamaya işaret eder. İleri gelen kimselerin yanında ihtiyaçların karşılanmasına yorulur. Temiz bir su ile abdest alınıyorsa amacına kavuşur. Eğer abdest tamamlamazsa amacına kavuşamaz. Soğuk bir mahzende abdest alan çalınan eşyasını bulur. Abdest alıp namaz kıldığını gören kişi üzüntü ve kederden kurtulur. Tüccar olan kimsenin rüyada abdestin namaz kıldığını görmesi, sermayesi olmadan mal kazanacağına işaret eder. Rüyada abdestin bozulması ise, bir dönem geçici sıkıntılar yaşayacağını belirtir.

AB-I HAYAT

Suyundan içmek, hastalıklarınıza ve dertlerinize çare bulacağınız anlamına gelir. Abı hayat suyundan içmek yaşadığınız sürece hastalık ve dertlerle uğraşmayacağınız anlamına gelir.

ABLA

Yaptığınız işte ya da ilerde yapacağınız bir işte karşılaştığınız zorluklar karşısında itibarlı birisi tarafından kollanıp gözetileceğiniz anlamında gelir. Rüyada kendi ablasını görmek, yakında iyi bir haber almak demektir. Bekarlara evlenebileceğini belirtir. Ablanızı veya ablanızın olduğunu görmeniz, bütün işlerinizde koruma göreceğinize ve ömrünüzün uzun olacağına işarettir.

ACI ÇEKMEK

Vücudunda veya başında bir ağrı veya acı bulunduğu şeklinde bir rüya görmek, özel meselelerini başkalarına anlatmaması ve bazı şeyleri kendisine saklamayı öğrenmesi gerektiğine işarettir. Diş ağrısı: Rüyada diş ağrıması yakında sevindirici bir haber alacağınıza işarettir. Bir yerinizi acıttığınızı görmeniz ise dostlarınızın iğneli sözleriyle karşılaşacağınızı gösterir.

ACI

Rüyada acı bir şey yemek, birden sevinmek demektir. Bir söz veya işiteceği şeyler bu sevince de söylenecek neden olabilir. Rüyada acı çekmek tam aksi olarak yorumlanır. Duyulan acı büyük huzur ve mutluluğa işaret eder. Ellerdeki acı hissetmek bolluk olarak yorumlanır.

ACIKMAK
Rüyada acıkmak ve doyuncaya kadar yemek hastalıktan kurtulmaya ve bolluğa işarettir. Rüyada açlık çekmek, maddi konularda kazanç sağlayacağını belirtir. Çocuğu, dilenciyi veya bir hayvanı doyurmak ise hayırlı bir iş yaparak, manevi kazanç sağlanacağını belirtir.

ACIMAK
Kimse rüyada birisine acıyarak yardım ediyorsa, sıkıntılı bir yaşam geçirmemek için biraz daha sıkı ve disiplinli çalışmalıdır.

ACUZE
Rüyada çirkin ve ihtiyar bir kadın görmek, evlilikte sıkıntıyı, ya da işlerinizin ters gitmesine ve üzüntülü anlar yaşayacağınıza işarettir.

AÇGÖZLÜLÜK
Rüyada açgözlülük yaptığını görmek, içinizdeki üzüntüden bir süre daha kurtulamayacağınıza işarettir.

AÇILIŞ
Rüyada bir açılışta bulunmak veya bir açılışa davet edilmek sevinçli habere işarettir. Bir yerin açılışını yapmak, insanların hayrına olan bir işin, güzel günlerin kısa sürede geleceğine işarettir.

AÇLIK
Rüyada açlık çekmek, maddi konularda kazanç sağlayacağını belirtir. Çocuğu, dilenciyi veya bir hayvanı doyurmak ise hayırlı bir iş yaparak, manevi kazanç sağlanacağını belirtir.

AÇMA
Rüyada açma yemek, bir yoksulu düşüneceğiniz konusundaki vaadinizi gerçekleştirmeniz gerektiğine işarettir. Boş laflar etmemeniz,

adaklarınıza ve verdiğiniz sözlere dikkat etmeniz gerektiği anlamına da gelir.

ADA ÇAYI

Rüyada, ada çayı görmek, toplamak veya ada çayı içmek, dışarıdan gelecek biri tarafından evinizdeki huzurun bozulacağına delalettir.

ADA

Kayalıklarla kaplı ada yalnızlığa, yeşil ada hayırlı nimete, insanların yaşadığı ada huzurlu ve sonu güzel olan hayata işaret eder. Bekarlar için güzel bir aşk yaşayacağını, evliler için ise evlilik hayatında maddi veya manevi sıkıntıya yorumlanır. Orta yaşlılar için, iş değiştirmeyi de belirtebilir. Ada da gezinti, çok istediği bir işin gerçekleşmeyeceğini; ada da fırtına, üzüntü ve acı yaşanacağını belirtir. Ada da yanardağ görmek, yakınınızdaki kişilerden bir kötülük göreceğinize yorumlanır. Adanın batması ise, bir kız çocuğu doğacağına işarettir.

ADA SOĞANI

Kötülükle anılan bir adam olarak tabir edilir. Elinde bu soğan olduğunu gören kimse, kendisinin kötü anılmasına neden olacak bir yapmayı arzu eder.

ADALET

Davranışlarınıza dikkat etmeniz gerekir, bazı karışık olaylarla karşılaşabilirsiniz. İnsanlara karşı zor durumda kalabilirsiniz diye yorumlanır.

ADAM

Rüyada daha önce tanışmadığı bir adam ile konuşma, yeni ve iyi bir arkadaşlığı gösterir. Adamla kavga etmek, ev içinde bir sıkıntıyı; adam öldürmek, eski bir düşmanlığın canlanmasını veya bir dedikodu yüzünden sıkıntıya düşmeyi belirtir. Adama yiyecek vermek, hafif bir sağlık bozukluğuna, adamdan bir şey almak, ciddi bir hastalığa, birisine iyilik etmek, yakın çevrede bir sıkıntıya işaret eder. Adama para vermek, dedikoduyu, para almak, emeğinin karşılığı çok büyük miktarda para kazanılacağını belirtir. Adama hakaret, size yöneltilen suçlamalardan kurtulmaya işarettir.

ADEM PEYGAMBER

Rüyada Adem peygamber niyetine kutsal bir kişi görmek, o dönemde olmasını istediği birçok şeyin gerçekleşeceğini belirtir. Adem Dünyada ilk rüya gören ve bunu ilk defa yorumlayan olduğu için; tabir ilminde başarılı olmaya, Hacca gitmeye ve dostları ile bir araya gelmeye, uzak yerlere seyahate çıkmaya işaret eder.

ADI DUYMAK

Rüyada adınızı duymak veya adınızla çağrılmak, sizi sevindirecek güzel bir haberin müjdecisidir. Tanıdıklar arasında daha çok sevilip sayılmaya yorumlanır.

ADİ

Kendini bu durumda görmek, iş hayatınıza düzen vermeniz gerektiğine işarettir.

ADİL

Çekilen zahmetlerin karşılığının alınacağına, er ya da geç başarının sizinle birlikte olacağına işarettir.

ADLİYE BİNASI

İşlerinizin bozulacağı ve sıkıntıya düşeceğinizi belirtir. Adliyede hakim görmek iyiye işarettir. Bulunduğunuz durumdan çok daha güzel konumlara gelerek, saygınlığınızın artacağını belirtir. Güç işlerin üstesinden gelerek, emellerinize kavuşacaksınız.

ADRES
Adres almak veya vermek: akraba ve dostlarınızı ziyaret edeceğiniz anlamına gelir.

AF
Birisini affettiğinizi görmek, işlediğiniz sevaplardan dolay ALLAH\'IN sevgili kullarından birisi olduğunuzu size müjdeler. Af dilemek, bir haksızlığa uğrayacağınız ve bundan duyacağınız üzüntü duyacağınız anlamındadır.

AĞ
Bazı sorun ve sahtekarlıkla karşı karşıya kalacaksınız demektir.

AĞABEY
Yardıma ihtiyaç duymadan yaşayacağınıza ve maddi sıkıntı çekmeyeceğinize işarettir.

AĞAÇ
Rüyada meyve ağacı görmek, isteklerin olacağına ve maddi kazanca işarettir. Yapraksız ve kuru bir ağaç fakırlık; çok yapraklı ağaç ise sağlık ve mutluluğu belirtir. Ağaç dalı kısa bir süre için sorunların çözüleceğine, fakat tekrar başlayacağına işarettir.

AĞAÇ SAKIZI
Birinin yılışıklığı yüzünden başınızın sıkıntıya düşeceğine yorumlanır.

AĞDA
Görmek ya da kullanmak, endişelerden geçeceğine ve mutluluğun geleceğine işarettir.

AĞIZ
Ağzın kapalı olduğunu görmek, ağzı bozuk olan bir kimse demektir. Ağız kenarı görmek, karşılaşabileceğiniz tehlikelerden kaçarak kurtulacağınıza işarettir.

AĞLAMAK
Tam tersi olarak sevineceğinizin işaretidir.

AĞRI
Sevgiliniz sizi hayal kırıklığına uğratıp kalbinizi kırabilir. Hayatınıza kendi menfaatleri için sizi kullanmak isteyen biri girebilir. Ya da önemsiz bir hastalığa yakalanacağınız anlamına gelir.

AHIR
Boş bir ahır, mal kaybına, fakirliğe ve sıkıntıya; hububat, buğday ve birçok sağlıklı hayvanla dolu ahırsa bolluğun, bereketin işaretidir.

AHİRET
Rüyada ahrete gitmek, uzun ve faydalı bir yolculuğu belirtir. Ahrette bulunmak, emeklerinin karşılığını alacağını büyük bir iyilik ve mutluluğa kavuşulacağını belirtir. Ahretten kovulmak, mal, bazen de can kaybına işarettir. Kendini ahrette görmek, dileklerinizin gerçekleşmesi, uğruna harcadığınız gayretlere rağmen bunların ancak bir kısmını elde edeceğinize işarettir. Ahirette kovulmak, mal kaybına ve sefalete işarettir. Ahreti seyretmek, ailece mutlu bir yaşam sürmeye yorumlanır.

AHŞAP
Ahşap bir ev görmek, eğer ev yeni ise iyi bir evliliğe, eski ise bir hastalığın daha kötüye gideceğine işarettir.

AHTAPOT
Rüyada ahtapot görmek, birden fazla işe girişileceği ve bu işlerden başarılar elde etmeyi işaret eder.

AİLE
Rüyasında ailesiyle birlikte oturduğunu gören kimse güçlü duruma gelir. Yani hemen her konuda kendini destekleyenler vardır. Aile karanlık bir yerde oturuyorsa, iş ve parayla ilgili sorunların halledilmesi için zaman

gerekir; Aile aydınlık ve ferah bir yerdeyse, güçlü bir destek, başarılı bir girişim için yeterli olacaktır demektir.

AKAR ÇEŞME

Güzel günlerin boşa geçirildiğine işarettir.

AKAR SU

Herhangi bir su akıntısı görmek, maddi kazanç olarak yorumlanır.

AKASYA

İyi haber alınacağına işarettir.

AKIL HASTANESİ

Yaşamın kötüye gitmesi anlamındadır.

AKİK

Sağlıklı ve uzun bir yaşantıyı belirtir.

AKORDİYON

Müziği dinlemek, yakında mutlu günlerin geleceği anlamına gelir. Akordeon çalmak hoşlandığınız kimsenin sevgisini kazanacağınızın işaretidir. Fakat bu kişi, bazı olaylardan sonra size aşık olacak demektir.

AKRABA

Yakında kötü bir haber alacaksınız demektir. Hastalarınızdan dolayı işlerinizin bozulacağına bu durumundan sağlığınızın etkileneceğine işarettir.

AKREP

Rüyada akrep görmek, kötü biri ile karşılaşılacağı veya onunla bir işe girişileceğine işarettir. Akrep öldürmek bir beladan kurtulacağını belirtir. Akrep inançsız, zararlı, külfeti çok, bozuk ağızlı fakat zayıf bir düşmandır. Evde akrep olması, hilekar biri tarafından aldatılmaya işarettir. Akrep sokması, bir ölüm haberi veya tehlikeye işarettir. Akrep öldürmek bir düşmanın kötü haberini almaya; yatakta akrep olması aile içinde birinin gurbete çıkmasına işarettir. Akrep sokması düşmandan zarar görüleceğine; elbisesinde akrep görmek çoluk çocuğundan zarar göreceğine; bir şeyi akrep olmadığı halde akrep sanmak, dost ve zararsız olan birini düşman zannetmeye; akrep tutup bir kadının üzerine koymak onunla ilişki kumaya işarettir.

AKTÖR
Rüyada film veya tiyatro aktörü görmek mutluluk habercisidir, kendisinin veya yakınının devlet veya bir kurumdan herhangi bir kazanç elde edeceğine işarettir. Birine aşıksanız, onunla mutlu bir beraberliğiniz olacak demektir. Eğer Gördüğünüz aktör ya da aktris yaşamıyorlarsa, o zaman bir takım zorluklarla karşılaşacaksınız anlamına gelir. Aktris görmek, maddi kayba uğrayacağınızı gösterir.

ALABALIK
Rüyada alabalık ile ilgili herhangi bir şey görmek, hiç beklemediğiniz bir anda ortaya çıkan maddi veya manevi kazançları belirtir.

ALARM
Rüyada alarm çaldığını duymak, içinizde bazı gizli korkuların varolduğunun işaretidir. Seyahat ederken dikkatli olun ve özel hayatınızdan kimseye bahsetmeyin.

ALBÜM
Bir albüme fotoğraf taktığını gören kimse geçmişten aldığı ders sayesinde daha dikkatli davranacak ve bir engeli de böylece aşacaktır. İçi fotoğraflarla dolu bir albüm görmek geçmişte kalan ve birden tekrar alevlenecek bir olay olarak yorumlanır.

ALEV
Rüyada harlı bir alev görmek, baştan kötü giden bir işin zamanla

düzeleceğini gösterir. Alevle bir yerinin yanması, tıbbi bir operasyona işarettir. Yangın alevi, iyi bir haber alınacağı demektir.

ALIŞVERİŞ
Kazançlı bir döneme girildiğini belirtir.

ALTIN
Rüyada altın görmek birkaç şekilde yorumlanır. Rüyada altın ile ilgili herhangi bir şey görmek, maddi, manevi ve sağlık yönünden istenilen şeylerin gerçekleşeceği, çevreden iyilik ve yardım görüleceği bir döneme girildiğini gösterir Altın para, dedikodu demektir. Altınları yığılı bir şekilde gören kimse, birisiyle ilgili bir sırrı öğrenir. Bekar bir genç kız ya da erkek altın yüzük takarsa iyi bir evlilik yapar. Bir erkekten altın para, altın ziynet eşyası alırken gören bir kadın, gizli bir ilişkiye girişir. Ama bu durum muhakkak duyulacaktır..

AMBULANS
Yakalandığınız bir hastalıktan çok çabuk kurtulacaksınız.

AMELİYAT
Rüyasında ameliyat olduğunu gören kişinin sağlığı mükemmeldir.

AMERİKA
İşinizde çok başarılı olup, birden yükseleceksiniz. Fakat bu, birçok kişinin sizi kıskanmasına ve size düşman olmasına neden olacak. Ailenizde bazı tartışmalar olacağına işarettir.

ANAHTAR
Rüyada anahtar kaybetme, erkekler için, ev değişikliğine, kadınlar için, evliliğinde geçimsizliğe işarettir. Anahtar bulmak güç ve iyi bir gelecek sağlayacak bir işe başlanacağına işarettir. Anahtarla kapı açmak, problemlerin çözümünün göründüğünden daha kolay olduğuna işarettir Kırık anahtarı görmek, çevrenizde arkanızda konuşan dostlarınızın

varlığına işarettir. Anahtar çalınması, işlerinizi boş vermenizden dolayı çok zor durumlara düşeceğinize işarettir..

ANESTEZİ
Kendinizi anestezi yaparken görmek, yakınlarınızdan birinin sağlık haberlerini alacağınıza elinizden geldiği kadarıyla zor durumdakilerin yardımına koşacağınıza işarettir.

ANLAŞMA
Kendinizi birisiyle anlaşma yaparken görmek, ticari işlerinizde büyük zarara uğrayacağınıza ve malınızdan olacağınız anlamına gelir. Anlaşmazlık ise, yapılan iyilikleri sürekli hatırlatmaktan vazgeçilmesi gerektiğine işarettir.

ANNE
Rüyada bir kişinin annesini görmesi, iyi ve kazançlı günleri belirtir. Annesini ölü görmesi iyi bir haber veya olaya işarettir. Anne ile darılmak ve kavga etmek ise, başarısızlık ve maddi kayba işarettir.

ANTİKA EŞYA
Sevdiklerinizle birlikte uzun ve mutlu bir yaşam süreceksiniz anlamına gelir. Satın almak ise, uzun süreli bir sıkıntıya gireceğiniz anlamına gelir.

APARTMAN
Aile içinde bazı tartışmalar olabileceğine işaret eder.

ARABA
Arabaya binmek işlerinizin iyiye gideceğine ve bir terfii edeceğinize işarettir. Dolmuş yapılan arabaya binmek, güzel geçecek ticari amaçlı bir yolculuğa çıkacağınıza işarettir. Kaza yapmış araba büyük bir mevki sahibi olmaya; yuvarlanmış araba, itibarınızın kısa süreli olacağına; araba altında kalmak, zenginliğe veya büyük bir mirasa; arabanın peşinden koşmak, uzun süreli işsizliğe yorumlanır.

ARAMAK

Eğer rüyada aranan şey bulunursa, geçmişte bir yanlışlık yüzünden kaybedilenlere yeniden kavuşmaya, bulunamazsa sıkıntıların bir müddet daha süreceği anlamındadır. Birisinin sizi aradığını görmek, üzüntü ve keder demektir.

ARI

Bereket, başarı ve mutluluğun habercisidir. Arı görmek, İş ve özel hayatınızda birçok başarıya imza atacağınızın habercisidir. Ailenizle mutlu bir hayat sizi bekliyor demektir. Eğer arı soktuysa, bir arkadaşınız sizi hayal kırıklığına uğratacak anlamına gelir. Arı yakalamak, isteklerinizin gerçekleşmesi; arı öldürmek, beklenmeyen bir haber; arı topluluğu bir sırrın açıklanması. Çiçekler üzerinde arı ise yakın bir dostun habersiz ziyareti anlamına gelir.

ARKADAŞ

Ticarette başarı ve iyi şansa yorulur. Arkadaşınızın mutlu olduğunu gördüyseniz, bu sizinde mutlu olacağınız anlamına gelir. Arkadaşla kavga: birisine anlattığınız sırrınızın herkesin ağzına düşeceğine işarettir. Arkadaşınızı hasta veya üzgün gördüyseniz, ondan kötü bir haber alacaksınız demektir.

ARMAĞAN

Arkadaş veya sevgili bulmaktır. Armağan vermek, verilen kişinin değerine göre iyi veya kötü bir haber alınacağına; armağan almak, evlilerin çocuk sahibi olmalarına, bekarların evlenmesine yorulur.

ARMUT

Neşeli ve keyifli olmaktır. Mevsimsiz armut yediğinizi gördüyseniz, bir haram mal kazanabilir ya da hastalığa yakalanabilirsiniz. Armut almak ertelenecek bir yolculuğa; ham armut, üzüntüye işarettir. Ağaçta görmek ise, başarılı olacağınızın habercisidir. Hasta birinin armut ağacı görmesi, ölüme yorulur. Armut satmak ise, zorluklarla karşılaşacaksınız demektir.

ARPA
Arpa yemek arkadaşlarınızla kavga edeceğinize; arpa ekmeği zenginliğe; arpa tarlası, kısmete ve bolluğa; yaş arpa, çok kazanca; arpa biçmek, mal almaya ve hacca gitmeye yorulur.

ASANSÖR
Rahatlığa ve Size maddi yükü olan kimseden kurtulmaya işarettir

ASILMAK
Sizden üst seviyedeki birinin size yardım etmesi veya sizin başkasına iyilik yapmanızdır.

ASKER
Rüyada asker olmak, zorluklara rağmen zengin ve ünlü olabilmek demektir. Askeri silahsız görmek, iyi diye bildiğiniz birisinin size kötülüğünün dokunacağına işarettir. Bir konuda karar vermeden önce çok iyi düşünmelisiniz, aksi takdirde büyük hatalar yapabilirsiniz.

ASLAN
Rüyanızda aslanın saldırısına uğradıysanız, düşmanlarınız tarafından yenilecek onların emri altına gireceksiniz. Aslanla boğuşmak, kazanmaya; aslan öldürmek, her alanda başarıya; aslana sırtını dayamak, kayıp ve üzüntüye;.aslan tarafından takıp edilmek; tuzağa düşmeye işarettir.

AŞÇI
Bolluk, rahatlama ve mutluluğa işaret eder. Ayrıca ani bir yolculuğu da belirtebilir. Seyyar aşçı görmek, durumunuzun değişeceğine veya taşınacağınıza; Aşçıyı kazan başında görmek, evlenmek isteyenler için hayırlı kısmete, hastalar için hastalığın ilerlemesine yorulur. Aşçıyı evde görmek, oturduğunuz evden daha iyi bir eve taşınmaya; Aşçı ile kavga etmek, dost ve komşular hakkında kötümser olmaya ve bundan zarar göreceğinize işarettir.

AŞK

Rüyada sevgilisi ile başka birisini görmek, kadın için, tehlikeli bir rakibi olduğuna erkek içinse sevgilisinin kendisine çok sadık olduğuna, işarettir. Aşık olduğunu görmek çok mutlu olacağınız anlamına gelir. Bu rüya, çevrenizdeki insanlardan memnun olduğunuza, sıkıntıdan uzak olduğunuza işarettir.

AT ARABASI

At arabasına bindiğinizi görmek, geçici bir hastalığa yakalanacağınız anlamına da gelir. Birçok yeri ziyaret edeceksiniz.

AT

Rüyada herhangi bir şekilde at görmek, iyiye işarettir. İş hayatında yükselme, aşk hayatında iyi gelişmeler, maddi ve manevi isteklerin yerine gelmesi demektir. Ama ölü at zarara ve yakın zamanda ölüme; bağlı at mevkiinin değişmemesine; at satmak kavgaya; at dövmek hapse girileceğine, suda at dedikoduya işarettir.

ATEŞ

Ateşinizin çıktığını görmek, hayattın asıl güzellikleri varken sizin gereksiz işlerle uğraştığınız anlamına gelir. Kendinize biraz çeki düzen verip daha verimli olmaya çalışın. Başından ateş çıkması, önemli bir hastalık geçirmeye, evden ateş çıkması ise, işte başarı; ateşin sönmesi, evden yaşlı birinin vefatına; evin yanması hak edilmeyen bir zenginliğe; ateş içinde olmak, önemli birilerini korkutmaya; ateş söndürmek, iyiliğe; sobada veya ocakta ateş görmek rüyayı gören evli ise hamileliğine; ateşte et pişirmek dedikoduya; ateşte tencere kaynatmak, işlerin yolunda gitmesine işarettir.

ATEŞBÖCEĞİ

Yakında alacağınız bir haberden dolayı sağlığınızın düzeleceğine moralinizin düzeleceğine yorumlanır.

ATLAMAK

Bir yerden başka bir yere atlamak, sosyal statünüzün değişmesi anlamındadır. Aşağı atlamak, para durumun tamamen tersine dönmesi, yukarı atlamak, gelire ve zenginliğe; dere, hendek veya duvardan atlamak, rahata ermek demektir.

ATLAS KUMAŞ

Daha önce başladığınız bir işi başarıyla bitireceksiniz. Atlas kumaş satın almak, eşini aldatma; atlas elbise giyinmek ise, iyi bir evlilik yapmak demektir.

ATÖLYE

Yeni bir işe gireceksiniz ve azminizle başarılı olacaksınız demektir. Riyakar bir arkadaşınızın varlığının da habercisidir. AV: Eğer rüyanızda avınızı yakalayamadığınızı gördüyseniz, zoru başarmak için mücadele vermeniz gerekecek demektir. Avı yakaladığınızı görmek ise yakın zamanda başarıyı ve mutluluğu elde edeceksiniz demektir. Dağda avcı görmek tanımadığınız birisi tarafından uğrayacağınıza işarettir. Köpeklerle ava çıkmak güvenli, saygın ve rahat yaşamak; av köpeklerinin avdan dönmesi, işsiz kalacağınıza ve sıkıntılarla uğraşacağınıza, Yırtıcı hayvan avlamak, hasımları alt etmeye ve sorunları aşmaya; ormanda avcı: izlediğiniz yolun hatalı olduğuna işarettir.

AV KÖPEĞİ

Girişimde bulunacağınız işlerde başarıya ulaşacağınıza ve hayallerinizi gerçekleştireceğinize habercidir.

AVUÇ

Avucun temiz olması faydalı ve karlı işlerle uğraşmak anlamındadır. Alkışlamak hoş vakit geçirmek mutluluğun işaretidir.

AVUKAT

İçinde bulunduğunuz durumda hareketlerinize dikkat etmelisiniz,

Düşünmeden hareket ettiğiniz takdirde çok büyük zararlara karşılaşabilirsiniz demektir.

AYAK
Bol kazançlı işe, sıhhatli ve zekice düşüncelere, azimli ve sabırlı davranışlara işarettir. Sakat ayak, kötü haber ve üzüntüye; kıllı ayak, büyük bir suçtan aklanmaya; ayak kesmek, bir iş için ödüllendirmeye; kız ayağı, işlerde başarıya; kadın ayağı, yaşam boyu zorluklara; ayak yıkamak, kar yapmaya işarettir.

AYAKKABI
Zenginlik ve servet demektir. Yeni bir ayakkabı almak veya ayakkabısını kaybetmek, kötü günlerin belirtisidir. Rahat bir ayakkabı giymek, yakın zamanda huzura kavuşulacağına işaret eder. Yırtık ayakkabı tehlikeli bir durumla karşı karşıya kalınacağına yorumlanır. Bu rüyalar genel olarak iyi sayılmazlar. Ayakkabı diktirmek, üzüntülere ve terk edilmeye; ayakkabı sıkması, çevrede bir cinayet işlenmesine; bir kadının ayakkabı çıkarması, ayrılığa; çocuk ayakkabı, işlerin kötüleşmesine işarettir. Siyah, beyaz, kırmızı ayakkabı giymek birden bire bir sıkıntıyla karşılamayı; Sarı ayakkabı hastalığı anlatır. Ayakkabıları çıkarmak çok yakında zorluklardan kurtulmayı anlatır.

AYÇİÇEĞİ
Şansın açılması ve sıkıntıların sona ermesi anlamına gelir.

AYDINLIK
Hayallerinizin gerçekleşeceğine isteklerinizin olacağına işarettir.

AYI
Zorluklarla ve sıkıntılarla karşılaşacağınız anlamına gelir. Bir kadın için bu rüya, yeni düşmanlara sahip olacağının ve bazı zorlukların oluşacağının işaretidir. Bir ayı öldürmek, sıkıntılardan kurtulacağınız anlamına gelir.

AYRILIK
Rüyada sevdiğiniz birinden ayrıldığınızı görürseniz, yeni bazı zorluklarla karşı karşıya olmanızın habercisidir. Düşman olduğunuz birinden ayrılmak, ise hayatınızın düzene gireceği anlamındadır.

AY
İş hayatında meydana gelecek bazı değişiklikler, kazançlı çıkmanıza neden olacak demektir. Aşk hayatınızda da gelişmeler olacak. Ayın yerde olması, rüyayı görenin annesinin vefat edeceğine; ayın bulutla kaplı olması, gözde bir hastalığa veya sevgiliden ayrılmaya işarettir.

AYNA
Rüyada ayna silmek ünlü olmaya; ayna sırlamak bir kötülüğe, sırları dökülmüş ayna, kazançlı bir yardım almaya; yuvarlak ayna:dedikodular yüzünden üzülmeye; çerçeveli ayna:para kaybına; kırık ayna, eşin ölümüne;aynanın kayıp olması:büyük paralar kazanmaya işarettir.. Rüyada aynaya bakmak, yeni bir çevre ve yeni dostlar edinmeye işarettir.. Bir aynaya bakarak çok güzel olduğunu düşünen birinin önünde, mutluluk, ama aynaya bakarken solgun ve bitkin olduğunu görmek önünde sıkıntılarla dolu bir döneme girildiğine işarettir. Ayna satmak, işlerde zarara girmek demektir. Aynanın kırılması kötü bir haber alınacağını belirtir

AYVA
Rüyada ayva görmek, içinde bulunulan durma göre hastalık, hastalıktan kurtuluş, yolculuk, doğum, işte başarı ve kazancı işaret eder. Ayva ağacı, faydasız bir arkadaşlığa; ayva sıkmak, kazançlı bir iş gezisi sonucunda para kazanmaya işarettir.

AZRAİL
Azrail\'e selam vermek, bu dünyada daha çok çekeceğiniz var anlamına gelir. Azrail\'i can alırken görmek, uzun bir hayat yaşacağınıza işarettir. Azrail\'i gülerek görmek, acısız bir vefat; kızgın görmek acı çekerek ve ızdırap içinde öleceğinize işarettir.

BABA

Rüyasında babası tarafından sevildiğini gören kimse önünde hayırlı bir yol açılacak demektir. Sorunların üstesinden gelineceğine işarettir. Rüyasında babasını gören kimse güç bulur ve olayların üstüne cesaretle gidebilir. Böylece sorunlardan sıyrılır. Rüyayı gören kişinin babası yaşıyorsa bu işbirliği mutlu edecektir. Babası ölmüşse, bir süre sonra bir müjde ve sevilen biri gelecektir.

BACAK

Güzel ve şekilli bacaklar görme mutluluk ve dost edineceğinizin habercisidir. Hastalıklı veya özürlü bacaklar, fakirlik ve hayal kırıklığı demektir.

BADANA

Badana yapıyor görmek sorunların aşılması ve rahat bir hayat anlamına gelir. Rüyada badanacı görmek ise oturulan evin satılması anlamına gelir.

BAĞIRMAK

Bağırarak yardım istediğinizi görmek başınıza tehlikeli bir olay geleceğine işarettir.

BAĞLAMAK

Birini bağlamak sizi kıskananların artmasına rağmen başarılı olacağınız anlamına gelir. Bir düşmanı bağlamak para kazanacaksınız anlamındadır. Ancak bu para gayri meşru yollardan da kazanılabilir. Köpek bağlamak iyi giden işlerin bozulması; bir direğe bağlamak, parasızlık çekmeye ve kolay yoldan para kazanma girişimlerinin hüsranla sonuçlanacağı anlamına gelir.

BAĞ
Mutluluk ve başarıya işarettir.

BAHARAT
Birinden zarar görmeye ve hastalığa işarettir.

BAHAR
Bahar mevsimini görmek aşk hayatınızın güzel olacağı anlamına gelir.

BAHÇE
Rüyada bahçe görmek, çok güzel, sağlıklı, mutlu ve başarılı bir döneme girildiğini, emellerin yerine geleceğini belirtir. Bahçeye ağaç dikmek, rahat ve huzur içinde geçireceğiniz bir ömre işarettir. Bahçe sulamak, bahçeyi kazdığınızı görmek ise: geçim sıkıntısına düşeceğiniz anlamına gelir.

BAHÇIVAN
Bol ve sürekli gelire kavuşacağınız anlamındadır. Geveze bahçıvan, çöpçatan bir kimseyi belirtir. Bir bahçıvandan bir şey alan kimse, yararlı, değerli bir şey duyar. Bahçıvan tutmak bir rahatsızlık geçireceğiniz anlamına gelir. Rüyasında bahçıvan gören kişi büyük hayır işler. Bu rüya onun temiz, iyi ve makbul biri olduğunu açıklar. Bu insan yaptığı iyiliklerin karşılığını mutlaka görür.

BAHŞİŞ VERMEK
Rüyada bahşiş vermek kaybolan bir şeyin bulunmasına, küçük miktarda bahşiş vermek büyük bir sıkıntıyı sorunsuz atlatacağınıza; büyük miktarda bahşiş vermek ise, saygınlığın artırmasına ve yapılan işte ilerlemeye işarettir. Herkese bahşiş dağıtmak ticarette başarı kazanacağınıza işarettir.

BAKIR
Üst pozisyonlarda çalışan kişiler tarafından ezileceksiniz demektir.

BAKKAL: Çok dürüst bir kişiliğe sahip olduğunuza ve kimsenin hakkına göz dikmediğinize işarettir.

BAKLA
Kuru bakla sakin ve huzurlu bir hayat yaşayacağınıza işarettir. Üzüntü ve sıkıntı çekeceğinize işarettir. Baklacı kötü sözler duyacağınız anlamına gelir. Bakla yemek ticari durumunuzun sarsılacağına işarettir.

BAL
Zenginliğin gösterir. Rüyada bal yiyorsanız, bu hem zengin olacağınız hem de aşk hayatınızda şanslı olacağınız anlamındadır. Bal yalamak evlenmeye, birine bal vermek iflas edeceğinize, bal yapmak gerçekleşemeyecek hayaller kurmak, süzme bal görmek geçim sıkıntınızın biteceğine ve güzel günlerin yakın olduğuna işarettir. Bal satmak birden bire alacağınız kötü bir haberle acı çekeceğiniz anlamına gelir.

BALDIZ
Ev içinde huzursuzluk çıkacak, aile arasında yaşayacağınız sorunlar canınızın sıkılmasına neden olacak demektir.

BALE
Evliliğinizde bazı sorunlar görülecek. Eşinizde siz de birbirinize sadık olmayacaksınız. Bu rüya evli olmayanlar tarafından görülürse sevgililer arasında kavgaya işaret eder.

BALIK
Balık daima kısmet sayılır. Canlı balık görmek, aşkta ve işte şansının açıldığı anlamındadır. Balık yediğini görmek, mülk ve çocuk sahibi olacağına, suda balık avlamak iç açıcı bir haber duyacağına, balık sürüsü görmek yönetici durumuna gelineceğine işarettir. Balık tuttuğunu gören kimsenin eline toplu para geçer. Çok sayıda balık tutmak büyük servet demektir. Suda yüzen balıklarda yaklaşan kısmetlerdir.

BALKON

Rüya sahibinin arkadaş ya da akrabalardan kötü haber alacağının da işaretidir. Balkonda durmak veya balkon görmek, ayrılığın habercisidir. Bu rüyayı gören kişi genelde sevgilisinden ayrılır.

BALON

Her konuda yanlış kararlar alacaksınız ve her işiniz aksi gidecek. Amaçlarınıza ulaşamayacaksınız.

BALTA

Rüyada balta görmek, sıkıntılı yaşanılan konuda yardım geleceğini, sağlığı kötü ise sağlığına kavuşacağını belirtir. Balta vurmak amaçlarınıza ulaşmak için çok çaba sarf etmeniz gerekecek demektir. Kırık balta, hastalık olacağına ve para kaybedileceğine işarettir. Rüya sahibi bir kadınsa, zengin olmayan fakat çok iyi kalpli biriyle evleneceği anlamına gelir.

BAMYA

Artık şanslı bir döneme girdiğinizin habercisidir.

BANKA

Bankada çok para görmek, zengin olacağınızın işaretidir. Banka görmek para kaybedileceğine işarettir. Para çekmek, para açısından rahatlayacağınız ve iş hayatında başarılı olacağınız anlamına gelir.

BANYO YAPMAK

Rüyayı gören hamile bir kadın ise çocuğunu düşürme tehlikesiyle karşı karşıya demektir. Rüya sahibi genç ise, karşılıksız bir aşk yaşayacak sevgisinin karşılığını göremeyecek ve mutsuz olacak demektir.

BARAKA

Sonunda para kaybı olan kötü bir durumla karşılaşacağınıza işaretidir Barakada oturmak: evdeki huzurunuzun bozulacağına işarettir .

BAR

Bara gitmek, para kazanmak için yasal olmayan yollara başvuracağınız ve bunun sonucunda da olayların sizin açınızdan olumsuz gelişeceği anlamına gelir.

BARDAK

Dolu bardak iyi haber anlamına gelir. Bardak güven vermemeye veya bir yardımcı anlamına gelir. Boş bardak, iyi giden evliliğinizin bozulacağı ve çok sıkıntı çekeceğinize işarettir. Bardak kırmak, ev içinden birinin ölümüne işarettir.

BARIŞMAK

Yaşanılan küskünlüklerin büyümesidir.

BARUT

Barut patlatmak, genç biri ile ilişkiye girmek anlamındadır. Çevrenizde sevilen biri olmanıza işarettir Barut dumanı, uzaktaki bir arkadaştan haber gelmesi anlamına gelir.

BASAMAK

Basamaktan çıkmak yakın bir gelecekte hayatın düzene girmesine basamakta oturmak ise şansın bir süre daha kapalı kalmasına işaret eder.

BASKI

Rüyada baskı yapılırken görmek, İlmi alanda önemli bir başarıdır.

BAŞ AGRISI

Birine yaranmaya çalışmak veya yalancı şahitlik yapmaktır.

BAŞÖRTÜSÜ

Rüyasında başına bir başörtüsü, takan kız hemen evlenir. Yeşil eşarp, mutlu bir aşk evliliği, kırmızı, beyaz, siyah başörtüleri ani evlilik anlamına gelir. Mor eşarp tanınmış önemli bir evliliktir. Ancak gri, bej ve rengi güzel olmayanlar ise evliliğin mutluluk getirmeyeceğini bildirir.

BATAKLIK
Sahtekar insanlarla tanışacak, zarara uğrayacaksınız. Rüyada bataklıkta olduğunu görmek, sıkıntılı bir dönem geçireceğinin işaretidir. Bataklıktan çıkmak, iş hayatında küçük bir ilerlemeye işarettir.

BATMAK
Bir tekne içinde batmak, yaşantınızın birden bire aksi istikamete döneceğine ve sorunlu günler geçireceğinize işarettir.

BATTANİYE
Rüyada temiz battaniye veya yorgan görmek, işlerinizin yoluna gireceğini, sağlığınızın iyi olacağı anlamına gelir. Battaniye veya yorgan kirli ise, çevrenizde sizi kıskananlar var demektir. Yırtık battaniye veya yorgan görmek, farkında olmadan yerine getiremediğiniz bir sözünüzden dolayı bir yakınınıza zarar geleceğine işarettir.

BAVUL
Rüyada ne şekilde olursa olsun bir bavul görmek, mutlaka yolculuğa işarettir. İçi dolu bavul, kötü bir haber; boş bavul, planlanan yolculuğun bazı sorunlar yüzünden olmaması anlamındadır..

BAYILMAK
Rüyada bayılırsanız üzücü bir haber alacaksınız demektir. Bayıldıktan sonra ayılmak, haberin etkisinden çabuk kurtulup, üstesinden gelineceğinin işaretidir. Aile içinde hastalığın, üzücü haberler alacağınızın işaretidir. Sıhhatinize dikkat etmeli ve yaşam şeklinizi değiştirmelisiniz.

BAYKUŞ
Baykuş sesi duymak, yakında bir ölü haberi alacağınızı ya da uzakta yaşayan bir tanıdığınızdan kötü haber alacağınızı anlatır. Rüyada öten bir baykuş görmek, bazı insanların sizi kıskandığını ve arkanızdan kötü konuştuğunu belirtir. Eğer baykuş ötmüyorsa veya canlı değilse, işinizde başarı elde edeceksiniz demektir. Ağaçta duran bir baykuş düşman sahibi olduğunuz anlamındadır.

BAYRAK
Savaş olan bir ülkede yaşıyorsanız, savaşı kazanacağınıza, savaş olmayan ülkede yaşıyorsanız, zenginliğe işarettir. Rüyada bayrağı dalgalanır görmek, şanslı bir dönemde olduğunuzu belirtir. Durgun, sarkan veya yarıya kadar çekilmiş bir bayrak, sorunlu günler yaşayacağınıza işarettir.

BAYRAM
Zorlukların aşılacağına huzurlu bir hayata geçileceğine, rahat ve bolluk içinde bir yaşama ulaşılacağına işarettir.

BEBEK
Bebek haberdir. Eğer bebek güzelse iyi bir haberdir. Çirkin, cılız, sıska bir bebek kötü haber veya dedikodudur. Üstü başı kirli bir bebek yakın zaman sonra para geleceğine işarettir. Ağlayan bir bebek sevilen kimsenin tatlı sözleridir. Rüyada yeni doğmuş bebek görmek, sıkıntılı bir dönem geçirileceği ama bu sıkıntılı günlerin sonunda iyi günlerin geleceğine işarettir. Oyuncak bebek, güzel bir yere davet edileceğine, bebeği hediye ediyorsa, sonradan pişman olacağı bir iş yapacağına yorumlanır.

BEDDUA
Hal ve hareketlerinizdeki yanlışlıklar nedeniyle mahcup olacağınıza işarettir.

BEKÇİ
Rüyada bekçi görmek, kuvvet ve kudrette artışı belirtir. Mal sahibi ulunacağına yorumlanır.

BEKLEMEK
Kendinizi birisini beklerken görmek, bilimde ilerlemeye veya dini inançlarınızın azalacağına işarettir.

BELGE
Resmi belge görmek, bir arkadaşın ya da ailede birinin evlenmesine, ya

da tapuyla ilgili işiniz olacağına işarettir. Okuldan belge verilmesi, hiçbir zaman uğraştığınız işlerin yolunda gitmeyeceğine ve her alanda başarısız olacağınıza işarettir.

BERBER

Büyük uğraşlar sonucu, başarı ve şans sizinle olacak. Berberde tıraş olmak:zorlukla kazandığınız parayı olumlu işlerde kullanamayacağınıza işarettir.. Berbere gitmek bir hastalığa yakalanacağınız anlamına gelir. Eşin berberde görülmesi karınızın sizi avucuna almak istediğine işarettir

BEŞİK

Beşiğin içinde güzel bir bebeğin yatıyorsa bu, zenginliğe ve şansa yorumlanır. Beşik sallamak ise hastalığın habercisidir.

BEYAZ KÜRK

İyi bir şansın ve başarının habercisidir.

BEYİN

Beyin yiyorsanız, bazı bilgiler edinip bundan karlı çıkacaksınız. Hayvan beyni görmek, psikolojik durumunuzun yakında bozulabileceğine işarettir. Eğer kendi beyninizi gördüyseniz, durumunuzdan ve çevrenizden memnun olmadığınızın işaretidir.

BEZELYE

Zenginliğe ve sağlıklı bir yaşama işaret eder.

BIÇAK

Kavganın ve ayrılığın işaretidir. Bu rüya, iş hayatınızda zarar edeceğinizin habercisidir. Rüyada elinde bıçak tutmak, güç ve zenginliğin sürekli olacağına, bıçakla bir şey kesmek, eline para geçeceğine işarettir. Bıçak kaybetmek veya saklamak olası tehlikelerden kurtulacağınıza işarettir. Bıçağı kırmak işlerin yolunda gitmesi, bıçak taşımak insanlardan zarar görmemek için dikkatli olmanız gerektiğine, ölümle burunu buruna gelebileceğinize işarettir.

BIYIK

Rüyada bıyıklı olduğunuzu gördüyseniz, bu bencil olduğunuzun işaretidir. Sahtekarlığa uğrayacağınız anlamına da gelir. Koparılması yoksulluğa işarettir. Bıyığın uzaması üzücü, kesilmesi kötü bir haber anlamına gelir. Birinin bıyığını çekmek o kişiye zarar vereceğiniz anlamına gelir. Kara, uzun bıyık kazancın artmasıyla para bakımdan ferahlayacağınız anlamına gelir.

BİBER

Dedikoduya ilginiz başınıza büyük sorun açacak. Etrafınızdaki insanlara dikkat edin ve olur olmaz herkese güvenmeyin. Biber satmak hasta iseniz, iyileşeceksiniz, biber almak geçim sıkıntısı yaşayacağınıza işarettir. Rüyada biber yemek, yapacağı bir iş nedeniyle pişman olacağına işarettir

BİLARDO

Bilardo masası veya oynadığını görmek, sıkıntının işaretidir.

BİLET

Çekinerek çıkacağınız yolculuktan rahat bir şekilde döneceğinize işarettir

BİLEZİK

Erken bir evlilik yapacağınızın habercisidir. Altın bilezik bir miras veya yüklü bir paraya kavuşacağınıza, bilezik çıkarmak arkadaşlarınızla aranızda çıkacak bir soruna, hediye etmek yakınlık kurduğunuz bir kadınla aranızda problemler çıkacağına, gümüş bilezik daha çok para katacağınıza işarettir. Bir kadının bilezik takması rızkın bol olduğuna ve mutlu bir haber alacağınıza işarettir.

BİNA

Güzel bir bina gördüyseniz, çok güzel ve uzun bir hayatınız olacak demektir. Yolculuklara çıkacak, mutlu bir yaşam süreceksiniz. Hasarlı bir bina, sağlığın bozulacağına işarettir. Bina boyamak alacaklıların sıkıştırması yüzünden eski borçlarınızı ödeyeceğinize, binanın yanması hakkınızda kötülük düşünenleri alt edeceğinize, binada çalışanlar görmek karı koca arasında sorunlar çıkacağına ve ayrılığa kadar gideceğine işarettir

BİRA
İçtiğinizi görmek, hayal kırıklığına uğrayacağınızın işaretidir. Eğer başkaları içiyorsa bu, bazı gizli hasımlara sahip olduğunuz anlamına gelir

BİSİKLET
Rüyada bisiklet sıkıntıdan sonra gelen ferahlık anlamındadır. Çok karışık bir sorunla karşılaşılacağı bazı yanlışlar yapılacağı ancak sonuçta sorunun aşılacağına işarettir. Bisiklete bindiğini gören kimse, kendi çabasıyla sorunların üstesinden gelecektir. Bir bisiklet alan kimse ise, bilerek sorumluluk yüklenecek ve bunun sayesinde işinde sivrilecektir.

BİSKÜVİ
Hayırlı bir seyahate çıkacağınız anlamına gelir. Bu seyahat sayesinde hem siz hem yakınlarınız karlı çıkacak.

BİT
Rüyada bit öldürmek, bir yakınınıza karşı acımasızca davranacağınıza işarettir. Bit sirkesi ise fesatlık ve kötülük anlamına gelir. Bitlenmek bol paraya kavuşacağınıza ve dostlarınızın birden artacağına işarettir. Bitler tarafından sarılmak sermayenizin sürekli artacağına ve her geçen gün daha iyi duruma geleceğine yorumlanır. Üzerinden bit dökülmesi paranızın bol olduğu için birçok arkadaşınız olacağına işarettir.

BODRUM
Sıkıntıların sürmesine ve sadaka vererek sevap işlemeniz gerektiğine işaret eder.

BOĞA
Boğa güreşi olumlu yönde bazı değişikliklerin olacağının habercisidir. Rüyada kızgın bir boğa görmek, kötü bir olayla karşılaşılacağına işarettir.

BOHÇA

Uzak ve beklenmeyen bir yerden ummadığınız bir misafir gelecek demektir. Dolu bohça zenginlik, bohça kaybetmek sıkıntıların başlaması ve aşk hayatının kötüleşmesine işarettir.

BOMBA

Boş yere para harcayıp sonra bunun sıkıntısı çekmek anlamına gelir. Bombayı patlamış görmek fakirliğe ve işlerin bozulmasına işarettir. El bombası bir sır yüzünden aile içinde kavgalara işarettir. Büyük bir bomba görmek işlerini birinin emri altında yönetmeye habercidir. Bomba satmak zenginlik içinde bir yaşama işarettir. Bir yeri bombalamak saygınlığın artmasına yorumlanır. Bomba satın almak sağlığın hafif şekilde bozulacağına, kutu içinde bomba görmek sıkıntılı günlerin geldiğinin habercisidir. Bombayı kurcalamak bir tehlikeyle karşı karşıya olmaya yorumlanır.

BONCUK

Meydana gelmesinden korkulan bir olayın gerçekleşmesinin habercisidir. Rüyasında bir yerden boncuk alan genç bir kız aşık olur. Evli kadın içinse eşinden duyacağı tatlı sözlerdir. Erkek için ise bu rüya gizli bir ilişkiye işarettir. Yeşil boncuk başarılı olunacağına, sarı olayların planlandığı gibi gitmemesine, mavi boncuk iyi bir habere, pembe birinden yardım istemeye, kırmızı boşa para harcamaya, siyah bir hastalığa anlamındadır. Rüyada boncuk görmek, yakın çevreden birinin kötü bir olayla karşılaşacağına işarettir.

BORAZAN

Bu müzik aletlerini rüyada sadece görmek, bir yakınınızın kısa bir hastalık geçireceğine işarettir. Rüyada borazan veya başka nefesli sazları çalmak, sıkıntılı bir meselenin anlaşmayla sonuçlanacağına ve tatlıya bağlanmasına işarettir. Borazan sesi işitmek, işinizde ilerlemeyi işarettir.

BORÇ

Kendinizi borçlu ya da alacaklı olarak görmek dostlarla ilişkilerin iyileşmesine ya da kötüleşmesine işarettir. Borcunuzu ödediğinizi görmek ayrılıkların sona ereceğine yorulur. Fakir birisinin dertlerine çare bulmaya ve zor durumdaki insanlara yardım edeceğinize işarettir. Borç vermek maddi imkanların dar olduğu sırada bir aşk yaşamak anlamına gelir.

BORNOZ

İş yaşamınızdaki sorumluluklar üslendiğiniz anlamına gelir. Bornoz giymek sorumluluğu çok büyük bir iş alacağınız anlamına gelir. Bornoz satmak önünüze gelen ciddi bir iş fırsatını kaçıracağınız anlamındadır. Bornoz dikmek yeni ve karlı bir işe girmek demektir. Yeni bir bornoz çalıştığınız işin ilerisi için çok kazançlı olacağına işarettir. Eski ve kirli bir bornoz aldığınız işe dikkat etmeniz gerektiğine, yoksa sonunun hayal kırıklığına uğrayabileceğinize işarettir.

BORSA

Borsa ile ilgilendiğinizi görmek, geleceğinizin çok güzel olacağına ve büyük paralar kazanacağınıza yorumlanır.

BORU

Su borusu para kazanmak ve bereket anlamındadır. Boru çalmak, dedikoducu ve iftiracı birinin kişiliğinin ortaya çıkması anlamına gelir. Borudan su akmasını engellemek işlerin bozulmasına ve zarar edileceği demektir. Boru sesi duymak yalan nedeniyle kötü haber alacağınız anlamına gelir. Boru üretmek zorlukların sona ermesine ve işlerin iyiye gitmesine işaret eder.

BOSTAN

Kadın demektir. Birinin bostanını sulamak yasak ilişkiye girmek anlamına gelir. Sonbaharda bostanda olmak: aile içinde bir üzüntüye, para açısından sıkıntıya veya bir vefat anlamına gelir. Bakımsız bir bostan: bir olaydan dolay çok acı çekeceğinize işarettir. Bostanda ağaç görmek: çok zengin bir kadınla evlilik, verimsiz bir bostan görmek ise: evliliğin boşanmayla biteceğine işarettir.

BOŞANMA

Boşandığınızı görmek, evliliğinizde bazı sıkıntılar olduğu anlamına gelir. Bekarsanız sevgilinizden ayrılacağınız demektir.

BOYA

Sermayenizi yitireceğiniz anlamındadır. Boya satmak, dostlarla iyi bir geleceğe işarettir. Satın almak işlerin bozulmaması için tedbirler almanın gerektiğine işarettir. Rüyada boya yapmak, çevrenizdekiler üzerinde güçlü etkiler sağlayacağınız bir sürece girdiğinizi gösterir. Boya üretimi yapmak aile içinde veya sevgililer arasında kavgalara anlaşmazlıklara haber verir. Kumaş boyası üzüntüyle bitecek olan bir mutluluğa yorumlanır. Boya dökmek kötü niyetli biriyle karşılaşmak anlamındadır. İş yeri boyamak bir yardım görmeye yüz boyamak hasımlardan gelecek tehlikelerin varlığına yorumlanır. Gemi boyamak mutluluk ve ferahlığa; ayakkabı boyamak problemlerle boğuşmaya; ev boyamak aşk hayatında sıkıntıların olduğuna işaret eder. Evde boyacı görmek, o evden birisinin ölümüne habercidir.

BOYNUZ

Arkadaşınızla problemleriniz olacak ve yollarınızı ayıracaksınız. Kesik boynuz bir zorlukla karşılaşacaksınız demektir. Para kaybedeceğiniz anlamına da gelir. Kendinizi boynuzlu görmek maddi ve manevi olarak çok iyi durumda olmanız sizi tanıyanların kıskançlığına neden olduğu anlamına gelir.

BOZUK PARA

Başarısızlıkla sonuçlanacak iş sözleşmeleriniz olacak. Aşk hayatında da büyük problemlerin sizi beklediğinin habercisidir. Bozuk para bulduğunu görmek, hayatınızın düzene gireceği anlamındadır.

BÖCEK

Geveze biriyle evlilik veya küçük bir hasımlık demektir. Böcek yemek mutsuz geçecek bir evliliğe işaret eder. Böcek öldürmek sıkıntılardan uzak ve rahat bir yaşama yorumlanır.

BÖREK
Bir söylenti duyacaksınız demektir. Börek almak iyi parası kazanabileceğiniz işe gireceğiniz anlamındadır. Börek satmak insanlara faydalı bir iş yapmaya işarettir. Börek yapmak güzel ve karlı bir işe girmeye haber verir.

BUĞDAY
Eve buğday almak, geçim sıkıntısının haberidir. Alınan buğdayın yenilmesi ise, para kazancına işarettir.

BUHAR
Güzel habere işaret eder. Buhar banyosu yapmak ise sağlıklı ve mutlu bir yaşam anlamındadır.

BULAŞIK
Kendinizi bulaşık yakarken görmek, çok günah işlediğinize ve sonunda günahkar olduğunuzun farkına vararak pişman olacağınıza ve tövbe edeceğinize, Allah yolundan ayrılmayarak ruhunuzu rahatlatacağınıza işarettir.

BULMACA
Hayatınızda bazı huzursuzluklar karışıklıklar, huzursuzluklar ve yanlış anlaşmalar olacak.

BULUT
Koyu yağmur bulutları, problemlere, kara bulut karşılaşılacak zorluklara, bulutlardan yağmur yağıyorsa, bolluk ve berekete işaret eder. Başın üstünden bir bulut geçmesi üst seviyede saygın birisinin sizi destekleyeceğine, renkli bulut mutlu bir hayata Açık renkli bulutlar, sorunların aşılmasına başarıya ulaşılacağına yorumlanır, buna işarettir.

BULVAR

Kendinizi bulvarda dolaşırken görmek karşı cinsten yeni birisiyle güzel zaman geçireceğiniz anlamındadır.

BURÇ

Rüyasında burçlardan birini gören garip olaylarla karşılaşır. Ayrıca aynı burçtan biriyle tanışabilir.

BURUN

İş hayatınızda ciddi ve güzel yenilikler olacak demektir. Burnunuza bir şey kaçması parasal bir zorluğa işaret eder. Burnunuzu delmek fena giden işlerinizin bir arkadaşınızın yardımıyla yoluna gireceğine işarettir. Burnunun akması sizden üst seviyede birinden bir iyilik göreceğinize yorumlanır.

BUZ

Rüyada buz görmek, iyi bir haberler duyacağınıza ve bu haberlerle sıkıntılarınızın sona ereceğine sonunda hayat şartlarınızın olumlu bir şekilde değişeceğine işarettir.

BUZAĞI

Hal ve hareketlerinizde daha temkinli olmanız gerektiğine işaret eder. Buzağı tutmak kötü olayların arkasından güzel günlerin geldiğini haber verir. Ölü buzağı iflas edeceğinizin ve borç aldıklarınızla ile mahkemelik olacağınızın habercisidir. Buzağı boğmak yarıda kesilecek bir yolculuğa yorumlanır. Buzağı pişirmek işlerde kazanç sağlamaya, buzağı yemek güzel havadise işarettir. Hasta buzağı suçu olmayan bir insanın haksız yere ceza çekmesine işarettir. Evde buzağı bir hırsızlık olayının olacağı demektir.

BUZDOLABI

Hatalı hareketleriniz ve yanlış konuşmalarınızla çok sizin için çok önemli bir kişiyi gücendirebilirsiniz. Konuşmadan önce düşünmeniz gerekir.

BÜLBÜL
Rüyada bülbül güzel, mutluluk, verecek haberdir. Evlilikte ve aşkta mutluluk belirtisidir. Bülbül ötüyorsa sevdiğinizle ilgili bir haber alacaksınız. Kafeste bülbül beslemek aile içinde kavgaya ve huzursuzluğa işarettir.

BÜRO
Büro görmek, maddi kazanca işarettir. Çok çalışmanızın karşılığını alacak, muradınıza erecek, üstlendiğiniz sorumlulukları her koşulda yerine getireceksiniz demektir.

BÜYÜ
Çevrenizde sizi kıskananların olduğuna ve bunlardan size zarar geleceğine işarettir.

BÜYÜKANNE – BÜYÜK BABA
Akıllı ve sizden daha tecrübeli bir akraba veya bir dostunuzun tavsiyelerini dinleyerek, tüm engelleri aşacak, bütün zorlukların üstesinden geleceksiniz demektir.

CACIK
Rüyada cacıkla ilgili bir şey görmek başınızdan geçecek bir olay yüzünden üzüntü duyacağınıza işaret eder.

CADDE
Rüyada cadde görmek size zarar verecek iş yapacağınıza işarettir. Bir caddede yürümek sorunların üstesinden gelerek mutlu olacağınıza

yorumlanır. Caddeden ayrılmak içinde bulunduğunuz zor durumları atlatacağınız anlamına gelir.

CADI
Rüyada cadı görmek kendisinin dışında oluşan bir problemle karışıp, zor durumda kalınacağına işarettir. Bir tartışma veya kavgaya karışacağınız anlamına da gelir.

CAM
Rüyada kırık bir cam görmek önemli olmayan sorunlara işarettir. Camı kendisinin kırması hayatında çok önemli bir dönemeçte olduğuna haber verir. Cam parçasından bakmak, büyük düş kırıklığına ve iş yaşamında başarısızlığa yorumlanır. Cam satmak yaşamda tutturulan düzenin bozulmasıyla sıkıntılı günler yaşamaya işarettir. Kırık cam eşlerden birinin ölümüne; cam temizlemek hem aile hem de iş yaşamının düzene girmesi demektir.

CAMBAZ
Bir sanatta başarı elde etmek demektir. Kendisini cambaz olarak gören kişi çevresindekileri aldattığını zanneder.

CAMİ
Rüyada cami veya mescit görmek yapılan işlerde başarı kazanacağına arzuların gerçekleşeceğine işaret eder.

CAN SIKINTISI
Kendinizi canı sıkkın görmek zor günlerin biraz daha süreceğini ancak, sonrasında rahata ereceğinizi işaret eder. Birisinin sizin canınızı yaktığını görmek size acı bir haber geleceği anlamına gelir.

CANAVAR
yeni olay ve haberlere, duygularınızla yaklaştığınıza yorumlanır. Olaylar karşısında duygusal davranmamalı içgüdülerinizle hareket etmemelisiniz daha mantıklı olmalısınız demektir.

CASUS

Rüyada casus görmek iyiye yorulmaz. Casus olmak sabır göstermediğinizden işlerinizin bozulmasına ve aklınızın başka işlerle meşgul olduğuna işarettir. Bir casusla karşılaşmak huzura kavuşmak için insanlardan uzak olacağınız bir yerlere yolculuğa çıkmaya yorulur. Casusa sır söylemek arkadaşlarınızdan birisinin arkanızdan konuştuğuna delalettir.

CEHENNEM

Rüyada cehennem görmek ve aile içi huzursuzluk belirtir. Cehennemde olduğunu görmek, bir kişinin sizi kötülük yapmak için kışkırtacağı anlamına gelir. Böylece, para durumunuz bozulacak hem de psikolojiniz sarsılacak demektir.

CEKET

Rüyada yeni ceket iyi bir fırsat demektir. Bu rüyayı görenler güzel bir işe girer. Ceketinin söküldüğünü görmek iş değişikliğini belirtir. Ceketin aniden yırtılması işten hemen para kazanılacağına işarettir. Ceket çıkarmak işte ve çevrede değişikliği belirtir.

CELLAT

Kendisine ahlaksızlığı iş edinmiş kötü kimsedir. Hastalık nedeniyle üzüntüye ve acıya ya da emellerinizin gerçekleşmeyeceğine işarettir. Aileden birisinin ya da çevrenizden bazılarının kötülük peşinde koştuğunun habercisidir. Cellat başı gördüyseniz çok temkinli olmanız gerekir.

CENAZE

Rüyada cenaze görmek iyidir. Bir cenaze gören kişi uzun zamandır haber alamadığı biriyle karşılaşır demektir. Cenazeye katılan kişi hayatında güzel bir yenilikler yapar anlamındadır. Kendi tabutunu görmek ise mal ve para kazanılacağının haberidir.

CENNET

Sizi seven yardımınıza koşan iyi dostlara sahipsiniz demektir. Eğer sağlığınız bozuksa ya da sıkıntı çekiyorsanız, yakında durumunuz düzelecek anlamına gelir. Cennete girmek mutlu ve rahat bir hayat, cennetten kovulmaksa rahatsızlık demektir. Cennet melekleriyle konuşmak işinizde iyi bir yere sahip olarak iyi bir evlilik anlamına da gelir.

CEP

Yakınlarda bir hırsızlık olayı olacağına işarettir.

CEPHE

Yaşamınızda zorluklarla karşılaşacaksınız ancak bu zorluklar kısa süreli olacak demektir.

CERRAH

Dertlerinizden sıyrılacaksınız demektir. Cerrah sizi tedavi ediyorsa iyi bir insanla tanışacağınıza ve bu insandan çok büyük destek göreceğinize işarettir.

CESARET

Yılmadan uğraşmaya sonunda başarı geleceğine yorulur.

CESET

Yakınlarınızdan birinin ölümüne işarettir.

CEVİZ

Rüyada ceviz yemek para kazanmak demektir. Ceviz toplamak aile yaşantınızın mutlu olmasının belirtisidir. Çürük ceviz birisinin sizi kandırılacağını belirtir. Ceviz ağacı: kötü ve açgözlü bir adamla karşılaşacağınıza yorulur. Ceviz ağacından düşmek ise başınız belaya girecek ancak kurtulacaksınız anlamına gelir. Ceviz koparmak mecburi bir seyahat nedeniyle sevdikleriniz ayrı kalacağınız anlamındadır. Kurumuş ceviz ağacı para durumunuzun bozulacağını işaret eder. Ceviz ağacı yıkılırsa yakınlardan boyu uzun birisinin ölümünü haber verir.

CEYHAN NEHRİ

Rüyada Ceyhan nehrini görmek güzel yorumlanır. Zenginliğe, berekete kavuşmaya, üzüntülerden ve dertlerden kurtulmaya işarettir.

CEYLAN

Evlilik, muyluluk, güzellik zarafet ve aşka işarettir. Ceylan vurmak: bir kadının avucuna düşmek, ormanda ceylan görmek: sonu hüsran olan karşılıksız aşka yorumlanır. Ceylan sürüsü görmek: yeni bir işe atılacağınıza işarettir.

CEZA

Uzun süredir gösterdiğiniz çabalarınız sonucunda işleriniz düzeleceğine ya da çok değer verdiğiniz birisinin hatıralarının hiçbir zaman kalbinizden silinmeyeceğine işarettir.

CEZVE

Rüyada cezve görmek dedikodu, asılsız ve kötü söz demektir. Cezve bakırsa bu dedikodulardan sonra müjdeli bir haber gelebilir anlamındadır.

CIMBIZ

Rakip durumunda olduğunuz kişilere karşı becerileriniz sayesinde üstünlük sağlayacağınız demektir.

CIRCIR BÖCEĞİ

Uluorta konuşmalarınız sizi tartışmalı ortamlara girmenize sebep olacak demektir. Cırcır böceğini öldürmek ise, yüksek bir mevkiye işarettir.

CIRCIR

Hedeflerinize ulaşacağınızı ifade eder.

CIVA

Yarım kalmış bir işiniz olduğuna gönül işlerinizde başarısızlığa uğrayacağınıza yorulur. Cıva almak emellerinize ulaşamayacağınızı belirtir. Barometrede cıvayı yüksek görmek ticaret hayatınızda, işlerinizde başarı kazanacağınıza işarettir. Alçak görmek ise tam tersi anlamına gelir. Cıva içmek gizi bir olayın insanlar tarafından öğrenilmesi demektir. Cıva satmak sıkıntılarınızı çevrenizdekilere başkalarına yansıtmaktır.

CİLVE

Size yapılıyorsa: gerçekleştiremeyeceğiniz bir iş için yalan söylemek, siz yapıyorsanız ise, birilerine özlem duyuyorsunuz demektir.

CİNAYET

Cinayet işlediğinizi görürseniz, zor günler geçireceğiniz ve bütün işlerinizde hüsrana uğrayacaksınız demektir. Eğer kendinizi savunmak için cinayet işlediyseniz, iş hayatınızda başarılar kazanacağınız, yükseleceğiniz anlamındadır.

CİN

Hileci aşağılık bir kişiyi belirtir. Cin çarpması haram bir mal edilmesine ve büyülerle uğraşılmasına yorumlanır. Evde cin görmek evinize ve malınıza kötülük geleceğine işarettir. Cinden yardım istemek çeşitli maceralara atılma isteğinde olduğunuzu işaret eder.

CİNSEL İLİŞKİ

Rüya gören erkekse amaçlarına kavuşup, işinde ilerleyeceğine; rüya gören kadınsa sıkıntılı bir dönem geçireceği, ancak temkinli dikkatli olursa tekrar huzura ereceğine işarettir.

CİRİT

Hayatınız başarılarla dolu olacak bu sayede mutluluğunuz artacağı anlamındadır.

CİVCİV
Rüyada yumurtadan civciv çıktığı görülürse yaşamınıza renk katacak değişimlere hazırlanıyorsunuz demektir. Kümeste veya bahçede görülürse berekete ve kısmete işarettir.

CUMHURBAŞKANI
Umduğunuzdan da fazla mutlu olacaksınız demektir.

CÜCE
Rüyada cüce görmek arzularınızın olacağına, dertlerinizi azalacağına, ummadığınız kazançlar elde edeceğinize işarettir.

CÜMBÜŞ
Güzel günlerin sona erdiğinin zor bir döneme girildiğinin, büyük sıkıntılar çekileceğinin; ama bir süre sonra tekrar rahata kavuşulacağının haberini verir. Cümbüşten dönmek beladan kurtulmak demektir. Cümbüşe davetli olmak ise aslında davet edenlerin kötü niyetli olduğu bu nedenle de tedbirli olmanız gerektiğini işaret eder.

CÜZDAN
Cüzdan bulmak maddi veya manevi açıdan kazanç sağlayacağınıza işaret eder. İçi para dolu cüzdan bulmak ise, şansınızın arttığı döneme işaret eder. Cüzdanınızı kaybettiğinizi gördüyseniz, yakın bir dostunuzla kavga edeceğiniz anlamına gelir.

CÜZZAM
Sıkıntılarınız sona erecek, artık yaşamınız rahatlık ve huzur içinde olacağına işarettir.

ÇABALAMAK
Kötü duruma düşmeye ve bu durumdan kurtulmaya yorulur..

ÇADIR
Yolculuğa, kabre, kadına ve eve işarettir. Bu rüyalar farklı birkaç şekilde yorumlanır. Çadırdan içeri girmek hiç beklemediğiniz birinden bir fenalık göreceksiniz demektir. Çadır kuran erkek yakında iş sahibi olur, eli ekmek tutar. Çadırı toplayan erkek ise, kendi işinin sahibi olur. Çadırda uyumak sevdiğinden haber geleceğini belirtir. Çadır ne kadar büyükse o kadar iyidir. Çadırda oturmak güzel bir olayın pek yakında gerçekleşeceğine işaret eder.

ÇAĞLAYAN
Rüyada çağlayan görmek para kazanmayı belirtir. Gayretiniz sayesinde yüksek makamlara geleceğinizi işaret eder.

ÇAKMAK
Rüyada yanan bir çakmak görülmüşse, arzu edilen şeylerin gerçekleşeceğine işarettir. Eğer çakmak çabalara rağmen yanmıyorsa, hayal kırıklığı olacak demektir.

ÇALGI ALETİ
Türlerine göre hem kötü hem de iyi şeylere yorumlanır. Çalgı çalmak: uzun süredir çekmiş olduğunuz zorluklardan kurtulup mutlu ve rahat bir yaşantıya kavuşacaksınız.

ÇALIŞMA
Rüyada kişinin kendini iş başında görmesi işi yaşamında başarı elde

edeceğinin işaretidir. Yeni bir aşk yaşayacağınıza ya da hayattaki başarılarınızın devam edeceğine işarettir.

ÇAM

Rüyada çam görmek daima hayra yorulur. Çam ağacı görülmesi muradınıza ereceğiniz iyi bir döneme girildiği ve sağlık sorunları sona erecek demektir. Başarı, mutluluk, kısmet, mutluluk, murat olarak yorumlanır. Yemyeşil ulu bir çam artık mutlu olacağınız zamanın geldiğini gösterir.

ÇAMAŞIR

Rüyada temiz çamaşır sağlık anlamına gelir. Kirli çamaşır sağlığı etkileyen alışkanlıklardır. Çamaşır almak gizlediğiniz şeylerin başkalarının kulağına gideceğine işarettir. Rüyada çamaşır yıkamak uzun süredir gizlenen gerçeklerin su yüzüne çıkmasıdır. Çamaşır satmak kısa bir süre sonra ciddi sağlık sorunları yaşayacağınıza işarettir. Çamaşır asmak ev içinde belanın savuşturulmasıdır. Rüyada çamaşır görmek çok istenilen bir şeye kavuşulacağına yorulur.

ÇAMUR

Hep kötüye yorumlanan rüyalardandır. Çamura girdiğini gören kişi mutlaka bir sıkıntıya düşer. Rüyada çamur bir ikazdır ve dikkatli olunması gereken olayların yaşanacağına ve halen bazı hatalı işlerin içinde olduğunuza yorumlanır. Bu çamur balçıksa sıkıntı artacaktır. Ancak çamurları temizleyen bir süre sonra sıkıntılarından kurtulacak demektir.

ÇAN

Çan sesi duymak durumunuzda iyileşme olacağını gösterir. Eğer çan yakınınızda ise işlerinizdeki bu gelişme için yakınlarınızın verdiği tavsiyelere uyduğunuz takdirde gerçekleşecektir. Ama çanların çaldığını görmek, bir ölüm haberi demektir.

ÇANAK VE ÇÖMLEK

Zenginlik ve servete yorulur. Çanak yalamak ölümün yaklaştığına işarettir.

ÇANTA

Rüyada bir çanta veya torba görmek işlerinizde başarılı olacağınızı haber verir. Eğer çanta yırtık veya delikse düşünmeden para yatıracağınız bir iş sizi hayal kırıklığına uğratacak ve para kaybettirecek demektir. Açık çanta ise, elde etmek istediğiniz para için çok uğraş emek sarf etmeniz gerekeceğini ve yakın zamanda başarılı olacağının işaretidir.

ÇARIK

Yolculuğa, ayrılığa ve Ayrılık acısına işarettir.

ÇARK

İşlerinizin düzeninden şaşmadan gideceğine yorulur.

ÇARPILMAK

Kötü giden iş yaşamınızın birden bire düzeleceğine işarettir.

ÇARŞAF

Yatağa çarşaf sermek yola çıkmak demektir. Temiz, güzel, renkli veya beyaz çarşafsa, iyi kazanç getiren yoldur. Yırtık veya delik çarşaf kişinin yolda zarar edeceğine yorumlanır. Çarşafı toplamak bir zararlı bir işten dönmek anlamındadır.

ÇATAL

Evde sakinlik ve rahatlığın işarettir. Kırık çatal, uğraştığınız konularda başarısızlığa uğrayacaksınız demektir. Çatal kullanmak çevrenizde size tuzak hazırlayan birilerinin var olduğunun belirtilmesidir. Sevgililer arasında geçimsizliğe de yorumlanır. Çatal almak yaptığınız bir işte hiç beklemediğiniz bir şekilde yanılacağınızı anlatır.

ÇATI
Ciddi olmayan bir hastalığa yakalanacaksınız demektir.

ÇAVUŞ
Terfi edeceğinize işarettir. Kendinin çavuş olduğunu görmek bütün yaşamınız boyunca sevgiyi ve mutluluğu bulmak için çalışacağınız anlamına gelir.

ÇAY
Misafirlere çay doldurmak iyi haberler alacağınıza yorumlanır. Başkalarına çay ikram etmek o insanın çevresinin genişleyeceğini belirtir. Rüyasında çay içen kimse, iş ve toplum yaşamında başarılı olur demektir. Pakette çay görmek yeni hayaller ve beklentiler olduğunu anlatır. Çayı devirip dökmek bazı planlarınızın sonuca ulaşmayacağını işaret eder.

ÇAYIR
İş yaşamınızdaki olaylar sizi mutlu edecek ve bu durum sizin çevrenize mutluluk veren biri yapacak demektir. Bir çayırdan başka bir çayıra atlamak bir kimsenin dünya nimetlerine olan aşırı isteğine ve kazanç için durmadan çabalayacağına işarettir. Kurumuş çayır hayal kırıklığına uğrayacağınız anlamındadır. Çayır toplamak zengin olmaya işarettir.

ÇEK
Ertelenmiş borçlarınızı ödeyeceğinize sorunları aşacağınıza ve rahat edeceğinize işaret eder.

ÇEKİÇ
Rüyada çekiç görmek sürekli olmayan bir sıkıntı veya üzüntüye yorumlanır. Büyük sıkıntıların üstesinden gelmeniz ve büyük gerekecek demektir. Çivi çakmak alacağınız bir haberden nedeniyle çok mutlu olacaksınız anlamındadır. Çekiç sesi duymak beklemediğiniz bir davete çağrılacağınıza işaret eder.

ÇEKİRDEK
Çevrenizdeki kötü arkadaşlarınızın dedikodunuzu yaptığını anlatır.

ÇEKİŞTİRMEK
Kimi dostlarınızın sizi çekiştirdiğinin işaretidir.

ÇEKMECE
İyi bir insanla evlilik yapacağınıza ve çok iyi bazı dostluklarınız olacağına işarettir.

ÇELİK
Rüyada çelik eşyalar görmek iyiye yorulur. Çelik cesurluk, atılganlık ve kendine güven olarak yorumlanır. Parlak çelik görmek iç huzurunuzun olduğunu ve sağlığınızın iyi olduğunu anlatır.

ÇENGEL
Sorunlarınızdan bir dostunuzun yardımları ile kurtulacağınıza ya da iyi bir arkadaş çevresine sahip olarak toplum içindeki yaşantınızda güçlü durumda olacağınızı belirtir. Çengel satmak işlerinizin zamanla bozulacağının işaretidir. Çengele bir şeyler asmak farklı iş alanlarına atılarak başarılı olacağınıza yorulur. Kasap çengeli yakınlarınızdan birinin kötü bir haberini alacağınızı belirtir.

ÇEŞME
Rüyada çeşme görmek mutluluk demektir. Çeşme rüyaları iyi sayılırlar. Temiz bir çeşmeyi açarak su alan kimse hayallerinin kısmetine kavuşur. Eğer çeşmeden berrak su akıyorsa, para konusunda varlığa, bulanık su akıyorsa darlığa işarettir. Temiz bir çeşme güzel, uğurlu bir iştir. Rüyasında çeşme gören bekar erkek ise bu mutlu ve temiz bir aşk demektir. Evli erkek ve kadınlar için bu rüya, bolluk ve berekettir. Çeşmede yıkanmak sıkıntıdan ve hastalıktan kurtulmak demektir. Bulanık sulu bir çeşme kötü ve üzüntülü habere işarettir.

ÇETE
Başkalarının sizin malınızda ve paranızda gözü olduğunu ve dikkatli olmanız gerektiğini belirtir.

ÇEYİZ
Sağlığa ve yeni eşyalara yorulur. Düğün çeyizi iyi niyetliliğiniz sonucunda zarara uğrayacağınıza işarettir. Çeyiz bulundurmak sonu olmayacak yasak ilişkilere girmek anlamına gelir. Çeyiz dikmek hiç beklemediğiniz bir şekilde aldatılacağınıza işarettir.

ÇIĞLIK
Rüyanızda siz çığlık attıysanız ya da çığlık atan birini gördüyseniz, etrafınızın düşmanlarla çevrili olduğunu anlamına işaret eder.

ÇIĞ
Yakınlarınız yüzünden başınıza dert gelecek ve sıkıntılar yaşayacaksınız demektir.

ÇILDIRMAK
Hastalığa ve yaşamınızda gerçekleşecek bazı olumsuz değişiklikler demektir. Sağlığınıza ve yediklerinize dikkat etmeniz gerektiğine işarettir.

ÇINAR
Yaşamınızın uzun süreli olacağına sermayenizin devamlı büyüyeceğine, işarettir. Hayırsız, kötü evlada da yorumlanır. Kurumuş çınar: çok önemli para kaybına uğrayacağınızı belirtir. Devrilmiş çınar ağacı birisinin haksız yere suçlanacağına işarettir. Çınar ağacından düşmek iş yaşamınızda yaptığınız hatalar nedeniyle para durunuzun bozulacağına ve sıkıntılar yaşayacağınıza yorumlanır.

ÇIPLAKLIK
Rüyada kişi kendisinin çıplak olduğunu görürse sıkıntılara düşeceksiniz demektir. Mantıksız davranışlarınız nedeniyle bazı kötü olaylara

karışacaksınız demektir. Başka insanların çıplak olduğunu görmek ise, insanlardan size kötülük geleceği anlamına gelir.

ÇİÇEK

Hayra yorulur. Rüyada çiçek görmek güzel ve size şans getirecek bir haber demektir. Kadınlar için hamileliliği işaret eder. Eğer çiçekler kurumuş ise bu, ölümün, üzüntünün, sıkıntının işaretidir. Çiçekli taç taşımak evlilik yapmak ve dünya nimetlerine kavuşmaya işarettir. Çiçekçi dükkanı, güzel ve mutlu bir ilişkinin haberidir. Bir demet çiçek, uzak ve zengin bir akrabanızdan size miras kalacağına işarettir. Çiçek sulamak yaptığı işlerde başarı kazanmak anlamındadır.

ÇİFTLİK

Elinize para geçecek demektir. Bolluğun ve bereketin işaretidir.

ÇİĞDEM

Birbirine anlaşan çiftin evliliğini haber verir.

ÇİKOLATA

İnsanların güvenini kazanacaksınız demektir. Birçok insanla yeni dostluklar, arkadaşlıklar kuracaksınız anlamındadır.

ÇİLEK

Rüyada çilek yemek gönül hayatınızda mutluluklar yaşayacaksınız demektir.

ÇİNGENE

Rüyayı gören orta yaşlı biri ise para kaybına işaret eder. Bekar bir kadın için bu rüya güzel bir evliliğe yorumlanır. Evli bir kadın için ise gizli sırlar öğreneceğine işarettir. Bu rüyayı gören genç bir erkekse, planda olmayan bir yolculuğa çıkacak demektir.

ÇİZME

Giydiğini görmek, uğraşılan her işte başarı kazanmak anlamındadır. Başkasının çizme giydiğini görmek, birinin sevgilinizi elinizden alacağı anlamındadır. Çizme eski ve yıpranmışsa, sağlığınızın bozulacağına ve sıkıntı bir dönem geçireceğinize işaret eder.

ÇOCUK

Rüyada çok çocuk görmek, zenginliğin ve mutluluğun işaretidir. Rüyada erkek çocuk görmek iyi bir habere, kız çocuk görmek kötü bir habere işarettir. Süt emen bir çocuk görmek sevince işarettir. Hasta bir çocuk görmek, kendi çocuğunuzun çok sağlıklı olacağı; fakat başka sorunlarla karşılaşacağınız anlamına gelir.

ÇORAP

Rüyada çorap almak para kazanmanın işaretidir. Hediye olarak bir çorabın verilmesi ailenin eski bir sorununu çözülmesi demektir. Çorabın kaçması macerası yaşanacağının işaretidir.

ÇORBA

Rahat ve uyumlu bir hayatınız olacak demektir. Çorba içmek maaşınızın zamlanacağına, kendi işinizi yapıyorsanız onun büyüyeceğine işarettir.

ÇÖL

Çok hayırlıdır. Rüyada çöl görmek her sorunun çözüleceğine, mutluluk ve gelişmeye işaret eder.

ÇÖMLEK

Çömleğin içinde et varsa, güzel işlere yorulur. Çömlekçi görmek, iyi bir mevkiye gelmek demektir.

ÇÖPÇÜ

Rüyada çöpçü olduğunu görmek genç bir erkek için iş yaşamında yükselmeye, orta yaş bir erkek için iş yaşamında biraz sıkıntı olacağının işaretidir. Evli bir kadın için gayri meşru ilişkiye yorulur. Bekar bir kadın için varlıklı biriyle mutsuz bir evlilik anlamındadır.

ÇÖP

İş hayatında başarısızlığa ve adınızın bazı kötü olaylara karışacağınıza işarettir. Kadınlar için bu rüya, aşk hayatında sıkıntı demektir.

ÇÖREK

Rüyada çörek pişirmek veya yemek özel hayatınızda mutluluk anlamındadır.

ÇUKUR

İş yaşamınızda temkinli olmanız gerektiği anlamına gelir. Hayatın sonunun geldiğine, yaşamınıza çeki düzen vermeniz gerektiğine işarettir.

ÇUVAL

Dolu çuval ise bereketi gösterir. Kaybettiğinizi sandığınız değerli bir eşyayı bulacak ve mutlu olacaksınız. Çuvalı boş görmek hanede bereket olmadığını ve bir uğursuzluk bulunduğunu belirtir.

ÇUVALDIZ

Eşinizin hamile kalmasına ve kız çocuğu sahibi olacağınıza yorumlanır.

ÇÜRÜK

Amansız, sonu olmayan bir aşka tutulmaya ya da sevdiklerinizden ayrılmaya işarettir. Bedeninizde çürük olması daha önce yaşadığınız aşkları hatırlamak size sağlamayacak demektir. Çürük yumurta ise hayatınız boyunca elinizi attığınız her işte başarılı olacağınız anlamındadır. Çürük domates görmek eğer siyasetle uğraşıyorsanız önemli seviyelere gelecek ve başarı sağlayacaksınız anlamındadır.

Ruyet-ul Gayb

DAĞ KEÇİSİ

Şahsiyetten yoksun ve ahlaksız bir kişiyi temsil eder. Etinden yemek devletten haber alacaksınız anlamına gelir.

DAĞ YOLU

Sıkıntılardan ve üzüntülerden kurtulacağınıza ya da başkalarına karşı düzenbazlığa işarettir.

DAĞ

Rüyada dağ genelde hayra yorulur. Bir dağa tırmandığını gören kimse, çok büyük emek vererek, kendi gücüyle hedeflediği şeylere ulaşacak demektir. Dağdan yuvarlanmak veya düşmek kendi gayretiyle çıktığı mertebeden yine kendi hataları yüzünden ayrılmak anlamındadır. Dağları seyretmek, üstesinden gelmesi zor olan bazı işleri çözdüğünüz için ödüllendirileceğiniz anlamına gelir.

DAİRE

Bir dairede çalışıyor görmek tayin olacağınız anlamındadır ancak bu tayin sizin isteğiniz dışında gerçekleşecek. Genç biri için ya düğüne ya da bir eğlenceye işarettir. Yaşlı biri için eline toplu bir para geçmesi demektir.

DAKTİLO

Farkında olmadan yaptığınız hataların sonunda size yarar geleceğine işarettir. Dul bir kadın için varlıklı ve iyi kimse ile evleneceğinize ve mutlu olamayacağınıza işarettir. Bu rüyayı görürseniz ertesi günü neşeli geçirirsiniz.

DALGA

Rüyada dalgalı deniz görmek başarının zorluklarla mücadeleler

Haberci Rüyalar

sonrasında geleceğini belirtir. Bekar biri için bu rüya aşk hayatında sorunlar yaşanacağına işarettir. Dalgalarla boğuşan bir insan, çok önemli bir fırsatı değerlendirerek birden yükselir anlamındadır. Dalgalı denizde yüzmek bol para kazanmak demektir. Dalgaların kıyıya çarpması uzaklardan bir kısmet geleceğini haber verir.

DALMAK
Denize dalmak riske girmemelisiniz yoksa mal kaybına uğrayabilirsiniz demektir.

DAL
Yapraklarla dolu dallara bakmak, sabırlı olursanız muradınıza ereceksiniz demektir.

DAMLA
Yağmur damlası görmek bereketinizin sürekli bol olacağı ve sizin de kanaatkar olduğunuzu belirtir.

DANA
Çevrenizdekilerin ve yakınlarınızın saygısını, sevgisini ve güvenini kazanıp, para açısından ferahlığa kavuşacağınız anlamındadır. Dana almak bol kazanç ve saygı görmek demektir.

DANS
Bu rüyalar iyi yorulmazlar. Ancak rüyasında güzel bir yerde, çok tatlı bir müzik duyarak dans edenleri seyreden insan için bir kısmet var demektir. Dans hatalı düşünceler, duygular nedeniyle sıkıntıların geleceğini belirtir. Rüyasında dans ettiğini gören kimse zor duruma düşecektir.

DANTEL
Bir düşmanınızla problemler yaşayacaksınız demektir. Güzel işlenmiş dantel, iyi haberlerin işaretidir. Dantel örmek bir şeylerin ters gideceğini ve bu nedenle para bakımından sıkıntılı günler yaşayacağınızı belirtir.

DARBUKA
Üzüntü ve kedere, bununla yansıra üne, evliliğe ve kayıp bir kişinin geri dönmesine veya küçük de olsa bir hediye alacağınıza haber verir.

DAVET
Bir yere davet aldığınızı görmek, iyi olmayan bazı olaylarla karşılaşacaksınız demektir.

DAVUL
Davul görmek, insanlarla iyi ilişkiler kurup birçok arkadaş sahibi olacağınız anlamındadır. Uzaktaki bir akrabanızdan mutluluk veren haber geleceğine ve yaşamınızı değiştirecek beklenmedik bir olayla karşılaşacaksınız demektir işarettir. Davul sesi duymak, uzaklarda yaşayan bir arkadaşınızın yardıma ihtiyacı olduğunun belirtisidir.

DEDEKTİF
Yakında paraya kavuşacaksınız ve iş yaşamınızda bazı başarılar kazanacaksınız demektir. Rüyayı gören kadınsa, aşk hayatında sıkıntılı bir dönem olacağına yorulur. Ummadığınız bir zamanda kötü bir haberle üzüleceğinize işaret eder.

DEFİNE
Hiç ummadığınız zamanda para ya da bir mirasa yorumlanır. Bazılarına göre de karşılıksız bir aşka işarettir. Define soymak ticarette zarar etmeye, üzüntüye ve yolculuğa yorulur.

DEFTER
İş yaşamınızda çok yoğun olacağınıza önünüze gelen bu fırsatlardan faydalanacağınıza yorulur.

DEĞİRMEN
Hane halkının sıkıntı ve darlıktan kurtularak bolluk ve berekete kavuşması demektir. Başka yoruma göre de, gizli kalan bazı şeylerin ortaya çıkması, iş yaşamında da başarı demektir. Değirmenci görmek

hasta (sakat) bir çocuğun doğumuna işaret eder. Değiştireceğinize işaret eder.

DELİ
Rüyasında deli gören kimse, yeni birisiyle tanışır. Bir delinin bir şey vermesi kısmet olarak yorumlanır. Rüyasında delirdiğini gören kimse bir konuda isabetli bir karar vererek ve çevresinde hayranlık uyandıracak.

DENİZ
Deniz rüyaları iyiye yorumlanır. Masmavi engin deniz, insanın yaşamına anlam katacak olgunlaşmasını sağlayacak uzun bir yoldur. Dalgalı bir deniz mutluluğun sıkıntıların atlatılmasından sonra gerçekleşeceğini belirtir. Denizde yüzdüğünü gören kişi peş peşe yolculuklara çıkar demektir.

DEPREM
İş yaşamınızda sıkıntılar yaşayacaksınız demektir. Ülkeler arasında savaş çıkacağı şeklinde de yorumlanır.

DERİ
Deri ile ilgili bir rüya görmek hem iş hem aşk hayatında başar kazanacaksınız demektir.

DEVE
Bazı sorunlarla karşılaşacaksınız anca sabrederseniz ve yılmazsanız bu sorunları aşabilirsiniz demektir. Bir deveye sahip olduğunuzu görmek, para durumunuzun iyileşeceğini ve elinize para geçeceğini belirtir.

DEVEKUŞU
Herkesten habersiz bol para kazanacak ve zengin olacaksınız. Bazı insanlar paranız için sizinle ilişki kurmaya çalışabilir.

DİLENCİ
Dilenciyle konuşmak başarıda hoşgörü ve iyi duyguların rol oynayacağı anlamına gelir. Rüyada dilenci görmek işlerin yakın zamanda

düzeleceğine işarettir. Dilenciye sadaka vermek sorunların artık geride kalacağı anlamındadır.

DİŞ
Hastalığa yakalanacağının işaretidir. Dişlerinizin döküldüğünü görmek, yakında kötü bir haber alacağınız anlamındadır.

DİŞÇİ
Bir arkadaşınızın dişçi olduğunu ve sizi muayene ettiğini gördüyseniz o arkadaşınıza güvenmemeniz gerekir demektir.

DOĞUM GÜNÜ
Doğum günü pek hayra yorulmaz. Bu rüya şanssızlık ve fakirlik anlamındadır.

DOĞUM
Doğum rüyası sıkıntıdan kurtulmak demektir. Rüyasında doğum yapan kadın sıkıntılarından kurtulur anlamındadır. Doğum ağrısı çekmek zor ve kötü günlerden sonra güzel günlerin geleceğine yorumlanır.

DOKTOR
İş yaşamınızda bazı düşmanlara sahipsiniz demektir. Rüyayı gören kadınsa sağlık sorunları anlamındadır.

DOMUZ
Uğursuzluk demektir.

DONDURMA
Dondurma yemek başarının işaretidir. Dondurmanın erimesi hayalleriniz gerçekleşmeyecek
anlamındadır.

DUDAK
Dolgun yumuşak dudaklar, mutluluğu ve gücü haber verir. Sevginize

karşılık alacaksınız sevdiğinizde sizi sevecek demektir. İnce dudaklar, bütün sıkıntılardan kurtulacağınızı belirtir.

DÜĞME
Yeni düğme, varlıklı ve insanlara ve size karşı saygılı biriyle evleneceksiniz demektir. Eski, kırık düğme, hastalık ve zarar anlamındadır.

DÜĞÜN
Mutluluğun geleceğini haber verir. Kendi düğününü görmek, uzakta yaşayan bir yakınınızdan kötü haber alacaksınız demektir.

ECZANE
Rüyada bir eczaneye girmek hayatınızda ciddi değişiklikler olacak demektir. İlaçlarla dolu böyle bir yere girmek maceraya atılmak olarak ta yorumlanır. Bir eczaneye girip, ilaç almak erkekler için iftiraya uğramak anlamındadır. Genç bir kadın için ise, yabancı erkeklerle arkadaşlıklardan zarar geleceğine işarettir. Daha yaşlı kadınlar için sağlığın hafif hastalıklardan sonra düzeleceğine yorulur.

EDEBİYAT
Rüyada edebiyatla uğraşmak rüyayı görenin duygulu ve hassas bir kişi olduğuna ve iş yaşamında başarılı olacağına işaret eder.

EFLATUN
Rüyada eflatun renk görmek iyeye yorulmaz, genellikle bir hastalık ve sıkıntı demektir.

EGLENCE

Büyük bir mutluluktan sonra tekrar eski halinize döneceksiniz demektir. Dedikodu olarak da yorulur.

EJDERHA

Ejderha benzer korkunç bir hayvan görmek, hasımlarınızı yenebileceğinize işaret eder.

EKMEK

Rüyada ekmek hayırdır. Rüyasında ekmek gören kişi çok kısa bir süre sonra muradına erecek, iş yaşamında başarılı olacak, bol para ve berekete kavuşacak demektir. Ekmek kabuğu kesmek çözümü çok zor bir sorunu çözümlemek demektir. Fırından yeni çıkmış ekmek görmek ya da kokusunu almak, para darlığından kurtulacağınıza işarettir. Buğday ekmeği görmek belirsiz olan önemli işler yoluna girecek demektir. Darı ekmeği biraz zorluk ve sıkıntıdan sonra refaha ulaşılacağına yorulur. Arpa ekmeği para durumunuzda beklenmedik bir miktarda artış işaretidir. Nohut ekmeği kazancınızda azalma olacağını ancak sağlığınızın iyiye gideceğini işaret eder. Çavdar ekmeği ruh sıkıntısından kurtulmak demektir. Yufka ekmeği büyük bir mutluluğa ulaşılacak anlamındadır. Ekmek kesmek: Bir işi sonuçlandırmak anlamına gelir.

EKŞİ

Rüyada ekşi bir şey yemek kötü bir havadis demektir.

ELBİSE ASKISI

Rüyada elbise askısı görmek, bekar kızlar için \"kısmet\", delikanlılar için ise sıkıntı olarak yorulur.

ELBİSE SİLMEK

Rüyada elbise silmek, kötü bir haber geleceği anlamındadır.

ELBİSE

Rüyada eski elbiseler görmek, sürekli varlık içinde olacağına yorulur. Rüyada fakirlere elbise dağıtmak, o rüyayı gören şahsın, çok önceden yaptığı sonradan unuttuğu bir iyiliğin karşılığını alacağı anlamındadır. Rüyada elbise veya kumaş satın almak, son zamanlarda yaptığınız yatırımların karşılığında çok az bir kar sağlanacağına yorumlanır. Şık ve pahalı elbiseler görmek ise, rüyayı görenin insanların dış görünüşüne çok fazla önem verdiğine, bu tutumundan vazgeçmesi gerektiğini haber verir. Lekeli elbise dedikodular ve sıkıntılar yaşanacağını belirtir. Yeşil renkli elbise yakın zamanda emellerinize kavuşacağınız anlamındadır. Yamalı elbise giydiğini gören kimsenin eline para geçer.

ELDİVEN

Rüyada eldiven giydiğini gören kişi kendine seçkin ortamlarda yer bulur demektir. Rüyada yeni bir eldiveni ilk defa giymek, maaşı yüksek bir işin yöneticisi olacağını bildirir. Yırtık veya kirli eldiven görmek, pek iyiye yorulmaz. Başkasına ait eldivenleri almak da pek hayırlı değildir. Eldiveninizi kaybettiğinizi görürseniz, sevdikleriniz sizi terk edecek demektir. Yeni eldivenler, zor günlerden sonra feraha kavuşmak demektir.

ELEK

Rüyada elek göreni kişinin arkadaşları hakkında dedikodu yapacaklar demektir.

ELEKTRİKÇİ

Rüyada elektrikçi görmek, yakın zamanda çok para kazandıracak bir işe atılacağınız anlamındadır.

EL

Güzel eller, başarı ve ün kazanacağınıza, bir sanat koluyla uğraşılıyorsa başarılı olunacağına işarettir. Kuvvetli eller, o rüyayı gören kişinin işlerinde başarılar elde edeceğine üst kademelere çıkacağına işarettir. Rüyada görülen eller, o rüyayı gören şahsı işaret ediyorsa rüyayı gören bir süre önce bir dostuna kırılmış ve kırıldığı bu dostuyla uzlaşmaya çalışmalıdır demektir. Çirkin bakımsız eller, fakirlik ve hayal kırıklığı demektir. Ellerindeki zinciri çıkaran iyi bir fırsat yakalar.

ELMA
Elma barışın, bolluğun, bereketin ve paranın işaretçisidir. Rüyada elma görmek her işte şansınızın sizinle beraber olduğunu ifade eder. Elma ağacının altında dinlenmek sevgili ile mutlu bir evlilik yaparlar ve bu evlilik mutluluk getirir anlamındadır. Masa üzerinde elma görmek, çevreniz genişleyecek ve çevrenizden saygı göreceksiniz demektir. Elma yemek uygulamaya koyduğunuz planlarınızın olumlu sonuçlarını alacaksınız anlamındadır. Rüyada elmalı bir şey yemek bir müsabakada ilk üçe girmeye işarettir. Rüyada elma almak kar getirecek bir işe yatırım yapacağının haberidir. Rüyada ağaçtan düşen elmalar görmek önünüze çok sayıda güzel fırsat geleceğine işarettir. Ağaçta elma görmek, yakın zamanda güzel bir haber alacağınız anlamındadır. Elma yeşil, ham, ya da çürükse, gerçekleşmesini istediğiniz hayallerinin olamayacağını bildirir.

ELMAS
Rüyada elmas şansın iyi olduğuna yorulur. Elmas gören kadın ise varlıklı ve bilgili biriyle; erkek ise anlayışlı, duygusal biriyle evlenecek anlamındadır.

ENGEREK YILANI
Yılan iyiye yorulmaz. Hasımlarınız size bir komplo hazırlıyor demektir. Adımlarınızı dikkatli atmanız gerektiğine işarettir.

ENGEL
Rüyada bir engelin aşılması, kişinin en büyük amacına muradına ermesi demektir. Tüm sorunlara karşı en sonunda başarılı olacağına yorumlanır.

ENKAZ
Rüyada herhangi bir çeşit enkaz görmek, pek iyiye yorulmaz. O rüyayı

gören kişinin gireceği ve para yatıracağı işlere dikkat etmesi gerekir demektir.

ERİK

Rüyada erik görmek, hiç beklemediği bir yakının ihanetine uğrayacağına işaret eder. Olgun erik görmenin mutluluk getirdiği yorumu yapılır. Erik toplamak emellerinize ulaşamayacağınızı bildirir.

ERKEK KARDEŞ

Rüyada erkek kardeş müjde almak demektir.

ERKEK

Rüyada erkek görmek hayra yorulur. Rüyada tanımadığınız bir erkek görmek doğru haber, ferahlık veren sözler, güzel bir iş fırsatı demektir. Rüyada tanınan bir erkek görüldüğünde onun adının anlamına da dikkat edilmelidir. Adının anlamına göre yorum değişir. Yakışıklı erkek iyi haber, sağlık, hakkıyla kazanç demektir.

ERKEK ÇOCUK

Rüyada erkek bir çocuk görmek, çevrenizde güvenebileceğiniz dostlara sahip olduğunuzu ve çevrenizde saygı göreceğinize yorulur.

EROİN

Rüyada eroin kullanıldığının görülmesi rüya sahibinin hayaller içinde olduğunu, ayaklarının yere basmadığını işaret eder.

ESANS

Esans veya güzel koku almak, onu seven birisinin aklının daima sizde olduğunu anlatır. Rüyada esans gibi güzel kokular sürmek, yakın bir gelecekte mutlu olacağınızı bildirir. Bir esans veya lavanta alınıyorsa, bu da evlilik müjdesidir. Evliler için esans, mutluluk, rahatlık demektir.

ESİR
Rüyada esir düştüğünü görmek, başkasının malında gözü bulunduğuna veya borcunu inkar ettiğine, yahut evlilikte mutsuz olacağına yorumlanır.

ESKİCİ
Rüyada eskici görmek, yakını tarafından dolandırılacağını anlatır.

EŞEK ARISI
Rüyada eşek arısı görmek, bir seyahate çıkılacağına işaret eder.

EŞKİYA
Rüyada eşkıya görmek, sizi destekleyen bir kişinin bu desteği sizden çekeceğini bildirir.

EŞEK
Anıran eşek, değersiz birinde azar işiteceğine işarettir. Eşeğe binmek yabancı memlekete yolculuk demektir. Eşeği kesmek kötü bir iş yapmaya işarettir.

EŞYA NAKLİ
Rüyada eşya nakli görmek hareket ve davranışlarının insanları rahatsız ettiği anlamındadır ve hal ve hareketlere dikkat etmesi gerektiğini bildirir.

ET
Rüyada et yemek, iyiye yorulmaz. Özellikle çiğ et daima kötüye yorumlanır. Bir kasapta asılı duran etler çevreyi de ilgilendiren sorundur. İnsan eti dedikodu olacağını bildirir. Rüyasında bir kasaptan et alan kimsenin sağlığı bozulacak demektir. Koyun eti sağlığın bozulacağını ve kötü olayların habercisidir. Kuş eti yemek isteklerin olacağına işaret eder. Kokmuş et çok kötü sayılır. Et yemekleri yemek kazancın helal olmadığının işaretidir.

ETİKET

Rüyada etiket görmek, rüyayı görenin gösterişe çok önem verdiğini bildirir.

EV

Güzel, temiz, ferah bir evde olduğunu görmek hayatının da gönlüne göre olması demektir. Hayatı boyunca güven içinde ve yaptıklarından zevk alacak demektir. Evin genişliği mutluluğun artması demektir. Karanlık ve pis ev sıkıntı anlamındadır. Dağ başında ev görmek yükselmenin, herkesten üstün duruma geçmenin haberidir.

EVLAT

Servete ve paraya işarettir. Kız evlat görmek; işlerinin iyi gideceğine,

EVLENMEK

Rüyada evlenen zengin olur diye yorumları.

EVLİYA

Rüyada melek, evliya gibi kutsal varlıklar görmek daima iyiye yorulur. Büyük mutluluk ve rahatlığı bildirir. Bu rüyalar dertlerin biteceği müjdeler. Rüyayı gören kimse maddi manevi güvene erer. Evliya rüyalarını kimseye söylememeniz yararlıdır. Evliya türbesi yakındaysa ziyaret etmelisiniz.

EVRAK

Genç bir erkeğin rüyada, evrak imzalaması; hüzne veya boş yere mektup yazmasına yorulur. Rüyayı göre şef veya amir ise rüyayı görenin güvenilmeyen bir memur olduğuna işarettir. Evrak lekeli ise, bir tuzak hazırlandığının haberidir.

EV YAPMAK

Rüyada ev yapmak, vaktin hoş geçmesine yorulur, Toprakla meşgul olmaya mal elde edileceğine işarettir. Camdan yapılmış ev görmek, hasımlarınızın tuzağına düşmek anlamındadır.

EZAN
Ezan sesi duymak, başarı sağlık ve mutluk anlamındadır.

EZİYET
Rüyada birine eziyet ettiğini gören kişi bir iyilik yapar anlamındadır. Rüyasında eziyete uğradığını gören kimse büyük iyilik bulur.

F

FABRİKA
Rüyada fabrika toplum olarak yorumlanır. Fabrika gören kendi çabalarıyla toplumda iyi bir yere gelir anlamındadır. Fabrikadan uzaklaştığını gören çevreden uzaklaşır. Fabrikanın iyi çalışması toplum ilişkilerinin iyi olacağını anlatır. Yeni bir fabrika daha güzel ve rahat bir gelecek olarak yorumlanır. İnsanın, kendisini fabrikada iş yaparken görmesi genç bir erkek için başkalarının kışkırtması sonucu yapacağı işte pişman olacağını, genç bir kadın için hediye olarak bir giyim eşyası alacağını işaret eder. Yaşlı bir insan için üzerine düştüğü bir işin iyi bir sonuca ulaşacağına işaret eder.

FABRİKATÖR
Rüyada bir fabrikatör görülmesi işinizde yeni girişimlerde bulunulacağına yorulur.

FAHİŞE
Rüyada bir fahişe görmek, şansın büyük ölçüde iyi olacağına ve herkes tarafından sevilen bir kişi olacağınıza yorulur.

FAİZ

Faiz vermek: İstemeyerek günah işleneceğine, Faizle para almak birisi tarafından aldatılacağınıza işaret eder.

FAKİR

Rüyada bir fakir görmek, davranışlarınızla herkesin beğenisini kazanacağınızı anlatır.

FALA BAKMAK

Falcı batıl, boş şeylerle inanan ve aldatan, kendine hakim olamayan, yalancı söyleyen kimsedir. Falcı görmek her şeye inanan, kimseye işaret eder. Rüyada kendisinin falcı olduğunu görülmesi; bu rüya bütün halk için hayırlıdır.

FALCI

Rüyada falcı görmek, küçük sorunlarınızı kısa zamanda aşarak rahata ereceksiniz demektir.

FANİLA

Rüyada fanila görmek iş yaşamınızda karlı bir girişimde bulunacağınıza yorulur. Ama bir kalp acısı da çekeceğinize işarettir.

FARE

Fare rüyaları hiç iyiye yorumlanmaz. Fare rüyaları ayini zamanda sağlıkla ilgilidir. Ayrıca işte başarısızlık, zarar vb de işarettir. Bir yerde farelerin dolaştığını gören insan birden hastalanır. Evine fare girdiğini gören zarara uğrar. Fare bilmediğiniz çok kötü bir düşman demektir. Bu düşman bütün hareketlerinizi takip ederek sizi alt etmek için fırsat kolluyor demektir.

FENER

Fener rüyaları iyi sayılır. Elinde yanan bir fener bulunan kişi, sıkıntıya düşüren sorunlardan kurtulmak için bir fırsat yakalayacaktır. Fener aniden sönerse kişi duyguları nedeniyle hataya düşecektir. Rüyada sürekli devamlı yanan deniz feneri görmek akılda olmayan bir maceraya atılmak demektir.

FINDIK
Aşk ve iş yaşamınızda başarılı olacaksınız demektir.

FIRÇA
Saç taramak yaptığınız bir hata nedeniyle bazı sorunlar yaşayacaksınız demektir. Fırça eski ise sağlığınızın bozulacağına işarettir. Çok sayıda fırça görmek karşınıza birçok iş fırsatı çıkacak anlamındadır.

FIRIN
Güzel bir aile yaşamınız olacak ve çok sayıda çocuğunuz olacağına yorulur.

FIRTINA
Fırtına rüyaları kötüye yorulmaz. Bunlar pek çok şeyin değişeceğini haber verirler. Bu değişiklikler kaçınılmazdır. Ortalığı altüst eden bir fırtına hayatın tamamen değişeceğini açıklar. Rüyada fırtına büyük değişiklik olarak yorumlanır. Böyle bir fırtınada kaldığını gören kimse, kendisine yepyeni bir yol çizecektir. Fırtınadan evi uçan biri taşınır. Fırtınada her şeyin yerle bir olduğunu gören biri adeta yeniden doğar.

FİL
Fil rüyası olumlu sayılır. Bir file bindiğini gören kimse işinde büyük başarıya ulaşır.

FLÜT
Uzaktan gelecek dostlarınızla güzel bir buluşma yaşayacaksınız demektir.

FORMA
Rüyasında forma giyen kimse kurallara uymak mecburiyetindedir. Kulüp forması giyen insan yeni olaylarla karşılaşır ve yaşamınızda önemli ve olumlu değişiklikler yapmak demektir. Güzel renkli bir forma giyen biraz çaba ve sabır gösterir ve kurallara uyarsa başarı olur.

FOTOĞRAF
Yakın bir arkadaşınız tarafından hayal kırıklığına uğratılacaksınız demektir.

FUAR
Rüyasında bir fuarda gezdiğini görmek hayatı çok kısa süre içinde değişeceğine işarettir. Parlak, neşeli, hareketli bir fuar bütün sıkıntıların geçeceğine yorumlanır.

GARAJ
Özel hayatta da düzen demektir.

GAZETE
Gazete daima iyi haber, ferahlık verecek söz olarak yorumlanır. Rüyasında bir gazete aldığını görmek kendisini ilgilendiren geleceği için önemli bir gerçeğe ulaşır.

GEBELİK
Gebelik rüyaları kötüye yorumlanır, sıkıntı demektir. Rüyasında gebe olduğunu gören kişi büyük sıkıntıyla karşılaşır. Ve bu sıkıntı kolay kolay bitmez demektir.

GECE
İş hayatınızda bazı sorunlar yaşayacaksınız. Canınız sıkılacak; fakat güçlü olmaya çalışın.

GELİN
Rüyada gelin görmek daima iyiye yorumlanır. Gelin neşe, huzur, güzel haber ve yaklaşan güzel günler demektir. Gelin olduğunu gören bekar ise

evlilik olacağına işarettir. Ancak gelinlik temiz ve güzel ise mutlu olunacak, yırtık ya da kirliyse sonu belirsiz bir evlilik olarak yorumlanır.

GEMİ
İçi aydınlık temiz bir gemi, iş yaşamında başarı demektir. Pis ve bakımsız gemi işlerin kötü olacağına işaret eder, bozulacağına işaret eder. Böyle bir gemiye binen kadının adı bir maceradan dolayı dedikoduya karışır. Bir erkekler ilgili bu rüya işle ilgili güçlüktür. Batan bir gemiden çıktığını gören kimse bir darlıktan kurtulur.

GEYİK
Rüyada dolaşan geyik görmek tanımadığınız insanların neden olacağı sorun demektir. Bir geyik yakaladığını gören kişi tanımadığı birinin sorununu çözer ve bundan dolayı kısmet alır demektir. Bir geyiği vurduğunu gören, kişi uzaktan alacağı bir habere çok üzülür anlamındadır. Geyiği seven veya okşayan biri tanımadığı biriyle macera yaşar demektir.

GİYSİ
Yırtılmış, eskimiş giysiler; tanımadığınız bir kişinin size kötülük yapacağı anlamındadır. Temiz ve yeni giysiler varlığın haberidir.

GONCA
Kısa sürede başarılı olup güzel bir yaşam süreceğiniz anlamındadır.

GÖBEK
Kocaman şişman bir göbek; ciddi sağlık sorunlarına; güzel sağlıklı göbek iş yaşamındaki başarılara işarettir.

GÖÇ ETMEK
Göç ettiğinizi görmek, hastalanacağınız anlamına gelir. İş hayatında da bazı yanlış davranışlar yapacaksınız demektir.

GÖĞÜS
Şekli düzgün göğüs şans demektir. Şekilsiz göğüsler, aşk yaşamınızda hayal kırıklıkları yaşayacaksınız anlamındadır.

GÖKKUŞAĞI
Mutluluğun ve başarının haberidir. Uğraştığınız her işte başarılı olacaksınız demektir.

GÖK
Rüyada gökyüzüne çıkmak, hüznü işaret eder. Eğer merdivenle çıkıyorsanız, bu, başarı ve şöhret sahibi olacağınız anlamına gelir.

GÖL
Sakin bir gölde sandalla gezmek, mutlu olacaksınız demektir. Mutluluğunuzu yakınınızdaki insanlarla paylaşacağınız anlamındadır. Kirli bir gölde gezmek, iş ve aşk yaşamınızda sıkıntılar yaşayacağınıza işaret eder.

GÖMÜLMEK
Eğer diri diri gömüldüğünüzü gördüyseniz, yakın zamanda ciddi bir hata yapacaksınız demektir.

GÖZLÜK
Etrafınızda bazı gerçek olmayan dostlarınız olduğunu bildirir.

GÖZ
Size zarar vermek isteyen bir kişinin sizi gözetlediğine haber verir.

GÖZYAŞI
Rüyada gözyaşı dökmek iyiye yorulur. Bu kimse bütün dertlerinden sıyrılarak rahata erer anlamındadır. Bu rüya sevinç ve mutluluk olarak da yorumlanabilir.

GÜÇ
Rüyasında kuvvetlendiğini gören kimse gerçek yaşamında da kuvvetli olacak demektir.

GÜLMEK
Kahkahalarla güldüğünüzü gördüyseniz, birçok yeni arkadaş sahibi olacaksınız ve uğraştığınız her işin başarıyla sonuçlandıracaksınız demektir. Alaycı gülmek, sağlığın bozulmasına işaret eder.

GÜL
Rüyada gül iyiye yorulur. Yeni açan gül toplamak bir genç kız ise çok kısa bir süre sonra evlenir. Güllerin rengine göre rüyaların anlamları değişir. Bahçesinde gül ağacı gören bir erkek mesleğinde. Aynı şekilde gören kadın ise bereket, şöhret ve mutluluk olarak yorumlanır.

GÜMÜŞ
Rüyada gümüş görmek çok iyidir. Gümüş huzur, mutluluk, güzel haber ve hayırlı kısmet olarak yorumlanır. Gümüş para güzel sözdür. Hasta birisi rüyasında gümüş görürse kısa hastalığı iyi olur. Gümüş rüyası gören bekarsa, iyi bir evlilik, evliyse bir çocuğa yorumlanır.

GÜNEŞ
Zenginliğin ve mutluluğun işaretidir. Güneşin batışını izlemek, bazı kararlar almadan önce iyice düşünmeniz gerektiğinin habercisidir.

GÜRÜLTÜ
Gürültülü yerde olmak, eğleneceğinizi umduğunuz bir aktiviteden

GÜVERCİN
Rüyada güvercin güzel bir haber demektir. Çiçeklerin arasına konan güvercin aşkla sevgiliyle ilgili haberdir geleceğini anlatır. Uçarak yaklaşan güvercin çok çabuk haber alacağınızı belirtir.

HACI
Rüyada hacı görmek güzel söz işitmek demektir. Hacı olduğunu görende hiç beklemediği bir yerden kısmeti var demektir.

HAKSIZLIK
Kendisine haksızlık yapıldığını görmek tam aksine iyilik görür. Fakat başkasına haksızlık yapmış demektir. Onun çevresindeki insanların tavsiyelerine itimat etmesi gerektiği demektir.

HALI
Zenginliğin ve bolluğun haber verir. Halı, varlıklı arkadaşlara sahip olacağınızı belirtir. Halı üzerinde yürüdüğünü görmek, mutlu olacağınızı işaret eder.

HAMİLELİK
Hamile olduğunuzu gördüyseniz, mutsuz bir evlilik hayatınız olacak. Rüya sahibi gerçekte de hamileyse, sorunsuz bir dönem geçirecek ve sağlıklı bir çocuk sahibi olacak demektir.

HAMUR
Hamur yoğurduğunu gören kimse kendi gayreti sayesinde başarılı olacak demektir. Tek başına girişim yaparak arzu ettiği konuma geleceğini işaret eder. Hamur mayalamak aileden aldığı parayı, sermayeyi artıracak ve bir servet sahibi olacak anlamındadır. Hamur kızartmak, murada ermek demektir.

HANÇER
Rüyada hançer güç, kuvvet anlamına gelir. Elinde hançer olduğunu gören kimse güçlenir. Elindeki hançeri kendine saplayan, işle ilgili hata işlemiş demektir. Başkasına saplayan, bir iyilik yapar ve karşılığını alır

anlamındadır. Paslı hançer kişinin inat, huysuzluk nedeniyle çevresindekilerle arasının bozulacağını haber verir.

HAP
Hap içtiğinizi gördüyseniz, çok ağır sorumluluk üstleneceğiniz, ancak yeteri karşılığını alacaksınız demektir.

HAPİS
Uğursuzluk ve mutlu olamamak anlamına gelir. Hapishaneden birinin çıktığını görmek, sevinmek anlamına gelir.

HARABE
Harabe rüyaları iki farklı şekilde yorumlanır. Harabede olduğunu gören kimsenin bütün ümidi yok olur. Kısmeti kapanır. Evinde türlü sıkıntı, bela ortaya çıkar. Harabeden çıkan kimse, sıkıntıları aşmış karanlıkları geride bırakmış demektir. Yeni bir hayata başlamak anlamındadır.

HARİTA
İş hayatınızda canınızı sıkacak bazı değişiklikler olacak. Fakat kısa sürede işler yoluna girecek.

HASTA
Rüyasında hastalandığını görmek sağlığın iyi olduğunu anlatır. Pek nadir hastalık rüyası olduğu gibi çıkar. Hasta olarak yattığını gören yola gidecek demektir..

HAVUÇ
Bir yerde havuç topladığını gören kimse çok çalışmasına rağmen az para kazanır demektir. Fakat rüyasında havuç satın alan işlerini kolaylıkla yoluna koyar ve para sıkıntısı çekmez anlamındadır. Havuç yemek mide ve karaciğerle ilgili bir hastalığa yorumlanır.

HAVUZ
İçinde temiz su bulunan bir havuza baktığını görmek geleceğinin çok parlak olmasına yorulur. Fakat içindeki su kirli, bulanık ve yosunluysa

geçmişte kaldığı sanılan sorunlar, kavgalar tekrarlanacaktır. Bu yüzden hayal kırıklığı da yaşayabilir.

HAYVAN

Rüyada bir sürü hayvan görmek, aşıklar için çok mana yüklüdür ve bu rüya, yakında olacak düğünü haber verir.

HEDİYE

Birinden hediye aldığını görmek, aşk yaşamında hem de iş yaşamında şanslı ve mutlu olacağınızı haber verir.

HELVA

Helva rüyaları daima helal, hayır işi, yardım olarak yorumlanır. Rüyasında helva aldığını gören kişi pek çaba sarf etmeden iyi kazanç elde edecektir. Helva pişirdiğini gören biraz çabayla büyük kısmeti yakalar anlamındadır. Geniş kapta helva yapıp dağıtan hayır yapmayı seviyor demektir.

HEMŞİRE

Büyük bir sorununuzu aşabilmek için başkalarının yardımını alacaksınız demektir.

HEYKEL

İşinizi değiştirecek daha iyi bir işe gireceksiniz demektir.

HIRSIZ

Bazı hasımlarınız var demektir. Evinizin soyulduğunu gördüyseniz, bazı sıkıntılar yaşadıktan sonra amaçlarınıza ulaşacaksınız anlamındadır. Kendinizin hırsız olduğunu gördüyseniz, işleriniz ters gidecek. Hırsız kovalıyor ve yakalıyorsanız, hasımlarınıza galip geleceksiniz demektir.

HİZMETÇİ

Dertli günlerden sonra, maddi açıdan rahata ereceksiniz anlamındadır.

HOROZ
Rüyada horoz görmek çok iye yorulur. Horoz dertlerin geçeceğini bildirir. Horoz ayrıca güçlü elinde türlü imkan bulunan biri olarak ta yorumlanır.

HUBUBAT
Rüyada görülen buğday başakları kazancın artmasına, çavdar, yulaf veya arpa görmek ya da pazardan almak veya evde yemek ev yaşantınızda bazı pürüzleri bildirir.

HURMA
Rüyada hurma almak ve yemek, helal kazanca, kuru hurma hastalıkların derman bulacağına ve eğlenceli zaman geçirmek anlamına gelir.

HÜKÜMLÜ
İnsanın hükümlü görmesi, iyi arkadaşı olduğunu sandığı kimselerin ona üzüntü ve acı çektireceğini işaret eder.

I, i

IRGAT
Rüyasında terlemiş içinde ırgat gören bir kişinin, başına bir felaket gelebilir. Eğer rüyayı gören kişi ırgatın terini silerse, rahatlayacak demektir.

IRMAK
Rüyada büyük bir ırmağa düşmek; tehlike içinde olduğunuzu eğer çok uğraşılırsa kurtulursa rahata ereceğine eğer, ırmaktan çıkmazsa öleceğine yorumlanır. Durgun, temiz bir ırmak; bol kazancın, mutluluğun işaretidir. Kirli bir ırmak, etrafınızda kıskanç insanlar bulunduğuna bunlarla tartışacağınız anlamındadır.

ISLANMAK

İster yağmurda ister suda olsun iyice ıslanmak, başarısızlıklarla geçecek bir zamana, bu başarısızlıktan sonra mutluluğa ve güzel hayata işaret eder.

ISIRGAN

Güzel bir rüyadır. Rüyasında ısırgan görmek bahtın açık olacağına ve bol para kazanılacağına yorumlanır.

ISIRMAK

Rüyada ısırılmak, düşmanınızla karşı karşılaşacağınız ve bu hesaplaşmadan zarar göreceğinizi belirtir.

ISLIK

Rüyada gece ıslık çalmak, iyiye yorulmaz. Islık sesi işitmek, bazı üzücü haberler nedeniyle planlarınızı değiştirmek zorunda kalacaksınız demektir. Kalın ıslık sesi, görenin yakınlarına hoşgörülü yaklaşması gerekir demektir. Tiz ıslık sesi, hiç beklemedik bir zamanda para kaybedeceğine yorulur.

ISTAKOZ

Rüyasında ıstakoz gören, kimse çeşitli sıkıntıların ardından refaha kavuşacak anlamındadır. Eğer ıstakoz canlı ise, elinize çok para geçecek demektir.

IŞIK

Rüyada ışık birçok sıkıntıdan sonra refaha ve huzura kavuşmak anlamındadır. Işık bir gece yarısı görüldüyse, rüyayı gören bir çocuk sahibi olacak demektir. Güneş iyi bir gelecek anlamındadır. Ay ışığı hüzünlü ve acı bir durumu bildirir. Gaz lambasının ışığı eğlenmek ve güzel zaman geçirme imkanını anlatır. Mum ışığı dert demektir. Kibrit ışığı ise kısmet işaretidir.

İSTİFA ETMEK:

İşinizden istifa ettiğinizi gördüyseniz, iş yaşamınız için yeni girişimlerde bulunacak, fakat istediğinizi elde edemeyeceksiniz demektir. Başkalarının istifa etmesi, kötü haberler alacağınıza işarettir.

İBADET:
Bu rüyalar daima iyiye yorulur. Rüyada ibadet ettiğini gören kişi sıkıntılarından ve sorunlarından kurtulur. Rüyada ibadet ederken görmek, ailenin mutlu yaşamı olacağına işarettir. Eski durumundan daha iyi durumu gelir.

İÇ ÇAMAŞIRI:

Rüyada iç çamaşırı görmek çok değerli hediye demektir. İç çamaşırını çıkarmak ise, eğer dikkatli olunursa hafif atlatılacak hastalığa işarettir.

İÇMEK:
Hem iyiye hem de kötüye yorumlayan vardır. İyi yoruma göre kazancı; kötü yoruma göre ise hastalığı belirtir.

İÇKİ
Rüyada şerbet, şurup gibi alkolsüz içkiler genel olarak hayra yorumlanır. Ancak alkollü içkiler iyiye yorulmazlar.

İDAM
İnsan rüyasında idam edildiğini görürse, başarılı olacağına yorumlanır. Asılmak, fakirler için hayra işarettir. Zenginler için varlığın artacağı anlamındadır. Bekarlar için, evlilik işaretidir. Rüyada idam mahkumu olmak uzun ve şerefli yaşamak demektir.

İDRAR
Rüyada idrarı tutamamak, malın ve paranın artacağına, mutlu havadis alacağınıza işarettir. Yol ortasında idrar yapmak hiç ummadığınız bir kişiden bir fenalık geleceğine yorulur. İdrar darlığı zamanla

fakirleşeceğine işaret eder. Şişe içinde idrar, hastane ile ilgili bir durumu bildirir.

İFLAS
Rüyada iflas etmek çok kazançlı ve kârlı işlere atılacak, bunlardan birçok yara ve kazanç sağlayacak demektir.

İFTİRA
Rüyada bir iftiraya uğramak, beklenmedik bir haber almak demektir.

İĞNE
Rüyada iğne görmek, sağlığınıza daha fazla dikkati etmeniz gerektiğini işaret eder. Bazı dert ve şanssızlıklara uğrayacaksınız demektir.

İHANET
İhanete uğramak, genç bir erkek için, aşk acısı ya da iş nedeniyle sıkıntı demektir. Orta yaşta biri için yakınlarından birinin ihanetini fark edeceğine işarettir. Genç kız için dertli ve üzüntülü olacağına aşkı ile kavga edeceğine yorumlanır.

İHTİYAR
Rüyada kendini yaşlanmış görmek, ömrün uzun olacağına yorumlanır.

İHALE
Rüyada bir ihaleye katılmak, rüyayı görenin şansının aniden döndüğüne işlerinde kötüleşmeye yorulur.

İHRACAT
Bir kişinin rüyada kendisini ihracat yaparken görmesi, rüyayı görenin çok arzulu ve aşırı istekli bir kimse olduğunu Bu özelliğinin etrafındaki insanlara zarar verdiğini ve çevresindekileri kaybetmek üzere olduğunu ifade eder.

İHTİLAL

Rüyasında ihtilal olduğunu gören kimsenin ruh doktoruna görünmesi gerekir.

İHTİYAR ADAM

İhtiyar birinin elinden bir şey almak yaklaşan bir mutluluk işaretidir. Rüyasında ihtiyarlığını gören kimse uzun ömürlü olacak demektir.

İKİZ

Rüyada ikiz çocuğu olduğunu görmek işinizde küçük bir başarı kazanacağınıza yorumlanır.

İKSİR

Rüyada iksir, çok çalıştığınız için sağlığınızın bozulacağına işaret sayılır.

İLAÇ

Rüyada ilaç almak iyiye yorulur. Rüyada ilaç içmek sağlık durumunuzun iyi
olduğuna ve muradınıza ereceğinize yorumlanır. Tadı güzel olan bir ilaç almak, bazı sorunlarla karşılaşacak; fakat bu sorunları aşacaksınız demektir. İlaç imal etmek uzun süredir sonuç alamadığınız işlerin artık sonuca kavuşacağına işaret eder.

İLAHİ VARLIKLAR

Melek, evliya gibi ilahi varlıklar görmek iyiye yorumlanır

İLANI AŞK

Rüyada birisine ilanı aşk edildiğinin görülmesi, bir dosttan büyük yardım görüleceğine yorulur.

İLKBAHAR

Rüyada ilkbahar mevsimini görmek iyiye yorumlanır. İlkbahar rüyası bereket ve bolluk demektir. Rüyasında ilkbahar mevsimini gören kimse bir yıl boyunca mutlu ve huzurlu olur.

İLAN
Rüyada gazete, radyo, televizyon ilanı görmek, emeline kavuşmak ve yüklü miktarda para sahibi olmak anlamı taşır.

İMAM
Rüyasında imam gören kimse iş yaşamında yükselir, iyi bir makama sahip olur. Rüyasında imam olduğunu gören kimse çevresinin saygısını kazanacak, yüksek makama yükselecek demektir.

İMPARATOR
Rüyasında imparator gören kişinin şansı iyi olacak, bir şans oyunundan para gelecek demektir. Aynı zamanda iyi geçmeyecek bir yolculuğa çıkılacağını bildirir.

İMPARATORİÇE
İş yaşamınızda başarılı olup yüksek bir makama yükseleceksiniz; fakat kibirli olmanız sizi başarısız kılacak demektir.

İMTİHAN
İmtihan korkusu yeni bir iş girişimi olarak yorumlanır. İmtihanı başarmak, bir dertten kurtulmak, imtihanda başarısızlık, umulmadık iyi bir haber, imtihan etmek umulmadık kötü bir haber demektir.

İMZA
Rüyada imza atmak, iyi şeylere yorulur. Bu rüyayı gören kişi kısa süre içinde dertlerinden kurtulacak feraha kavuşacak demektir.

İNCİ
inci almak ilim ve fazilet sahibi olmak ve halk tarafından sevilmek demektir. Ağzına inci sokmak, dininin güzel olduğuna yorumlanır İnci görmek mutluluğa inci almak, başkanlığa seçilmeye işarettir. Buna

karşılık rüya boynuna inci takan kız evlenir anlamındadır.. İncileri tek tek ipe dizen kişi mutluluk gözyaşı dökebilir

İNCİL
Rüyada İncil görmek Müslüman biri için hatalarına dikkat ederse para ve mutluluk demektir. Hıristiyan bir kimse bu rüyayı görürse zor günleri aşacağına, rahata kavuşacağına yorumlanır.

İNCİR AĞACI
Rüyada incir ağacı görmek iş yaşamında başarılı olmaya yorumlanır. İncir ağacı diken kimse yeni bir iş girişiminde bulunur.

İNAT
Rüyada inat veya inatçılıkla ilgili bir şey görmek, o rüyayı görenin işlerinde başarılı olacağına yorumlanır.

İNCİL
Rüyada İncil okuma dünya görüşünüzün yanlış olduğunu bildirir ve değiştirmeniz gerektiğini işaret eder.

İNCİR
Rüyada incir kısmet demektir. Fakat incirler kurtluysa bu kısmet, dedikoduya ve kıskançlığa sebep olacaktır. Mevsiminde incir yemek, güzel bir rüyadır. Mutluluk, evlenmek olarak yorumlanır. Kuru incir, zenginliğin artacağına işaret eder. Rüyada kendisini incir yerken görmek, başınızdan aşk geçeceğine yorumlanır.

İNEK
Kadın için evlilik erkek için zenginlik anlamındadır. Rüyasında süt sağan kişi yeni işlere atılacak ve bol para kazanacak demektir. Rüyada süt içmek de içinde bulunduğunuz durumun daha iyi olacağını işaret eder.

İNFİLAK
Rüyada çok şiddetli bir patlama, yaşamınızda çok ciddi bir değişiklik olacağına yorulur.

İNSAN
Rüyasında tanımadığı bir kişiyi gören insan işlerinde birisinin yardımını alacak demektir. Rüyada insan eti yemek de hareketlerinize dikkat etmelisiniz; aksi takdirde çok zarar göreceksiniz anlamındadır.

İNTİHAR
İntihar gençlik çağının dertli, yaşlılığın rahat olacağına işarettir. İntihar görmek, sıkıntılı habere yorulur. İntihara kalkışmak, bir aşk haberine işaret eder. İntihar ettiğinizi gördüyseniz, bu, yakında çeşitli tersliklerle karşılaşacağınız demektir.

İP
Rüyada ip görülmesi, uzun ömrü işaret eder, iyi haberler haber verir. Kalın ip, dertli günler geçireceksiniz demektir. Özellikle aşk yaşamınızda karmaşıklık yaşayacaksınız anlamındadır.

İPEK BÖCEĞİ
rüyada ipek böceği görmek güzel ve çalışkan birisiyle evlenmek anlamındadır. İpek böceğinin öldüğünü görmek, sıkıntılı ve acı bir dönem geçireceğinize işaret eder.

İPEK
Rüyada ipek görmek çok iyi sayılır. İpek saflık, iyi niyet, yükselme, başarı olarak yorumlanır. Saf ipek görmek, iyi bir habere işarettir. İpek iplik, uzaktaki bir tanıdığın ziyaret olasılığına yorulur. İpek iç çamaşırı, kısa zamanda geçecek dertli günlere işarettir.

İRİN
Rüyada vücutta irin çıkması bir iftiraya uğrayacağınıza yorumlanır.

Vücuttan irinin aktığını gören kişinin bütün sıkıntılarından sıyrılacağına ve rahata kavuşacağına işaret eder.

İRMİK
Ölüm haberi alınacağına yorumlanır.

İSKAMBİL
İskambil kağıdı oynayan bir kimsenin işlerinde hile vardır. Para için oynamak, maddi dertlere yorumlanır. Rüyada para kazanmak için değil de eğlence amacıyla iskambil oynuyorsanız muradınıza ereceksiniz demektir.

İSKELE
Rüyasında iskele gören kimsenin işleri düzene iyi olacak demektir. İskelenin yıkıldığını görmek işlerinizin bozulacağına ve sıkıntıya düşeceğinize işaret eder.

İSKELET
İskelet görmek, her genç için, gizli bir tehlikeye; yaşlı insanlar için, bir tuzağa yorumlanır.

İSKEMLE
Rüyada iskemle gören kişi eğer erkekse, o kişinin işlerinizin güzel gideceğine ve tatile çıkmaya işarettir. Eğer aynı rüyayı bir kadın görürse yakında evleneceğine yorumlanır.

İSPİRTO
Rüyada ispirto gören kişi boşuna vakit geçiriyor demektir.

İSTASYON
Rüyasında istasyon gören kimsenin planlarını bir süre daha ertelemesi gerekir; çünkü ortam uygun değil demektir.

İSTİRİDYE
Rüyada istiridye veya midye görmek, çevresi geniş bir kimseyle

tanışacağınızı ve bu olay sonrasında yaşam şeklinizde iyi değişiklikler olacağını gösterir.

İSKARPİN

Yeni iskarpin görmek, bolluk ve bereket haberidir. Eski iskarpin, bir dostun ihanetini işaret eder. Patlak iskarpin, sonucunda başarı sağlanacağını anlatır. Siyah iskarpin, bir düğün olacağının işaretidir.

İSYAN

Rüyada bir isyanı görmek, rüyayı görenin kısa zamanda arkadaşlarının kendisi hakkında yaptığı dedikodulardan haberdar olacağına yorumlanır.

İŞ

Rüyada kendisini bir iş yerinde çalışıyor görmek maddi sıkıntıya düşüleceğine yorumlanır.

İŞARET

Rüyada kendinizi birilerine işaret verirken görmek, girişeceğiniz yeni işlerde yakın arkadaşlarınızdan yardım alınacağına yorumlanır.

İŞÇİ

Çevresine karşı saygınlığı ve güveni kaybetme olasılığı ver anlamındadır.

İŞKEMBE

Rüyasında işkembe gören kişinin arkasından dedikodu yapılıyor demektir. İşkembe yediğinin görülmesi de iş yaşamınızda emeğinizin karşılığı alarak terfii edeceğinize yorumlanır.

İŞKEMBE ÇORBASI

Rüyada işkembe çorbası içmek, iş yaşamı nedeniyle çok yorgun olduğu anlamına gelir.

İŞKENCE
Rüyada İşkence gören refaha, huzura ulaşacak demektir. İşkence yaptığını gören ise sorunlu zaman geçirecek anlamındadır.

İTFAİYE
Rüyada itfaiye görmek iyiye yorulur. İtfaiye aracının gelmesi önemli insandan yardım görecek demektir. İtfaiye aracından su sıkıldığını görmek önemli göreve gelmek anlamındadır.

İTİRAF
Rüyada gizli bir şeyi itiraf etmek iyice incelemeden bir anlaşma yapmak demektir. Bazı kararlar verirken dikkatli olmalısınız anlamındadır.

İTİRAZ
Rüyasında bir şeye itiraz eden kimse iş yaşamında kendisine hazırlanan bir komployla karşı karşıya demektir.

İZ
Rüyada bir izi takip etmek, yeni işlere atılacağınızı işaret eder.

İZCİ
Rüyasında izci olduğunu gören kimse kalabalık bir toplulukla yolculuğa çıkacak demektir.

İZİN
Bir yerden izin aldığını görmek çok zor bir döneme girdiğinizi ve daha fazla çalışırsanız üstesinden geleceksiniz demektir.

J

JAGUAR:
Rüyada bu hayvanı görmek, bir uğur, bir güzel haber demektir.

JANDARMA
Rüyada jandarma gören kişiyi, kısa bir zaman içinde büyük bazı işler bekliyor demektir. Ancak, bu rüyayı gören emeğinin karşılığını fazlasıyla alacaktır.

JAPON
Rüyayı gören evli ise hayra yorulur. Rüyasında Japon görmek bekar için, sadık birisi ile evleneceğini işaret eder.

JAPON GÜLÜ
Rüyada Japon gülü görmek, büyük bir yolculuk işaretidir.

JELATİN
Rüyada jelatin görmek, hiç beklemediğiniz bir yakınınızdan ihanet göreceğinize yorumlanır.

JENERATÖR
Bir kimsenin rüyasında jeneratör görmesi, o rüyayı gören kimsenin hiç beklemediği bir anda aldığı sorumluluklar sonucu çok yükseleceğine yorumlanır. Rüyayı gören kadınsa erkek çocuğu olacak demektir.

JET
Rüyasında jet uçağı gören kimse çok kısa zamanda kıskanılacak başarılar kazanacak demektir.

JETON
Rüyada jeton görmek çok para kazanmak demektir.

JİLET
Rüyada jilet görmek, uzun zamandır sonucu belirsiz olan bir işin sonunun iyi biteceğine yorulur.

JÖLE
Rüyada jöle gören kimse çok eğlenceli geçecek bir davete katılacak demektir.

JUDO
Judo yapmak daha gerçekçi olmalısınız, gerçekleşmeyecek hayaller peşinde koşmamalısınız anlamındadır.

JÜPİTER
Rüyasında Jüpiter yıldızını gören, çalışamayacak kadar hastalanacak demektir.

JÜRİ
Rüyada jüri görmek, kısa bir süre sonra kendisinin ön sırada olacağı kalabalık bir merasime katılacak demektir.

KABADAYI
Rüyada kabadayı gören kişi, etrafındaki insanların sevgisini ve saygısını kazanacak demektir.

KABAKULAK
Kabakulak hastalığına yakalanmak dert içine düşecek ve bu dertten sonunda kurtulacak anlamındadır.

KABAHAT
Rüyada kabahat işlemek kötüye yorulur. Kötü bir haber alacağınızın işaretidir.

KABARE
Rüyada kabareye gitmek kısa bir zaman sonra arkadaşınızın önemsiz bir olay nedeniyle bozulacağına yorumlanır.

KABİN
Bir düşmanınızın sizin için tuzak hazırladığını dikkatli olmanız gerektiğini işaret eder.

KABLO
Riskli işlere atılacaksınız ama sonuçta istediğiniz gibi sonuçlanacak demektir.

KABRİSTAN
Rüyada kabristan dini hayata dalmak demektir.

KABUS
Düşmanlarınızı alt edeceğiniz anlamını taşır.

KABUL GÜNÜ
Kendisini kabul gününde gören kişi hakkında bir dedikodu yapıldığına işarettir.

KABİR
Bir insanın kabir yaptığını görmesi bir evi onarması demektir. Kabir kazmak ise, bekarlar için düzenbazlıkla gerçekleşen evlilik demektir. Kabre girmek ise iş yaşamında sıkıntılar yaşanacak anlamındadır.

KAÇMAK
Rüyada kendinin kaçtığını görmek eskiden olan ve size çok sıkıntılar yaşatan bir olayın tesirinden kurtulamadığınız anlamındadır. Koşarak

kaçtığını görmek aklın sayesinde bütün sorunların üstesinden geleceksiniz demektir.

KADAYIF
Paranızı har vurup harman savurduğunuzu deha dikkatli para harcamanız gerektiğini belirtir. Kadayıf yemek para kazanacağınız bir işe girişmek demektir.

KADEH
Kadeh görmek hayra, evliliğe ve çocuğa yorulur. İçki dolu kadeh hayırsız, zevk düşkünü bir çocuğa işaret eder. Su dolu kadehten su içmek çocuk sahibi olmak demektir.

KADIN
Genellikle iyi yorulmaz. Rüyada kadın dedikodu, kötü haber ve yalanı ifade eder. Hoşa gitmeyecek olay olarak tanımlanır. Güzel ve genç bir kadın ise izleyecek mutluluktur demektir.

KADINBUDU
Sizinle alakası olmayan bir şey yüzünden başınızın belaya girecek ve bu beladan çok zor sıyrılacaksınız anlamındadır.

KADINGÖBEĞİ
Rüyasında kadıngöbeği gören kimsenin dedikodusunun yapıldığına yorumlanır.

KADİR GECESİ
Rüyada Kadir Gecesini görmek, işlerinde başarılı olacağına, muradına ereceğine ve onun Allah\'ın sevgili bir kulu olduğuna yorumlanır

KADİFE
Kadife satın alan, satan, giyen herkesin, üne kavuşacağını işaret eder.

KAFA
Rüyada kafa görmek varlıklı ve çevresinden saygı göreceğine işaret eder. Elinde kafa görmek işlerinizi düzeleceğine yorumlanır. Kafayı önüne eğmiş görmek pişman olacağınız hareketler yapacağınıza işaret eder.

KAFES
Kafes rüyası hayra yorulmaz. Rüyada kafes görmek, hiç ummadığı anda derde düşmek demektir. Boş kafes gelmekte olan bir sıkıntıyı belirtir. Kuş kafesi ise Birilerini alt etmek için planlar kurduğunuzu anlatır. Kafesteki kuşu serbest bırakmak tövbe edeceğinizi işaret eder.

KAFTAN
Rüyada kaftan giymek hareketlerinize ve sözlerinize dikkat etmeniz gerektiğini işaret eder. Rüyada kaftan görmek kimsenin para ve ün sahibi olacağına yorumlanır.

KAĞIT
Rüyada kağıt görmek muradınıza ereceksiniz demektir. Bir kağıda yazı yazmak; mahkemelikseniz mahkemeyi kaybedeceğinizin haberidir. Ailenizde bazı kavgalı günler yaşayacaksınız demektir.

KAĞNI
Rüyada kağnı çok iyi sonuçlar verecek yolculuğa yorumlanır.

KAHİN
Rüyasında kahin gören insan daha önce aşk yaşadığı biriyle tekrar aşk yaşanacağına işarettir.

KAHKAHA
Rüyada kahkaha ile gülündüğünün görülmesi, genellikle hayra yorulmaz, kötü bir haber olarak yorumlanır.

KAHVE
Rüyada kahve içmek, erkek için sonu mutlu olacak bir serüvene atılmak demektir. Genç kız için bu rüya zengin biri ile evliliğe yorulur Kahve

rüyaları birkaç şekilde yorumlanırlar. Şekerli kahve içtiğini görmek haram bir mala yorumlanır. Şekersiz kahve ise bir rahatsızlığı ve sonrasında üzüntüyü işaret eder.

KAHVEHANE
Rüyada kahve görmek sorumluğu üstlendiğiniz işin üstesinden geleceksiniz demektir. Kahvehanede oturmak yaşayacağınız bir olayın sizi çok üzeceğini bildirir.

KALABALIK
Rüyada kalabalık gören kimsenin işlerinde bütün engelleri aşarak, güzel bir yaşam süreceğine yorumlanır.

KALBUR
Çevrenizdeki insanların yardımıyla içinde bulunduğunuz zorluklardan kurtulacaksınız demektir. Rüyada kalbur almak anlayışlı biriyle evleneceğine yorumlanır.

KALE
Kale, sıkıntılardan sıyrılacağınıza işarettir. Uzaktan kale görmek, bir yerden başka bir yere taşınacağınız anlamındadır.

KALEM
Yetenekli bir kişi olduğunuzu ve istikbalinizin parlak olduğunu belirtir. Kalemle yazı yazmak istediğiniz şeylerin gerçekleşeceğine yorulur. Hediye kalem alan birisi iyi bir işe girecek demektir. Rüyada kalemin kırıldığını görmek de kalkışacağınız bir işten zarar edeceğinizin haberidir.

KALKAN
Rüyasında kalkan gören kimsenin çevresinde düşmanları olduğunu, dikkatli hareket ettiğini işaret eder.

KALP
Cesaret, akıl, el açıklığına ve adalete yorumlanır. Kalbinde bir korku ve endişe olduğunu hissetmek, rüyayı görenin doğru yola geleceğine

yorumlanır. Kalbinde ağrı bulunması, o kimsenin yakın zamanda bir kötülük yapacağına; kalbinde hastalık hissetmesi, münafık bir kimse olduğuna yorumlanır.

KALAYCI
Çok neşeli günlerin yakında geleceğine yorumlanır.

KALDIRIM
Kaldırım sonuç alamayacağınız işlerin peşinden koştuğunuzu işaret eder. Kaldırıma düşmek güzel bir haber alacağınızı bildirir.

KALORİFER
Rüyada kalorifer görmek, bir dönüm noktasına geldiğinize bunun sonucunda ya refah ve mutluluk ya da dertlerin geleceğine yorumlanır.

KAMA
Rüyada genç erkeğin savunma amacıyla kama çekmesi, girişeceği bir işte kuvvetli bir rakiple karşılaşacağını işaret eder. Yaşlılar için, rekabet nedeniyle ortaya çıkan zorluklara yorumlanır.

KAMARA
Vapur kamarasının görülmesi, arkadaş sandığınız bir kimsenin size ihanetine maruz kalacağınızı işaret eder.

KAMAROT
Fakir bir kimse için zenginliğine yorumlanır.

KAMBUR
Genellikle hayra yorulmaz, kötü bir haber olarak kabul edilir. Rüyada kambur birisini görmek, hayatınızda bazı olumsuz gelişmeler olacak anlamındadır.

KAMELYA
Başarılı bir aşk macerası habercisi olarak yorumlanır.

KAMIŞ
Rüyayı görenin hiç ummadığı bir anda yakınları karşısında zor ve küçük duruma düşebileceğine işaret eder.

KAMP
Rüyada kamp yaptığını görmek üstlendiğiniz sorumlukta başarısız olacağınızı bildirir. Kamp yeri görmek, sağlığınıza dikkat etmenizi belirtir.

KAMYON
Rüyada kamyon, kedere ve üzüntüye yorumlanır. Böyle bir rüya gören girdiği işten zarara uğrar.

KAMÇI
Kamçı ihtiyaç ve isteklerin sona ermesine yorumlanır. Aynı zamanda kamçı temiz bir arkadaşa işaret olarak yorumlanır.

KAN
Rüyada kan görülmesi, savaş ve felaket haberi olarak yorumlanır. Hayal kırıklığına uğrayacak ve üzüntülü günler yaşayacaksınız demektir. Arkadaşlarınıza dikkat edin demektir. Kan aldırmak dinlenmeniz gerektiğine yorumlanır.

KAN ALDIRMA
Rüyada kan almak, kötülükten ve hastalıktan kurtulmasına işaret eder. Alınan kan sağ elde olursa, gelirinin artacağına ve geçim sıkıntısı çekmeyeceğine yorumlanır.

KANARYA
Kanaryanın öttüğünü duymak, iyi haberler alacağınızın haberidir. Kafeste kanarya görmek aile içinde tartışmalara işaret eder. Rüyada kafesteki kanaryayı serbest bırakmak kötü huylarınızı terk etmeniz gerektiğine yorumlanır.

KANAT

Rüyada kanat görmek iş ve aşk hayatında başarı kazanacaksınız demektir.

KANCA

Başınız sıkıştığında size yardım etmeye hazır dostlarınızın olduğuna işaret eder.

KANDİL SİMİDİ

Rüyada kandil simidi görmek, hayra yorumlanır.

KANGREN

Rüyada kangren kötü ve çok üzücü bir haber almak demektir.

KANDİL

Rüyada kandil yakmak elinize kısa zamanda bol para geçecek demektir. Kandili yanarken görmek, sağlık durumunuzun çok iyi olacağına yorumlanır. Kandilin söndüğünü görmek ise bir hastalığa tutulacağınıza işaret eder.

KANSER

Kanser sağlık durumunun bozulmasına yorumlanır. Rüyanızda kanser yendiğinizi görmek, para derdiniz sona erecek ve zengin olacaksınız demektir.

KANTAR

Mahkemelik bir işiniz olduğuna ve bu mahkeme sonucunda haklı olduğunuzun anlaşılacağına yorumlanır. Kantarda bir şey tartmak vereceğiniz kararlarda daha adil olmanız gerektiğine yorumlanır.

KANUN

Kanun ile ilgili bir rüya görenin, hareketlerinde adaletsiz davrandığı ve davranışlarına dikkat etmesi gerektiği belirtilir.

KAPI KİLİDİ

İşlerin yoluna gireceğine yorumlanır.

KAPI

Rüyada bir kapıdan geçmek, iftiraya uğramak demektir. Kapalı bir kapı görmek önemli bazı fırsatları kaçırdınız demektir.

KAPLAN

Rüyada kaplana binmek veya kaplanı tuttuğunu görmek, rakibini yenecek demektir. Kaplan kuvvetli, kendini beğenmiş, yüksek makam sahibi bir insan olarak yorumlanır. Bir kaplanla karşılaşan kimseye birisi bir iyilik yapar. Yaşlı, zayıf ve tüyleri dökülmüş bir kaplan görmek arzu ettiği yardımın olmayacağı olarak yorumlanır.

KAPLICA

Kaplıca kötü alışkanlıklarının kendisine zarar vereceğine yorumlanır.

KAPLUMBAĞA

Kaplumbağa görmek ya da çorbasını içmek; işlerinin azaldığına ancak bu azalmanın ilerde ona kar sağlayacağına işarettir.

KAPTAN

Rüyada kaptan iyiye yorumlanır. İşler iyileşecek kazanç düzelecek demektir. Hayaliniz olacak anlamındadır. Eğer rüyayı kadınsa, çevresine kıskanç insanlarla dolacağı ve birçok düşmanı olacağına işarettir.

KAR

Kar rüyası iki şekilde yorumlanır. Kışın görülen kar rüyaları iyi sayılır. Bu rüyalar hayatın değişeceğini, güzel günlerin yaklaştığını, dertlerin biteceğini haber verir. Pencereden yağan karı seyretmek, sorunların ve üzüntünün çok kısa sürede son bulacağına ancak bir tehlike atlatılacağına işaret eder. Karda ayak izlerini görmek, güzel bir sürprizle karşılaşacağına yorumlanır. Bembeyaz kar, huzur ve mutluluk demektir. Mevsimsiz görülen kar, ani yaşanacak değişimler yüzünden hayatın alt üst olacağına yorumlanır.

KARA

Rüyada her şeyin kara olduğunun görülmesi zor ve üzüntü verecek bir döneme girişileceği, işlerin bozulacağına yorumlanır.

KARA SİNEK

Kara sinek köyü niyetli ve patavatsız bir kimseyle tanışacağınıza yorumlanır. Rüyada kara sinek yediğinin görülmesi haram yollarla para kazandığınıza işaret eder. Kara sinek öldürdüğünü gören kimsenin düşmanlarını alt edeceğini ve rahat bir dönem geçireceğini işaret eder.

KARABİBER
Karabiber görmek, acı bir haber alacağınızı ifade eder.

KARADENİZ
Karadeniz ile ilgili bir şey görmek, zor durumla karşı karşıya kalınacağına yorumlanır.

KARAKOL
Karakol görmek, hiç ummadığı birisinin iftirasına uğrayacak demektir.

KARANFİL
Anlamı renge göre değişir. Kırmızı karanfil yoğun bir aşka; beyaz karanfil temizlik ve saflığa; alacalı karanfil mutluluğa ve güzel günlere; sarı karanfil, keder ve sağlık problemlerine yorumlanır.

KARANLIK
Karanlıktan korktuğunu veya karanlık bir mekanda olduğunu görmek, atıldığınız işte başarısız olmak demektir. Karanlık odaya ışık vurması, birçok sıkıntının üstesinden geleceğiniz anlamındadır.

KARASEVDA
Kendisini karasevdaya tutulmuş görmek, boş yere kendini üzdüğünü bunun gereksiz olduğunu belirtir.

KARAVANA
Asker karavanası görmek, bir dostunuzla beraber birlikte seyahate çıkacağınıza yorumlanır.

KARDEŞ
Rüyada bir kimse kardeşini görürse, akrabalarından ya da dostlarından güzel alacağına işarettir. Bu rüya erkekler için para durumunuzun iyileşmesi, kadınlar içinse, dertli bir anda hiç ummadığı bir kişiden yardım görmesi demektir. Rüyada öz kardeşini görmek güzel ve sevindirici haber almak anlamındadır.

KARGA
Çevrenizde ikiyüzlü, kötü niyetli insanlar var demektir. Karga sesi de insanların tavsiyesi sonucu girdiğiniz bir işten kayıplarla ayrılacağınıza yorumlanır.

KARINCA
Karınca görmek bolluk ve bereket işaretidir. Rüyada karınca yemek veya kendi evine girdiğini görmek evin hayır ve bereketinin çokluğuna yorumlanır. Rüyada karınca görmek, aşırı hırslı biri olduğunuzun ve hiçbir şeyden memnun olmadığınızın belirtisidir. Rüyada görülen karınca uzun ömre yorulur. Karıncayı bir yerden uçuyor görmesi, oradaki hastanın ölmesine işarettir. Karıncayı evinden yemek ile çıkıyor görmesi, onun fakir olmasına yorumlanır. Rüyasında karıncanın bir köye girdiğini görmesi, o köye askerin gireceğine işarettir. Karıncayı evinden çıkarken görmesi onun ailesinin sayısının azalacağına yorulur.

KARİKATÜR
Karikatürü rüyada görmek, çok yakında rahatlayacağınız bir haber alacağınıza ve tanınmış bir kimse ile arkadaşlık kuracağınıza yorumlanır.

KARNAVAL
Karnavalda eğlenmek kötü ve üzücü bir haber alacağınıza yorumlanır.

KARNIBAHAR
Rüyada karnıbahar görmek, büyük miktardaki alacağınızı zor da olsa tahsil edeceğinizin işaretidir.

KARNIYARIK
Rüyada karnıyarık görmek obur olduğunuzu ve bu huyunuzun insanları rahatsız ettiğini işaret eder.

KARPUZ
Karpuz satın almak, yeni bir işe para yatıracağınıza; karpuz kesmek, kötü haber almaya; karpuz yemek dedikodunuzun yapılacağına yorumlanır. Tarladan karpuz almak, bir akrabalarını ya da arkadaşlarınızla kavga edeceğinize yorumlanır.

KARTAL
Rüyada kartal görmek başarının işaretidir. Bir kartal öldürmek dertlerin aşılacağı anlamını taşır.

KARTON
Rüyada karton görmek insanlara karşı çok kırıcı davranıyorsunuz, bu huyunuzu değiştirmeniz gerekir demektir.

KARTPOSTAL
Kartpostal görmek, bir yolculuğa çıkılacağı şeklinde yorumlanır.

KARTVİZİT
Birisinin size yardım teklif edeceği demektir.

KARYOLA
Rüyada karyola gören kimse is nedeniyle sürekli seyahate gideceği anlamına gelir.

KASA
Elinize ya toplu para geçeceğine ya da elinizden toplu para çıkacağına yorumlanır.

KASABA
Kendisini ufak bir kasabada görmek dedikodulardan dolayı üzüntüye uğrayacağına yorumlanır

KASAP
Aileden biri ciddi bir hastalığa yakalanabilir.

KASATURA
Rüyada kasatura, uğraştığınız bir, kesin ve parlak bir başarı kazanacaksınız demektir.

KASE
Dolu kase bir kısmete, boş kase üzüntüye işarettir. Altın veya gümüş kase, çok para kazanmaya ve başarı bir iş hayatına işaret eder. Kaseden bir şey içmek, bir aşk haberi alacaksınız demektir. Kaseden su dökmek para kaybetmek anlamındadır.

KASIMPATI
Rüyada kasımpatı gören kimse sevgilisiyle kavga edecek demektir.

KASIRGA
Kasırga davranışlarınıza ve çevrenize karşı dikkatli olmalısınız, aksi halde işleriniz bozulacak demektir.

KASKET
Çok güzel bir iş teklifi alacaksınız demektir.

KAŞ
Rüyada kaş, genellikle iyiye, işlerin ve sağlığın düzeleceğine yorumlanır.

KAŞAR
Kaşar peyniri hayra yorulmaz, bir hastalığın habercisi olarak yorumlanır.

KAŞIK
Rüyada kaşık, bolluk ve bereket demektir. Eğer kaşık dolu ise zenginliğe, boş ise fakirliğe yorumlanır.

KATIR
Rüyada katıra binmek, çok zahmetli bir işten başarıyla çıkmaya işarettir. Katır satın almak aile yaşamınızda bazı sıkıntılara yorumlanır. Katırdan düşmek, işlerinizde para kaybedeceğinize işarettir. Katırdan çifte yemek, ihanete uğramak demektir.

KATIR TIRNAĞI
Katırtırnağı çiçeğini görmek, sizin ince ve sanatçı ruhunda olduğunuzu işaret eder.

KATİL
Bir katil tarafından öldürülüyorsanız, muradınıza eremeyeceksiniz demektir.. Bu rüya gizli düşmanlara sahip olduğunuzu haber verir.

KATLİAM:
Rüyada katliam hafif bir hastalığa tutulacağınızı haber verir.

KATRAN
Rüyasında katran gören kimse insanların kötülüğü için uğraşıyor demektir. Ayrıca haram yoldan para gelirine de yorumlanır.

KAUÇUK
Rüyasında kauçuk gören kimse çok sıkıntı çekecek, işleri bozulacak demektir.

KAVAK
Kavak ağacı görmek, ev sahibi olacağınıza, yani arkadaşlar kazanacağınıza yorumlanır.

KAVAL
Kötü bir haber alacağınıza ancak bir süre sonra sıkıntılarınızın geçeceğine yorumlanır.

KAVANOZ
Rüyada kavanoz görmek davranışlarına dikkat etmek ve harekete geçmeden önce düşünmek gerektiğini, işaret eder. Boş kavanoz, sıkıntı ve yoksulluğun haberidir. Dolu bir kavanoz ise tam tersidir.

KAVGA
Rüyada kavga etmek, uzun yaşayacağınızı ve iş hayatında başarılı olacağınızı ifade eder.

KAVUK
Gelecekte güzel işlere atılacaksınız ve bu işlerde başarı kazanacaksınız demektir.

KAVUN
Rüyada kavun görmek, yaşamınızda önemli değişiklikler olacağına yorumlanır.

KAYA
Rüyada kaya gören kişinin, inadından vazgeçmesi, daha anlayışlı olması gerektiği demektir.

KAYAN YILDIZ
Rüyada yıldızın birdenbire kayması, rüyayı görenin üstüne gelmesi, herkes için hayallerin gerçekleşmesi demektir. Kayan yıldızın suya veya denize düşmesi tam tersi anlamındadır.

KAYIK
Kendisini kayıkta görmek, herkes için küçük eğlenceleri, huzurlu günleri ifade eder.

KAYBETMEK
Rüyada bir şeyi kaybettiğini görmek, geçmişte yaşadığınız günleri özlediğinizi belirtir.

KAYBOLMAK
Kendini koybolmuş gören kişi, kendisini olayların akışına kaptırmış demektir. Bu bıkkınlıktan kurtulması gerektiğini bildirir.

KAYINBİRADER
Rüyada kayın biraderini görmek bir yakınızla aranızın açılacağına yorumlanır.

KAYINPEDER
Rüyada kayın peder yakınlarınızla veya dostlarınızla kavga edeceksiniz anlamındadır. Rüyada kayınpederinizi neşeli gördüyseniz ailenizle hoş zaman geçireceksiniz demektir.

KAYINVALİDE
Kayınvalide, güzel bir haberle büyük miktarda para kazanmaya

KAYISI
Kayısı görmek, güzel bir haber alınacağına yorumlanır. Kayısı yemek şanslı olacaksınız demektir.

KAYIŞ
Rüyada kayış gören kişi acı verecek ve üzüntüye sebep olacak haber alacak demektir.

KAYMAK
Rüyada beyaz kaymak yemek veya kaymak satın almak, gelecek rahatlığı ve mutluluğu işaret eder.

KAYNAK
Bir su kaynağı gören insan, uzun ve sağlıklı yaşam sürer demektir.

KAZ
Kaz görmek çevrenizde sizden yararlanmak isteyen kişiler var demektir. Kaz eti yemek size zararı dokunacak birisiyle ortak hareket edeceğinize yorumlanır.

KAZANÇ
Rüyada bol miktarda gelir sağlandığının görülmesi, tersine elinizden para çıkacağına yorumlanır.

KAZA
Rüyada kan çıkmadığı takdirde kaza iyiye yorulur. Kaza yaşamda iyi değişiklik demektir. Başına bir kaza geldiğini gören insanların hayatı için ve daha isabetli kararlar verir.

KAZIK
Hiç beklemediğiniz birinin hakkınızda dedikodu yaptığı şeklinde yorulur.

KAZMA
Rüyada kazma görmek, umulmadık bir zamanda elinize bol miktarda para geçeceğinin işareti olarak yorumlanır.

KAZMAK
Toprağı kazmak mücadeleli bir hayat sizi bekliyor demektir. Rüyada toprak kazan birisini görmek ise, iş hayatında başarıyı ve servet kazanmayı ifade eder. Yaşlılar için ise bu rüya beklenmedik, büyük değişiklik anlamındadır. Kadınlar için de artık şanslı olunduğuna şansa dayalı işlerde başarılı olunacağına yorumlanır.

KEBAP
Rüyada kebap yapmak kolay yollardan para kazanacaksınız demektir. Kebap yemek önemli bir hastalık demektir.

KEÇİ

Keçi görmek muradınıza ereceğinize işaret eder. Bir keçinin saldırısına uğradığınızı görmek, etraftaki insanlara dikkat edilmesi gerektiği anlamındadır. Keçi sütü içmek emeklerinizin karşılığını alacaksınız demektir.

KEÇİBOYNUZU

Rüyada keçiboynuzu görmek, aslında önemsiz olan bir olay nedeniyle aşırı tepki göstereceğinizin işaretidir.

KEDİ

Uğursuzluğun işaretidir. Eğer rüyada kediyi kovalıyorsanız bu iyi anlam taşır. Dişi kedi kötü bir kadını belirtir. Erkek kedi birisini ısırırsa veya tırmalarsa, o kişi hastalanır uzun süre hasta yatar. Kendisinin kedi şekline dönüştüğünü görmek, kötü işlerden geçimini sağlamak demektir.

KEFAL

Sağlığınızın bozulacağına işarettir.

KEFEN

Kefen görmek, bir doğum ya da ölüm haberi geleceğine yorumlanır. Kendisini kefen içinde görmek, iş hayatında başarılı olacağına işaret eder. Bir başkasını kefen içinde görmek, bir kimsenin ölüm haberini alacaksınız demektir.

KEKEME

Kekeme görmek, çocuk sahibi olacağınıza yorumlanır.

KEKLİK

Rüyada keklik görmek, etrafınızdaki insanların saygısını kazanacaksınız demektir. Keklik eti yemek aile içinde kavga edeceğinizi işaret eder.

KEL

Kel bir adam, dertlerin geldiğinin habercisidir. Rüya sahibi erkekse bu, çok kavgacı bir kadınla evleneceği anlamına gelir. Rüya sahibi kadınsa bu, ileride kocasına hükmedecek demektir. Rüyada kel görmeniz, çevrenizdekileri son zamanda fazlasıyla üzmekte olduğunuzun haberidir.

KELEBEK
Zenginlik ve boşansın habercisidir. Rüyada kelebek, sizin çok ince ve sanatkar ruhlu biri olduğunuza yorumlanır. Kelebeklerin uçtuğunu gördüyseniz, uzaktaki dostlarınızdan ya da yakınlarınızdan güzel haberler alacaksınız demektir. Rüya sahibi kadınsa, sadık biriyle evleneceğine yorumlanır.

KELEPÇE
İnsan kendisini, zincir ve kelepçe vurulmuş olarak görürse, iyi bir şekilde yorumlanmaz.

KEMAN
Rüyada keman, karışık bazı gönül maceralarının başlangıcı olarak yorumlanır.

KEMENÇE
Rüyada kemençe görmek, işlerinizde acele etmeniz gerektiğinin haberidir.

KEMER
Rüyada kemer görmek, dertli duruma düşüleceğine yorumlanır. Hayatınızı etkileyecek ve size uğursuzluk getirecek biriyle tanışacaksınız.

KEMİK
Rüyada kemik görmek genç erkek için, başarılı bir iş yapacağına yorulur. Daha yaşlı erkek için, pek önemsenmeyen bir hastalığın ilerleyeceğine işarettir. Genç bir kız için sanatçıyla evliliğini haber verir.

KEP
Kep takan kimse yeni birisiyle aşk yaşayacak demektir.

KEPEK
Rüyada kepek, büyük maddi bir kazancın elde edileceğine yorumlanır.

KERESTE
Rüyada kereste, ev sahibi olunacağına yorumlanır.

KEREVİZ
Rüyada kereviz görmek, mutluluğun ve zenginliğin belirtisidir. Kereviz yemek, etrafınızdaki insanlar tarafından çok sevildiğinizi anlamındadır.

KERPETEN
Rüyasında kerpeten gören kişi, kendi hatalı hareketleri yüzünden dert içine düşecek anlamındadır.

KERPİÇ
Rüyada kerpiç ya da kerpiçten yapılmış bir ev, kız çocuğunun habercisidir.

KERTENKELE
Üzüntünün habercisidir gammaz bir fitneci olarak tabir edilir. Rüyada kertenkele düşmanlarınızın saldırısına uğrayacağınız anlamına gelir.

KERVAN
Misafir demektir. Uzak bir yerden size çok miktarda misafir geleceğine yorumlanır.

KESE
Rüyada kese görmek işlerinizin iyi gitmesi sonucu büyük miktarda para kazanacaksınız demektir. Rüyada dolu kese ömrünüzün sonuna kadar rahat bir yaşam süreceğinize yorumlanır. Boş kese görmek ise tam tersi anlamdadır.

KESER
Rüyada keser görmek, bir işin menfaatinize uygun bir biçimde son bulacağına yorumlanır.

KESTANE
Genellikle iyiye yorulmaz. Rüyayı görenin ya da bir yakınının sağlık durumunun ciddi bir şekilde bozulacağına ve sıkıntıya yorumlanır.

KETEN
Rüyada keten giymek işlerinizde başarı sonucu zengin olacağınızı işaret eder.

KEVGİR
Dertlerden kısa zamanda kurtulacağınıza yorumlanır. Hayatınızın sonuna kadar rahat, huzur ve mutluluk içinde yaşayacağınıza işaret eder.

KEVSER
Kevser cennet ırmaklarından birinin adıdır. İnsan rüyasında cennette bulunan Kevser nehrinden içtiğini görürse tövbe eder demektir.

KEZZAP
Acı bir haber alınacağına işarettir. Kezzap içmek ise çok önemli bir karar vereceksiniz demektir.

KIL
Bol para kazanmaya ve paranın getireceği mutluluk ve rahata işaret eder.

KILIÇ BALIĞI
Etrafınızdaki insanların tavsiyelerine uymalısınız demektir.

KILIÇ
Hayatınızla ilgili planlarınızı gerçekleştirmek için harekete geçeceğinize yorumlanır. Rüyada kılıç kuşanmak, işinizde yükseleceğinize ve yüksek makama erişeceğinize işaret eder. Kılıçla vurmak bir arkadaşınızın yardımına koşacaksınız demektir.

KINA

Rüyada kına görmek, iş yaşamında iyi işlere girişeceğinize işaret eder. Rüyasında kına yakan kişi, güzel haberler alacak demektir.

KIR ÇİÇEĞİ

Umulmadık, beklenilmeyen eğlence ve ziyafete işarettir. Yakında bir davet alacaksınız demektir.

KIRLANGIÇ

Uzun zamandır haber alamadığınız bir kimseyle karşılaşacaksınız demektir. Kırlangıç yakalamak, sevdiklerinizi çok üzeceğinize yorumlanır.

KIRMIZI

Rüyada kırmızı görmek yakında romantik bir aşk yaşayacaksınız demektir. Bazı tartışmalar yaşayacağınız anlamına da gelir.

KISRAK

Kişinin bütün istediklerine ulaşacağını işaret eder.

KIŞLA

Rüyasında kendisini kışlada gören bir kişi, uğradığı haksızlığa cevap verememenin ezikliğini yaşıyor demektir.

KITLIK

Geçim sıkıntısına düşerek, zor bir dönem geçireceğinize işarettir.

KIVILCIM

Ömrünüzün sonuna kadar zorluk içinde yaşayacağınızı, sıkıntılarla uğraşacağınızı işaret eder.

KIZ

Rüyasında kız çocuğu gören kişi, birçok dertten sonra mutluluğu yakalayacağınıza işarettir. Güzel bir kız çocuğu mutlu, düzenli bir aile yaşamına yorumlanır.

KIZAK
Davranışlarınız ve söyledikleriniz yüzünden insanların kalbini kırdığınızı belirtir.

KIZAMIK
İşleriniz düzene girecek ve çok para kazanacaksınız demektir.

KIZILCIK
Rüyanızda kızılcık toplamak ya da yemek, elinize az miktarda para geçecek, geçim sıkıntısına düşeceksiniz demektir.

KİBRİT
Ummadığınız bir anda yaşamınızda önemli değişiklikler olacak demektir. Rüyasında yanan kibrit gören, genç bir erkek iyi bir para kazanacağı rahatlayacağı yeni bir işe atılacaktır.; Orta yaşlı bir erkek için başkalarının sebep olacağı bir tartışmaya işaret eder. Bekar bir kız için, çabuk gerçekleşen ve mutluluk getiren bir evliliğe işarettir. Evli bir kadın içinse, aile içinde kavgaya ve bazı rahatsızlıklar olacağına yorumlanır.

KİL
Rüyasın da kil gören kişi, bir işte başarısız olacak ve üzüntülü günler geçirecek demektir.

KİLİM
Rüyada bir kimsenin arkasına bir kilim aldığını görmesi veya kilime sarılması, baş insanlara ihtiyaçlarını anlatmasına yorumlanır.

KİLİSE
Rüyada kiliseye girmek rüyayı gören ve bekar ise evleneceğine, evli ise çocuk sahibi olacağına yorumlanır. Rüyada kilise görmek, bilime ve ağlamaya yorumlanır.

KİLİT
Rüyada kapıyı kilitlemek, hayatta herkesten kuşku duyduğuna ve yakın

arkadaşlarını kıracağına yorumlanır. Kapının üzerine kilitlenmesi rüyayı görenin bir süre için hafifçe hasta olacağına işaret eder.

KİMYAGER
Rüyada kimyager, iş hayatınızın karışık duruma geleceğini işaret eder

KİRA
Rüyasında ev kiralayan kişi, önemli bir senet imzalamak anlamındadır. Kira vermek ise para durumunuzun iyileşeceği demektir.

KİRAZ
Rüyada kiraz ağacı görmek, sizin ve yakınlarınızın mutlu günler geçireceğine, sağlığınızın tamamen düzeleceğine işaret eder. İşlerinizde de başarılı olacaksınız şeklinde yorumlanır. Rüyada kiraz görmek yaptığınız iyilikler nedeniyle insanların saygısını kazanacağınıza işarettir. Kiraz yemek ise, sahip olmayı çok istediğiniz bir şeye sonunda kavuşacaksınız demektir.

KİREÇ
Rüyasında kireç gören kişi duygularına karşılık bulur demektir. Kireçle badana yapmak sıkıntıların sona ereceğine işaret eder.

KİRPİ
Rüyada kirpi görmek, yaşamınızda yeni bir döneme gireceğinizi, doğru ve önemli kararlar vereceğinizi ve bu kararlarınızda başarıya ulaşacağınızı işaret eder.

KİST
Rüyada kist gören kişi maddi sıkıntı çekiyor demektir.

KİTAP
Rüyada kitap görmek, güce kavuşacağına ve yükseleceğine yorumlanır. Orta yaşlı erkekler için kitap görmek değişik bir tecrübeye girişileceğine işaret eder. Genç kadınlar içinse bu rüya iş yaşamında başarıya ve

yükselişe işarettir. Daha yaşlı kadınlar için rahatlık ve huzurlu bir geleceğe yorumlanır.

KOÇ
Koç, şerefli ve saygın bir adamı işaret eder. Birçok koç beslemek, hasmını yeneceğine yorumlanır.

KOĞUŞ
İçinde bulunduğunuz zor durumdan kısa bir süre sonra kurtulacaksınız demektir. Güzel günlerin geleceğinin habercisidir.

KOL
İşlerinizde kendi kararlarınızı kendiniz vermek zorundasınız demektir. Rüyada kolların olmadığını görmek, başkaları tarafından korunduğuna işaret eder.

KOL SAATİ
Rüyada bir insanın kol saati vermesi ya da alması, iki insanın geleceğinin birbirine bağlı olduğuna veya pek yakında birbirlerine yardımda bulunacaklarına yorumlanır.

KOLONYA
Rüyasında kolonya koklayan kişinin, dert içinde olduğuna ve bu dertlerin devam edeceğine yorumlanır.

KOMİSER
Komiser görmek, ileride yüksek makamlara ulaşacağınıza yorumlanır.

KOMİDİN
Rüyasında da komidin gören kişinin, korkulu ve sıkıntılı dönem geçireceğine yorumlanır.

KOMPOSTO
Rüyasında komposto içen kişinin güzel günlere kısa süre sonra erişeceğine yorumlanır.

KONAK
Rüyada konak, başka insanların emri altında çalışmaktan sıkıldığınıza kendi işinizin başına geçeceğinize yorumlanır.

KOMUTAN
Rüyasında komutan gören kişinin, yakın zamanda ün ve şeref sahibi olacağına yorumlanır.

KONSER
Rüyada bir konserde müzik dinlemek, genç bir erkek için, başarı kazanacak bir işe ortakla girmek için fırsatın çıkacağına işarettir. Orta yaştakiler için, işlerinde şansının iyi olacağına ve aile yaşamında mutluluğa yorulur. Genç bir kız için, çok hoşlanacağı bulunacağına; yaşlı kadınlar için, çok değerli bir hediye alacağı demektir.

KOLTUK
Rüyada bir koltuğa oturmak, gerçekleşmeyecek emelleriniz yanlış düşünceleriniz olduğuna yorumlanır.

KOLYE
Etrafınızdaki insanlar tarafından saygı duyulan, sevilen bir kimse olduğunuzu işaret eder. Birsine kolye hediye etmek, aşık olacağınıza yorumlanır.

KOMA
Kendini koma halinde görmek, karşılaşacağınız kötü bir olayın sizi çok etkileyeceğine yorumlanır.

KOMŞU
Rüyasında komşu görmek birtakım dedikodulara uğrayacağınız

anlamındadır. Mücadeleli ve tartışmalarla dolu bir döneme girdiğinizi işaret eder.

KONSER
Rüyasında konsere giden kimse, çok şanslı bir döneme girmiş, güzel bir iş teklifi alacak demektir.

KONSERVE
Rüyasında konserve gören kişinin mazide kalan olaylarla uğraşacağına, işlerinizin kötüleşeceğine, sıkıntılı dönemler geçireceğinize yorumlanır.

KONTRAT
Herkes için dikkatli olunması gerektiğini belirten bir işarettir.

KORKU
Eğer rüyada korkuyorsanız, bilinçaltında bazı korkularınızın bulunduğuna işarettir. Bu korkular çok yakında ortaya çıkacak ve bu korkularla yüzleşeceksiniz bazı zorlukların üstesinden geleceksiniz demektir.

KORKULUK
Birçok sıkıntıyla karşılaşacaksınız; ancak bu sıkıntıların üstesinden geleceksiniz demektir.

KORNA
Rüyada korna sesi duymak, çok yakın zamanda beklemediğiniz kadar iyi bir durumla karşı karşıya kalacağınıza yorumlanır.

KOŞMAK:
Rüyada koşmak, sağlık durumunun hafif bir şekilde bozulacağına yorumlanır.

KORSAN
Rüyada korsan görmek sahte arkadaşlarınız yüzünden yaşamınız tehlikeye girecek demektir. Korsan olduğunuzu gördüyseniz, bu

saygınlığınızın kaybolacağına, arkadaş ve akrabalarınızın sizden desteğini çekeceğine yorumlanır.

KOVA
Boş kova görmek, para kaybetmek, dolu kova görmek, para kazanmak; yarı yarıya dolu kova görmek, beklenmedik bir habere yorumlanır.

KOVAN
Rüyasında arı kovanı gören kişi, büyük çapta başarı kazanacak şeklinde yorumlanır.

KOYUN
Rüyada koyun görmek, kadına işarettir. Koyuna ulaştığını gören kimse kadınla evlenecek demektir. Koyunun kendi önünde yürüdüğünü gören kimsenin bir kadına aşık olacağına ancak amacına ulaşamayarak vazgeçeceğine işaret eder. Rüyada koyun sağmak rüyayı görenin, o sene için hayırlı bir iş yapacağı demektir.

KOZA
Koza görmek, yakında ev sahibi olacağınıza yorumlanır.

KÖÇEK
Rüyasında kendisini köçek olarak görmek, işlerinizde yaptığını< hatalar yüzünden zarar edecek, sıkıntıya düşeceksiniz demektir.

KÖFTE
Rüyada köfte görenin oburluk derecesinde iştahlı olduğuna ve bu yüzden huyundan vazgeçmesi gerektiğine yorumlanır.

KÖK
Rüyada kök, çocuk sahibi olunacağına yorumlanır.

KÖLE
Köle görmek sizi korkutan ve size endişe veren şeylerden kurtulacaksınız

demektir. Köle olduğunu görmek emeğinin karşılığını alarak, iş yaşamında yükselmeye yorumlanır.

KÖMÜR
Rüyasında kömür ve ocak gören kişinin para ve mal kazanacağına yorumlanır.

KÖPEK
Rüyada kendisine köpek aldığını görmek, onun diğer insanlarla hoş muhabbetler etmesine yorumlanır. Köpeğin ısırdığını görmek, bir iyi arkadaşınız nedeniyle sıkıntı yaşayacağınıza işarettir. Kendisini köpekler uluyor veya havlıyorsa isteklerinin gerçekleşeceğine ve güven içinde olacağına yorumlanır. Eğer köpekleri öldürdüğünü görürse, düşmanlarını alt edeceğine yorumlanır.

KÖPEK BALIĞI
Köpek balığı görmek, iyiye yorulmaz. Kötü bir haber alınacağına yorumlanır.

KÖPRÜ
Rüyada köprü bazı sıkıntıların üstesinden geleceğinize yorumlanır.

KÖPÜK
İlerde aldığınız tüm işlerde başarıya ulaşacaksınız demektir. Sizi çok iyi bir gelecek bekliyor.

KÖR
Rüyasında kişinin kendisini kör olarak görmesi onun her işe atılmaması gerektiğini ve bu insanın hata yapmasını bekleyen düşmanlarının olduğunu gösterir.

KÖRÜK
Yeterince gayret göstermezseniz geçim sıkıntısına düşeceksiniz demektir.

KÖSELE
Rüyasında kösele gören insanın sevgilisinin ondan soğuduğuna ve bu aşkın peşini bırakması gerektiğine yorumlanır.

KÖSTEBEK
Rüyada köstebek, kötülüğünüzü isteyen bazı kişilerin sizi alt etmek için aleyhinizde komplo kurduğuna ve dikkatli olmanız gerektiğine yorumlanır.

KÖŞK
Köşk rahatlık, refah ve saadettir. Rüyada kendisini bir köşk içinde görmek, düşmanına karşı başarı sağlayacağına onu alt edeceğine işaret eder.

KÖY
Rüyada köy görmek çok çalışmaktan dolayı iyice yorulduğunuza, dinlenmeniz gerektiğine yorumlanır.

KÖY İMAMI
Rüyasında köy imamı gören kişinin muradına çok kısa süre içerisinde ereceğine yorumlanır.

KRAL
Rüyada kral görmek, iş yaşamında başarıya kavuşacağınıza yorumlanır.

KRALİÇE
Rüyada kraliçe ile ilgili rüyalar, genellikle iyiye, ün ve şerefe yorumlanır.

KREMA
Eğer sağlığınıza dikkat etmezseniz ciddi bir hastalığa yakalanabilirsiniz demektir.

KRİSTAL
Rüyada kristal görmek aşk ve iş yaşamınızda bazı sıkıntılar yaşayarak, ruh sağlığınızın bozulacağına yorumlanır.

KROM
Rüyasında krom gören kişinin, iradesinin sağlam olduğuna ve elini attığı her işte başarı kazanacağına yorumlanır.

KUBBE
Rüyada kubbe gören kişi bekar ise evlenecek; evli ise eşini aldatacak demektir.

KUĞU
Rüyasında kuğu gören kişinin, çok iyi kalpli birisi ile evleneceğine yorumlanır.
Kulak ağrısı: Önemli bir işinizin çözümleneceğine işarettir.

KULE
Uygunsuz davranışlarınız hem size hem de çevrenizdeki insanlara zarar veriyor demektir. Davranışlarınıza dikkat etmeniz gerektiğini bildirir.

KULÜBE
Rüyasında kulübe veya yazlık bir evde oturduğunu gören bir kişinin, çok sevdiği birinin misafir olacağına yorulur. Bir kadın için, hoş bir sürpriz veya güzel bir armağan sahibi olunacağını işaret eder.

KUM
Geçmişte yaşadığınız sıkıntıları artık yaşamayacaksınız anlamındadır. Rüyada kum görmek, para ve mal demektir.

KUM SAATİ
Vaktinizi hiçbir yararı olmayacak işlerle harcıyorsunuz demektir.

KUMA
Daima kötüye yorulur. Hastalığa, kötü şansa ve işlerinizin kötüleşeceğine işarettir.

KUMARHANE
Bir yakınınızı size ihanet edeceğine yorumlanır.

KUMAR
Rüyada kumar oynayıp kazanmak, kötü ve şahsiyetsiz insanlarla çevrili olacağınıza işaret eder. Eğer kumarı kaybederseniz, hareketleriniz nedeniyle bir yakınınıza zarar vereceksiniz demektir.

KUMBARA
Rüyanda kumbara, gören kimsenin, büyük miktarda para kaybına uğrayacağına yorumlanır.

KUMAŞ
Rüyada kumaş görmek, derde düşüleceğini işaret eder.

KUNDAK
Rüyada bebek kundağı görmek, pek yakında muradına erecek anlamındadır.

KUNDURA
Rüyasında yeni bir kundura giyen kişinin evleneceğine veya servet sahibi olacağına; eski kundura giyen kişinin derde düşeceğine yorumlanır.

KUNDUZ
Rüyasında kunduz gören insan için güzel bir aşk hayatının başlayacağına işaret eder.

KURANI KERİM
Rüyada kuran görmek, iyiliklerin, güzelliklerin ve mutlulukların işaretidir. Çok güzel bir rüya olan Kuran görmek rüya sahibinin Tanrı

tarafından i korunduğunun işaretidir. Hasta bir kimse rüyasında Kuranı Kerimi görürse, hastalıktan kurtulur. Kuranı Kerimi satın aldığını görürse, o kimse her türlü kötülükten kurtulur.

KURBAĞA

Çok akıllı ve bilgili bir arkadaşınızın olduğuna ve onun öğütlerine önem vermeniz gerektiğine işaret eder. Rüyasında kurbağa görmek veya sesini işitmek, bir grup tarafından başkan seçileceğine; kurbağayı zıplarken görmek, birileri tarafından izlendiğine yorumlanır. Çok yakın bir iyi arkadaşınız olduğuna da işaret eder.

KURAKLIK

Tam tersine yakın zamanda yakında bolluk ve bereketle kavuşulacak anlamındadır.

KURBAN BAYRAMI

Rüyasında Kurban bayramı gören kişi için geride kalmış bir sevincin geri gelmesine, isteğe ve her türlü tehlikeden kurtuluşa yorumlanır. Kendisini Kurban bayramında görürse, eğer bu kişi hapiste ise kurtulacağına, borcu varsa borcunun ödeneceğine yorumlanır. Kendisini Kurban bayramı

KURBAN KESMEK

Rüyasında kurban kesen kişi için, borçlu ise borcunu ödeyeceğine ve servet sahibi olacağına eğer istiyorsa hacca gideceğine, hasta ise iyileşeceğine yorumlanır. Hasta kurban kesen ölür.

KURDELE

Kurdele kesmek neşeli arkadaşlar kazanacağınıza ve mutlu olacağınıza işaret eder. Eğer kurdele siyahsa sıkıntılı bir hayat geçireceksiniz; eğer siyah değilse, bu çok neşeli bir hayat süreceğiniz anlamındadır.

KURŞUN

Rüyasında kurşun gördüğünü gören kişi iş yaşamında bazı başarısızlıklara ve mağlubiyetlere uğrayacağınızın, çevrenizde bulunan insanlara dikkat etmezseniz n ihanete uğrayacağınızın belirtisidir.

KURT KÖPEĞİ

Kurt köpeği görmek, iyi bir arkadaşınızdan boşuna kuşku duyacağınıza yorumlanır.

KURUYEMİŞ

Rüyada kuruyemiş görmek, yaptığı işlerde kârının artacağına; kuruyemişin kırılması ise, sevmeyeceği birisiyle tanışacağına; yemişleri yemesi, endişeye düşeceğin işaret eder.

KUSMAK

Düşünmeden hareket ettiğinizi, bu durumun ilerde sizi zor duruma düşüreceğini işaret eder.

KUŞAK

Rüyasında kuşak gören kişinin, güvenli bir iş anlaşması yapılacağına yorumlanır.

KUTU

Rüyada kutu görmek yolculuğa çıkacağınıza yorumlanır. İçi para dolu kutu görmek de güzel bir maaşla emekli olacağınıza yorumlanır.

KUŞ

Rüyada kuş görmek mutluluğun ve bereketin simgesidir. Yaralı bir kuş, dertli günlerin geleceğinin habercisidir.

KUYRUK

Rüyasında kendisini kuyrukta beklerken gören kimse eğer sabır gösterirse, ilerde çok başarılı olacak demektir. Kendisinin kuyruğu olduğunu görmesi yeni insanlarla tanışacağına yorumlanır.

KUYRUKLU YILDIZ

Rüyada kuyruklu yıldız, büyük bir servet kazanacağınızın ve şansınızın açıldığını işaret eder. Yıldız ne kadar parlaksa servette o kadar büyük olur.

KUYU

Kuyudan su çekilmesi, bir erkek için, yaptığı kötü bir iş nedeniyle uyarılacağına; orta yaşta bir erkekse, yeni bir işe girişeceğine yorumlanır. Eğer bu rüyayı genç bir görürse gören kadına teklif yapılacağına; evli kadın ise, tehlikeli bir olayla karşılaşacağına yorulur.

KUYUMCU

Rüyasında kuyumcu gören insanın sahtekarlık ve yalancılıkla karşılaşılacağına işarettir. Bu rüya aynı zamanda ilme, doğru yola, evlada ve evlenmeye yorumlanır.

KUZGUN

İşlerinizde yaşayacağınız problemleri, çevrenize yansıttığınıza işaret eder.

KUZU

Rüyada kuzu güzel bir çocuk sahibi olacağına yorumlanır.

KÜKÜRT

Rüyasında kükürt görmek, yorgun olunduğuna ve bir süre dinlenmeniz gerektiğine yorumlanır.

KÜL

Rüyada genç bir erkeğin rüyasında kül görmesi, çok iyiye yorulur. Pek yakında karlı ve para getirecek işlere başlayacağına işarettir.; Bekar bir kız bu rüyayı görürse hayal kırıklığı yaşayacağına yorumlanır. Yaşlı bir kadın için, kötü niyetlerden vazgeçmesine yorumlanır.

KÜLAH

Rüyasında külah gören bir kişinin, şansınızın açılacağına yorumlanır.

L

LABORATUVAR
Rüyada laboratuar görmek sağlığınıza dikkat etmeniz gerektiğini aksi taktirde çok ciddi bir hastalığa yakalanabileceğinizi işaret eder.

LACİVERT
Rüyada lacivert görmek, resmi bir toplantıya davet alacağınıza yorumlanır.

LADES KEMİĞİ
Rüyada lades kemiği ile ladese tutuşan, son zamanlarda iş yaşamında büyük bir hata yapmış demektir.

LAHANA
Rüyada lahana hayatınızda birçok sıkıntı yaşayacaksınız demektir. Eğer lahana yeşilse, aşk yaşamınız altüst olacak; evliyseniz, eşiniz size ihanet edecek ve sizi çok üzecek demektir.

LALE
Çok güzel ve iyi bir kimseye aşık olacağınızı işaret eder. Lale dikmek çevrenizdeki insanlara yardımda bulunacağınıza işarettir. Laleyi koparmak işleriniz düzelecek demektir.

LAMBA
Rüyada ışık veren her şey gibi lamba da iyiye yorumlanır. Rüyasında lambayı yakan kişi, istediği işte başarı kazanır. Elinde lambayla yürüyen kimsenin hayatında güzel bir şey olur demektir. Lambanın çatlaması ya da kırılması bir felakete yorumlanır. Rüyasında lamba yakan genç bir erkek için, çok sıkıntılı bir duruma düşeceğini; orta yaşlı bir erkek için ise hayatta başarıya ulaşmak için, henüz yeterince tecrübeli olmadığı

demektir. Genç bir kız için bu rüya hoş ve eğlenceli bir yemeğe gideceğine; yaşlılar için ise, iyi bir işte beklemediği derecede şanslı olacağına yorumlanır.

LASTİK
Rüyada lastik görmek, ikiyüzlü bir kişiyle tanışacağınıza, onunla bir iş yapmaya kalkıştığınızda büyük zarar edeceğinize yorumlanır. Bu işten hem para hem de saygınlığınızı kaybetmenize neden olacaktır. Rüyasında bir yere lastik diktiğini gören kimse etrafındakilere fikirlerini kabul ettirebilecektir. Parça halinde lastik herkesi hayrete düşürecek bir olaya yorumlanır.

LAV
Rüyada yanardağdan akan lav görmek, büyük bir aşk macerası yaşamak anlamındadır. Bu aşka çok dikkat etmeniz gerekir.

LAVANTA
Rüyada lavanta çiçeği olağanüstü şaşırtıcı birtakım durumlarla karşılaşılabileceği demektir.

LEBLEBİ
Rüyada leblebi görmek iyi olmayan bir işten gelen paradır. Leblebi yiyen bir kişi bir borcu ödemeye mecbur olacak demektir. Leblebi aldığını gören bir kimse birine kefil olacaktır. Leblebi kavurduğunu görmek i başkalarının yüzünden borca girmek demektir. Rüyada leblebi yenmesi, karaciğer ve siroz hastalığı kabul edilir.

LEĞEN
Rüyada leğen, evlilik demektir.

LEKE
Rüyada leke tatsızlık, hoşa gitmeyen durum, kötü olaylar demektir. Elbisesinde leke olduğunu gören kişi dert alır. Rüyada lekeyi silmeye

çalışmak, başka insanların sıkıntılarıyla uğraşmaktadır. Vücutta leke olduğunun görülmesi paraya yorumlanır.

LEOPAR
Rüyada leopar rakiplerinizin çok önemli sırlarınızı ele geçirerek işlerinizi altüst edeceğine yorumlanır.

LEVHA
Çok güzel geçecek bir iş yolculuğuna çıkacaksınız demektir.

LEYLAK
Güzel ve çok iyi niyetli birisine aşık olacağınıza işaret eder.

LEYLEK
Rüyada leylek bilgili, nazik, sakin, dengeli, iyi niyetli, hikmet sahibi biri olarak yorumlanır. Uçan bir leylek gören çok güzel haber alır. Rüyasında leylek gören için bu rüya, seyahat demektir. Aynı zamanda leylek görmek, evlilik veya çok iyi arkadaş edineceği demektir.

LİKÖR
Eğer sağlığınıza dikkat etmezseniz hastalığa yakalanabilirsiniz demektir. Rüyada likör içmekte yaptığınız işler nedeniyle herkesin gözünün sizin üzerinde olduğuna yorulur.

LİMAN
Rüyasında liman gören kimse, gelecekte çok mutluluk verecek haberler alınacak demektir.

LİMONATA
Limonata içmek, bir yerden güzel r haber alınacağı anlamındadır.

LİMON
Rüyada limon yemek veya görmek, bazı hayal kırıklıkları uğrayacağınıza yorumlanır. Etrafında onu kıskanan insanlar var demektir.

LİSE
Rüyada lisede okuduğunu gören kimsenin sabırlı ve gayretli olursa çok başarılı olacağına işaret eder.

LOHUSA
Bu rüya, erkekler için, güzel bir iş habercisi olarak kabul edilir. Kadının kendisinin loğusa olduğunu görmesi geçici bir rahatsızlık; yatağından kalkmış görmesi ise iyiliğe ve sağlığa yorumlanır.

LOKANTA
Rüyasında temiz bir lokantada yemek yediğini görmek, istediği bir işin gerçekleşmesi demektir. Eğer lokanta kalabalık ise, bu iş için rakiplerinizle mücadele etmek zorunda kalınacağınızı belirtir.

LOKMA
Rüyada lokma tatlısı yemek kısmet ve paradır.

LOKOMOTİF
Rüyada lokomotif İş yaşamında kariyer sahibi olacak, birçok güzel yolculuğa çıkacaksınız demektir. Hasar görmüş ya da raydan çıkmış bir lokomotif, dertli günlerin geldiğini bildirir.

LOKUM
Rüyada lokum yemek kısa zamanda mutluluk verici bir haber alır. Bu haber sayesinde günleri mutlu geçer demektir. Rüyasında bir kutu lokum alan kimsenin hayatı gönlüne göre olur. Lokum ikram etmek başka insanları sevindirmek demektir.

LÜLETAŞI
Çevrenizde ikiyüzlü insanlar var demektir. Eğer dikkat etmezseniz, bu insanlar sizin ayağınızı kaydıracak demektir.

M

MAAŞ

Rüyasında maaş aldığını görmek, elden büyük miktarda para çıkacağına ancak bu paranın çok daha fazlasının elde edileceğine yorumlanır.

MACUN

Rüyada macun görmek hastalıkların iyileşeceğine yorumlanır.

MAÇ

Rüyada maç izlemek, zamanınızı boşa geçirdiğinizi işaret eder.

MADALYA

Madalya ile ödüllendirilmek, yeteneklerinizin sonunda ödüllendirileceğine ve işinizde en yüksek makama çıkacağınıza yorumlanır. Rüyada kendinizi kişilere veya kurumlara madalyalar dağıtıyor görmek, daha önce tanışmadığınız birinin size hizmette bulunacağına yorumlanır.

MADALYON

Rüyasında madalyon gören genç kız, çok kısa zaman içinde nişanlanır veya evlenir demektir. Nişanlılık veya evliliğin mutlu geçip geçmeyeceği madalyonun rengine ve türüne bağlıdır. Gümüş madalyon saflığı, temiz aşkı simgeler. Gümüş madalyon bu birlikteliğin çok iyi geçeceğine yorumlanır. Rüyasında bir madalyon alan veya bulan erkek aklında olan gibi kişiyle tanışır ve evlenir.

MADEN SUYU

Rüyada maden suyu veya sodası görmek, midenizin rahatsız olduğunu işaret eder.

MADEN
Rüyasında maden ocağında çalışan kimse refaha ve mutluluğa erer, emeklerinin karşılığını fazlasıyla alır demektir.

MADENCİ
Rüyasında başka madencilerle birlikte maden ocağına inen kişi erkekse bir arkadaşıyla anlaşma demektir. Tecrübeli bir adam için bu rüya işini büyüteceğine, bekar bir kadın için varlıklı birisiyle evleneceğine; evli bir kadın için de şansının çok iyi olduğuna yorumlanır.

MAĞARA
İnsanın rüyasında mağara görmesi, hayatı boyunca sırtını dayayabileceği büyüklere ve üstatlara yorumlanır. Mağara bazen de işlerini başkasından gizlemeye, örtmeye ve her türlü tasa ve şiddetlerden kurtuluşa yorumlanır. Eğer rüyayı gören hasta tutukluysa bunlardan kurtulmasına yorumlanır.

MAĞAZA
Genç bir erkek için yararlı bir işe işaret eder. Orta yaşlılar için kârlı bir işe yorumlanır. Kadın için aile yaşamının güzel, ömrünün uzun olacağına yorumlanır. Rüyasında büyük, güzel bir mağaza gören kimsenin umutları gerçekleşecektir. Rüyasında alış veriş yaptığını gören kimsenin hayatında olumlu bir değişiklikler olacaktır. Mağazada yangın çıktığını gören kişi sırlar bir şey öğrenir.

MAĞLUBİYET
Rüyada bir konuda mağlup olunduğunun görülmesi aynı konuda galip gelineceğinin işarettir.

MAHALLE
Rüyada mahalle görmek komşularınızla bazı sorunlar yaşayacaksınız demektir.

MAHKEME

Rüyada mahkeme görmek çok hayırlıdır. Ceza mahkemelerini görmek ise, sıkıntı ve şiddetle yorumlanır. Mahkemede dinleyici veya şahit olarak bulunmak sizi heyecanlandıracak olaylarla karşı karşıya olduğunu belirtir. Arkadaşlarınız, başınız çok sıkıntı açacaklar anlamındadır.

MAHKUM

Rüyada mahkum gören kimse kötü haberler alacak demektir. Eğer, kendinizi mahkum olmuş gördüyseniz, özel hayatınızda yaşamınızda bazı sorunlar ve üzüntülerle karşılaşacaksınız demektir.

MAHMUZ

İşlerinizin kısa bir süre bozulacağına; ancak tekrar düzeleceğine işaret eder.

MAHYA

Sabrınız ve çalışkanlığınız sayesinde iş hayatınızda çok başarılı olacaksınız demektir. Yakında terfi edeceksiniz anlamındadır.

MAHZEN

Yer altında mahzen görmek, birisine kefil olacağınıza ve borcu ödemeye yorumlanır. Bir mahzenin yıkılmış ya da tamamen kapanmış görülmesi, o kimsenin, eğer annesi hasta ise öleceğine yorumlanır.

MAKALE

Rüyada makale yazmak ilgilendiğiniz her işte başarı kazanacaksınız demektir. Makale okumak ise size yararı olmayacak işlerle vaktinizi geçiriyorsunuz demektir anlamındadır.

MAKARA

Rüyada iplik sarılı makara görmek, iş yaşamınızın kolaylaşacağına ve düzeleceğine; kuyu ve halat makarası görmek ise çok emek harcayacağınız işlere yorumlanır.

MAKARNA
Rüyada makarna ufak zararlara uğrayacaksınız demektir. Rüya sahibi bir kadınsa, yakında bir erkekle ilişkiye gireceğine yorumlanır.

MAKAS
Eline makas almak güçlenmek demektir. Evli bir kadın makas görürse bir kız çocuk sahibi olur. Makas görmek bazen ikiz kız çocuk anlamına da gelir. Parlak çelik makas görmek başarı demektir. Rüyada makası kullanarak saç kesmek bir yolculuğa çıkmak demektir. Elinde makas gören adamın erkek veya kız kardeşi olur. Adam bekar ise evlenecek demektir. Makasla bir şey kestiğini görmek iş yaşamınızda iyi bir fırsatın çıkacağına yorumlanır.

MAKBUZ
Rüyada bir makbuz veya fatura karşılığını ödemek, iyiye yorulur. Rüyada, fatura veya makbuz vermek, işinizin iyiye gideceğine ve iş yaşamınızda büyüyeceğinize yorumlanır. Rüyada bir makbuzu veya faturayı kaybetmek kötü haber beklerken çok güzel haberler alacağınıza yorumlanır. Rüyada bir faturayı ödemeyi unutmak bir sorumluluktan kurtulmaya çalıştığınızı belirtir.

MAKET
Rüyada maket görmek, kötü haber olarak yorumlanır.

MAKİNE
Rüyada bir makine görmek, çok para kazandıracak bir iş girişiminde bulunacağınıza yorumlanır.

MAKİNİST
Rüyada makinist, girişeceğiniz işte başarısız olmamak için başkalarının da tavsiyelerine dikkat edin demektir.

MAKYAJ
Rüyada makyaj la ilgili bir şeyler görmek iyiye yorulmazlar. Bu tür rüyalar

aldatma, kandırma şeklinde ifade edilir. Makyaj yapan kimse aldatacak olan da o kimsedir. Makyaj yapanı tanınmıyorsa yabancı biri tarafından kandırılacaktır.

MALAK
Davranışlarınıza dikkat etmezseniz çevrenizdeki insanları teker teker kaybedeceksiniz demektir.

MANAV
Rüyada manav görmek, iyiliğe ve güzelliğe yorumlanır.

MANDA
Başınız sıkıştığında yardım isteyebileceğiniz güçlü ve cesur dostlara sahipsiniz demektir.

MANDALİNA
Rüyada mandalina yemek, sıcak yerlere güzel bir geziye çıkacağınız demektir.

MANDOLİN
Rüyada mandolin görmek yakınlarıyla ve arkadaşlarıyla neşeli günler geçirecek demektir.

MANGAL
İşlerinizin düzeleceğine, para sıkışıklığını aşacağınıza yorumlanır. Mangal yakmak karlı bir iş için girişimlere başlamak demektir.

MANKEN
Rüyada manken görmek biraz daha cesaretli olursanız elinizi attığınız her işte başarılı olacağınızı işaret eder.

MANOLYA
Uzun zamandır haber alamadığınız bir yakınızla tekrar buluşacaksınız, bu olay sizi çok sevindirecek demektir.

MANTAR
Rüyada yenilen mantar bir süre mutluluk veren ancak güzellik getirmeyen bir iş, haram karışmış para demektir. Zehirli mantar toplamak görmek rüyayı görenin başı yanlış işler nedeniyle belaya girecek demektir.

MANTI
Rüyada mantı yediğini görmek sevdiği arkadaşlarından birinin ihanetine uğramak demektir.

MANTO
Rüyada yeni ve temiz bir manto görmek iyi ve mutluluk getirecek bir kısmet olarak yorumlanır. Yırtık, pis bir manto görmek ise derttir.

MANZARA
Rüyada manzara görmek başarılı ve saygı sahibi olacağınız anlamındadır.

MARANGOZ
Rüyada marangoz görmek küçük bir işyerinde çalışmaya başlayacak, fakat zamanla başarı ve para elde edeceksiniz demektir.

MARGARİN
Rüyada margarin yemek, mide rahatsızlığı olduğuna işaret eder.

MARMELAT
Rüyada marmelat yemek, ilk başta kötü şartlarda koşullarla başlayan bir işin, sonunda başarının geleceğine yorumlanır.

MARTI
Rüyada martı gören kimse, uzun zamandır beklediği, mutluluk verecek haberi alacak demektir.

MARUL
Rüyada marul görmek, çok hırslı ve aç gözlü birisi ile tanışacağınız işaret eder.

MASA
Rüyada Masanın üzerinde yemekleri hazır görmek varlığa, rahata; üstü boş masa görmek, yoksulluğa yorumlanır.

MASAJ
Rüyada masaj yapmak, dinlenmeye ihtiyacınız olduğunu bildirir. Birine masaj yapmak ise yeni bir aşk yaşayacağınıza işaret eder.

MASAL
Masal dinlemek, bazı hayallerin gerçekleşebileceğine yorumlanır.

MASKE
Rüyada maske görmek, bazı sırlarınızın etrafınızdakiler tarafından öğrenileceğine yorumlanır. Rüyada maskeli baloya gitmek mutluluk verecek haber alınacağına yorumlanır.

MAŞA
Rüyada maşa görmek sevdiği bir kimseye kavuşacağına, güzel haberler alacağına yorumlanır.

MATARA
Helal yoldan bol miktarda para kazanmak demektir. Mataradan su içmek mirasa konacağınıza işaret eder. Matara aldığını görmek de güzel ve mutlu bir evlilik yapacaksınız demektir.

MATBAA
Rüyasında bir matbaa gören kişi, devletle olan bir işinin yoluna gireceğini bildirir. Yine bu rüya işlerinizin iyiye gideceğine işaret eder.

MATEM
Matem ile ilgili rüyalar, genellikle güzel günlerin habercisi olarak yorumlanır.

MATKAP
Rüyada matkap görmek, dalavereci ve çok kötü huylu bir adama yorumlanır.

MAUN
Maundan yapılmış eşya görmek çevrenizdeki insanların saygısını kazanacak işler yapacaksınız demektir.

MAVİ
Rüyada mavi renk görmek, aile hayatında içinde güzel günler geçireceğinize yorumlanır. Rüyada mavi gök görmek, aşkta sevdiğinize sadık olacağınıza işarettir.

MAVNA
Üstlendiğiniz bütün işlerde başarı kazanacağınıza işaret eder.

MAVZER
Endişelerinizin yersiz olduğunu işaret eder.

MAYA
Rüyada maya görmek, ruh hastalığına yorumlanır. Hamur mayalamak, yeni işlere atılmak için hazırlık yapmak demektir.

MAYDONOZ
Rüyada maydanoz görmek, uzun zamandır rahatsız olduğunuz mide hastalığının iyileşeceğine yorumlanır. Sağlıklı, başarılı ve güzel bir yaşamınız olacak demektir. Maydanoz yediğini görmek sağlıklı olacağınızı, iş hayatında çok çalışmanız gerektiğini belirtir.

MAYIN
İşlerinizin kötüleşeceğini işaret eder.

MAYMUN
Rüyada maymun görmek; çok ahlaksız bir kimseye yorumlanır. Maymun görmek, büyük günahlar işlemek demektir. Maymunun yanından kaçıp

gittiğini görmesi hasmını yenmesi demektir. Maymunu omzuna alması, hırsızlık yapacağına yorumlanır.

MAYMUNCUK
Rüyada maymuncuk görmek çok kısa bir süre sonra merak ettiğiniz bir konuyu öğreneceğinize yorumlanır.

MAYO
Rüyasında mayo gören kimse yeni arkadaşlara sahip olacaksınız demektir.

MAYONEZ
Rüyada mayonez görmek, davranışlarınıza dikkat etmeniz gerektiğini, bu düşüncesiz davranışlarınızdan dolayı çevrenizdeki insanları kıracaksınız demektir.

MAYTAP
Rüyada maytap görmek, eğlenceli ve neşeli günlerin geldiğine yorumlanır.

MECNUN
İş hayatınızda çok yorulacağınız için dinlenmeniz gerekir demektir.

MEDDAH
Arkadaşlarınızla çok eğlenceli vakit geçireceğinize işaret eder.

MEHTAP
Rüyada mehtap görmek, güzel bir aşk macerası yaşamak demektir. Ancak sağlığına dikkat etmeli demektir.

MEHTER
Rüyada mehter takımı görmek ya da bir mehter marşı dinlemek, etrafınızda büyük bir sevinç havasının eseceğine ve düğün/derneğe yorumlanır.

MEKTUP
Rüyada bir mektup yazan kimse bir isteğine ve olumlu cevap alır. Mektup yazıp zarfa koyan kişi işinde başarılı olacak demektir. Rüyada evine postacının mektup vermek veya postacıdan mektup almak, birisine mektup yazacağına yorumlanır. Erkekler için işinde yükselmeye; iş yapan birisi için daha fazla para kazanmaya işaret eder. Çalışan kadınlar için de bu geçerlidir. Ev kadınının ise çok iyi zaman geçireceğine ya da bir toplantıya, davete katılacağına yorumlanır. Genç kızlar için ilginç bir aşk anlamındadır. Mektup rüyaları da genel olarak belge ve kağıt gibi yorumlanır.

MELEK
Rüyada melek görmek güzel bir haber alacağınıza yorumlanır. Eğer melek size doğru geliyorsa, yaşam tarzınızı değiştirmeniz gerekir anlamındadır. Rüyada meleklerle konuşmak veya onlardan bir şey almak, o kimsenin, şehit olacağına işaret eder. Meleklerin bir yere indiğini görmek eğer sıkıntı ve şiddet ve dert içindeyseler, kurtulacaklarına yorumlanır.

MEME
Rüyada kadın memesi görmek, bir kız çocuğunuzun olacağına, eğer bekarsanız çok yakında evleneceğinize yorumlanır.

MEMUR
Rüyada memur görmek, çok kötü yorumlanır. Rüyada memur dert, bekleme, yorgunluk, işlerin aynı düzeyde kalması demektir.

MENDİL
Rüyada mendil almak veya vermek ayrılığa yorumlanır.

MENDİREK
İş yaşamında büyük başarılar elde edeceksiniz demektir.

MENEKŞE

Rüyada menekşe görmek rüyayı görenin, bilgili ve uzun ömürlü olacağına yorumlanır.

MENENJİT

Rüyasında menenjit hastalığına yakalandığını gören kimse isteklerinizi gerçekleştiremeyecek, büyük hayal kırıklığı yaşayacaksınız demektir.

MENGENE

Rüyada mengene görmek, bir dertten çok yakında sıyrılacağınıza ve çok fazla miktarda para geçeceğine, uzun zamandan beri beklediğiniz bir haber alacağınıza, yakınlarınızdan birinin evleneceğine yorumlanır.

MENTEŞE

Rüyada menteşe görmek, çok yakında dara düşeceğinize yorumlanır.

MERA

İşlerinizin ve hastalığınızın düzeleceğine, moralinizin iyi olacağına işaret eder.

MERASİM

Rüyada bir merasime katılmak, iş hayatınızda büyük başarılar kazanacağınıza, bunun sonucunda da servet sahibi olunacağına işaret eder.

MERCAN

Rüyada mercan görmek, zenginlik işaretidir. Çok güzel bir kızla aşk yaşayacağınıza yorumlanır.

MERCEK

Dostlarınızın tavsiyelerine kulak asmanız gerektiğine, aksi takdirde, onların kalbini kıracağınızı işaret eder.

MERCİMEK

Rüyada mercimek görmek, bir yakınınızın sizin aşk hayatınıza yönelik olarak komplolar kurduğuna yorumlanır.

MERDANE

Rüyada merdane görmek, dertli günlerin başlangıcına yorumlanır.

MERDİVEN

Rüyada merdiven çıkmak, güzel bir iş yapıp, üne ve üst makamlara ulaşmaya yorumlanır. Merdiven inmek çok önemli bir fırsatı kaçırmaya işarettir. Merdivenin kırıldığını görmek hasmının onu mağlup edeceğine yorumlanır.

MERHEM

Rüyada merhem görmek, bir hastalık başlangıcı haberidir.

MERMER

Rüyada mermer görmek büyük uğraşlar sonucunda başarıya ulaşacağına ve de bu başarının sürekli olacağına yorumlanır.

MERMER OCAĞI

Rüyada mermer ocağı görmek, yeni bir iş yeri açacağınıza yorumlanır.

MERYEM ANA

Huzurlu ve rahat içinde, sıkıntıdan uzak bir yaşam süreceğinize işaret eder.

MESAJ

Rüyada size mesaj geldiğini görmeniz yaşamınızda bazı değişiklikler olacak demektir. Mesaj yollamak ise, sıkıntılarla karşılaşacağınız anlamına gelir.

MESCİT

Dürüst davranışlarınızın sonucunda çevrenizdeki insanların saygısını ve sevgisini kazanacaksınız demektir. Mescitte namaz kılmak muradınıza ereceğinizi belirtir. Mescit yaptırmak ta sevdiklerinizin bir araya geleceği bir toplantıya yorumlanır.

MEŞALE

Rüyada meşale görmek, eğitim hayatınızda büyük başarılar kazanacağınıza yorumlanır. Elinde yanan bir meşale tuttuğunu görmek hayatta çok başarılı olmak demektir. Sönen ve tüten meşale başarısızlık ve derttir.

MEŞE AĞACI

Rüyasında meşe ağacı gören ya da gölgesinde oturup dinlenen, genç bir erkekse hedeflerine ulaşabilmesi için çok fazla çalışması gerektiğini işaret eder. Daha yaşlı ise yakın bir arkadaşının yardım isteğine işarettir. Dul bir kadın için meşe ağacı kendisinden çok yaşlı birisiyle evlenmesine yorulur. Evli ise zor işte başarı kazanacağına yorumlanır.

MEŞHUR

Rüyada meşhur birisini gören kimse geleceğini rahat ve bolluk içinde yaşar demektir.

METRES

Rüyada metres tuttuğunuz ya da birisine metres olduğunuzu görürseniz, böylesine bir rüya başınızda büyük bir felaket dolaşmakta olduğuna yorumlanır

MEVLİT

Dinlemek, düşkün insanlara yardımda bulunacağınızı işaret eder. Rüyada mevlit okumak ise çevrenizdeki insanların saygısını kazanacaksınız anlamındadır.

MEYDAN

Rüyada meydan görmek, iyi haber alınacağına yorumlanır. Artık sıkıntılardan kurtuldunuz demektir.

MEYHANE
Rüyada meyhane görmek, rüyaların en hayırlısıdır. Bu rüya iş ve aşk hayatında, sağlık durumunda güzel şeyler olacak; iyi arkadaşlar kazanacak, elinize bol para geçecek demektir.

MEYVE
Rüyada meyve ağacı görmek, hayırlı bir iş yapacağını, bu sayede zenginliğinin ve saygınlığının artacağını işaret eder. Meyve yemek pek de hayırlı bir rüya olarak yorulmaz. Ağaçta olgunlaşmış meyve görmek bolluğun ve bereketin işaretidir. Yeşil ve olgunlaşmamış meyve, ise bazı kararlar alırken sakin olmanız gerektiğine işaret eder. Meyve yemek, mutluluk demektir.

MEYVE BAHÇESİ

Dolaşmak çok hayırlı bir rüya olup, mutlu ve rahat bir gelecek demektir. Meyve toplamaksa iyi ve güzel bir iş yapıp, büyük para sahibi olacağını işaret eder.

MEYVE SUYU

Hiç beklemediğiniz birisinin size kötü bir şaka yapacağına yorumlanır.

MEZARLIK
Rüyada mezarlık görmek, günahları için tövbe edeceğine işarettir. kendisini ölmüş görmek, uzun yaşamaya yorumlanır. Bir ölüyü ağlarken görmek iyi ve güzel işarettir. Mezar kazdığını görmek, öleceğine yorumlanır. Ölüye bir şey vermek veya ölüden bir şey almak ev iş yaşamında bereket olacağına işarettir. Kendi evinde ölü görmek, hayallerine kavuşacağına işarettir. Eğer eski mezar görmek, sevdikleriniz tarafından terk edileceksiniz demektir. Yeni evlenmiş kadın için bu rüya, dul kalacağına işarettir.

MEZAR TAŞI

Rüyada, , mezar taşına bakmak, rüyayı gören yalnız ise uzun ve anlamsız bir yaşama; evli ise uzun bir hayata yorumlanır.

MEZBAHA
Sevdiğiniz insanlardan ayrı kalacağınıza işaret eder.

MIKNATIS
Rüyada mıknatıs görmek, çok güzel bir aşk hayatının habercisi olarak yorumlanır.

MISIR
İşlerinizdeki durgunluk sona erecek, iş yaşamınızda hareketli bir döneme gireceksiniz demektir. Mısır topladığını görmek ise işlerinizin düzeleceğini, elinize para geçeceğini işaret eder.

MIZIKA
İçinde bulunduğunuz durumun çok iyi olduğunu, sevdiklerinizle güzel zaman geçireceğinizi belirtir.

MIZRAK
Eğer mızrak, demirden yapılmış ise; kuvvete ve kazanca, demirden değilse çok para getirecek bir işe yorumlanır. Bu rüyayı gören kişi eğer bir fakirse zengin olacağına yorumlanır.

MIZRAP
Rüyada mızrap görmek, çok yakında eğlenceli oyunlu bir toplantıya, eğlenceye katılacağınıza yorumlanır.

MİDE
Rüyada mide görmek, rahat ve huzurlu bir şekilde uzun bir yaşam süreceksiniz demektir.

MİDYE
Rüyada midye topladığını görmek, sıkıntı ve acı verecek anların ve büyük bir tehlikenin gelmekte olduğunu işaret eder.

MİĞFER
Rüyada miğfer görmek, kavga demektir.

MİKROFON
Rüyada mikrofon görmek, politikayla uğraşacağınıza yorumlanır.

MİKROP
Eğer korkmadan olayların üstüne giderseniz, bütün sıkıntılardan kurtulacaksınız demektir. Geleceğinizin parlak olacağına yorumlanır.

MİLLETVEKİLİ
Rüyada milletvekili görmek, işlerinizin kötüleşeceğine işaret eder.

MİNBER
İşinizde ve mesleğinizde yükseleceksiniz, çok fazla para kazanacaksınız demektir. Rüyada minberde oturmak, sevdiğiniz insanlarla beraber vakit geçireceğinize işaret eder.

MİNDER
Rüyada minder görmek, rahata ulaşılacak demektir. Minder satın almak, gelecek günlerin içinde bulunduğunuz durumdan daha iyi olacağına işaret eder.

MİRAS
Mirasa konmak yeni iş girişimlerine atılacağınızı ve başarılı olacağınızı işaret eder.

MİSAFİR
Rüyada tanımadığı veya iyi duygular hissetmediği kimselere misafir olması, yine sevmediği bir kişi tarafından rahatsız edileceğine yorumlanır.

MOBİLYA

Bu rüya genç bir erkek gördüyse ev eşyası almaya; satması da bakarken görmesi iyi olacak bir iş için tartışmaya yorumlanır. Orta yaştakiler için işlerinin düzene girmesine işarettir. Bekar bir kadın için beklenmedik ani evliliğe; evli bir kadın içinse eğlenceye yorumlanır.

MOLLA

Kendinizi geliştireceğinize ve çevrenizdeki insanların saygısını kazanacağınıza işaret eder. Kendisinin molla olduğunu görmek, zor durumda olan arkadaşlarınıza yardımda bulunacağınıza yorumlanır.

MOR: Rüyada mor renk görmek, artık başarının sizinle beraber olacağına yorumlanır.

MORFİN

İşlerinizin hep ters gideceğine, bir türlü rahata kavuşamayacağınıza işaret eder.

MOTOR

Rüyada çalışan bir motor görmek, işlerin güzel olacağına, durmuş bir motor görmek ise işlerin bozulacağına yorumlanır.

MOZAİK

Rüyada mozaik görmek, çok kısa bir süre sonra bir geziye çıkacağınıza yorumlanır.

MUCİZE

Rüyada mucizeye şahit olmak, yapılması çok zor olan bir işi, herkesi şaşırtarak, başarıyla sonuçlandıracağına yorumlanır.

MUHAFIZ

Rüyasında muhafız gören, etrafındakilerin güvenini kazanacak demektir.

MUHALLEBİ

Rüyada muhallebi yemek, şansınızın açılacağına, isteklerinizin gerçekleşeceğine işaret eder. Muhallebi yapmak da zor durumdaki insanlara yardım edeceksiniz demektir.

MUHALLEBİCİ
Rüyada muhallebici görmek, güzel bir şekilde sona erecek aşk macerası demektir.

MUHTAR
Aile içinde huzurun kaçacağına işaret eder. Rüyada muhtar olmak, sonradan pişman olacağınız işlere kalkışmayın demektir.

MUM
Mum tutmak veya yakmak bekar erkek için güzel bir kızla evliliğe; bekar bir kadın için iyi biriyle evliliğe ve çocuğa yorumlanır. Eğer rüyayı gören gurbette ise yurduna dönmeye işarettir. Yoksul biri için para kazanmaya; tüccar için ise fazla para kazanmaya ve kârının artmasına; memur ise işinde yükselmeye yorumlanır. Çevrenizdeki insanlara güvenebileceğinizi ve uğraştığınız her işte başarılı olacağınızı işaret eder. Mumu üfleyerek söndürmek, bir yakınınızın ölümü demektir.

MUMYA
Rüyada mumya görmek, eski arkadaşınızdan umulmadık bir zamanda güzel bir haber alacağınıza işarettir.

MUSİKİ ALETLERİ
Rüyada müzik aleti çalmak emellerinize kavuşacaksınız demektir. Güzel bir geleceği de işaret eder. Bir müzik aleti satın almak, güzel sanat alanında ummadığınız kadar çok başarı kazanacağınıza işarettir. Eğer rüyayı genç bir kız görmüşse evlilik hayatının mutluluk içinde süreceğine işaret eder.

MUSİKİ
Rüyada müzik sesi işitmek, çok güzel bir rüyadır. Rüyayı görenin, en istediği şeyin gerçekleşeceğine yorumlanır.

MUSALLA TAŞI

Rüyada görülen musalla taşı, aile içinde kavgalara ve geçim sıkıntısı çekeceğinize işaret eder.

MUSKA

Rüyada boynunuzda bir muska görmek güzel bir haber alacağınız anlamına gelir.

MUSLUK

Rüyada musluk ile ilgili her şey iyiye, bolluğa, sağlığa, işlerin iyi olacağına ve güzel haberler alınacağına işarettir.

MUŞAMBA

İkiyüzlü arkadaşlarınız olduğuna, ilişkilerinizde daha dikkatli olmanız gerektiğini işaret eder.

MOTOSİKLET

Rüyada motosikletle ilgili her şey ilginç ve çok iyi bir iyi arkadaş kazanacağınıza yorumlanır.

MUTFAK

Evinin mutfağında kendisini gören bir insan, bekarsa kısa süre sonra evlenecek anlamındadır.

MUZ

Rüyada muz görmek, anne karnındaki bebeğe ya da ölüye ya da cezaevinde bulunan bir kimseye yorumlanır. Muz ağacı dindar ve mal sahibi varlıklı zengin bir adama yorumlanır. Bu rüya, evleneceğiniz kişinin yanlış insan olduğuna işaret eder. Eğer evliyseniz, evliliğiniz sorunlu alacak ve para sıkıntısı çekeceksiniz demektir.

MÜCEVHER

Rüyada mücevher görmek, bu rüyayı görenin çok para kazanacağını, zenginleşeceğini ve aynı zamanda çocuğu olacağına yorumlanır. Bütün güzellikler ve zenginlikler sizin olacak demektir. Mücevher takmak ta başarı kazanacağınızı ve üst makamlara çıkacağınızı işaret eder.

MÜDÜR
İiş yerinde sorun yaşayabilir, hatta işinizden bile olabilirsiniz demektir.

MÜEZZİN
İyi huyunuzu ve sabrınızı koruduğunuz sürece başarılı olacaksınız, demektir.

MÜFTÜ
Rüyasında müftü gören kimse akılı ve itibar sahibi bir kimsenin dostluğunu kazanacak demektir.

MÜHENDİS
Rüyada mühendis görmek, bir şeyin mahvolmasına olmasına, harap olan bir yerin yeniden yapılmasına yorumlanır. Kendisini mühendis olarak görmek, uzun hayat süreceğine yorumlanır.

MÜHÜR
Rüyada mühür görmek, emniyet ve güvene yorumlanır. Çok büyük emellere sahipsiniz demektir. Bu emellere kavuşmak için de çok fazla çalışmanız gerekir demektir.

MÜNAKAŞA
Rüyada bir başkasıyla tartışmak, erkekler için mahkemelik bir olayın lehinize biteceğine işaret eder. Kadınlar için daha önce küstüğü birisiyle barışacağına yorumlanır.

MÜREKKEP
Rüyada mürekkep görmek, davranışlarınızda dikkatli olmanız gerektiğine aksi taktirde bu davranışlarınızın yanlış anlaşılacağına yorumlanır.

MÜŞTERİ
Rüyada alışveriş yapan birini görmek sıkıntıya düşmüş birisine

yorumlanır. Bir şey satın alması veya satması o kimsenin muhtaç durumda olmasına yorumlanır.

MÜZAYEDE

Şanslı bir döneme gireceğinize işaret eder. Müzayedeye katıldığını görmek, yakınlarıyla tartışa yapılacağına, küskünlükler yaşanacağına yorumlanır.

MÜZE

Rüyada bir müzeyi gezmek, çok beğendiniz, üstesinden gelebileceğiniz yapmaktan büyük zevk alacağınız bir işe girene kadar çok iş yeri

MÜZİK

Rüyada sesle, ya da müzik aletleriyle müzik dinlemek, iş hayatınızda büyük başarı kazanacağınıza yorumlanır. Dinlediğiniz müzik kötü ise mantıklı olmayan kimselerin önerilirine uyduğunuz çok zor durumda kalacağınıza işaret eder. Rüyada dans müziği ile dans etmek çevrenizde sevilen bir insan olduğunuzu gösterir. Güzel ve romantik bir müzik dinlemek aşka ve mutluluğa yorumlanır. Hüzünlü bir müzik dinlemek sizi üzecek, canınızı sıkacak haberler almaya hazırlıklı olmanız gerektiğini bildirir.

NABIZ

Rüyada nabzın attığını görmek, hayat ve sağlık havadislerinin alınacağına yorumlanır.

NACAK
Artık geçim sıkıntısı geçmeyeceğinize yorumlanır. Rüyasında nacak ile odun kesmek, sağlık durumunuzun bozulabileceğine işaret eder.

NADAS
Rüyada nadasa bırakılmış toprak gören kişinin, emellerinin gerçekleşmesi için biraz daha beklemesi gerektiği demektir.

NAFTALİN
Rüyada naftalin görmek, sizden yaşlı bir yakınınızdan beklemediğiniz bir zamanda ve de beklemediğiniz miktarda para yardımı almak demektir.

NAKARAT
Rüyasında bir şarkının nakaratını dinlediğini gören kişi sizin bir sinir hastanesinde tedavi görecek demektir.

NAKIŞ
Rüyada nakış işlediğini görmek, iş hayatında başarı kazanırken aşk hayatında büyük bir hayal kırıklığına ye uğramak şeklinde yorumlanır. Nakışı başka birinin işlediğini görmek, başınıza gelecek bir olay nedeniyle karakolluk, mahkemelik ya da hastanelik olacağınız işarettir.

NAL
Nal talihin açılması ve uğurlu olaylar olarak yorumlanır. Rüyada nal görmek iyiye yorumlanır. Rüyada nal görenin şansı açık olacaktır. Yolda nal bulan bir kimsenin karşısına, hiç beklemediği bir anda güzel bir fırsat çıkacak demektir.

NALBANT
Rüyasında bir nalbant gören kişi, çok güzel haberler alacak demektir.

NALBUR
Geçmişte kalan bazı kavgalar yeniden ortaya çıkacak, bu durum da sizi sıkıntıya sokacak demektir.

NAMAZ

Rüyada kıbleye doğru namaz kıldığını görmek, dünya ve ahrette hayra yorumlanır. Kıbleye doğru değil de başka tarafa doğru namaz kıldığını görmek, dinden çıkacağınıza yorumlanır. Namazı yarıda bıraktığınızı görmek emellerinize kavuşamayacaksınız demektir. Cenaze namazı kılmak uzun ömre yorumlanır.

NANE

Rüyada yeşil nane para demektir. Rüyasında nane toplayan kişi biraz çalışırsa para kazanır. Nane satın almak büyük ve sevindirici bir kısmettir.

NAR

Kışın nar rüyası görmek hayırlıdır. Kırmızı nar zenginlik olarak yorumlanır. Genç kız rüyada ekşi nar yerse pekte hayırlı olmayan birisine aşık olacaktır. Nar ayıkladığını görmek çok para kazanmak demektir. Olmuş narları toplamak, zenginliğe, hamlarını toplamak hastalık, üzüntüye yorumlanır.

NARA

Kendisinin nara attığını gören kimse, yapılan haksızlıkla karşısında atık patlayacak demektir

NAZAR

Rüyada nazara uğramak, önemsiz birtakım şeyleri kendinize dert ederek, sıkıntıya düşünüyorsunuz demektir.

NAZARLIK

Rüyada nazarlık görmek çok güzel haberler almaya yorumlanır.

NEFES

Rüyasında fazla nefes aldığını gören kişinin, canın bir şeye çok sıkıldığına yorumlanır. Rüyada nefes darlığı çekmek artık dertlerden kurtulma fırsatının doğduğuna yorumlanır.

Ruyet-ul Gayb

NEFRET
Bu kötüye yorulan bir rüyadır. Birinden nefret ettiğinizi gördüyseniz, kaza yapacağınıza işarettir.

NEHİR
Size yardımı dokunacak, çok iyi niyetli bir insanla tanışacaksanız demektir. Nehirde yüzdüğünü görmek, işinizde makam ve yetki sahibi bir kimseden yardım alacaksınız anlamındadır.

NERGİS
İyi ve güzel bir insanla bir birlikteliğe işaret eder.

NEY
Rüyada ney veya kaval çalmak, oyun ve eğlenceye, bazen de rahatlık ve mutluluğa yorumlanır. Ney çalmak hasta birisi için ölüme; çocuk sahibi olmak isteyen için çocuğu olmasına yorumlanır.

NEZLE
Rüyasında nezle olduğunu gören kimse olaylar karşısında daha dikkatli davranmalı demektir. Etrafınızda düşmanlarınız var demektir. İnsanlarla ilişkilerde daha dikkatli olmanız gerektiği demektir. Sağlığınıza dikkat etmeniz gerektiğine yorumlanır.

NİKAH
Rüyasında tanımadığı bir kadınla nikahlandığını gören erkek, oruç veya namaz gibi farzları yerine getirmesi gerektiğine yorumlanır. Rüyada nikahlandığını görmek bir kız ise yakın zamanda evlenmek demektir. Nikah kıydığını görmek iyilik etmek demektir.

NİKAH MEMURU
Nikah memuru görmek, bekar biri için evliliğe; evli kimse için ayrılığa işarettir.

NİLÜFER

Evliler için eğlenceli bir tatile yorumlanır. Rüyada nilüfer toplamak zor bir işin sonucunda başarıya ulaşacağını işaret eder.

NİNE

Rüyasında nine görmek, çok iyidir. Her zaman iyiye yorulur.. Büyük bir mutluluk, sağlık ve zenginlik demektir.

NİŞANLANMAK

Rüyada tanımadığınız birisiyle nişanlanmak, güzel bir haber alacağınıza işarettir. Nişanın atılması pek iyiye yorulmaz. Rüyada bir nişana giden kişi yeni şeyler öğrenecek, yeni insanlarla tanışacak demektir. Rüyada nişanlandığını görmek beklediği fırsatın geleceğine yorumlanır.

NİŞASTA

Yakınlarınızla tartışacağınıza ve aranızın açılacağına işaret eder. Nişasta yediğini görmek arkadaşlarınız arasında sizin kötülüğünüzü isteyenler var demektir.

NOHUT

Rüyada nohut görmek, yakınlarda güzel bir haber alacağınıza yorumlanır. Rüyada nohut zorlukla kazanılan paradır. Rüyada bir yerden nohut aldığını görmek parayla ilgili bir söz vererek güç durumda kalır. Nohut yediğini görmek para kazanmak demektir.

NOTER

Rüyada noter görmek, pek hayra yorumlanmaz. Hareketlerinize dikkat gerektiğini işaret eder.

NUH PEYGAMBER

Rüyada Nuh peygamberi görmek, uzun hayata yorumlanır.

Ruyet-ul Gayb

NUMARA
Rüyada rakam görmek, iş yaşamında iyi şansa yorumlanır. İş hayatında meydana gelecek olaylar demektir.

NUR
Rüyada nur, aydınlık ve doğru yol demektir. Kafir bir kimse bu rüyayı görürse Islama Allah\'a yakınlığı keşfeder. Aydınlıktan sonra karanlığa çıkarsa, yoksulluktan zenginliğe, işaret eder. İsyandan sonra tövbeye yorumlanır.

NUTUK
Kendinizi nutuk verirken görmek, emeklerinizin karşılığını yakında alacaksınız demektir.

O, Ö

OBA
Rüyada bir ırmak kıyısında ve yeşillikler içerisinde kurulmuş bir oba görmek büyük bir mutluluğa ereceğinize yorumlanır.

OBJEKTİF
Rüyasında fotoğraf makinesi objektifi gören kişide, nazar olacağına yorumlanır.

OCAK
Rüyada boş ocak görmek henüz hayata geçirmediğiniz plan halinde olan bir iştir. İçinde kömür bulunan ocak, iş yaşamınızda verdiğiniz emekler sonrasında olumlu değişiklikler olacak demektir. Bir ocağın sönmesi, işte bozulmaya, aile yaşamınızda sıkıntıya işaret eder.

ODA
Rüyada oda görmek giriştiğiniz işte, zor da mutluluğa ve başarıya ulaşacağınıza yorumlanır.

ODUN
Rüyada ateşe odun atmak, genç bir erkek için arkadaşının ihanetine Orta yaşta ise mevki sahibi olmasına yorumlanır. Evliler için para sıkıntısının neden olacağı kavgaya yorumlanır.

OFİS
Rüyasında ofis görmek Sevgilinize göz koyan birilerinin olabileceğine işarettir.

OĞLAK
Oğlak görmek, erkek çocuğa yorumlanır. Oğlağın kesildiğini görmek veya yemek kendisinin veya akrabasının bir erkek çocuğunun öleceğine işarettir.

OĞUL
Rüyasında oğlu olduğunu gören kimse şanslı bir döneme girecek demektir. Rüyasında kendi oğlunu görmek, sıkıntılı bir döneme gireceğinize işaret eder.

OJE
Rüyada oje görmek, süse aşırı derecede düşkün olması ve bu düşkünlüğün etrafındakilerce kötü karşılandığını işaret eder.

OK
Rüyada ok görmek, bir hizmet için başka memleketlere gönderilen elçilere, mektuba, düşmana karşı, kuvvete yorumlanır.

OKLAVA
Rüyada oklava görmek Oklava iyi, çalışkan, dürüst, hizmetkar olarak tanımlanır. Oklavayla hamur açmak, emeğinizin ve çalışkanlığınızın

karşılığını işaret eder. Oklavanın kırıldığını görmek gören kimsenin birine darılması demektir.

OKUL
Rüyada okul görmek, kültür bakımından yeni ve engin olanaklarla karşı karşıya kalacağınıza yorumlanır. Yetişkin birinin okula gittiğini görmek kimsenin davranışları hatalıdır. Rüyada okul görmek öğreneceği yeni bilgiler sayesinde hayatına yeni bir yön verir.

OKUMAK
Rüyasında kitap okuyan kimse, çevrenizdeki insanları etkileyeceğinize işaret eder. Ufak sorunları çok büyüttüğünüze de yorumlanır. Gazete okumak, sırlarınız saklayamadığınıza işaret eder.

OLUK
Sıkıntılarınızdan ve dertlerinizden kurtulacaksınız demektir. Oluktan temiz su akması, işlerinizde başarı kazanacaksınız, bol para kazanacaksınız anlamındadır. Oluktan kirli su akması arkanızdan size komplo kuran insanların bulunduğunu haber verir.

OKYANUS
Rüyada sakin okyanus görmek, iş yaşamında büyük başarılar kazanmak demektir. Dalgalı okyanus görmek ise, bazı sıkıntıları belirtir.

OLTA
Rüyasında olta gören kişi iş yaşamında büyük bir fırsat yakalayacak şeklinde yorumlanır.

OMLET
Rüyada omlet görmek, bir ziyafete davet edileceğinizin işareti olarak kabul edilir.

OMUZ
Rüyada omuz görmek bazı kimselerin sorumluluklarını ve geçimini üstünüze alacağınıza işaret eder.

ONBAŞI
Rüyada onbaşı görmek, yaşamında başarı kazanılacağına yorumlanır.

OPERA
Rüyada operaya gitmek sevdiğiniz arkadaşlarınızla eğlenceli zaman geçireceksiniz demektir. Uzun süredir kötü giden işlerinizde başarı sağlayacağınıza işaret eder.

ORAK
Çevrenizden bir kişinin öleceğine yorumlanır. Orakla ot biçmek düştüğünüz zor durumda dostlarınızın yardımını alacaksınız demektir.

ORDU
Rüyada ordu görmek, bozgunluğun önlenmesine; orduda bulunmak düşmanlar tarafından yapılacak bir saldırıya yorumlanır. Aynı zamanda aile içinde bazı sıkıntıların yaşanacağına yorumlanır. Sıkıntıların aşabilmek için desteğe ve güvene ihtiyacınız var demektir.

ORKİDE
Çok güzel bir haber alacaksınız, aldığınız bu haber sizin hayatınızı değiştirecek demektir.

ORMAN
Orman içerisinde yürümek veya ağaç kesmek, işlerini yoluna koymak ve için bütün zorlukları aşmaya yorumlanır. Ormanda kaybolmak, iş yaşamınızda zorluklara işarettir. Yeşil bir orman görmek, elinizi attığınız işlerde başarı kazanacağını işaret eder.

ORUÇ
Rüyada oruçlu olarak görmesi, adağını yerine getirmeye yorumlanır. Oruçlu bir kimseyi iftar açarken görmek, o kimsenin iyi bir insan olmasına veya bir yere seyahat etmesine yorulur. Kendisini oruçlu görmesi, o kimsenin tövbeye edeceğine yorumlanır.

OT
Rüyada ot topladığını görmek fakirlikten kurtulup, zenginleşeceğine yorumlanır. Güzel kokulu ot görmek sıkıntılı bir olayın haberidir. Otların arasında yatmak yalnız kalınacağına ve özleme işaret eder. Ot kestiğini görmek de sıkıntılardan kurtulacağınızı işaret eder.

OTEL
Yolculuğa çıkacağınızı işaret eder.

OTOBÜS
Rüyada otobüs görmek, uzun zamandır görüşemediğiniz eski dostlarınızla görüşeceğinizi bildirir. Otobüste yolculuk yaparken görülmesi iftiraya uğrayacağınızı işaret eder.

OTOMOBİL
Rüyada otomobili kullanmak, hayatınızı istediğiniz gibi yaşıyorsunuz demektir. Eğer otomobili başkası kullanıyorsa, hayatınızı başkaları yönetiyor anlamındadır.

OTOPSİ
Otopsi ile ilgili rüyalar, çok kuşkucu birisi olduğunuzu ya da kötü bir haber alınacağınızı işaret eder.

OY
Rüyada oy pusulası görmek, iki seçenek arasında kaldığınıza, birisinin tercih edilmesi gerektiğine yorumlanır.

OYA
Oya yaptığınızı görmek, işlerinizin bozulacağına ve giriştiğiniz işlerden zarar edeceğinize işaret eder.

OYUNCAK
Rüyada her hangi bir oyuncak satın almak, yardımsever bir kişi olduğunuza ve çevrenizdekileri mutlu etmeyi istediğinize yorumlanır. Oyuncakla oynamak iyiliklerinizin istismar edileceğini bildirir.

OYUNCAK BEBEK

Aşk hayatınızda daha ciddi ilişkilere yönelin; aksi halde hem kendinize hem de karşınızdakine zarar verirsiniz demektir.

OZAN

Geçmişte kalan günlere özlem duyduğunuza yorumlanır.

ÖDEMEK

Rüyasında ödeme yapmak, hayatı boyunca para sıkıntısı çekileceğine yorumlanır.

ÖDÜNÇ

Bir şeyi ödünç vermek, bir yoksula yardıma işaret eder. Ödünç, tövbeye işaret eder. Yoksul kişiler için zenginliğe yorumlanır. Ödünç para istediğini görmek hastalık veya şiddete yorumlanır.

ÖFKE

Birine öfke hissetmek yakın zamanda gelecek bir sıkıntının başarıyla atlatacağını belirtir. Başka insanların öfkelendiğini görmek, yaşamınızda dertli günler demektir.

ÖĞRENCİ

Rüyada öğrenci, mutluluk işareti olarak yorumlanır.

ÖĞRETMEN

Öğretmen rüyası gören kişi çevresindeki arkadaş sandığı kişilere dikkat etmesi gerekir. Rüyada öğretmen olduğunu veya öğretmenlik yaptığını görmek bir sorumluluğu almak ve bunun sonunda başarılı olarak insanları yönetecek konuma gelmek demektir.

ÖKSE OTU

Bazı yani insanlarla tanışacağınızı, yeni arkadaşlar edineceğinizi işaret eder.

ÖKSÜRMEK
Rüyada öksürmek, insanları başkalarına şikayet edeceksiniz demektir. Öksürürken balgam çıkarmak dertlerinizden kurtulacağınıza işarettir. Kuru kuru öksürmek içinizde sıkıntı olduğuna yorumlanır. Kronik öksürdüğünü görmek başınızın sıkıntıdan kurtulmayacağına işarettir.

ÖKSÜZ
Rüyada öksüz görmek iş kurarak işsizlere iş imkanı sağlayacağınızı işaret eder. Sürekli maddi rahatlık içinde yaşayacağınıza yorumlanır. Bir yetimhaneyi ziyaret etmek, iyi arkadaşlarınızdan çok güzel haberler alacağınıza yorumlanır.

ÖKÜZ
Öküz görmek, paranızın ve malınızın artmasına, rahata ermeye yorumlanır. Bulunduğunuz bir toplulukta lider konuma geçeceksiniz demektir. Öküz almak büyük bir iyilik yapacağınızı işaret eder. Öküz satmak işlerinizin kötüye gideceğini işaret eder. Öküzün sizi kovaladığını görürseniz bu sizi iş yaşamında dertli günler beklediğine yorulur.

ÖLDÜRMEK
Bir kimseyi öldürdüğünü görmek, onunla iyi arkadaş olunacağını gösterir.

ÖLÜM
Rüyada ölü görmek hayra yorulur. Ölmüş insanların rüya aleminde söyledikleri doğru olarak çıkar. İnsanın kendisini ya da başkasını rüyada ölmüş görürse, onun ahlakının bozulmasına yorumlanır. Ölünün güldüğünü görmek vicdanınızın rahat olacağını işaret eder.

ÖNLÜK
Rüyada önlük giymiş olmak, yakında yeni elbiseler alacağınıza yorumlanır. Rüyada bir önlüğü yamamak, yeni bir aşk macerası yaşamak demektir.

ÖPMEK

Rüyada öpmek, istediklerinizi gerçekleştireceksiniz demektir. Karşı cinsten birisiyle öpüşmek aşk yaşamak demektir. Sevgilisini öpen kişi sevgilisinden haber alır. Rüyada tanımadığı kadını öpmek hemen verilen kararla evlenmek demektir. Değerli bir taşı öpen kişi maddi şeylere aşırı önem veriyor demektir.

ÖRDEK

Rüyada uçan ya da gölde yüzen bir ördek görmek, huzur içinde hayatınızı sürdüreceğinize, hayatınızdan memnun olduğunuza yorumlanır. Rüyada ördek temiz, hayırlı kısmet anlamına gelir. Ördek yakaladığını görmek elinize toplu para geçecek demektir.

ÖRGÜ

Güzel ve mutlu bir hayat süreceksiniz demektir. Çok güzel bir aile sahibi olacağınıza işaret eder. Rüya gören eğer bekarsa, çok yakında evlenecek demektir.

ÖRGÜ ÖRMEK

Rüyada örgü örmek veya birisini örerken görmek, geleceği parlak bir arkadaşlığa yorumlanır.

ÖRS

İlerde çok zengin olacağınıza işaret eder.

ÖRTÜ

Rüyada örtü görmek, gizli ve sonu kötüye varabilecek bir komplonun hazırlandığına yorumlanır. Rüyada örtü gizlenen saklanan şeylerin gizli kalmayacağına işaret eder.

ÖRÜMCEK

Rüyada örümcek görmek, mutlu olacağınız bir haber almak demektir. Örümceğin evde dolaştığını görmek kimse parasız kalmak anlamındadır. Ağının içindeki örümcek, yuvadaki huzursuzluktur.

ÖRÜMCEK AĞI

İşlerinizin bir süre bozulacağına ama sonra tekrar düzeleceğine işaret eder. Kadınlar için yakınlarıyla arasının açılmasına; yaşlı kadınlar için para derdine yorumlanır.

ÖZÜR

Rüyada özür dilemek, yakınınızdan yardım alacağınıza işaret eder.

P

PAÇA

İşlerinizin rahatlayacağına işaret eder. Paçanızın söküldüğünü görmek, para kaybedeceğinize işaret eder.

PAÇAVRA

Rüyada paçavra görmek, fakirleşeceğine işarettir. Paçavra ticareti yapmaksa, tam tersine zenginliğe yorumlanır.

PADİŞAH

Padişah rüyası onur, ün, yüksek mevkii olarak yorumlanır. Rüyada padişah mutlu bir rüya olarak yorumlanır. Eğer evli değilseniz evleneceğinize yorumlanır. Eğer evliyseniz geçimli ve mutlu bir hayatınız yaşantınız olacağına yorumlanır.

PAKET

Bazı güzelliklerle karşılaşacaksınız. Birine paket yollamak, işinizde ufak zararlara uğrayacağınızı belirtir.

PALAMUT

Genç bir erkek rüyada meşe veya palamut topladığını görürse sonu, şüpheli olan bir işte başarıya; tecrübeli bir yaşta ise az ücretli bir işi kabul edeceğine; genç bir kadın için çok iyi bir şansa; daha büyük yaştakiler için yapacağı bir işteki başarısından, başkalarının da istifade edeceğini haber verir.

PALASKA
İş yaşamınızda başarılar kazanacaksınız demektir.

PALMİYE
İklimi çok güzel olan bir yere yolculuk demektir.

PALTO
Rüyada palto giymek, iyi bir makama yükseleceğine yorumlanır. Yeni bir palto, akademisyen olacağınızı işaret eder.. Paltonuzu kaybettiğinizi gördüyseniz, hatalı kararlardan nedeniyle mal kaybedeceksiniz demektir. Eski palto, yakın bir arkadaşınızı ölümünü belirtir.

PALYAÇO
Rüyada palyaço görmek yakında ölüm haberi alacağınıza yorumlanır.

PAMUK
Bu rüyalar genellikle iyi sayılır. Rüyada tarlada beyaz pamuk görmek, rahata kavuşmak şeklinde yorumlanır. Bembeyaz bir pamuk tarlası görmek en büyük isteğine ulaşmak demektir. Pamuk kozası hayırlı ve bol paradır. Pamuk toplamak görmek kendi emeği ile para kazanmak demektir.

PANAYIR
Rüyada panayır görmek, büyük bir alışveriş yapacağınıza ve bu alışverişten karlı çıkacağınıza yorumlanır.

PANCAR
Pancar gibi kış sebzeleri yemek hayatın karışıklığa uğrayacağına yorumlanır.

PANJUR
Rüyada panjur görmek, bazı yeni gizli bilgiler edineceğinize ve öğrendiklerinizi işinizde kullanacağınızı belirtir.

PANSİYON
Rüyada pansiyon, bir yolculuğa çıkılacağını ifade eder.

PANSUMAN
Sağlığınızın düzeleceğine ve ilerde ciddi bir hastalığa yakalanmayacağınıza işaret eder.

PANTER
Panteri öldürdüğünüzü gördüyseniz, bu, büyük başarılara kazanacaksınız demektir. Rüyada panter görmek, güzel aşk yaşayacağına, ancak para krizi içine düşüleceğine yorumlanır. İş hayatında başarısızlığı belirtir.

PANTOLON
Rüyada eski ve yırtık pantolon giymek acı ve üzüntüye yorumlanır. Güzel ve yün pantolon, rengi ne olursa olsun çok iyi şekilde yorumlanır.

PAPA
Rüyada papa ile konuşmak, sonu kuşkulu bir işe atılmaya işarettir. Papa ile ayinde bulunmak yakınlarından birinin ölümüne yorumlanır. Kendisini papa olarak görmek büyük bir felakete yorumlanır.

PAPAĞAN
Rüyada papağan görmek bir erkek için güzel ve zeki bir kızla aşk yaşamak anlamındadır.

PAPATYA
Papatya toplayan genç kız veya erkek birine ilgi duyar. Baharda kırda papatya görmek güzel umut ve hayallerdir. Rüyada papatya iyi niyetli, yardım seven, herkesi güzel tutan bir ahbap, iyi arkadaş olarak yorumlanır.

PAPAZ
Rüyada papaz görmek günah işleneceğine yorumlanır.

PARA
Rüyada para almak/vermek veya tomarla para görmek, iyi şans ve zenginliğe yorumlanır. Para bulmak, şansının iyi olacağına ve zengin olunacağına işarettir. Para kaybetmek, kısa sürecek sıkıntı ve üzüntüye yorulur. Para saymaksa, beklemediği kadar başarılı olacak bir işe yorumlanır. Gümüş para güzel haber, mutluluk demektir. Bakır para güzel, uğurlu bir iştir. Altın para kıskançlık, dedikodu ve sıkıcı söz olarak yorumlanır.

PARFÜM
Parfüm sürmek, bir aşk yaşayacaksınız demektir.

PARK
Rüyada parkta dolaşmak çok eğlenceli bir tatile yorumlanır. Park kapılarının üzerine kapanıp içeride kalması, bir arkadaşı için çok üzüleceğine ve onun için ağlayacağına yorumlanır. parka girememek önemli bir fırsatı kaçıracağını haber verir.

PARMAK
Rüyada parmak görenin, oğlu olacağına; parmağın yanması ise, günah ve suç işleyeceğine yorumlanır.

PARMAKLIK
Rüyada parmaklık görmek, kuvvet ve malının artacağına işarettir. Parmaklığın arasından geçmek etrafındakilerle iyi geçineceğine yorumlanır.

PAS
Tembel bir insan olduğunuzu belirtir. Artık çalışmanız gerekir demektir.

PASAPORT
Rüyada pasaport almaya çalışmak, işlerinizde bazı sıkıntıların olacağına yorumlanır.

PASTA
Pastayı kesen ve dağıtan kimse çevresindekilere yardımda bulunur, kendi malından onlara da pay verir. Rüyada pasta veya kurabiye yemek, herkes için geçici ziyaret ve bir takım eğlenceleri bildirir. Pasta almak, kendisinin birçok yeni arkadaşı olacağını işaret eder. Pasta yapılıyor veya pişiriliyor, geleceğini kendisinin hazırlamasını ve kurmasını işaret eder. Taze ve renkli pasta mutluluk verecek, güzel, iyi kısmettir. Pasta yiyen insan bolluğa sevinir.

PASTIRMA
Rüyada pastırma, sucuk ve salam gibi şeyleri yemek, hiç de iyi bir şekilde yorumlanmaz. İşlerde zorluğa ve bu nedenle işlerin ertelenmesine yorumlanır. Fakat rüyada bu şeyleri satın almak veya satmak, kısmet ve nimete yorumlanır. Bunlar para ve iş konusunda iyi haberler haber verir.

PAŞA
Paşa görmek, ün, itibar ve itibar işareti olarak yorumlanır.

PATİKA
Hayatınız boyunca para sıkıntısı çekeceksiniz demektir. Sürekli sorunlarla uğraşacaksınız.

PATATES
Patates ekmek, yeni ve çok para getirecek bir işe başlamaya yorumlanır. Rüyada patates görmek mal, şöhret, mutluluk ve refaha yorumlanır. Patates soymak, kısmete ve arzu edilen isteğe işaret eder.

PATLAMAK
Başka insanların davranışları sizi çok üzecek demektir. Patlamada

İnsanların yaralandığını görürseniz bu, yapmadığınız bir şey için suçlanacağınız anlamına gelir.

PATLICAN
Çevrenizde isminizin sarsılmasına yorumlanır. Patlıcan kızartması acı bir habere almaya yorumlanır.

PATRON
Rüyada patronu görmek, çok çalışkan ve enerjik bir insan olduğunuza yorumlanır. Bu rüya, iş değiştireceğinizi de işaret eder.

PAVYON
Vaktinizi boş insanlarla, hiçbir şey yapmadan geçiriyorsunuz demektir. Davranışlarınızı gözden geçirmelisiniz demektir.

PAZAR
Rüyada pazarda olmak, insanlarla ilişkileriniz gelişecek ve bu durum işlerinizin de iyi gitmesine neden olacak demektir.

PEÇETE
Rüyada peçete gören kişinin ruhu temizdir demektir.

PEHLİVAN
Rüyada pehlivan görmek, akıllıca olmayan bir girişimde bulunacağınız anlamına gelir.

PEKMEZ
Rüyada pekmez görmek durumun iyileşeceğini belirtir. Pekmez yemek, bol miktarda para kazanacağınıza işaret eder.

PEMBE
Rüyada pembe renk görmek, boş hayallerin peşinde olduğunuzu belirtir.

PENCERE
Rüyada pencere görmek üzüntülerden ve dertlerinden kurtulacağına

işarettir; eğer hasta ise derman bulacağına işaret eder. Bekar için ise evleneceğine yorumlanır.

PENÇE
Rüyada pençe görmek, kuvvete, geçim rahatlığına yorumlanır.

PERDE
Rüyada perde görmek İstenmeyen bir misafir, canınızın aşırı derecede sıkılmasına yorumlanır.

PERİ
Kişi rüyada perileri görür veya onlarla konuşursa, hiç ummadığı ve çok büyük bir paranın geleceğini işaret eder. Rüyada güzel bir peri görmek murada ereceğini haber verir. Perinin bir insanı okşaması mutluluktur. Işıklar içindeki peri mutluluk verecek haberi belirtir.

PERUK
Çok iyi niyetli, başkalarına önem veren, demokratik bir insan olduğunuza, bu huylarınız nedeniyle çevrenizdeki insanların saygısını kazandığınıza işaret eder.

PERVANE
Pervane gören kişi sabırsız şeklinde yorumlanır.

PEŞTAMAL
Rüyada peştamal görmek, bir arkadaşınızla kavga edeceğinize işaret eder. Peştamal kullanmak, erkek için de, kadın için de evlenmeye işarettir.

PEYGAMBER ÇİÇEĞİ
Rüyada peygamber çiçeği görmek, her istediği gerçekleşir demektir.

PEYNİR
Rüyada peynir yemek, iş yaşamında kandırılmaya yorumlanır. Peynir

görmek veya almak, erkekler için ticarette büyük para kazancına işaret eder. Bekarlar için evliliğe, evli ve çocuklu bir kadın için miras kalacağına yorumlanır.

PINAR
Rüyada pınar görmek, itibar sahibi bir kişi ile iyi arkadaşlık edeceğinize yorumlanır. Suyu acı bir pınar görmek, şayet dikkat edilmezse sağlığınızın bozulacağına yorumlanır.

PIRASA
Rüyada pırasa görmek, bir sakattan gelecek iyilik demektir.; kendisinin pırasa yediğini görmesi, kimsenin haram malı yiyeceğine yorumlanır.

PIRLANTA
İşinizde göstereceğiniz başarı ve yetenekleriniz sayesinde işinizde yükseleceksiniz demektir.

PİDE
Rüyada pide görmek, güzel bir iş ve para işareti olarak kabul edilir.

PİJAMA
Rüyada pijama görmek kötü bir haber olarak yorumlanır.

PİL
Bir insana aşık olacaksınız, ancak bu ilişki size mutluluk getirmeyecek demektir.

PİLAV
Rüyada pilav görmek, o ana kadar anlaşılamamış birçok güç ve karışık sorunun çözüme ulaşacağına yorumlanır.

PİLİÇ
Rüyada piliç görmek çok kötü ve sizi zora sokabilecek bir haber alacağınıza yorumlanır.

PIPO
Rüyada pipo görmek, çok bilmişlik ve ukalalık işareti demektir.

PİRE
Birisinin pire ve bit görmesi, o kimsenin güvenilmez birisi olduğuna yorumlanır.

PİRİNÇ
Rüyada pirinç gören kişi zengin olur demektir. Başarının ve güzel arkadaşlıkların haberidir. Pilav yediğinizi gördüyseniz, bu zenginliğin ve mutluluğun işaretidir.

PİSLİK
Haram yollardan para kazanacağınıza yorumlanır. Pislikle oynadığını görmek, vaktinizi yararsız işlerle geçiriyorsunuz demektir.

PİYANGO
Piyango rüyalarına dikkat etmek gerekir. Çünkü bunlar olduğu gibi de çıkabilir. İkramiye çıktığını görmek birine gerçekten de çıkabilir. Ayrıca piyango görmek, bilinmeyen ilginç ve güzel bir olay olarak da yorumlanır. Piyangodan para kazandığını görmek, hiç umulmadık yerden çok miktarda bir paraya yorumlanır. Eğer kazanılmazsa, iş yaşamında fırsat yakalanacağına yorumlanır.

PİYANO
Yakında güzel bir olaylar gerçekleşecek demektir. Piyano çalmak, beğendiğiniz bir insanın kalbini kazanacaksınız demektir.

PLAJ
Rüyada plaj görmek cinsel hayatın dikkat etmesi gerektiğine yorumlanır. Rüyada kumlu bir plaj bolluk demektir.

PLAK
Rüyada plak görmek kişi, gelecek günlerde eğlenceli zamanlar geçirecek demektir. Rüyada plak, yakında alacağınız haberdir anlamındadır.

POKER
Paranızı çok hesapsız harcamanızın sonucunda sıkıntıya düşeceksiniz demektir.

POLİS
Rüyada polis rakiplerinizi mağlup edeceğinizin işaretidir. Polis tarafından tutuklanmak, etrafınızda tehlike olduğuna yorumlanır.

PORTAKAL
Rüyada portakal görmek, çok güzel haber alınacağına ve aşk hayatında başarılı olacağına yorumlanır. İri bir portakal değerli bir eşya demektir. Portakal aldığını, gören kişi değerli eşya sahibi olacak demektir.. Rüyada portakallarla dolu bir ağaç ev alacak demektir.

POST
Rüyada post görmek, manevi bakımdan huzura erişileceğinin işareti demektir.

POSTACI
Rüyasında postacıdan mektup alan kişiyle birisi dalga geçiyor demektir. Posta kutusundan veya elden mektup almak, yakında çok önemli bir haber geleceğine yorumlanır.

PRENS
Aşık olduğunuz kimseyle evleneceğinize işaret eder. Bu evlilik uzun süreli ve mutlu olacaktır.

PUL
Uzun zamandır görüşemediğiniz bir yakınınızdan haber alacaksınız demektir.

PURO
İkiyüzlü bir insan olduğunuza işaret eder.

PUSULA
Etrafınızdaki tecrübeli insanların tavsiyelerine uymanız gerektiğine işaret eder.

PUT
Put yüzü güzel ancak kişiliği kötü ve insafsız bir adama yorumlanır. Rüyada altın bir puta tapılıyorsa, Allah\'a ibadet edeceğine yorumlanır. Rüyasında putları kırdığını gören kimse yüksek bir makama çıkacak erişip düşmanlarını alt edecek demektir.

R

RADAR
Etrafınızda ikiyüzlü ve dedikoducu insanlar var demektir, bu insanlardan uzak durmanız gerektiğini işaret eder.

RADYO
Rüyada radyo haber almak şeklinde belirtilir. Çalan bir radyo acele bir haberdir haber alınacağını işaret eder. Kapatılmış bir radyo, belli bir zaman geçtikten sonra alınacak anlamındadır.

RAF
Rüyada raf görmek, yaşamınızın düzgün bir şekilde devam edeceğine ve çok güzel günler geçireceğinize yorumlanır. Boş raflar, kötü şansın ve üzüntünün haberidir. Rafların dolu olması ise muradınıza ereceğinizi haber verir.

RAHİBE
Rüyada rahibe görmek, dünya nimetlerinden çekilmeniz gerektiğine ve

düzgün bir yaşantı sürmeniz gerektiğine yorumlanır. Sevgilinizden ayrılma olasılığınız da olabilir demektir.

RAHİP
Rüyayı görmek kadınsa, hamile kalacağına; erkekse, işlerinde başarılı olacaksınız demektir. Rüyada rahip görmek, iyi bir haberin alınacağına yorumlanır.

RAKAM
Rüyada rakam gören kişinin işleri açılacak, çok para kazanacak demektir.

RAKI
Rüyada içkili bir yerde içmek, eğlenmek, çok ağır bir hastalık demektir.

RAMAZAN
Ramazan ile ilgili rüyalar, her zaman hayra yorulur. Zenginlik, bereket, sağlık demektir.

RAPOR
Rüyada bir rapor görmek, birisinin ihanet edeceğine yorumlanır.

RAY
Rüyada tren rayı gören, çok uzun bir yolculuğa çıkacak demektir.

REÇETE
Rüyada reçete görmek, hafif bir rahatsızlık geçireceğinize işaret olarak yorumlanır.

REÇEL
Rüyada reçel yemek, işlerinde kâr yapacağı ve kazanacağına işaret eder. Evde reçel yapmak, çok mutluluk veren haber almak demektir.

REHBER
Rüyada rehber görmek, işlerini kendisi yapması gerektiğine, başkalarına yaptırmamasına yorumlanır.

REKLAM
Hatalı davranışlar nedeniyle arkadaş çevrenizden dışlanacaksınız demektir.

RENÇBER
Bol para kazanacağınıza, rahat bir yaşam süreceğine işaret eder.

RENDE
Rüyada rende görülmesi, bir işte bir miktar para kaybına uğrayacaksınız demektir. Bir şeyi rendelediğini gören, kimse başkasının kazancını alarak yaşamını sürdürecek demektir.

RESİM
Resim yaptığınızı gördüyseniz, yaşamınızdan ve şu anki işinizden memnun olduğunuzun belirtisidir Bu rüyayı fakir birisi görmüşse, hastalığa yorumlanır. Rüyayı gören zengin insan ise, resim görmek, iyi anlamdadır. Çevrenizde gerçek olmayan arkadaşlarınızın olduğuna işaret eder.

RESSAM
Rüyada ressam, her zaman başarı ile anılır.

REYHAN
Uykusunda baharda reyhan görmesi; sağlık ve rahatlığa ve çok güzel bir insanla mutlu bir beraberliğe işaret eder.

RIHTIM
Rüyada rıhtım görmek, bir yolculuğa yorumlanır.

RİMEL
Sağlığınız bozulacak demektir.

RİYAKARLIK
Bu rüyayı gören kişi, yakın bir arkadaşı tarafından aldatılacak ve dolandırılacak demektir.

ROKET
Rüyada roket görmek, çok büyük başarı kazanacak ve mutlu olacağınız bir kişiyle güzel aşk yaşayacaksınız demektir Roketin düşmesi ise, işlerin kötü gideceğine yorumlanır.

ROMATİZMA
Güvendiğiniz insanlar güveninizi boşa çıkaracak demektir.

ROMA
Rüyada Roma şehrinin görülmesi, ilginç aşk maceraları yaşayacağınızı işaret eder.

ROMAN
Rüyada Roman okuduğunu görmek, gereksiz işlerle uğraştığınızın haber verir.

RÖNTGEN
Rüyada röntgen görmek sağlığınızın bozulacağına işaret eder.

ROZET
Rüyada rozet görmek, yakında taşınacağınızı yeni arkadaşlar kazanacağınızı belirtir. Rozet taktığını gören biri, kalabalıkta başına ilginç olaylarla karşılaşacak demektir.

RUJ
Rüyada bir kadını ruj sürerken görmek, yakın bir zamanda güzel bir olayla karşılaşılacak demektir.

RULET
Davranışlarınızda yanlış yapıyor, etrafınızdaki insanları incitiyorsunuz demektir.

RUŞVET
Rüyada rüşvet alırsanız bu elinize kısa zaman sonra para geçecek. Ya da verdiğiniz borcu geri alacaksınız demektir.

RÜZGAR

Rüyada hafif rüzgar yeni olaylara, yeniliklere, güzel gidecek iş yaşamına işaret eder. Sert rüzgar, bütün hayat tarzınızın değişeceğini haber verir. Sıcak bir rüzgar insanın değişiklikten rahatsız olacağını bildirir.

SAAT

Rüyada saat görmek, kötü haberler almaya işaret eder.; Saati ayarlamak yaşamın gidişinin düzene girmesinin gerektiğine yorumlanır. Saatin sesini duymak bir çağrıya yorumlanır. Rüyada masa veya duvar saatinin çalışması bir, aile yaşamının iyi olacağına işaret eder. Kol saati veya cep saati özel işlerinizin karışık olduğuna yorulur. Saatin durması y ada doğru çalışmaması, bir takım problemler çıkacağına yorumlanır.

SABAH

Rüyada insanın sabah olduğunu görmesi, adaklarını, verdiği sözleri yerine getirmesi gerektiğine yorumlanır.

SABAN

Rüyada saban görmek, zenginlik ve refah olarak yorumlanır..

SABUN

Rüyada sabun görmek, genç erkekler için ele para geçmesi ve işlerinde başarılı olacağına yorumlanır. Sabun kalıbını görmek, sıkıntılı ve üzüntülü kimseye yardımda bulunacağına işarettir. Sabunla bir şey yıkamak derttir. Sabunla elbise yıkadığını görmek dertlerinden kurtulmasına yorumlanır. Kalıpla sabun aldığını gören kişi kötü haber alır. Birine sabun veren bir yakınına kırılır.

SAÇ

İnsanın rüyada saçını görmesi uzun olmasına ya servet sahibi olmasına yorumlanır. Rüyada saçının dökülmesi bir yakınınızın sizi sırtınızdan vuracağını belirtir. Saç kesmek veya kestirmek kötü haber almak demektir ve dikkatli olunması gerektiğini bildirir. Saçlarını kazıtan erkek iş hayatında tatsız olaylar yaşar demektir. Rüyada saçını ağarmış olarak görmek gençler için uzun yaşamaya ve güçlü olmaya yorumlanır. Saçın dökülmesi para derdidir. Saçların birden gürleşmesi zenginliktir. Saç taramak, değerli arkadaşlık kuracağına işarettir. Saç örmek, zengin ise daha da zengin olmaya ve işini büyütmeye yorumlanır. Saçlarını kestiren kadın özel yaşamında değişikliğe gider.

SAÇAK
Rüyada saçak görmek, güçlü birisinin koruması altında olmak demektir.

SAFİR
Kötü giden işleriniz düzelecek, huzura ve rahata ereceksiniz demektir.

SAFRA
Üstlendiğiniz sorumluluklardan kurtulacaksınız demektir.

SAĞIR
Rüyada sağır olduğunuzun görülmesi kötü şeylere yorulur.

SAĞMAK
Rüyada bir hayvanı sağmak, yeni işlere atılacağınıza ve başarılı olacağınıza işaret eder.

SAKAL
Rüyada sakal görmek, çevrenizdekilerin saygısını kazanacak işler yapacaksınız demektir. Sakalınızı kestiğinizi görmek, tüm sıkıntılarınızdan ve dertlerinizden kurtulacaksınız demektir.

SAKATLIK
Rüyada sakatlandığını gören insan bazı konularda çözüm yolu bulamayacak demektir.

SAKIZ
Rüyada sakız görmek çok zor ve bin bir uğraşla kazanılacak bir paraya yorumlanır. Sakız çiğnemek bir dedikoduya işarettir. Sakızın üstüne yapışması iyi değildir; bir insanın huzurunuzu kaçıracağını işaret eder. Sakızı ateşe atmak, bir mal yüzünden başınızın belaya gireceğine yorumlanır. Sakız görmek gereksiz laflar etmek ve dedikodu yapmak anlamındadır. Sakız bulmak veya almak, kötü bir haber alacağınıza yorumlanır.

SAKSAFON
Rüyada saksofon görmek, eğlenceli aşk saatleri geçireceğinizin haberidir.

SAKSAĞAN
Rüyada saksağan görmek, çok korkunç ve tehlikeli bir haber almak demektir.

SAKAT
Bazı hastalıklara yakalanacaksınız demektir.

SAKSI
Rüyada saksı görmek, genç güzel bir kızla evlilik, eğer evli ise bol para kazanmak demektir.

SAL
Eğer bir erkek rüyada kendisini sal üzerinde, akıntıya kapılmış görürse, yaşamında ilk başta kötü fakat sonucu çok iyi bir değişiklik olacağına yorumlanır. Aynı rüyayı bir kadın görürse, hiç beklemediği ummadığı bir zamanda aşkta başarı kazanacağına yorumlanır.

SALATALIK
Rüyada salatalık görmek, eşinin çocuk doğuracağına yorumlanır.

SALÇA
Rüyada salça dertlerin azalacağına, işlerinizin iyiye gideceğine yorumlanır. Bir yemeğin üzerine dökülmüş salça, hileli bir durumu, kötülüğü gizlemek demektir.

SALEP
Salep görmek çevrenizdeki insanları etkileyeceksiniz, onların saygısını kazanacaksınız demektir. Salep içmek, sağlık durumunuzun çok iyi olduğuna işarettir.

SALYA
Çok iyi, yardımsever bir insanla tanışacak dost olacaksınız demektir.

SALINCAK
Rüyada salıncak görülmesi, önemli bir konu üzerinde son kararı vermeniz gerektiğini belirtir. Rüyada salıncağa binmek gönül eğlendirici kısa sürecek ilişkilere girecek anlamındadır. Salıncakta sallanmak evli veya bekar için çok önemli bir döneme girildiğini belirtir.

SALYANGOZ
Rüyada salyangoz görmek, işlerinizde yavaş yavaş başarıya ulaşacağınızı işaret eder. Aşkınıza karşılık bulacaksınız, elinize çok fazla para geçecek ve mutlu olacaksınız demektir.

SAMAN
Saman ve samanlık bolluğun, refahın belirtisidir. Elinizi attığınız her işte başarılı olacak, para durumunuzu düzelteceksiniz demektir. Rüyada saman ya da samanlık gören kişi kolay para kazanacak demektir. Samanlığa ot ya da saman doldurmak, onun zengin olmaya yorumlanır.

SANCAK
Rüyada askeri bir sancak görmek, çok para kazanacağınız bir iş gezisine gideceğinizi işaret eder.

SANDAL

Rüyada genç bir erkeğin kendini sandalda görmesi, dostu sandığı bir kişi tarafından ihanete uğrayacağına ve çok zor durumda kalacağına yorumlanır. Sandalla gezinmek, istediğiniz şeyleri elde edecek ve muradınıza ereceksiniz demektir. İleri yaşta birisi için bu rüya büyük para kaybı nedeniyle daha basit bir yaşama mecbur olacak anlamındadır. Genç bir kadın için, yeni ve güzel bir aşk yaşayacağına yorumlanır.

SANDALYE

Rüyada sandalye satın alan veya sandalyede oturan, işinde ilerler, başarılı olur demektir. Bekar bir kadın için, makam sahibi birisiyle evliliğe yorumlanır. Çalışan kadın için bu günkü durumundan daha başarılı olur üst makamlara çıkar demektir. Bir kimsenin hareketsiz sandalyede oturduğunu gördüyseniz, yakında bu kimsenin ölüm haberini alacaksınız demektir.

SANDIK

Sandık, nereden geldiği belli olmayan kısmettir. Rüyayı gören bekarsa, kısa zamanda evlenir. Rüyada türlü eşyayı sandığa yerleştiren kendine ev alacaktır. Rüyada içi dolu sandık görmek, zenginliğe işaret eder. Dolu bir sandık satmak veya başkasına vermek, gizli olayları ortaya çıkaracağına yorumlanır. Başkalarına ait sandığını açmak, evlenemeyeceğinize yorumlanır. Boş sandık kıymetsiz şeylerle ilgilendiğinize, işaret eder. Kırık sandık, yakında gelecek güzel bir habere işarettir. Boyalı ve işlemeli sandık, çok güzel ve mutlu bir hayat yaşamaya işarettir. Demir sandık, yüksek makamlara yükselmeye işarettir. Tahta sandık, yakında bir evliliğe yorulur. Kapağı kapalı sandık, üzüntüye yorumlanır.

SANIK

Rüyasında sanık olduğunu gören kimse, düşünmeden yaptığı davranışlar nedeniyle başı dertten kurtulmayacak demektir.

SAPAN
Olaylara gösterdiğiniz ani nedeniyle etrafınızdaki insanları incitiyorsunuz demektir.

SARAY
Bir kimsenin kendini bir sarayda görmesi genç bir erkek için, işindeki gayretlerinden dolayı umulmadık bir ödüle yorumlanır. Orta yaşlı biri içinse yeni ve çok para kazanacağı bir işe başlamasına yorumlanır. Bir kadın için kendisinin çok zevk alacağı çok neşeli bir toplantıya yorumlanır.

SARDUNYA
Rüyada sardunya uzun zamandır görmediğiniz bir arkadaşınızı misafir edeceğinize işaret eder.

SARI
Rüyada sarı renkte elbise giymek, hastalığa yorumlanır.

SARIK
Toplumun önde gelen insanlarla bir arada olunacağına, onların bilgilerinden ve tecrübelerinden yararlanacağınıza işaret eder.

SARHOŞ
İşlerinizin kötü gitmesi aileniz içinde huzursuzluğa neden olacak demektir.

SARMISAK
Rüyada sarmısak görmek dertli bir dönemden sonra, eliniz para geçecek ve maddi dertten kurtulacaksınız demektir. Kadınlar için bu rüya, yakında bir evlilik olduğunun habercisidir.

SARNIÇ
Elinizi çabuk tutmadığınız için önemli bir iş fırsatını kaçıracağınıza işaret eder.

SATIR

Rüyada satır görmek, üstüne aldığı işi başarıyla sonuçlandıracak diye yorumlanır.

SATRANÇ

Rüyada satranç oynamak, yolculuğa çıkmaya veya yarar getirmeyen işlerle uğraşmaya işaret eder. Ayıca iş hayatında ve sağlıkta da birtakım sıkıntılar yaşanacağına yorumlanır. Eğer oyunu kaybettiğinizi gördüyseniz, birçok dertle uğraşacaksınız demektir. Oyunu kazanmak ise, sorunların üstesinden gelineceğine yorumlanır.

SAVAŞ

Rüyada savaşı kazanmak, başarının haberidir. İnsanlarla bazı kavgalara tutuşacaksınız; fakat siz kazanacaksınız demektir.

SAYFA

Yaptığınız hataların farkına varacağınızı, pişmanlık duyacağınızı işaret eder. Sayfadan bir şey okuduğunu görmek, bol paraya kavuşacağınıza yorumlanır.

SAYI

Rüyada çift rakamlı sayı, iyiye, tek rakamlı sayılar ise kötüye yorumlanır. Büyük rakamlı sayılar ise para kazanmak demektir. SAZ: Rüyada saz çalındığının görülmesi, mutluluk verecek bir haber alınacağına ve rahatlayacağınıza yorumlanır.

SAZAN BALIĞI

Rüyada sazan balığı görmek iyi şeylere işaret eder. Mutluluk getirecek bir habere, bol paraya ve üne yorumlanır.

SAZLIK

Rüyada sazlık görmek, dert içine düşüleceğine ve bu dertten bir iyi arkadaşınızın yardımı sayesinde kurtulacağına yorumlanır.

SEBZE
Rüyada yeşil olan her sebze ve bununla ilgili bütün rüyalar, çok güzeldir. Rahat ve huzurlu bir hayatı haber verir. Domates uzaktan güzel haberler alınacağına yorumlanır.

SECCADE
İyi huylu ve güzel bir insanla evlilik yapılacağına işaret eder. Seccadede namaz kıldığını görmek, hacca gitmeye yorumlanır.

SEDYE
Rüya da sedye görmek, sağlığınızın ciddi bir şekilde bozulacağına işaret eder. Sedyeden kalkmak da önemli bir hastalığınızın iyileşeceğine yorulur.

SEL
Rüyada sel görmek gören kişinin, düşmanlarının saldıracağına yorumlanır ve dikkatli olması gerektiği işaret edilir. Rüyada sel evlilik hayatında birtakım sıkıntılar yaşanacağını işaret eder. Bu rüya işinizden istifa edeceğiniz ya da sağlığınızın bozulacağı demektir.

SELVİ
Başınıza kötü bir olay geleceğine işaret eder. Selvi ağacı dikmek

SEMER
Rüyada semer görmek, genellikle evliliğe ve bir eş sahibi olmaya yorulur.

SENET
Rüyada senet veya evrak imzaladığını gören genç bir erkek için, ilerde çok üzüleceği ve pişman olacağı bir mektup yazacak demektir. Orta yaşlı birisi için ibu rüya iş hayatında güven duyulmayan bir çalışan olduğuna yorumlanır. Genç kız için, bu rüya ani bir evliliğe; evli olanlar içinse başka bir eve taşınmaya yorumlanır.

SEPET
Dolu bir sepet görmek veya taşımak, yakında büyük başarılar kazanacağınızı haber verir. Boş bir sepet, üzüntü ve sıkıntıların işaretidir.

SERAP
Rüyasında serap gören, kişinin gerçekleşmesi imkansız hayalleri var demektir.

SERÇE
Rüyada serçe görmek, yakında doğacak erkek çocuğuna yorumlanır. Serçe yakaladığını görmek, çok iyi bir çocuğunuz olacağına işaret eder.

SERGİ
İşlerinizde başarılı olacaksınız, kazandığınız parayla mülk alacaksınız demektir.

SERVET
Rüyasında bir servete sahip olduğunu görmek, tanımadığı insanlarla ilişkilerinde dikkatli olmasının gerektiği konusunda haber verir.

SES
Rüyada insanın bir takım garip sesler duyması fakat sesleri tanıyamaması, kendisini ilgilendiren bir sorun hakkında pek doğru olmayan bir haber alacağına yorumlanır.

SEVGİLİ
Rüyada görülen sevgili, gerek kız gerek erkek olsun, güzel bir evliliğe yorumlanır. Eski bir sevgili görmek ise uzun zamandır ödeyemediği bir borç nedeniyle sıkıntıya düşeceğini belirtir. Evliler için eski sevgiliyi rüyada görmek, aile huzurunuzun bozulacağına yorumlanır.

SEVİŞMEK
Rüyada seviştiğinizi görmek, güvendiğiniz bir insanın size tuzak hazırladığına işaret eder.

SIĞIR

Rüyada sığır görmek, çok güzel bir hayat yaşayacağınıza, verdiğiniz emeklerin karşılığını alacaksınız demektir. Sığır eti yemek, helal yollardan, çok para kazanacağınıza yorumlanır.

SINAV

Rüyada sınavda olduğunu görmek, geleceğinizin çok iyi olacağına işaret eder.

SIRAT

Rüyada sırat köprüsünü görmek veya onun üzerinde yürümek, her türlü yolculuğa yorumlanır. Köprüden geçerken, ayağının kaydığını görmek, büyük bir işe atılacağına ve bu işte büyük başarılar kazanacağına yorumlanır.

SIRTLAN

Kötü huylu bir kadınla karşılaşılacağına işarettir. Kendini sırtlanla beraber görmek böyle bir kadınla evleneceğinize, ama bu evliliğin kısa süreceğine yorumlanır.

SİGARA

Rüyada kendisini sigara içerken görmek, bir erkek için, karşılaşılacak bir çok zorluktan sonra başarıya ulaşılacağını belirtir. Orta yaşlı ise, bozmak zorunda kalacağı iyi bir arkadaşlığa işaret eder; Bekar bir kız rüyada sigara içmek varlıklı bir kişiyle evleneceğine işaret eder. Evli veya çalışkan bir kadın için üzüntülü ve sıkıntı verici günlerin yaklaştığına yorumlanır. Sigara almak yeni planlar içerisinde olduğunuzu işaret eder.

SİHİRBAZ

Hayatınızda bazı yenilikler yapacağınıza işarettir. Bu yenilikler etrafınızdaki insanları çok şaşırtacak demektir.

SİĞİL
Rüyada siğil çıktığını görmek, işlerinizin iyi olacağına, malınızın sürekli artacağına işarettir.

SİKKE
Rüyada altın sikke görmek, sağlığınızın bozulacağına işaret eder. Gümüş sikke görmek, sevdiklerinizle hoş vakit geçireceğiniz bir toplantıya yorumlanır.

SİLAH
Rüyada silah görmek, kuvvete ve düşmanları alt etmeye ve zafer kazanmaya yorumlanır. Silahı olduğu halde kullanamıyorsa onun olgunluğuna ve muradına erişmesine yorumlanır.

SİNCAP
Çok güzel bir hayvandır ve mutluluğu haber verir. Gerçekten iyi dostlara sahip olacak ve işlerinizde daima başarılı olacaksınız demektir.

SİNEK
Rüyada sinek gören kişi bir bulaşıcı hastalığa yakalanır. Rüya kadın gürenin aşk hayatının alt üst olacağına işarettir.

SİNEMA
Rüyada sinema ile ilgili bir şey görmek, sevdiğiniz insanlarla güzel vakit geçireceğinize işaret eder.

SİNİ
Yakında evleneceğinize işaret eder. Sini almak ev içinde, eşinizle bazı problemler yaşayacaksınız demektir.

SİRKE
Rüyada sirke görmek, bir iyi arkadaşınızla aranızın hiç gereksiz yere açılacağına yorumlanır.

SİS
Rüyada kendisini sis içinde yürürken görmek, dostlarınızın size yardım edeceğime işarettir. Rüyada ev içini sisli görürse, bazı anlaşmazlıklarla, ilginç şaşırtıcı olayların gerçekleşeceği ve bir tehlikenin yaklaşmakta olduğuna haber verir.

SİYAH
Siyah renk, paraya yorumlanır. Bir insanın rüyada siyah giymesi paraya, acıya hüzne yorumlanır.

SOBA
Rüyasında soba yakında gerçekleşecek evliliğe yorulur. Rüyasında soba satmak gören kimsenin işleri kötüye gidecek demektir. Soba yakmak, yeni atılacağınız işten çok kazançlı çıkacaksınız demektir.

SOFRA
Rüyada sofra görmek, sevinmek ve mutlu olmak anlamındadır. Sofra bezi görmek uzun sürecek bir yolculuğa çıkacağınız ve rahata yorumlanır.

SOĞAN
Rüyada soğan gören kişi için kaygı verici ve üzüntülü bir durum var demektir.

SOLUCAN
Çevrenizde kötülüğünüzü isteyen insanlar var demektir. Solucan öldürdüğünü görmek, düşmanlarınızı alt edeceğinize işaret eder.

SOPA
Rüyada sopa görmek, para sıkıntısı çekmeyeceğinize, rahat bir yaşam süreceğinize işaret eder.

SÖĞÜT
Arkadaşlarınızın iyi insanlar olmadığını, onlarla arkadaşlık etmenin size zararı dokunacağını belirtir.

SPOR
Rüyasında spor yapan kişinin sağlık durumunun iyi olduğuna ve uzun ömürlü olacağına yorumlanır.

SU
Rüyada görülen su, güzel bir yaşam ve iyi bir rızkla yorumlanır. Bir kimsenin evinden su çıktığını görmesi, zenginliğe ve iyiye yorumlanır. Sıcak su içmek, çok fazla üzüntü ve sıkıntı çekileceğine işaret eder. Suyu emmek, maddi sıkıntı içinde olmak anlamındadır. Bulanık suyun bir yere akması veya içilmesi, rüyayı görenin hastalanılmasına yorumlanır. Sudan içilmesi, para sıkıntısının olmayacağına rahat bir yıl geçirileceğine yorumlanır.

SUBAY
Rüyada subay görmek etrafınızdan saygı göreceğiniz makama yükseleceğinizi belirtir.

SUCUK
İşleriniz yüzünden çok yorulduğunuzu, biraz dinlenmeniz gerektiğini işaret eder.

SUSAM
Rüyada susam görmek, zengin olmak ve her geçen gün zenginliğin artmasına işarettir.

SÜLÜK
Bir kimsenin sizden yararlanmak için sürekli peşinizde olduğunu bildirir.

SÜLÜN
Çok güzel ve iyi huylu birisine aşık olacağınıza işarettir.

SÜMBÜL
Rüyada sümbül görmek, servet ve saygın bir kişi olacağının işaret demektir.

SÜPÜRGE

Bir kadının süpürge ile bir yeri süpürmesi, çok mutlu olacağına ve rahat bir yaşam süreceğine işaret eder.

SÜT

Rüyasında süt işlediğini gören bir erkek için bu rüya kendisini görmesi, iş yaşamında korkak davranması ve yeterince tecrübeli olmadığı için para kaybedeceğine işarettir. Orta yaşlı birisi için bu rüya zor bir işe sahip olduğunu ve başarılı olmak için mücadele etmesi gerektiğini belirtir. Olgun bir kadın içinse umulmadık ve çok mutlu edecek bir misafirin geleceğine yorumlanır. Rüyada süt sağdığını görmek, para kazanacak yolların bulunacağına işarettir. Süt içmek mutluluğun ve başarının işaretidir. Süt dökmek, yakın bir arkadaşınızın yüzünden zarara uğrayacağınızı bu duruma çok üzüleceğinizi belirtir.

ŞADIRVAN

Rüyasında şadırvan gören kimse mutlu, huzurlu bir yaşam sürecek, uzun ömürlü olacak demektir.

ŞAFAK

Rüyada şafak söktüğünü görmek refaha, rahatlığa ve mutlu bir yaşama yorumlanır.

ŞAH

Başarılı olması çok zor olan bir işi üstünüze alacak, başarıyla sonuçlandıracaksınız demektir.

ŞAHİN

Rüyada şahin gören kişinin çok dikkatli olması gerekir Aksi takdirde, bazı insanların size kötülük yapacak demektir. Ölü bir şahin görmek veya bir şahin öldürmek, karşınıza çıkan sorunları aşıp düşmanlınızı alt edeceğinize işarettir.

ŞAİR

Asıl yapmanız gereken işleri yapmayacağınızı, sorumluluklarınızı yerine getirmeyeceğinizi işaret eder.

ŞAL

Rüyada şal görmek, çok yakında arsa ya da bir tarla alacağınıza yorumlanır. Rüyada omzuna şal aldığını görmek bekar bir kadın için yakın bir zamanda evleneceğine işarettir. Evliliğin nasıl olacağını da şalın rengi belirler.

ŞALGAM

Rüyada şalgam görmek, tüm sıkıntıları içinize attığınıza, çevrenizdeki insanlardan yardım istemelisiniz demektir.

ŞALVAR

Rüyada şalvar, giymek için evlenmek ve ile güzel bir aile hayatı demektir. Zengin olmaya ve makamında yükselmeye yorumlanır.

ŞAM FISTIĞI

Rüyasında Şam fıstığı yiyen kişi, boş, gereksiz, yarar sağlamayan işlerle vakit geçiriyor demektir.

ŞAMDAN

Süslü bir şamdan başarı simgesidir. Şamdanda mum yanması dertlerin geride kaldığını haber verir. Üstü değerli taşlarla kaplı bir şamdan büyük bir paranın neden olacağı mutluluktur.

ŞAMPANYA

Rüyada şampanya içmek çok hırslı olduğunu, artık hırsını dizginlemesi gerektiğini işaret eder. Kristal kadehteki şampanya, evlilik veya gönül işidir.

ŞAMPUAN

Saçlarınızı şampuanladığınızı görmek; bazı dert ve sıkıntılardan çok kısa bir süre sonra sıyrılacağınız anlamına gelir. Bol miktarda köpük görmek, hayal dünyasında yaşadığınızı; artık ayaklarınızın yere basması gerektiğini bildirir.

ŞAPKA

Rüyada şapka satın almak, birisinin yardımı ile işlerinin kolaylaşacağına ve başarıya ulaşacağına, bundan dolayı da kazancının artacağına yorumlanır Yeni bir şapka, taşınacağınızın veya işinizi değiştireceğinizin haberidir. Yaşamınızdaki bazı değişiklikler, sizin karlı çıkmanıza sebep olacak. Şapka kaybetmek, işyerinde sıkıntılar yaşayacağınız anlamına gelir.

ŞARAP

Rüyada arkadaşlarıyla beraber içki içmek, güzel vakit geçirmek, çok para kazandıracak bir iş değişikliğine yorumlanır. Yalnız şarap içtiğini görmek, çok sinirlenip üzüleceği bir haber geleceğine yorumlanır. Hediye olarak şarap almak veya hediye etmek, az bir paraya ve iyi şansa işarettir. Arap satın almaksa, çok önemli bir tartışmaya yorumlanır.

ŞARKI

Rüyada şarkı söylemek surette görülürse görülsün kötü haber, gözyaşı ve acı işaretidir.

ŞAŞI

Rüyada şaşı birisini görmek, işlerinizin ve sağlığınızın çok güzel olacağına yorumlanır.

ŞEFTALİ

Rüyada olgun şeftali aldığını görmek para kazanmak ve gayrimenkul almak demektir. Bekar bir erkek için bu rüya, zengin ve iyi huylu biriyle evlenmek demektir. Şeftalileri ağaçta görmek ise ünlü ve varlıklı bir aileden birisiyle evlenmek anlamındadır. Evliler için rüyada şeftali görmek ev içinde güzel geçim, huzur ve mutluluk işaretidir.

ŞEHİT

Rüyada şehit olmak ya da görmek çevrenizde saygı görecek makamlara yükseleceksiniz demektir.

ŞEHRİYE

Rüyada şehriye çorbası içmek, daha önce hiç tanışmadığınız birinden hem para yardımı göreceksiniz hem de çok önemli tavsiyeler alacaksınız demektir.

ŞEHZADE

Rüyada şehzade görmek, gelecekte çok başarılı olacağınıza yorumlanır.

ŞEKER

Rüyada şeker görülmesi, ferahlığa, sevince, kolay ve rahat bir rızka yorumlanır. Rüyada şeker almak, yemek, eğlenceli bir yaşam, zengin olmak anlamındadır. Çuvallarla dolu toz veya kesme şeker görmek çok fazla para kazanmak anlamındadır. Birine kutuyla şeker ikram etmek bağışta bulunacağınıza yorumlanır.

ŞEKER KAMIŞI

Rüyada şeker kamışı, şeker pancarı görmek, mutluluk sağlayacak, sevindirici bir haber alacağınıza ve bir iyi arkadaşınızın çok ciddi sağlık problemleri yaşayacağına ve önünüze bol miktarda para kazandıracak iş fırsatları geçeceğine yorumlanır.

ŞELALE

Rüyada şelaleye bakmak, kişinin geleceğin etkileyecek, bir tesadüfün yaşanacağına yorumlanır.

ŞEMSİYE

Rüyada yağmur yağarken şemsiye ile yürümek, rüyayı gören kişinin çok zor bir duruma düşmesiyle ona büyük destek sağlayacak iyi bir arkadaşı olduğuna yorumlanır. Rüyada kapalı bir şemsiye güzel bir iş, açık şemsiye büyük güven duymak demektir. Büyük bir plaj veya bahçe şemsiyesinin altında oturduğunu görmek, her türlü dert, tasadan uzak olmak demektir.

ŞERBET
Rüyada şerbet içtiğini görmek malınızın ve de paranızın sağlayacağı imkanlarla ömrünüzün sonuna kadar rahat içinde yaşayacağınızı belirtir. Şerbet dağıttığını görmek ise insanları mutlu edecek davranışlar içine gireceksiniz demektir. Loğusa şerbeti içmek de çocuk sahibi olunacağına yorumlanır.

ŞEYTAN
Rüyada şeytan görmek amaçlarınıza ulaşmak için yaptığınız kötülüklere ve hilelere artık son vermelisiniz anlamındadır. Eğer rüyada şeytanı mağlup ettiğinizi görürseniz, bazı tehlikeleri, zorlukları ve kötülükleri aşmak için yeteri kadar güce sahip olduğunuza yorumlanır.

ŞİİR
Rüyada şiir okumak, yakında bir teklif üzerine yalan yere şahitlik yapacağına yorumlanır Rüyada şiir kitabı alan sevgilisinden haber alır. Şiir okuduğunu görmek duygu ve düşüncelerini açıklayarak istediği kimseyi etkileyecektir.

ŞİLTE
Hayatınızda yeni ve köklü değişiklikler olacak demektir. Şilte almak, yeni bir evliliğe yorumlanır.

ŞİMŞEK
Rüyada gökte şimşek ve yıldırım görmek zorluklarla mücadele edeceğinizi belirtir. Başına veya evine yıldırım düştüğünü görmek, o kimsenin başına birçok sıkıntı geleceğine yorumlanır. Yine aynı zamanda yağmur yağıyorsa, büyük bir bolluğa yorumlanır. Rüyada şimşek çakması, çok sevineceğiniz bir haber almak demektir. Şimşek çakarken hava aydınlanıyorsa rüyayı görenin geleceği çok iyi olacak demektir.

ŞİRKET

Kötü giden işleriniz, dostlarınızın yardımı ve desteği ile düzelecek demektir.

ŞİŞ

Demir şiş görmek, işleriniz çok iyi olacak, kazandığınız parayla iyice güçleneceksiniz demektir. Birisine şiş batırmak, ikiyüzlü insanlarla arkadaşlık edeceğinize işaret eder. Bir yerinizde şişlik olduğunu görmek, sağlık durumunuzun bozulacağına yorumlanır.

ŞİŞE

Rüyada şişe görmek mutluluk ve itibar kazanmak anlamındadır. Eğer şişe kırılmışsa üzüntü ve acı habere yorumlanır. Şişenin kırıldığını görmek eşinizin ya da tanıdığınızın ölümüne işarettir.

ŞİŞMANLAMAK

Aşırı şişmanladığını görmek, yaşamınızda bazı güzel değişimler yapacağınıza yorumlanır. Şişman insanlar görmek, zenginliğe yorumlanır.

ŞÖHRET

Kendini şöhretli bir kimse olarak görmek, davranışlarınızda dikkatli olmalısınız, aksi halde hem siz hem de çevrenizdeki insanlar çok üzülecek demektir.

ŞÖMİNE

Can derdi demektir. Kötü bir olay, moralinizi bozacak, sizi çok üzecek demektir. Eğer şöminede ateş yanıyorsa, bu şansınızın iyi olacağına açılacağına ve işlerinizin yoluna gireceğine yorumlanır.

TABAK
Rüyada tabak görmek iyi, güzel olaylar olacağına yorumlanır. Rüyada temiz, sağlam ve boş tabak alan kişi çok para kazanacağı yeni bir işe atılır anlamındadır. Bir tabağa yiyecek koymak o kimsenin zengin olacağına işaret eder.

TABANCA
Rüyada tabanca güçlü ve saygı duyulan biri olmak demektir. Elinde tabanca olan kimse, yaşamında yüksek makamlara yükselir. Rüyada tabanca kullanmak, bir iftiraya uğrayacağınıza yorumlanır. Tabanca satın almak, birilerinin sizin dedikodunuzu yapacağını belirtir. Tabanca temizlemek, bir işe başlayacağınıza yorumlanır. Tabanca ile ateş etmek, hırslı ve birine işarettir. Tabanca ile vurulmak, karşı cinsten birine kuvvetli bir şekilde aşık olduğuna yorumlanır.

TABELA
Rüyada tabela görmek, özel yaşamınızda yaptığınız hatalı davranışlar nedeniyle işlerinizde de başarısız olacağınıza yorumlanır.

TABLO
Rüyasında tablo gören kişinin, uzun süredir planladığı işleri kısa süre sonra gerçekleşeceğine yorumlanır.

TABUR
Rüyada askeri bir tabur görmek, yakında şansınızın çok iyi olacağına ve başarılı işler yapacağınıza yorumlanır.

TABURE
Rüyasında tabure gören kişinin, sıcak ve deniz kenarında bir yerde güzel bir tatil yapacağına ve rahatlayacağına işaret eder.

TABUT

Rüyada tabut görmek, zorlukların üstesinden gelmeye ve kazanca yorumlanır. Tabutu açık görmek, daha dikkatli olmazsanız birçok zorlukla karşı karşıya kalacaksınız demektir. Bazen kötü anlam içeren bir rüyadır.

TACİR

Rüyasında tacirden bir şey alan kimse, güvendiği bir insan tarafından aldatılacak demektir.

TAÇ

Başına güzel bir taç taktığını gören bekar kadın çok güzel bir evlilik yapar. Tacın baştan çıkarılması yada düşmesi, ayrılık ve başarısızlıktır.Rüyada taç giymek, çok kısa bir süre sonra büyük bir isteğinizi gerçekleştireceksiniz demektir.; Başkasını taç giyerken seyretmek , düşmanlarının karşısında yüksek bir seviyeye yükseleceğine yorumlanır. Rüyada taç evlilik, işte başarılı olmak, kısmet olarak kabul edilir.

TAHT

Rüyada taht görmek, çok yüksek makamlara yükseleceğinize yorumlanır. Tahtta oturduğunu görmek çevrenizdeki insanların saygısını kazanacağınıza işaret eder. Başkasının tahtta oturduğunu görmek, başka insanların size yardım etmesiyle başarı kazanacaksınız anlamındadır.

TAHTA KURUSU

Rüyada tahta kurusu görmek, çevrenizdeki size zararı dokunacak insanlarla çevrili olduğuna yorumlanır.

TAKA

Rüyada taka görmek, muradınıza ereceğinize yorumlanır.

TAKKE

Rüyada takke, daha önce yaptığınız, utanç verici bir olay ortaya çıkacak demektir. Takke almak, hayatınızda bazı değişiklikler yapacaksınız demektir. Eski bir takke görmek hayal kırıklığına uğrayacağınızı haber verir.

TAKSİ
Bir arkadaşınız, size büyük bir sırrını emanet edecek. Eğer rüyada taksi şoförlüğü yapıyorsanız, bir işe girecek fakat pek kar elde edemeyeceksiniz.

TAKUNYA
Rüyada takunya görmek, işlerinizin yavaş yavaş ilerlediğine yorumlanır.

TAKVİM
Rüyada takvim görmek, çok büyük miktarda para kazanmaya yorumlanır. Rüyada doğum tarihini düşünmek, hiç beklemediği anda çok büyük bir miras kalacağına yorumlanır.

TAMBUR
Rüyada tambur görmek, boş inançlarınız olduğuna yorumlanır. Tambur çaldığını görmek sıkıntılarınızın her geçen gün büyüdüğüne işaret eder.

TANDIR
Tandırla ekmek pişirip, yiyen kimsenin rızkı artar. Tandır görmek misafire de işaret eder.

TANRIÇA
Yunan tanrı veya tanrıçalarını görmek, hayal aleminde yaşadığınızı, artık ayaklarınızın yere basması gerektiğini belirtir, işaret eder.

TARAK
Rüyada yeni bir tarak görmek yola çıkılacağının işaretidir. Eski bir tarak uzaklardan bir haber alır. Başına süslü tarakla taradığını görmek bekarlar için güzel bir evliliğe yorumlanır.

TARÇIN
Rüyada tarçın görmek, kötü haber alınacağına yorumlanır.

TARHANA
Rüyada tarhana çorbası içmek, o kimsenin sıkıntı ve zorluklarla karşılaşacağına yorumlanır.

TARLA
Rüyada tarla görmek çok bol para kazandıracak, karlı işlere girileceğinin işaretidir. Rüyada tarla ekmek emeklerinin karşılığını alacak demektir.

TAS
Rüyada görmek, çok güzel bir kadınla aşk yaşanacağına yorumlanır.

TAŞ
Rüyada taş görmek, düğün ya da nişan yapılacağına işaret eder.

TATİL
Rüyada tatil görmek, işlerinizin yoğunluğu nedeniyle çok yorgun olduğunuzu, dinlenmeniz gerektiğini bildirir.

TAVA, TENCERE
Tava veya tencere görmek ölüme işarettir.

TAVLA OYUNU
Rüyada tavla oynamak; manevi huzura kavuşacağınıza yorumlanır.

TAVŞAN
Rüyada hızlı koşan bir tavşan görmek, gizlenmesi lazım olan bir sırra yorumlanır. Tavşan avlamak, endişe ve şüphe içinde bir zamanın yaşayacağınıza işarettir. Rüyada yavşan satmak, satın almak veya yemek sağlık durumunun hafif bir hastalıkla yorumlanır.

TAVUK
Bir süre canınız sıkılacak, bu sıkıntıların sonunda mutluluğa ve huzura ereceksiniz ve rahata kavuşacaksınız demektir. Rüyada tavuk, aile yaşamınızın güzel ve düzenli olacağına mutlu günler geçireceğinize

yorumlanır. Küçük tavuklar veya civcivler, iş yaşamında başarılı olacağına işaret eder.

TAVUS KUŞU

Zengin ve güzel bir kadınla tanışacağınıza işaret eder.

TAZI
Rüyada tazı görmek, işlerinizde basamakları hızlı bir şekilde çıkacağınıza ve başarı kazanacağınıza yorumlanır.

TEBEŞİR
Rüyada tebeşir görmek, son zamanlarda sağlığınızı çok ihmal ettiğinizi bildirir. Tebeşirle yazı yazdığını görmek, başarı kazanacağınızın işaretidir. Elinde tebeşir tutmak, özel yaşamınızda dertler yaşayacaksınız demektir.

TECAVUZ
Rüyada tecavüze uğramak, aşk yaşamınızda bazı sorunlar yaşayacaksınız kötü günler geçireceksiniz demektir.

TEKERLEK
Rüya sahibinin yaptığı ve yapacağı bütün işlerinin iyiye doğru dönmesiyle yorumlanır.

TELEFON
Rüyada görmek; çok güzel bir haber almaya, size birinden miras kalacağına ya da yüksek bir makama yükselmeye yorumlanır.

TELESKOP
Rüyada teleskopla ay ve yıldızlara bakmak; yüksek bir makama yükselmeye ve yüksek makamdaki insanlarla güzel sohbete yorumlanır.

TELGRAF
Rüyada telgraf almak, uzaktan gelecek iyi haberlere yorumlanır.

TENEKE
Rüyada teneke görmek, helal olmayan yollarla para kazanmaya yorumlanır.

TEPE
Rüyada dik bir tepeye çıkmak; çok zor bir işi üzerine alıp başarıla sonuçlandıracaktır. Eğer tepeye arkadaşlarıyla tırmanıyorsa; istemeyerek bir işi veya borcu üslenecek ve sorumluluk alır demektir.

TERAZİ
Rüyada terazi görmek, önemli bir konuda karar vermesi gerektiğini işaret eder. Teraziyle bir şey tarttığını görmek kendisiyle ilgili önemli bir karar verecek demektir.

TEREYAĞ
Rüyada tereyağlı bir ekmek yemek, iyi şans demektir. Rüyada tereyağı almak veya satmak genç yaştaki erkek için; işlerinde başarı kazanmaya işarettir. Genç bir kız için bu rüya; hiç istemediği bir işte çok zorlanacağına işaret eder. Orta yaşlı kadınlar; için dikkatli olması gerektiğine yorumlanır.

TERLİK
Rüyada terlik görmek mutluluk verecek haberler alacağınıza yorumlanır. bu rüyayı gören kimse, huzurlu ve mutlu bir yaşam sürecek demektir.

TERZİ
Rüyada terzi görmek, adil birisiyle tanışılacağına yorumlanır.

TESBİH
Rüyada tespih görülmek çok güzel haberler alınacağına işarettir. Tespihin kopması veya tanelerinin dağılması üzüntü verecek haberler alınacağına yorumlanır.

TESTERE
Elinizi attığınız tüm işlerde başarıya ulaşacağınızı belirtir. Testere ile bir şey kesmek, düşmanlarınızı yeneceğinize işarettir.

TEYZE
Rüyada teyzesini gören kişi çok güzel bir rüya görmüştür. Bu rüya beklenmedik bir kişiden size miras olarak çok büyük miktarda para kalacak demektir.

TESTİ
Rüyada testi doldurduğunu görmek, işlerin çok iyi olacağına ve servet sahibi olunacağına işarettir.

TIRNAK
Rüyada tırnak kesmek kötü bir olaya işarettir. Güzel tırnaklar başarı kazanacağınız işlere gireceğinizi bildirir. Bakımsız tırnaklar, dert ve hastalığa yorumlanır.

TIRTIL
Rüyada tırtıl gören kimsenin etrafına dikkat etmesi gerektiğini, bu insanların güvenilmez kimseler olduğunu bildirir.

TİLKİ
Rüyada tilki görmek etrafınızda kötülük yapabilecek insanların olduğuna yorumlanır. Tilki kürkü giymek düşmanlarınızı alt edeceğinizi belirtir. Tilki sütü içtiğini görmek hastalıklarınızın iyileşeceğini bildirir.

TİMSAH
Timsahın karada yürüdüğünü görmek, onun çok tehlikeli düşmanlara sahip olduğuna işarettir. Eğer timsah sizi ısırdıysa, yaşamınız tehlike içindedir demektir. Timsahı öldürmek, düşmanlarınızı alt edeceğinize yorumlanır. Gizli düşmanlarınız var demektir. Bu insanlara ve sağlık durumunuza dikkat edin.

TİYATRO

Rüyada sahnede ya da tiyatro oyununda oynamak genç bir erkek için çok istediği bir şeyi elde edeceğine işarettir. Orta yaşlı birisi için ise yakında birisiyle arkadaşlık edeceğine yorumlanır. Genç bir kadın için bu rüya hayatında önemli ve mutluluk getirecek değişikliğe gideceği demektir. Daha yaşlı ise; sevdiği bir arkadaşının ihanetine yorumlanır.

TOPAL

Rüyada kendisini topal görürse bu pek hayra sayılmaz. Bu rüya arkadaşlarının desteği ile bütün zorlukların üstesinden geleceğine işarettir, güçlükleri önleyeceğine yorumlanır.

TOPLU İĞNE

Bu rüya kötü bir olaya yorumlanır. Rüyada kendini toplu iğneler içinde kendisini görmek, aslında pek önemli olmayan olaylara yorumlanır.

TÖREN

Rüyada bir törene katılmak görmek, sevgilinize ve eşinize güvenmeniz gerektiğine onun size olan sevgi ve saygısından emin olmanız gerektiğine işaret eder.

TOPUZ

Topuz görmek, üst makamlarda bulunan, güçlü bir kimseden her zaman yardım göreceğinizi bildirir.

TOZ

Rüyada eşyaların toz içinde olduğunun görülmesi para kazanacağınıza yorumlanır. Elbiselerinin tozlarını silkelemesi o kimsenin sıkıntılarını attığına ve ömürlü olacağına yorumlanır.

TRAMPET

Rüyada trampet sesi duymak, kısa zaman sonra birçok güzel olayın gerçekleşeceğini bildirir.

TREN
Rüyada tren görmek; iş yaşamınızda yükselme fırsatının ortaya çıkacağına işarettir. Trende birisini görmek; arkadaşlarının yardımı ile işlerinde başarı kazanacağına yorumlanır. Bilmediği bir yere tren yolculuğu yapmak çok yarar sağlayacak bir davete yorumlanır.

TURŞU
Rüyada turşu insanın çok istediği bir işten beklediği iyi sonuçları alamayacağı, hayal kırıklığı yaşayacağını işaret eder. Rüyada turşu kurmak, haram para kazanacağına işaret eder. Turşuyu kaba koyan kişi mutlu olamayacağı bir evlilik yapacak demektir.

TUZ
Rüyada tuz gören kişi yaşamında bazı değişiklikler yapmak istiyor; ancak çevresindekiler buna izin vermiyor demektir. Rüyada tuz görmek etrafınızda ikiyüzlü insanların olduğunu da bildirir.

TÜFEK
Rüyada tüfek kullanmak, akrabanız ya da iyi arkadaşlarınızla aranızda tartışmalar yaşayacağınıza ve kötü haberler alacağınıza yorumlanır.

TÜLBENT
Rüyada herhangi bir tülbent, şeref ve itibara yorumlanır.

TÜNEL
Tünel içinden trenle geçmek, sıkıntılı geçen günlerin sona ereceğine, rahata ve huzura kavuşacağına yorumlanır.

TÜY
Rüyada eline tüy almak, genç bir erkek için; çok istediği bir şeyin elde edileceğine işarettir. Kadınlar için; tüy yeni bir aşk yaşanacağına işaret eder. Rüyada tüy görmek dert ve üzüntüleri üzerinizden atacaksınız demektir. Tavuk tüyü, gereksiz ve size yarar sağlamayacak işlerle

Ruyet-ul Gayb

uğraştığınızı bildirir. Siyah tüy, aşk yaşamınızda hayal kırıklığı yaşayacağınıza yorumlanır.

U, Ü

UÇAK
Havalanan uçakta olduğunu görmek, isteyerek hayatında değişiklik yapacak demektir. Rüyada uçak, yenilik, değişiklik, toplum kurallarının dışına çıkmak şeklinde yorumlanır.

UÇURUM
Kötü ve acı haberler alabileceğinizi işaret eder. Uçuruma düştüğünü görmek, evliliğinizin kötüye gideceğine yorumlanır.

UÇURTMA
Rüyada uçurtma, hiç beklemediğiniz bir zamanda, hiç beklemediğiniz yerden haberler alacağınıza yorumlanır. Bir yerde duran uçurtmalar, henüz yola çıkmamış haber demektir. Uçurtma uçurmak çevresindeki insanları etkileyecek, itibar kazanacak anlamındadır. Uçurtmanın yere düştüğünü görmek yalan habere yorumlanır.

UD
Rüyada ud çalmak geçmiş yaşadığınız olayların hafızanızdan çıkmadığına yorumlanır.

UĞURBOCEĞİ
Rüyada uğurböceğini uçarken görmek, çok güzel, mutluluk verecek bir haber almak demektir. Uğur böceğinin üstüne konduğunu görmek problemlerine çözüm bulacak ve mutlu alacak demektir. Uğurböceğini öldürmek uğursuzluğa yorumlanır.

ULUMAK

Rüyada uluma sesi duymak, çok kötü bir hastalığa tutularak, sıkıntılı günler geçireceksiniz demektir.

UN

Rüyada un çok para kazanmak ve zengin olmak demektir. Un dolu çuvallar görmek, hiç emek harcamadan zengin olmak demektir. Üstü başı una bulandığını görmek istediğiniz şeylere sahip olacağınıza yorumlanır.

UR

Rüyada ur görmek, iş hayatınızda büyük sorunlarla karşılaşacaksınız demektir.

URGAN

Rüyada urgan görmek, kötü ve üzüntü verici bir haberin alınacağına yorumlanır.

USTURA

Rüyada ustura gören kişinin erkek çocuğu olacağına yorumlanır. Ayrıca ustura, kin tutmaya, üzüntü ve acı verecek demektir.

UTANMAK

Rüyada utandığını görmek, beklemediğiniz bir haberin sizi çok mutlu edeceğine işarettir. Başkalarının utandığını görmek, çevresindeki insanlarla ilgili güzel sözler duyar.

UYKU İLACI

Rüyada uyku ilacı içmek, yaşadığınız sıkıntılı günlerin sonunda mutlaka rahata ve huzura kavuşacağınıza yorumlanır.

UYUMAK

Rüyada uyuduğunuzu görmek,, Sevdiğiniz insanlarla beraber mutlu ve huzur içinde uyumak demektir. Kötü bir ortamda uyumak, sağlığınızın bozulacağına ve tartışmalar yaşayacağınıza yorumlanır.

UYUŞTURUCU
Rüyasında uyuşturucu kullanmak dedikodunuzun yapılacağına ve iftiraya uğrayacağınıza işaret eder.

UYUZ
İşleriniz çok iyi olacak, çok para kazanacaksınız demektir.

UZAY
Uzaya gittiğini görmek, rüyayı gören kimsenin yeni olaylara şahit olacağına işarettir. Bu rüyayı görenin güveni ve inancı artar.

ÜCRET
Rüyada ücret vermekte almakta iyiye yorumlanır. Rüyada birisine bir iş karşılığı ücret ödemek birilerine yardımda bulunacağınıza işarettir. Rüyada ücret almak ise işlerinizin alacağınız yardımlarla düzeleceğine yorumlanır. Ücret verdiğini görmek, birine yardımda bulunacaktır.

ÜLSER
Düzensiz yaşamanız nedeniyle sağlığınızın bozulduğunu bildirir. Bir hastalığa yakalanacağınızı haber verir.

ÜNİFORMA
Üniforma ile ilgili rüyalar, mutluluk ve iş yaşamında başarılara yorumlanır. Rüyada üniforma veya üniformalı birini görmek gerçekten iyi arkadaşlarınızın desteği ile isteklerinize kavuşacaksınız demektir.

ÜNİVERSİTE
Rüyada bir üniversitede olduğunu görmek, içinde bulunduğunuz sıkıntılı durum iye doğru değişecek demektir. İş yaşamınızda da başarılı olacağınıza yorumlanır.

ÜN
Rüyada ünlü olmak rüyayı göreni mutlu edecek, umutlandıracak olaylarla karşı karşıya geleceğini işaret eder. Ünlü birini görmek; çevresi geniş, güçlü birinden yardım alacağına yorumlanır.

ÜRPERME
Rüyada ürperdiğinizi görmek, küçük bir hastalığa yakalanacağınızı haber verir.

ÜŞÜMEK
Rüyada bir erkeğin üşümesi; başarısızlığının nedenlerini dışarıda değil kendisinde araması gerektiğini bildirir. Orta yaşlı birisi için bu rüya eskiden yaptığı bir hatanın ortaya çıkacağını ancak bu olayın üstesinden geleceğini işaret eder. Evli kadınlar için; önemsiz bir kaza yapacağına yorumlanır. Genç birisi için ise yakında aşk yaşamak anlamındadır.

ÜTÜ
Rüyada ütü insanın yaşamına karışan, öğüt veren, bir kimse olabilir. Rüyada sıcak ütü görmek, çok akıllı bir insan olduğunuza ama aklınızı iyi kullanmadığınız için zarara uğrayacağınıza yorumlanır. Rüyada bir şeyi ütülemek, işlerin iyi olacağına yorumlanır.

ÜVEY
Rüyada üvey anne, baba ya da kardeş görmek, kötü bir haber alacağınıza yorumlanır.

ÜZENGİ
Rüyada üzengi görmek, bir yolculuğa çıkacağınızı bildirir.

ÜZÜM
Rüyada üzüm görmek bir işten bol miktarda para kazanılacağını işaret eder. Kara üzüm ise sıkıntı, üzüntü ve hastalığa yorumlanır. Beyaz üzüm; iyi olaylara ve şifaya yorumlanır.

VADE
Altından kalkamayacağınız işlerin sorumluluğunu aldığınızı bu işlerin sonunda çok zor durumda kalacağınızı bildirir.

VADİ
Rüyada yeşil vadi görmek, yaşantınızın mutlu bir şekilde devam edeceğine yorumlanır. Yemyeşil, güzel bir vadi, insanın muratlarına ereceğini, bildirir. Böyle bir vadiye gittiğini görmek sıkıntılardan uzak bir yaşam sürmek demektir.

VAGON
Rüyada vagon görmek, bir yolculuğa çıkacağınıza yorumlanır. Kömür yüklü vagon görmek, zengin olmaya yorumlanır. Boş vagon görmek ise, az ücret alacağınız bir işe gireceğinizi işaret eder.

VAHA
Rüyada vaha görmek, dertli günlerin sona erdiğine rahata ve bolluğa kavuşacağınıza yorumlanır. Çöl ortasında bir vaha, görmek, eski bir arkadaşınızla bir araya geleceğinizi işaret eder.

VAHŞİ
Rüyada vahşi hayvan görmek, para kazanacağınıza işaret eder.

VAHİY
Rüyada meleklerden biri aracılığıyla kendisine veya bir başkasına vahiy indiğini görmek; hayra, iyi habere ve Allah\'ın sevdiği kulu olmasına yorumlanır.

VALİ
Yakın zamanda, tecrübeli ve açık görüşlü bir kimseyle tanışacağınıza işaret eder.

VALİZ
Bazı yarar sağlamayacak sorumluluklar alacağınızın işaretidir. Eğer valiz taşıdığınızı görürseniz, bu, yaşamınızda çok büyük zorluklar yaşayacağını bildirir.

VAMPİR
Rüyada vampir görmek, çevrenizdeki insanların iyiliklerinizi istismar ettiğine yorumlanır. Aşırı sinirli davranışlarınız evliliğinizi tehlikeye düşürecek demektir.

VANTUZ
Üstünüze aldığınız sorumluluklar, sizi çok zor durumda bırakacak demektir. Bir yakın dosta ihtiyacınız olduğunu belirtir.

VAPUR
Rüyada vapur görmek, bir yolculuğa çıkacağınıza yorumlanır.

VARİL
Rüyada varil görmek, berekete ve kazanmaya yorumlanır.

VASİYET
Rüyada vasiyet hazırlamak rüyayı görenin uzun yaşayacağına işaret eder. Birisinin vasiyetini dinlemek, bir yükümlülüğün altına girmek demektir. Vasiyetname okuduğunu görmek, güzel haber almak demektir.

VAŞAK
Rüyada vaşak gören kimse, çevresine olduğundan farklı görünmeye çalışıyor demektir.

VATAN
Rüyada vatanını görmek, iyiye yorumlanır. Bu rüyayı görmek güzel

haberler almak demektir. Eğer vatan orası dağılmış şekilde görülmüşse, bir müddet sonra bir yakınınızın hastalanmasına ya da ölmesine yorumlanır.

VAZO
Rüyada vazo görmek, kötü haber almak demektir.

VEBA
Rüyada veba hastalığı ile ilgili şeyler görmek, bugünlerde büyük bir maddi dert içine düşeceğinizi işaret eder.

VEDA
Rüyada birisiyle vedalaşan, gerçekten birilerinden ayrılır. Vedalaşırken ağlamak kötü olayların sona erdiğini bildirir.

VEREM
Rüyada verem ile ilgili şeyler, genellikle iyiye yorulmaz, içinizin sıkıldığına yorumlanır.

VERGİ
Rüyada vergi vermek, bazı sıkıntıların aşılacağına ve güzel günlerin yakında geleceğine yorumlanır.

VESTİYER
Rüyasında vestiyer gören kimse, etrafındakiler tarafından eli açık kimse olarak tanınıyor demektir. Bu özelliğinin sık sık suiistimal edileceğine işaret eder.

VEZİR
Ulaşmak istediğiniz makama ulaşacak, tüm istediklerinizi gerçeklerinizi gerçekleştireceksiniz demektir.

VEZNE
Ömür boyunca para sıkıntısı çekeceğinize işarettir.

VİNÇ
Rüyada vinç görmek, çok zor bir döneme gireceğinize ve çok büyük bir borcun altına gireceğinize yorumlanır.

VİSKİ
Rüyada viski içmek, servet sahibi olunacağına ve sağlığınızın iyi olacağına yorumlanır.

VİŞNE
Rüyada mevsiminde, güzel vişne mutluluk ve bol kazanç getirecek yeni işe atılacağınıza işarettir. Rüyada vişne yiyen kimse, bol para kazanacak demektir. Ekşi vişne de iyi kullanamayacağınız paradır. Vişne ağacı, insanın yaşamına güzellik girecek demektir.

VİTAMİN
Rüyada vitaminli ilaçlar içmek, sağlık durumunuza dikkat edilmesi gerektiğine yorumlanır.

VİTRİN
Bir vitrinin önünden geçmek, yanlış davranışlarınızdan dolayı komik duruma düşeceğinizi ve utanacağınızı işaret eder.

VİZE
Rüyada vize almak, yakın bir iyi arkadaşınızın desteği sayesinde içinde bulunduğunuz zor durumdan sıyrılacağınıza yorumlanır.

YABAN KEÇİSİ
Rüyada yaban keçisi görmek, kötü bir kadınla, yasak ilişkiye girecek ve mutsuz olacak demektir. Rüyada görülen keçinin sağlıklı ve irice olması

çok para kazanacağına ve servet sahibi olacağına yorumlan. Keçi hasta ve zayıf ise fakir olacağına yorumlanır.

YABAN ÖRDEĞİ

Rüyada yaban ördeği görmek veya satın almak, çok mutlu olacağınız bir davete katılacağınıza yorumlanır. Yaban ördeğinin pişirmek kimsenin çok para kazanacağına ve servet sahibi olunacağına yorumlanır.

YABANCI

Rüyada yeni biri ile tanışmak, yeni bir iş olanağı yakalamak olarak yorumlanır. Rüyada bir yabancı görmek, çok yakında sevdiği biriyle karşılaşır demektir. Yabancıdan bir şey aldığını görmek iyiye yorulur. Yabancıya bir şey verdiğini görmek kötüye yorulur, zarar edeceğinize yorumlanır.

YAĞ

Rüyada yağ görmek, büyük bir saadete doğru emin adımlarla ilerlemekte olduğunuza yorumlanır Hem kendi hem başka insanların yaşamlarını kontrol altına almış bir insana yorumlanır. Bol miktarda sıvı yağ, mutluluğun haberidir.

YAGMUR

Rüyada yağmur görmek daima iyiye yorumlanır. Yağmurda yürümek, sıkıntılarından ve hastalığından sıyrılmak demektir. Bu rüyayı gören kişi İşsizse çok güzel bir iş bulacağına yorumlanır. Para derdi varsa gelecekte para sıkıntısı çekmeyeceğine, aşıksa sevgilisine kavuşacağına yorumlanır.

YAĞMURLUK

Rüyada yağmurluk görmek, daha önce tanışmadığınız bir kimsenin işlerinizde büyük yardımı olacak anlamındadır.

YAHUDİ

Rüyada Yahudi ile konuşurken görmesi, o kimsenin dini görevlerini yerine getirmediğine, dinden çıkacağına yorumlanır.

YAKA

Rüyada yaka görmek, bol paraya ve iş girişimlerinin başarıya ulaşacağına işaret eder. Yakanın sarkık ve buruşuk olduğunu görmek işlerde zarara yorumlanır.

YAKMAK

Rüyada bir şey yakmak servet sahibi olmak demektir. Fakat eşya yanmaz da rengi kararırsa bu derde yorumlanır.

YAKUT

Rüyada yakut görmek ferahlık, mutluluk, sağlık ve güzel yaşama yorumlanır. Kendisine yakut bir yüzük alması evlat sahibi olmasına yorumlanır.

YALAK

Yeni bir aşk yaşayacağınıza işaret eder.

YALAN

Rüyada yalan iyi sayılmaz. Yalan söylediğini görmek düşünmeden yaptığınız işler yüzünden hem kendinize hem de etrafınızdakilere zarar vereceksiniz demektir.

YALDIZ

Rüyasında yaldız gören kimsenin hareketlerine dikkat etmediği taktirde çevrenizdekilere zarar veriyorsunuz demektir.

YALI: Rüyada yalı görmek, emellerine ulaşacağına yorumlanır.

YAMA

Rüyada yama gören kimse bir sorunun üstesinden geleceksiniz demektir.

YAMYAM

Rüyada yamyam görmek, doğru ve iyi niyetli yeni insanlarla tanışacağınıza yorumlanır.

YANAK
İnsanın rüyada yanağını görmesi, bolluğa, hayra ve refaha yorumlanır.

YANARDAĞ
Rüyada yanardağın patladığını görmek, genç bir erkek için, yeni tanıştığı birisiyle aşk yaşayacağına ama bu aşkın mutluluk getirmeyeceğine yorumlanır. Bu rüya orta yaşlı biri için, gönülsüz olarak çevresinin değişeceğine işaret eder. Genç bir kadın için ise, çok seveceği iyi fakat iyi huylu olmayan birisiyle evleneceğine yorumlanır. Bir yanardağın gürültüyle faaliyete geçmesi önemli birisiyle bir sorun hakkında görüşme yapmak demektir.

YANGIN
Yangın rüyaları birkaç şekilde yorumlanır. Rüyada bir konağın yandığını görmek, uzaktan sizi tedirgin edecek haber alacağınıza yorumlanır. Kendi evinin yandığını görürse, işlerinde büyük zarar edecek ve sağlığı bozulacak demektir. Eşyalarının yandığını gören kişinin el attığı her işte başarılı olacağına yorumlanır. Yanan şeyden sadece beyaz dumanlar çıkıyorsa, bu herkesi ilgilendiren bir olaydır. Kara duman çıkıyorsa, büyük derttir. Yangında sadece alev gözükmesi, zengin olunacağına yorumlanır.

YANKESİCİ
Yankesici tarafından soyulduğunu gören kimsenin hareketlerine çeki düzen vermesi gerektiğini belirtir.

YANKI
Rüyada sesinin yankılandığını duyan kimse zor günler geçirecek ve bu zorluklar onu çok üzecek demektir. Bu rüyayı gören kimsenin kararlar alırken daha dikkatli olmalısınız demektir. Duysanız, zor günler geçireceksiniz. Özellikle önemli konularda acele karar vermekten kaçının.

YAPRAK
Yeşil yaprak murada ermek anlamındadır. Sararmış, kurumuş, bir yaprak

hayal kırıklığı yaşamak demektir. Bir ağacın, dalın yapraklanması, istediğiniz şeylerin olacağını işaret eder.

YARA
Rüyada yara genel olarak para kazanmak zengin olmak sayılır. Rüyada bir erkek kendisini yaralamış gördüyse yakınları onu hatalı işlere atılmaktan kurtaracaklar demektir. Rüyayı bir kadın görüyorsa, sevgilisi veya kocası tarafından aldatıldığına işaret eder.

YARASA
Rüyada yarasa görmek, aslında kötü şansa, hastalığa yakalanmaya ve tehlikeye yorumlanır. Ancak yarasa görmek amacınıza ulaşmak için çok emek harcamanız gerekir şeklinde de yorumlanabilir. Rüyada yarasa görmek, kötü işlere atılmaya ve yaşamda kötü değişiklikler yapmaya yorumlanır. Beyaz yarasa ölüme yorulur.

YARDIM
Birine yardım etmek, iş hayatında yükselip, hep çıkmak istediğiniz makama ulaşacağınızı işaret eder. Eğer rüyanızda size yardım ediliyorsa, gerçek yaşamda da bir iyi arkadaşınız size yardım edecek demektir.

YAS
Rüyasında yas tuttuğunu gören kimse sıkıntı ve dertlerinizden kurtulacak, rahat bir döneme girecek demektir.

YASTIK
Rüyada yastık görmek, genç bir erkek için; çok yakında önünüze çıkacak bir fırsatı iyi değerlendirirseniz mutlu ve rahat bir yaşam sürersiniz demektir. Orta yaşlı bir erkek için bu rüya çok eğleneceğiniz ve rahatlayacağınız bir tatile çıkmak anlamındadır. Bekar bir kadın için rüyada yastık görmek için parası olan ve iyi huylu birisiyle evlenmeye yorumlanır. Evli bir kadın içinse bu rüya çok iyi bir arkadaş sahibi olamaya yorumlanır.

YATAK
Rüyada yatak görmek, yeni bir aşk macerasına atılacağına yorumlanır. Genelde yatak rüyası görmek yola çıkmak anlamındadır. Temiz bir yatak görmek, güzel ve eğlenceli bir tatile çıkacak demektir. Rüyada eve yatak almak rüyayı gören bekarsa, istediği kimseyle evleneceğine yorumlanır. Yatağını satan veya atan kişi eşinden istifa eder demektir.

YATAKHANE
Etrafınızda işinizdeki başarıları kıskanan insanların bulunduğunu işaret eder.

YAY
Sağlığınızın düzeleceğini bildirir. Eğer sağlığınıza dikkat ederseniz bir daha ciddi bir hastalık geçirmeyeceksiniz demektir.

YAYLA
Rüyada yayla görmek işinizi değiştireceğinize işaret eder.

YAZAR
Rüyada yazar olduğunu gören kimsenin işleri düzelecek, şansı açık olacak demektir.

YAZI
Rüyada yazı yazmak, sahtekar bir kimsenin etrafınızda olduğuna ve size zarar verecek komplolar kurduğuna işaret eder.

YELEK
Rüyada yelek görmek, dertlerle uğraşmak anlamına gelir.

YELPAZE
Rüyada yelpaze rahata, sıkıntıdan ve kavgadan kurtuluşa, yoksulluktan varlığa yorumlanır.

YEMEK
Tek başına yemek yemek, kötü bir haber alacağınıza yorumlanır.

Hareketlerinize dikkat etmeniz gerektiğini de belirtir. Birçok insanla yemek yediğinizi gördüyseniz, bolluğun ve refahın habercisidir. Kazanç elde edip, kazancınızı başka insanlarla paylaşacaksınız.

YEMEK PİŞİRMEK

Rüyada yemek pişirmek, istediklerine kavuşmaya yorumlanır.

YEMİN

Rüyada yemin ettiğini görmek, düşmanlarınızı alt edeceğinize yorumlanır.

YENGEÇ

Rüyada yengeç görmek, sert tutumlu, geçimi zor birine yorumlanır.

YER ALTI

Rüyada yeraltında olduğunu görmek, bir konuyu olduğundan çok büyüttüğünüzü bildirir.

YETİM

Rüyada yetim biri görmek, düşünmeden yaptığınız hareketler nedeniyle çevrenizdeki insanlara zarar verir demektir.

YIKANMAK

Rüyada yıkanmak, hastalık ve dertlerden sıyrılmaya, kulak yıkamak güzel, hayırlı haberler almaya yorumlanır.

YIKMAK

Bir evin yıkıldığını görmek, o kişinin öleceğine, eski bir evin yıkıldığını görmek, dert ve üzüntüye yorumlanır. Rüyayı kadının evin tavanının yıkıldığını görmesi, kocasının ölümüne yorumlanır.

YILAN

Rüyada yılan görmek her türlü düşman demektir. Çok zehirli oldukları bilinen engerek, kobra, gibi yılanları görmek çok daha da tehlikeli düşman demektir. Rüyada yılanı evde görmek düşmanın size kötülük yapacağına yorumlanır. Bu rüya karıkocanın kavga etmesine işaret eder.

YILAN BALIĞI

Rüyada yılan balığı görmek, etrafınızdaki kimselerin sizi kıskanacağına işaret eder.

YILBAŞI
Yılbaşı ile ilgili rüyalar evlenmeye ve aşka yorumlanır.

YILDIRIM
Rüyada yıldırımın eve düşmesi, evdekilerin zor, sıkıntılı zamanlar geçireceğine yorumlanır. Size yıldırım düştüğünü görmek, çok önemli bir hastalığa yakalanacağınızı belirtir.

YILDIZ
Rüyada yıldızlı gökyüzü gören kimsenin, mutlu olacağına, şansının iyi olacağına ve para sıkıntısı çekmeyeceğine yorumlanır. Yıldız kayması ise, kötü haber almak demektir.

YOĞURT
Rüyada yoğurt görmek, yemek, zengin olmak ve uzun yaşamak demektir.

YOKUŞ
Bir kimse rüyada bir yokuşu çıkıyorsa, olaylar karşısında daha güçlü olmalı ve güçlüklere dayanmalı demektir.

YOL
Rüyada dar veya taşlı yolda yürümek, bazı kavgaların başınızdan geçeceğine işaret eder. Kenarları çiçekli bir yol görmekse, aşk yaşamınızda güzel bir ilişkiye başlayacaksınız demektir.

YOLCULUK

Yolculuğa çıktığını görmek ve ya da arsa alacağınıza işarettir. Deniz yolculuğuna çıkmak, muradınıza ereceğinizi bildirir.

YONCA

Rüyada yonca görmek, çok güzel bir paraya kavuşmaya yorumlanır. Yonca bulmak hayal kırıklığı yaşayacağınıza yorumlanır. Rüyasında yonca tarlasında yürüyen gören genç bir erkek hayatında başarı kazanmak için harekete geçeceğine işaret eder. Evli kadınlar için yeni bir eve taşınmaya yorumlanır. Orta yaşlı kimse için işlerinde çok başarı kazanacağına ve yükseleceğine yorumlanır. Genç kızlar için bu rüya evliliğe işaret eder.

YORGAN

Rüyada yorgan gören kişi mutlu olacak demektir. Akıllıca davranmak rahat bir geleceğe sahip olmanızı sağlayacak demektir.

YOSUN

Rüyada yosun görmek, gereksiz işlerle uğraşarak, vaktinizi boşa harcadığınıza, daha önemli işlerle meşgul olmanız gerektiğine yorumlanır. Bu rüyayı genç kız görürse ilerde çok mutlu olacağına işarettir. Kadınlar görmüşse, uzun süredir görmediği bir arkadaşıyla karşılaşacağına yorumlanır.

YUFKA

Rüyada yufka görmek çektiğiniz sıkıntılardan kurtulacağınıza ve rahat ve huzurlu bir hayat göstereceğinize işaret eder.

YULAF

Rüyada yulaf görmek, beklenmedik miktarda para kazanmak demektir.

YULAR: Rüyada yular görmek, birisinden pahalı bir hediye alacağınızı belirtir.

YUMURTA
Rüyada yumurta zenginliğin ve mutluluğun işaretidir. Ayrıca evliliği de işaret eder.

YUMAK
Rüyasında yumak gören kimsenin işleri daha da karışacak demektir.

YUMRUK
Daha önce size kötülüğü dokunan bir insandan intikamınızı alacağınıza işaret eder.

YUNUS
Rüyada yunus balığı görmek, mutlu ve huzurlu bir evlilik yapacağınıza işaret eder.

YUVA
Rüyada bir kuş yuvası görmek, aile yaşamında huzura yorumlanır. Bekar biri bu rüyayı görürse, yakında güzel bir evlilik yapacağına yorumlanır.

YÜK
Rüyasında yük taşıyan bir kişi yüksek bir makama yükselir anlamındadır.

YÜN
Rüyada yün görmek, helal yoldan para kazanacağınıza işaret eder. Yün doldurmak, yakında evlilik yapacağınıza işaret eder.

YÜRÜMEK
Düz ve doğru bir yolda yürüdüğünü görmek o kişi hayatında çok olumlu değişiklikler yapacağını belirtir. Başı önde eğerek yürümek, ömrünün uzun olacağına yorumlanır. Yağmur altında yürümek, ihtiyarlığında çok rahat ve mutlu bir yaşantı süreceğine işaret eder.

YÜZMEK
Rüyasında yüzdüğünü gören kişi çok başarı kazanacağı iş yolculuğuna çıkacaktır. Kirli suda yüzdüğünü gören kimse kötü yollardan para

kazanacak anlamındadır. Dipten yüzmek işleri herkesten gizleyerek yürüttüğünüzü işaret eder.

YÜZÜK

Rüyada yüzük görmek, iyiye işarettir. Yüzük takmak, yeni bir işe atılıp çok para kazanmaya yorumlanır. Nikah yüzüğü takmak güzel ve mutlu bir evlilik yapmak demektir.

Z

ZABIT

Rüyada zabıt tutulduğunu görmek, ilginiz olmadığı halde adınızın kötü bir olaya karışacağına işaret eder.

ZABITA

Rüyada zabıta görmek başınıza bir sıkıntı gelecek demektir.

ZABİT

Rüyada zabit görmek istenilmeyen, kötü bir olaya isminizin karışması anlamındadır.

ZAFER

Çok zor bir sorunun üstesinden gelerek başarıya ulaşacaksınız demektir. Karşınıza çıkan tüm sıkıntıları aşacaksınız anlamındadır.

ZAKKUM

Rüyada zakkum görmek, kötü ve üzüntü verecek bir haber almak demektir.

ZALİM
İyi arkadaşlarınızın sağlıklarıyla ilgili haberlerin sizi mutlu edeceğine yorumlanır.

ZAMBAK
Rüyada zambak gören kimsenin işleri iyi olacak, bol para kazanacak demektir. Beyaz zambaklar görmek huzur ve mutluluğa erişecek anlamındadır.

ZAMPARA
Çok yoğun bir iş yaşamınız olduğuna, işleriniz dışında bir şeye vakit ayıramadığınızı bildirir.

ZAR
Rüyada zar oynamak ve kazanmak size yarar sağlamayacak, helal olmayan paraya ve mal kaybına yorumlanır.

ZARF
Rüyada kağıt zarf görmek, gizli bir olayı ortaya çıkaracağınıza yorumlanır. Zarfın içine bir kağıt koymak girdiğiniz bir toplulukta lider olacağınızın işaretidir.

ZAYIFLAMAK
Rüyada çok zayıflamak i, yaşamındaki sıkıntılarla uğraşamayıp ruhsal sıkıntılara düşmek demektir. Rüyada insanlarında hayvanlarında zayıflaması kötüye yorumlanır.

ZEBANİ
Rüyada zebani görmek, sıkıntılı bir döneme gireceğinizi haber verir.

ZEBRA
Maceraya olan düşkünlüğünüzden sürekli tehlikeye atılıyorsunuz demektir.

ZEHİR
Rüyasında zehir içerek öldüğünü gören kimse yaşamında güzel gitmeyen olayla olacak anlamındadır. Rüyada zehirlenmekten kurtulmak yaşamının bundan sonra ferahlık ve bolluk içinde olacağına yorumlanır. Rüyada başkasını zehirlemek bir sıkıntı yaşayacağını ancak bu sıkıntıların zamanla bu sıkıntıdan kurtulacağına yorumlanır. Etrafınızda olan olaylar moralinizin bozulmasına neden olacak demektir.

ZELZELE
Başınıza çok büyük belalar geleceğine işaret eder. Çok kötü bir rüyadır.

ZEMZEM
Rüyada zemzem suyu görmek çok tehlikeli hastalıktan kurtulmaya, üzüntünün ve sıkıntının biteceğine yorumlanır.

ZENCİ
Rüyasında zenci gören kişi geçinebilmek için çok çalışması gerekir anlamındadır. Evin içinde zenci görmek uzun süredir sonuçlandıramadığınız bir işi bitireceğinize yorumlanır.

ZENGİN
Rüyada zengin birini görmek çok sıkıntılı bir dönem geçirdiğinizi işaret eder.

ZERDALİ
Rüyada zerdali görmek, iyi bir haber olarak yorumlanır.

ZEYBEK
Akrabalarınız ve arkadaşlarınızla, eğlenceli vakit geçireceğinizi haber verir.

ZEYTİN
Rüyada zeytin para kazanmak demektir. Siyah zeytin, bundan sonra rahat ve huzur içinde yaşamak demektir. Yeşil zeytin zengin olmak ve gayrimenkul almak demektir. Zeytin ağacı kısmet demektir.

ZIMBA
Rüyada zımba görmek, inatçı huyunuz yüzünden, çevrenizdeki insanları inciteceğinize işaret eder.

ZIRH
Sizi her konuda destekleyecek, başınız her sıkıştığında yardım edecek dostlara sahip olduğunuzu işaret eder.

ZİL
Rüyada zil sesi duymak güzel olaylara yorumlanır. Genç bir erkek için yüksek makamlara yükseleceğine işaret eder. Orta yaşlı kimse için bu rüya yaşamında iyi değişiklikler yapmaya yorumlanır. Bekar bir kız için mutlu olacağı bir evliliğe işaret eder. Eğer rüyayı gören evliyse geleceği oğlan çocuğunun doğumuna yorumlanır.

ZİNCİR
Rüyada zincir görmek güçlü olunacağına yorumlanır. Bekar birisi için evleneceğine işarettir. Rüyayı gören kimse gurbetten vatanına dönecek demektir. Boynunda zincir görmek, iftiraya uğrayacağınıza işaret eder. Rüyada el ve ayaklarının zincirle bağlı olduğunu görmesi çok büyük bir isteği olduğuna yorulur.

ZİNDAN
Çok güvendiğiniz bir işte hayal kırıklığına uğrayacaksınız demektir.

ZİRVE
Mücadeleci yapınız nedeniyle, daima sorunların üstesinden gelecek, başarılı olacaksınız demektir.

ZİYAFET
Bu rüyalar daima hayra yorulur. Rüyada ziyafet vermek iyilik yapmak demektir. Ziyafet sofrası görmek hayatının sonuna kadar para derdi çekmemek demektir. Bir ziyafet sofrasına oturmak istediği makama yükselir anlamındadır.

ZİYAN

Bir olay nedeniyle ziyana uğrayan insan, emeğinin karşılığını mutlaka alacak demektir.

ZİYARET

Rüyada birini ziyaret etmek, mutluluk demektir. İstemediğiniz bir ziyaret ise, sevmediğiniz insanlarla aynı ortamı paylaşacaksınız demektir.

ZURNA

Uzun zamandır görüşmediğiniz bir arkadaşınızla tekrar bir araya geleceksiniz demektir.

ZÜMRÜT

Zümrüt birkaç şekilde yorumlanır. Rüyada zümrüt görmek alın terinizle kazandığınız para olarak yorumlanır. Bir ziynet eşyasına takılıysa, yuva kurmak demektir. Rüyasında zümrütün çatladığını görmek, aşık olduğu kimseye gücenecek demektir. Rüyada mücevher taktığını gören kadın, çocuk sahibi olur demektir. Zümrüt takan kadının eşi ona sadık olacak demektir.

ZÜRAFA

Çok güzel ve karlı bir yolculuğa çıkacağınıza işaret eder...

Ruyet-ul Gayb

www.ingramcontent.com/pod-product-compliance
Lightning Source LLC
LaVergne TN
LVHW040130080526
838202LV00042B/2860